KB071440

YOUTH GUIDANCE METHODOLOGY

청소년지도방법론

박선숙 · 윤기혁 · 이솔지 · 김남숙 · 송나경 공저

학지사

서문

청소년은 현재를 잘 살아야 하고, 성공적인 성인의 삶을 준비하는 시기에 있다. 청소년기는 급격한 신체적·심리적 변화를 겪는 시기로, 적응에 어려움을 경험하는 시기이다. 이에 청소년들이 경험하는 다양한 문제에 유연하게 대처하는 능력을 기를 수 있도록 가족과 사회, 청소년 전문가들의 안내와 도움이 필요하다.

청소년 전문가는 미래사회를 대비한 청소년의 역량을 함양하여 건전한 성장을 이룰 수 있도록 필요한 활동과 전문적 도움을 제공하고 있다. 청소년의 다양한 체험활동은 여러 영역의 성장과 발달을 도모하고 타인과의 교류 및 상호작용을 통해 사회적 능력과 공동체 의식을 기르게 한다. 특히 청소년지도는 청소년들에게 다양한 사회적 경험을 제공하여 자신의 삶을 즐기고 영위해 나가게 함으로써 그들의 성장과 노력을 적극적으로 지원해 주는 것이다. 즉, 청소년이 개인과 사회에 잘 적응할 수 있도록 지원하고 조력하는 과정을 말한다. 궁극적으로 청소년지도를 통해 청소년의 발달과업인 자아정체감과 자기효능감, 건전한 자아개념을 형성하는 데 도움을 주는 것이다.

청소년지도방법론은 「청소년 기본법」을 통해 학문적 영역으로 자리 잡았고, 청소년지도사와 청소년상담사 등의 청소년지도 전문가에 의해 이루어지는 절차와 방법에 대해 다루는 학문이다. 이 책을 통해 정의한 '청소년지도'는 국가로부터 전문성을 인정받은 청소년지도자가 신체적·정신적·사회적·영적 문제에 직면한 청소년에게 청소년지도의 원리와 실제를 활용한 체계적인 프로그램을 통해 청소년이 의미 있는 변화와 성숙에 이르며 궁극적으로는 전인적인 인간으로 성장할 수 있도록 돕는 것이다.

청소년지도를 위해서는 청소년의 욕구에 기반한 활동을 중심으로 하여 청소년이 주도적으로 참여할 수 있도록 촉진하고 다양성과 효율성, 창의성, 협동성 등이 필요하며, 무엇보다 즐거움을 추구할 수 있도록 구성할 필요가 있다. 또한 청소년 시기의 발달적 특성을 이해하고 그들을 존중하는 마음으로 지도하는 것이 중요하다.

이 책의 제1부는 청소년지도의 기초적 이해 영역으로, 청소년의 이해, 청소년활동의 이해, 청소년지도의 이해, 청소년지도자의 이해, 청소년지도자와 리더십, 청소년지도방법의 이해를 다루고 있다. 제2부는 청소년지도방법의 실제 영역으로, 청소년의 대상별 지도방법, 청소년활동 유형별 지도방법, 청소년문제에 대한 지도방법, 청소년프로그램의 운영, 청소년활동 현장의 위험과 안전관리, 청소년활동과 지역사회연계를 위주로 구성하였다. 청소년지도의 기초적 이해에서는 현장에 대한 이해를 바탕으로 기본적인 개념과 기초 이론 위주로 구성하였고, 청소년지도방법의 실제에서는 현장에서 지도할 때 필요한 기법 위주로 구성하여 청소년지도에 있어서 실천 지침이 되도록 하였다.

특히 최신 정보와 자료를 바탕으로 청소년활동 대상별·유형별·문제별 지도방법을 구체적으로 제시하였으며, 청소년활동에서 중요한 청소년프로그램 운영과 안전관리에 집중하여 집필하였다. 이 책이 청소년지도 현장에서 청소년 개인과 집단에 활동 및 프로그램을 지도하는 데 유용하게 활용되기를 기대한다.

청소년지도자는 현시대의 구성원으로 청소년을 존중하고 자율성과 주도성을 확립할 수 있도록 그들을 지도해야 할 것이다. 그러기 위해서는 무엇보다 역량 있는 청소년지도자가 양성될 필요가 있으며 꾸준한 자기계발이 이루어져야 한다. 또한 청소년이 가장 많은 시간을 보내고 있는 교육계와도 지속적인 협력과 공유가 필요하며, 전문적인 능력과 자질을 갖춘 청소년지도자 양성을 위해 이 책이 사용되기를 바라는 마음이다. 더불어 청소년에 대한 열정과 사명감, 리더십을 갖춘 청소년지도자들의 직업적인 안정성과 처우가 개선되어 사회적으로 존중받는 청소년지도 영역이 확보되기를 희망한다.

2023년 6월
저자 일동

차례

■ 서문 ·· 3

제1부
청소년지도의 기초적 이해

제1장 청소년의 이해 ··· 11
1. 청소년의 개념과 구분 ···································· 11
2. 청소년의 발달적 특징 ···································· 14
3. 청소년문화의 이해 ······································· 24

제2장 청소년활동의 이해 ··· 33
1. 청소년활동의 개념 ······································· 34
2. 청소년활동의 필요성 ····································· 36
3. 청소년활동의 유형과 청소년활동 신고 · 인증제도 ············· 39

제3장 청소년지도의 이해 ·· 47

1. 청소년지도의 개념 ··· 48
2. 청소년지도의 원리 ··· 50
3. 청소년지도의 효과 ··· 54
4. 청소년지도의 실천현장 ·· 56

제4장 청소년지도자의 이해 ··· 63

1. 청소년지도자의 개념과 역할 ·· 63
2. 청소년지도자의 직무 및 역량 ··· 67
3. 청소년지도자의 양성제도 ·· 72

제5장 청소년지도자와 리더십 ·· 87

1. 청소년지도자 리더십의 이해 ·· 88
2. 청소년지도자 리더십 이론 ··· 91
3. 청소년지도자 리더십 유형과 원칙 ···································· 100

제6장 청소년지도방법의 이해 ·· 107

1. 청소년지도방법의 개념과 특성 ······································· 107
2. 청소년지도의 단계 ··· 109
3. 청소년지도의 기법 ··· 116

제7장 청소년지도방법의 이론적 이해 ······························· 125

1. 경험학습이론 ··· 125
2. 구성주의이론 ··· 131
3. 동기이론 ··· 137

제2부
청소년지도방법의 실제

제8장 청소년의 대상별 지도방법 ·············· 145
1. 개인중심 지도방법 ························· 145
2. 소집단중심 지도방법 ······················ 150
3. 대집단중심 지도방법 ······················ 155

제9장 청소년활동 유형별 지도방법 ·············· 159
1. 청소년수련활동 지도방법 ···················· 159
2. 청소년문화활동 지도방법 ···················· 163
3. 청소년교류활동 지도방법 ···················· 167
4. 청소년봉사활동 지도방법 ···················· 173
5. 청소년진로활동 지도방법 ···················· 180
6. 청소년상담 지도방법 ······················ 198

제10장 청소년문제에 대한 지도방법 ·············· 203
1. 청소년문제에 대한 이해 ···················· 203
2. 청소년과 인터넷 ························· 205
3. 가정 밖 청소년 ························· 213
4. 청소년과 약물 ·························· 218
5. 청소년과 유해환경 ······················· 223

제11장 청소년프로그램의 운영 ·············· 227
1. 청소년프로그램의 이해 ····················· 228
2. 청소년프로그램 개발 과정과 공모사업 ·············· 237
3. 청소년프로그램의 실제 ····················· 253

제12장 청소년활동 현장의 위험과 안전관리 ·················· 259

1. 위험과 안전사고 ······························· 260
2. 청소년활동 안전 관련 법령 ················· 271
3. 위험 예방 및 안전관리 방안 ··············· 280
4. 청소년 안전교육과 사고 예방 지도방법 ······ 287

제13장 청소년활동과 지역사회연계 ··························· 301

1. 지역사회와 청소년활동 ······················· 301
2. 학교와 청소년 ································· 307
3. 지역사회와 취약청소년활동의 연계 ········· 316

부록 ······································· 323

청소년지도사 윤리헌장 ···························· 324
청소년지도사 윤리강령(안) ······················ 325
청소년상담사 윤리강령 ···························· 328

■ **참고문헌** ····································· 339
■ **찾아보기** ····································· 353

제1부

청소년지도의 기초적 이해

제1장   **청소년의 이해**

제2장   **청소년활동의 이해**

제3장   **청소년지도의 이해**

제4장   **청소년지도자의 이해**

제5장   **청소년지도자와 리더십**

제6장   **청소년지도방법의 이해**

제7장   **청소년지도방법의 이론적 이해**

제1장

청소년의 이해

청소년지도의 기초적 이해를 돕기 위해서는 가장 먼저 살펴봐야 하는 것은 '청소년' 개념에 대한 다양한 고찰이다. 이에 이 장에서는 청소년 개념을 사전적 의미, 국내 청소년 관련 법률에서의 청소년 개념, 그리고 영어권에서 사용하는 청소년 관련 용어를 살펴보고자 한다.

또한 청소년이 갖는 다른 세대, 다른 성장 시기들과의 특징을 보고자 발달적 특징과 청소년 고유의 문화를 고찰하였다. 청소년 발달적 특징으로 신체적 · 성적 · 운동 능력 발달 특징을 살펴보았으며 청소년의 다양한 고유 문화 중 또래문화, 대중문화, 미디어 문화를 통해 이들이 갖는 중요 특징을 알아본다.

1. 청소년의 개념과 구분

1) 청소년의 다양한 개념[1]

청소년에 대한 이해를 증진시키기 위해서는 제일 우선 과제로 청소년을 의미하는 개념을 살펴봄이 바람직할 것이다. 청소년을 지칭하는 개념들은 매우 다양하며,

---

1) 이 내용은 '오윤선, 황인숙(2021). 청소년지도방법론(2판). 공동체.'를 발췌 · 수정하였음.

법률에서도 정하는 나이와 그 구분이 다채롭다. 법률상에서 구분하는 청소년의 개념은 제1장 '청소년의 법률상 구분'에서 다룰 것이며 여기에서는 청소년의 개념을 파악하는 첫 작업으로 용어 정의를 하고자 한다.

모든 국가 및 사회에서 통용되는 청소년이라는 용어는 그 문화적·시대적·역사적 배경에 따라 다양하게 얽혀 있어서 그 정의와 개념을 단정적으로 규정하기는 쉽지 않다. 먼저, 국내의 청소년 개념 및 용어를 사전적으로 정의하기 위해서 국립국어원의 『표준국어대사전』(2022)을 근거로 살펴보면 다음과 같다.

먼저, 『표준국어대사전』에는 '청소년(青少年)이란 청년(青年)과 소년(少年)을 아울러 이르는 말'로 명시되어 있으며, 이를 보다 자세히 파악하기 위해 '청년'과 '소년'을 찾아보면 '청년이라 함은 신체적·정신적으로 한창 성장하거나 무르익은 시기에 있는 사람'이며 '소년이라 함은 ① 아직 완전히 성숙하지 아니한 어린 사내아이, ② 젊은 나이, 또는 그런 나이의 사람'으로 설명하고 있으며 정확한 나이는 명시되어 있지 않다. 『표준국어대사전』은 청소년 관련 법률 중 「청소년 기본법」에서 9세 이상 24세 이하인 사람을 이르는 말, 「청소년 보호법」에서 19세 미만인 사람을 이르는 말, 다만 만 19세가 되는 해의 1월 1일을 맞이한 사람은 제외한다.'로 청소년 관련 법률 중 「청소년 기본법」과 「청소년 보호법」을 준용하는 관점을 제시하고 있으며, 이를 통해 청소년은 사회적으로 보호를 받을 대상이라는 것을 암시하고 있다.

앞서 국내에서의 청소년 관련 사전적 의미와 정의를 고찰하였으며 다음으로는 영어권에서의 청소년 개념을 살펴보고자 『옥스퍼드 영어사전』을 근거로 하였다. '영어식으로는 13~19세를 'teenager'라고 하는데, 이 시기는 청소년기와 꽤 일치한다. 즉, 2차 성징이 나타나면서 성장이 급속화되는 2차 급속성장기의 성장이 끝나 성인이 되기 전의 연령을 이르는 말'로 설명하고 있다.

한편, 영어권에서 청소년을 일컫는 용어 중 teenager외에도 'adolescent' 'youth' 'puberty' 'juvenile' 등이 있으며, 각각의 내용은 조금씩 상이하다. 고영희(2012)는 adolescent는 청소년, puberty는 사춘기로 번역하여 주로 심리학, 생리학, 발달학의 학문 영역에서 통용되는 개념이고, teenager와 youth는 사회학 및 문화적 이론에서 많이 제기되는 개념이라 분석하였다. 이에 비해 juvenile은 영어권에서 법적 연령에 준하는 청소년을 칭할 때 주로 사용되는 개념이라 할 수 있다.

이러한 다양한 청소년에 대한 용어들이 갖는 공통의 특징을 고영희(2012)는 사춘기라고 개념화하고, 이에 대해 도식화하였다([그림 1-1] 참조).

[그림 1-1] **사춘기의 개념**

출처: 고영희(2012).

2) 청소년의 법률상 구분

청소년에 대한 개념은 현대 서구 사회에서 처음 등장한 것으로 보이는데, 그 이유는 산업혁명 및 산업화와 깊은 관련이 있다. 오랜 역사 속에서 아동기의 어린 나이에도 가사 및 기타 노동에 참여하였다. 그러나 산업혁명 이후 현대에 이르기까지 아동기 및 청소년기의 어린 나이 인구들은 가속화되는 산업화 과정에서 중요한 예비 노동자와 같은 개념으로 처우되었는데, 이는 보다 빨리, 잘 숙련된 일꾼으로 산업현장에서 필요했기 때문이다.

동서양 모두에서 10대 중후반 시기에 관례를 치르거나 한 가정의 가장이 됨으로써 오늘날 이야기하는 사춘기에 있는 청소년의 심리적 · 정서적 문제가 두드러지지 않았으며 이들에 대한 큰 보호의식은 없었다. 그러나 서구를 중심으로 산업혁명 이후에는 아동 · 청소년에 대한 인권의식을 가짐과 동시에 교육제도를 통한 제대로 된 미래의 일꾼, 숙련된 예비 노동자로 관심을 갖게 되었다. 이로 인하여 사람들이 정신적 · 신체적으로 성장 · 변화가 큰 청소년에 대한 관심과 새로운 개념들에 눈을 뜨게 되었다. 이후 이러한 개념은 서구 문화권에서 타 문화권으로 전파되었고, 청소년 및 청소년기에 대한 개념이 세계적으로 당연시되는 시대를 맞게 된다. 여기에서는 한국에서 법률상 의미하는 청소년의 기준과 연령 등을 살펴본다.

〈표 1-1〉에서 알 수 있듯이, 명칭은 대부분 청소년이며 간혹 연소자, 소년, 미성년자, 아동 등의 명칭을 사용하고 있으며 법률이 제시하는 목적에 따라 그 연령 기준은 상이하다. 「아동복지법」을 중심으로 「공연법」 「근로기준법」에서는 18세 미만이며, 「청소년 보호법」 「아동 · 청소년의 성보호에 관한 법률」 「성매매알선 등 행위의 처벌에 관한 법률」 「성매매방지 및 피해자 보호 등에 관한 법률」 「소년법」

등은 19세 미만임을 알 수 있다. 반면, 「청소년 기본법」과 「청소년활동 진흥법」 「청소년복지 지원법」에서는 9세 이상 24세 이하로 연령을 기준하고 있음을 알 수 있다. 그러므로 우리 사회에서 청소년의 연령 기준을 논하기 위해서는 해당되는 사안에 따라 관련 법률의 기준을 중심으로 판별해야 함을 알 수 있다.

〈표 1-1〉 **국내 청소년 관련 법률**

법률 명칭	청소년 명칭	연령 기준	제정 연도	주관부서
「청소년 기본법」	청소년	9세 이상 24세 이하	1991. 12. 31.	여성가족부
「청소년 보호법」	청소년	만 19세 미만	1997. 3. 7.	여성가족부
「청소년활동 진흥법」	청소년	9세 이상 24세 이하	2004. 2. 9.	여성가족부
「청소년복지 지원법」	청소년	9세 이상 24세 이하	2004. 2. 9.	여성가족부
「아동 · 청소년의 성보호에 관한 법률」	청소년	만 19세 미만		
「성매매알선 등 행위의 처벌에 관한 법률」	청소년	만 19세 미만	2004. 3. 22.	법무부
「성매매방지 및 피해자 보호 등에 관한 법률」	청소년	만 19세 미만	2004. 3. 22.	여성가족부
「영화 및 비디오물의 진흥에 관한 법률」	청소년	18세 미만	2006. 4. 28.	문화체육관광부
「공연법」	연소자	18세 미만	1961. 12. 30.	문화체육관광부
「소년법」	소년	19세 미만	1958. 7. 24.	법무부
「근로기준법」	연소자	18세 미만	1997. 3. 13.	고용노동부
「아동복지법」	아동	18세 미만	1961. 12. 30.	보건복지부
「민법」	미성년자	만 20세 미만	1958. 2. 22.	법무부
「형법」	형사미성년자	14세 되지 아니한 자	1953. 9. 18.	법무부

2. 청소년의 발달적 특징

청소년기가 다른 발달시기와 비교하여 두드러지는 특징은 신체 · 성적 발달이라 할 수 있다. 그야말로 폭풍 성장이 이루어지는 시기이며, 그 밖에 심리 · 정서적 발달, 사회적 발달 등을 들 수 있다. 물론 개인적인 차이가 존재하기는 하지만 가장 보편적인 특징을 중심으로 청소년기의 발달적 특성을 살펴본다. 여기에서는 청소년의 신체적 발달, 성적 발달 그리고 운동 능력에서의 발달적 특징을 살펴봄으로써 향후 청소년지도에 있어 보다 폭넓은 이해를 돕고자 한다.

1) 신체적·성적·운동 능력 발달 특징

신체적으로 청소년기는 12~13세의 사춘기를 시작으로 19~20세에 그 정점에 달하며, 이후 성인기에 이르게 된다. 신체 발달과 동시에 성호르몬의 발달작용으로 제2차 성징의 발달이 수반된다. 한국 질병관리청(https://www.kdca.go.kr/)에 의하면, 개인차가 있으나 남자의 경우 13세에 시작하여 16~17세까지 급성장을 이루며 이후에는 완만해진다. 반면, 여자의 경우 남자보다 2년 정도 앞선 11세에서 시작하여 14~15세까지 급성장을 이루다가 증가폭이 크게 둔화된다. 신체 발달과 함께 성호르몬의 발달 및 2차 성징의 발달이 이루어지는데, 사춘기 동안에 호르몬의 변화로 다음과 같은 2차 성징을 보인다. ① 음모 성장, ② 남자의 성기 발달과 몽정, 여자의 월경주기 시작, ③ 남자의 변성기, ④ 겨드랑이털의 성장, ⑤ 수염의 발달, ⑥ 피하지방과 여드름의 증가이다.

청소년기의 급격한 신체적 발달은 청소년의 심리와 행동에도 깊은 영향을 미치는데, 이에 오윤선과 황인숙(2016)은 청소년기 신체 발달의 심리적 의미를 다음과 같이 설명하고 있다. 첫째, 청소년은 자신의 신체 변화에 대해 매우 자각적이다. 청소년은 자신의 신체에 일어나는 변화를 자각하는 정도가 생애주기 그 어느 시기보다 활발하여 당혹감, 불안, 신체적 결점에 대한 보완 등의 행동에 민감하다. 둘째, 신체 발달의 개인차로 인해 우월감 혹은 열등감을 느끼게 되는데, 이런 이유에서 친구 및 또래와의 비교로 인기 및 비호감 척도가 되기도 한다. 셋째, 청소년기 신체상(body image)은 청소년기의 자아개념과 성격 그리고 사회 적응에 큰 영향을 준다.

성적 발달 및 성숙은 1차 성징과 2차 성징으로 나눌 수 있는데, 사춘기의 신체 변화는 개인에 따라 발달 속도의 차이가 있지만 그 순서는 동일하게 나타난다. 1차 성징은 태어나면서 생식기에 의한 남자와 여자를 구분할 수 있는 신체상의 성적 특징을 의미하며, 남녀의 생식능력에 잠재적이지만 직접적인 영향을 주는 기관(고환, 난자 등)이 성숙된다. 이에 비해 2차 성징은 사춘기가 시작되면서 성호르몬의 분비에 의해 나타나는 신체상의 성적 특징을 의미하며, 남녀의 구분에 있어 가장 중요한 부분이고 1차 성징에 비해서는 매우 가시적으로 나타난다.

사춘기 중 성적 발달은 세트 순서로 발생한다. 그러나 변화의 시기와 속도는 개인마다 차이가 존재한다. 여아의 경우, 사춘기는 약 8~13세에 시작하여 약 4년간 계속된다. 다음은 여아와 남아의 성적 발달 단계의 일반적인 순서와 정상 범위를 나타낸 차트이다.

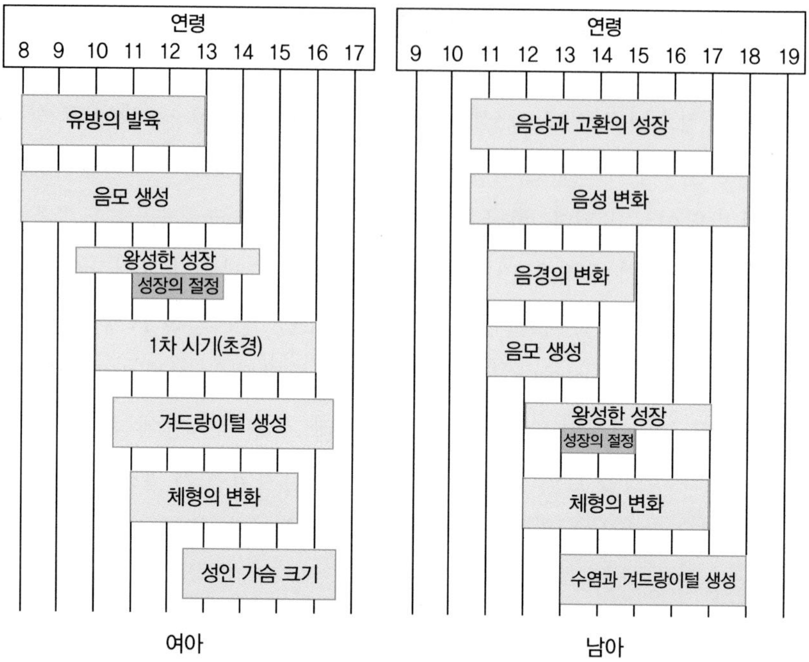

[그림 1-2] **여아와 남아의 성적 발달**

출처: MSD(https://www.msd.com/)를 번역하였음.

　[그림 1-2]는 MSD[2]에서 전 세계 평균 여아와 남아의 성적 발달에 대한 차트이다. 앞서 살펴본 한국의 질병관리청에서 제시한 나이와 크게 다르지 않으며 여전히 세계적으로 여아가 남아보다 성적 발달 연령이 2~3년 빠른 것을 알 수 있다. 즉, 성적 발달이 가장 고조에 이르는 나이는 여아가 9.5~14.5세인 것에 비해 남아는 12~17세까지로 볼 수 있으며, 체형의 변화에서 여아는 11~15.5세인 것에 비해 남아는 12~17세로 여아의 성적 발달이 더 빨리 시작하여 더 빨리 멈춤을 알 수 있다.

　한편, 청소년기의 운동 능력과 발달적 특징은 다음의 세 가지로 설명된다.

　① 신체의 발달에 따라 운동 능력도 현저히 발달하는데, 운동 능력의 발달은 근

2) MSD(Merck Sharp & Dohme Corp.)는 전 세계적인 글로벌 헬스케어 기업이다.

육 및 신경계의 발달과 밀접하게 연결되어 있으며, 사회적 적응에도 중요한 역
할을 한다.

② 운동 능력의 발달은 청소년 자신이 자신감을 가지고 행동할 수 있으므로 성취
감도 생기고 사회적으로 높은 평가를 받게 된다. 특히 청소년 초기의 운동 능력
발달은 자신감을 갖게 하고, 능력도 인정받고, 정서적 안정감과 쾌활한 정서로
인한 사교성을 갖게 하여 건전한 성격 형성에 긍정적인 역할을 하게 된다.

③ 운동 능력의 발달 경향과 특성은 남녀 성차가 뚜렷하여 전반적으로 남성이 여
성보다 우월하며, 이 경향은 청소년 초기보다 청소년 후기로 갈수록 더욱 확연
해진다.

2) 심리·정서적 발달 특징

(1) 청소년기의 정서

청소년기를 '질풍과 노도의 시기(영어: an age of storm and stress, 독어: Strum und
Drang, 강한 바람과 성난 파도의 시기)'라고 칭하는 것은 청년기를 주제로 최초로 탐구
한 심리학자 스탠리 홀(G. Stanley Hall)의 견해에서 기인한다. 홀의 견해는 이후 청
소년기를 보는 일반인의 시각에 많은 영향을 주었다. 즉, 이 시기는 동서양을 불문
하고 내성적인 변덕꾸러기나 무모한 모험심을 지닌 감정적으로 혼란과 방황의 시
기로 분석된다.

따라서 청소년이 갈등하고 방황하고 반항하는 것은 아주 당연하고, 오히려 생애
주기에서 한 번은 필요하며, 모든 인류에 있어 시간과 공간을 불문한 보편적인 발
달단계이다. 정신분석학적 입장에서는 이런 견해를 지지한다. 미국의 교육학자이
자 사회학자인 프리덴버그(E. Z. Friedenberg)는 개인의 정체성(identity)은 청소년이
부모 및 다른 권위적 인물과의 갈등을 경험함으로써 발달한다고 보았다. 청소년은
그들을 복종하게 하려는 사람들과 갈등을 겪음으로써 자신의 개성과 독립을 주장
할 수 있다.

이에 비하여 심리학자이며 교육자인 반두라(Albert Bandura)는 청소년이 반드시
질풍과 노도의 시기를 겪는 것도 아니고 겪을 필요도 없다고 주장한다. 그는 성인들
이 반항적으로 보이는 청소년의 행동에 지나치게 관심을 가지고 과장한다고 주장
한다. 또한 대중매체가 청소년의 이런 성질을 지나치게 일반화하여 그 결과 청소년

〈표 1-2〉 청소년기에 표현되는 긍정적 및 부정적 정서

대표적 정서		표현되는 내용
긍정적 정서	기쁨과 즐거움	근사한, 기분 좋은, 기쁨, 끝내주는, 날아갈 듯한, 눈물겨운, 당당한, 마음이 확 열리는, 만족스러운, 멋진, 명랑한, 반가운, 사랑스러운, 산뜻한, 살맛나는, 상쾌한, 시원한, 신바람 나는, 싱그러운, 아늑한, 안심되는, 열성적인, 위안되는, 유쾌한, 의기양양한, 자랑스러운, 자신만만한, 자유로운, 재미있는, 좋은, 즐거운, 짜릿한, 침착한, 쾌활한, 편안한, 포근한, 행복한, 흔쾌한, 흥분된 등
	행복	감격스러운, 감동을 받은, 감사한, 경쾌한, 고마운, 고요한, 두근두근한, 반짝거리는, 밝은, 빛나는, 상쾌한, 생기 있는 씩씩한, 유쾌한, 의기양양한, 조용한, 풍부한, 화창한, 활기 있는, 황홀한, 흡족한, 흥분된, 힘찬 등
	사랑과 관심	감사함을 느끼는, 감성적인, 감정적인, 감탄할 만한, 고마운, 관심이 가는, 관심 있는, 귀여운, 다정스러운, 다정한, 따사로운, 마음에 드는, 마음이 넓은, 믿을 만한, 부드러운, 분별력이 있는, 사랑받는 듯한, 사랑스러운, 사랑을 느끼는, 사려 깊은, 호의적인, 흥미 있는, 흡족한 등
부정적 정서	슬픔과 좌절	가슴이 아픈, 가슴이 찢어지는, 가여운, 걱정스러운, 고독한, 공포에 질린, 공허한, 기분이 나쁜, 기운이 없는, 눈물 나는, 동정하는, 두려운, 상처를 입은, 마음이 무거운, 멍한, 모욕당한 듯한, 목이 메는, 무서운, 무시당한, 배척당하는, 버려진, 버림받은, 보잘것없는, 부끄러운, 부서진, 불만스러운, 불쌍한, 불안한, 불행한 비난받은 것 같은, 비참한, 상처받은, 서글픈, 서러운, 섭섭한, 소외감을 느끼는 슬픈, 실망스러운, 실패한, 싫증나는, 쓸모없는, 쓸쓸한, 암담한, 애석한, 아쉬운, 애처로운, 야속한, 얕보는, 어두운, 억압된, 언짢은, 외로운, 우울한, 울적한, 자포자기하는, 잠잠한, 저하되는, 적적한, 절망스러운, 지루한, 지친, 참담한, 창피스러운, 처량한, 처참한, 타락한, 패배한, 평탄한, 피로해지는, 하잘것없는, 혼자인 느낌이 드는, 활기 없는, 희망이 없는 등
	분노와 증오	가혹한, 격분을 느끼는, 격분한, 경멸스러운, 고통스러운, 골치 아픈, 공격적인, 괴로운, 구역질나는, 귀찮은, 그저 그런, 기분상하는, 꼴사나운, 나쁜, 답답한, 떨떠름한, 마음을 닫고 싶은, 무시당한, 무정한, 미운, 미칠 것 같은, 반감을 느끼는, 밥맛 떨어지는, 방황하는, 배반당한, 분개한, 분노스러운, 부글부글 끓는, 숨 막히는, 신경질 나는, 싫은, 싫증이 나는, 심술 난, 아픈, 안 좋은, 앙심을 품은, 약 오르는, 얄미운, 어리둥절한, 어색한, 업신여기는, 역겨운, 조롱당한, 좌절감이 느껴지는, 죽을 것 같은, 증오스러운, 지겨운, 환멸스러운, 흉악한 등
	불안	안절부절못하는, 걱정이 되는, 긴장된, 불편한, 짜증이 나는, 예민한, 서성거리는, 놀라는, 흥분되는, 떨리는, 두려움을 느끼는, 두근거리는, 침착하지 못하는, 무서운, 부정하는, 걱정하는, 초조한, 불안한, 떨리는, 답답한, 피로한 등

이 성인이 만들어 놓은 관념에 맞추게 된 것이라고 주장한다. 이에 이미 청소년기를 지난 혹은 그 시기에 놓인 당사자들의 견해가 매우 궁금하다.

이렇게 상반되는 홀과 반두라의 대립되는 입장을 에릭슨(Erik Erikson)의 정체성 개념이 어느 정도 해소할 수 있다. 에릭슨에 따르면 청소년기는 질풍노도의 시기만도 아니고 동조와 복종의 시기만도 아니고, 다만 정체성의 확립과 정체성 혼미 사이에서 싸우는 시기이다. 미성숙하고 비이성적이고 무책임하던 아동기의 자신, 그리고 성숙하고 성적인 존재이고, 책임을 져야 하는 현재의 자신과 연속성과 통일성을 유지하는 것이 성장하는 청소년의 문제이다.

청소년기의 심리적 발달과 관련하여 감정의 발달에도 주의를 기울여야 하는데, 이 시기는 다채로운 감정 및 정서의 표출이 특징적이다. 〈표 1-2〉에는 청소년기에 표현되는 다양한 정서를 정리하였다.

(2) 청소년의 정신장애와 스트레스

청소년기의 가장 대표적인 정서는 스트레스와 우울이며 이로 인한 정신건강의 이상도 표출하게 된다. 〈표 1-3〉은 청소년기의 특징적 정신장애와 이에 대한 문제들을 정리한 것이다. 다양한 상황에 놓인 청소년의 올바른 지도를 위해서는 청소년기의 이러한 정신장애와 문제점의 이해 역시 요구된다.

〈표 1-3〉 **청소년기의 특징적 정신장애 문제**

① 신경성 식욕부진	ⓕ 외상 후 스트레스장애
② 학교거절증	ⓖ 급성 스트레스장애
③ 약물남용과 중독	ⓗ 범불안장애
④ 정체성 장애와 지연장애	⑧ 우울장애
⑤ 반항성 장애	ⓐ 주요우울장애
⑥ 성도착행위	ⓑ 감정부전장애
⑦ 불안장애	⑨ 자살
ⓐ 공황장애	⑩ 정신분열병
ⓑ 광장공포증	⑪ 성문제
ⓒ 사회공포증	⑫ 외상성 뇌손상
ⓓ 특정공포증	⑬ 주의력결핍 및 과잉행동장애
ⓔ 강박장애	⑭ 품행장애 혹은 청소년비행

출처: 김창현(2018).

인생에서 처음 경험하는 것투성인 청소년기는 모든 것이 스트레스이다. 친구와의 인간관계, 학교에서의 성적, 부모형제와의 가족관계, 첫사랑, 익숙하지 않은 신체적 · 정서적 변화 등 성장하는 청소년기에 일어나는 모든 일은 청소년기를 이미 지난 기성세대에게는 그저 지나간 홍역이지만 당장 겪고 있는 청소년 당사자에게는 이에 대한 대처방안이 필요하다. 라자러스(Lazarus, 1984)는 스트레스에 대한 대처양식을 크게 문제중심적 대처, 정서중심적 대처 그리고 문제−정서 혼합대처로 분류하는데(설진화, 2016), 이는 청소년과 청소년을 지도하는 전문가에게 유익한 정보가 된다.

① 문제중심적 대처

문제중심적 대처는 문제의 정의, 대안 설정, 결과 예견, 해결책 선택, 재평가 등과 같은 방법을 통하여 자신이 직면하는 스트레스를 다루어 나가는 것을 말하는 것으로 스트레스를 해결하려는 가장 적극적이고 효율적인 스트레스 대처방식이다.

- 1단계: 문제의 정의

  해결해야 할 문제가 무엇인가? 문제가 무엇인지에 대한 출처를 파악한 후 이에 대한 해결책을 강구할 수 있는 간단명료한 진술이 필요
- 2단계: 대안 설정

  문제상황에 대한 해결책을 모색하는 데 있어서 가능한 한 많은 대안을 검토함. 대안 설정에 있어서 브레인스토밍 기법의 활용은 매우 유익
- 3단계: 결과 예견

  여러 가지 아이디어에 대한 평가방법
- 4단계: 해결책 선택

  문제를 가장 잘 해결하고 관련자들의 욕구를 가장 잘 충족시켜 줄 수 있는 방법 선택
- 5단계: 재평가

  모든 결과를 예측할 수 없으므로 자신이 선택한 결정에 대해 재평가할 준비 필요

② 정서중심적 대처

정서중심적 대처는 스트레스를 일으키는 문제나 상황을 직접 통제하기보다 회

피, 부정, 감정적 대응 등과 같은 방법을 통하여 스트레스 상황에서 발생하는 정서적 고통을 감소시키려는 방식으로, 다음의 요소로 구성된다.

- 소망적 사고: 스트레스는 기왕에 일어난 일이니 자신의 행동이나 생각을 바꾸려고 노력
- 거리두기: 스트레스를 유발하는 곤란하고 어려운 상황에 대해 의도적으로 잊으려고 노력
- 책임감 수용: 스트레스를 유발한 문제를 일으킨 사람이 자신이라는 것을 깨닫고 자신의 책임이었음을 생각하고 이를 받아들임
- 긴장 해소: 스트레스로 인하여 발생한 불안, 갈등, 긴장을 없애기 위해 운동, 오락, 예술 등의 다른 일에 몰두
- 고립: 다른 사람이 알지 못하게 내 마음속에만 숨겨 둠
- 사회적 지지 추구: 다른 사람의 동정과 이해, 지지를 얻으려고 노력

③ 문제-정서 혼합대처

일반적으로 사람은 스트레스 상황에서 문제중심적 대처와 정서중심적 대처를 혼용하여 사용한다. 문제-정서 혼합대처의 기술에는 성장 지향과 직면하기가 있다.

- 성장 지향: 스트레스를 받은 상황으로부터 자신의 성장에 도움이 되는 효과를 찾으려고 함
- 직면하기: 스트레스를 일으키고 있는 상황을 바꾸기 위해 어려움에 맞서 공격적으로 행동함

3) 심리·사회적 발달 특징

에릭슨은 그의 저서 『아동기와 사회(Childhood and Society)』(1963)에서 인간의 생활주기로서 심리·사회적 자아발달의 8단계를 제시하였다. 그는 인간이 심리·사회적 발달단계마다 생리적 성숙을 하면서 동시에 심리적 위기를 수반한다고 가정하였다. 각 단계의 심리·사회적 위기는 긍정적 요소와 부정적 요소가 포함되는데, 만약 성장과정에서 발생하는 갈등이 만족스럽게 해결되면 긍정적 요소는 점차 성

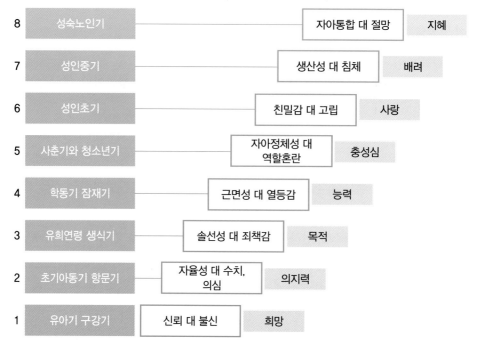

[그림 1-3] **에릭슨의 심리 · 사회적 발달 8단계**
출처: Erikson (1963).

장 · 발달하는 자아 속에 스며들어 보다 건전한 발달이 보장된다는 주장이다.

이에 5단계에 속하는 사춘기와 청소년기는 자아정체성 대 역할혼란(identity vs. identity confusion) 단계로 인생에서 가장 중요한 시기라 하였다. 청소년기는 주변의 이데올로기, 즉 문화, 종교, 정치적 사고 등에 예민하게 반응하며 사회 속에서 자아정체감에 대한 깊은 고민과 갈등을 갖게 된다. '나는 누구인가?' '나는 어디로 가고 있는가?'라는 고민 끝에 기존 문화와 제도에 도전하는 반항, 폭동, 혁명에 가담하는 경우도 있다(최순남, 1993).

또한 전희일 등(2018)은 청소년기의 심리사회적 발달 특성과 관련하여, ① 자아정체성 확립, ② 자율성 확립, ③ 친밀성 확립, ④ 타인의 성적 매력에 대한 선호, ⑤ 성취라는 다섯 가지 심리사회적 발달영역으로 나누어 그 특징을 강조하였다.

• 자아정체성 확립: 청소년기의 가장 중요한 과업이다. '내가 누구인가?'에 대해 청소년이 생각하는 의식적 수준으로 해답을 얻고자 하는 것이다. 청소년기 동안에는 영향력 있는 중요한 타자(부모 또는 교사 및 청소년지도자)의 견해에 좋

아하든 좋아하지 않든 통합되려고 노력하는 경향이 있다. 그래서 이 시기의 부모, 교사, 청소년지도자의 역할은 청소년의 정체성 확립에 큰 영향을 준다. 그래서 청소년의 가치와 믿음, 직업적 목표, 관련된 기대 등에 분명한 느낌을 가지면서 독특한 정체성을 가진 청소년은 세상에서 자신에게 적합한 곳이 어디인가를 알게 된다.

- 자율성 확립: 청소년의 자율성이란 타인으로부터 완전 독립성을 의미하는 것이 아니고, 청소년의 인간관계 내에서 독립적이고 자기주도적인 사람이 되는 것을 의미한다. 즉, 자신의 의지대로 의사결정을 하고 그에 따르는 능력이 있음을 말하며, 이 경우 옳고 그름의 원리에 따라 자신이 결정한 대로 삶을 유지하고 부모에게 감정적으로 덜 의존하게 된다. 자율성은 청소년이 사회에서 자기충족적인 사람이 되기 위해 필수적으로 성취해야 할 부분이다. 때로 청소년은 스스로 이런 자율성을 반항이란 개념과 비슷하게 사용하기도 한다.

- 친밀성 확립: 친밀성과 성은 같은 의미가 아니다. 친밀성은 동성의 친구집단을 통해서 처음 배우게 된 다음 좋은 관계로 발전하게 된다. 친밀성은 사람들 사이에서 개방적이고 정직하고 진실한 관계를 유지하는 데 매우 밀접하게 활용된다. 우정은 청소년 사이에서 사회적 기술을 수용하고 함께 공정한 관계를 유지하는 첫 번째 환경으로, 청소년 사이에서 관계를 어떻게 시작하고 유지하며 관계를 결정하고 수용하여 그 사이가 친밀하게 되는가를 배우는 능력을 말한다.

- 타인의 성적 매력에 대한 선호: 청소년은 육체적인 성숙을 이룬 후 깊이 있는 사고를 하게 된다. 이때 성적인 성숙도 함께 이루어진다. 청소년기에 성교육을 올바르게 받고, 정상적인 환경에서 성에 대해 관심을 갖는다는 것은 매우 중요한 성적 정체성을 형성하는 데 도움이 된다. 특히 고등학생의 건강한 성적 정체성 정립은 일생에 있어서의 삶의 질을 형성하게 되며, 이어서 건강한 성인기를 맞이할 수 있다. 이 시기에 잘못된 성 정보를 가지거나 왜곡된 성 가치관이 정립되면 큰 문제를 유발하게 된다.

- 성취: 현대사회는 성공과 경쟁의 가치지향적 태도에 이끌리는 경향이 강하다. 인지적 능력이 발달되면서 청소년은 현재의 자신의 능력과 계획 그리고 미래의 직업적 열망 사이의 관계를 보고 새로운 시도를 하게 된다. 자신이 선호하는 것을 성취하고자 하며, 미래의 성공을 위해 현재 직면하고 있는 문제에도 기꺼이 노력하게 된다.

3. 청소년문화의 이해

1) 청소년문화의 보편적 특징

청소년복지 및 청소년활동 현장에서 청소년의 건강한 지도를 위해서는 무엇보다 청소년문화에 대한 이해가 요청된다. 이 절에서는 특히 다채로운 청소년의 문화 중 새로운 제4차 산업혁명 시대를 살아가는 우리 청소년의 문화적인 성향을 탐구하여 그들의 이해를 증진시키는 노력을 기울이고자 하였다.

우리나라 청소년문화의 보편적인 특성을 살펴보면 다음과 같다(홍봉선, 남미애, 2007).

첫째, 한국의 청소년문화는 기본적으로 학교의 영역과 밀접하게 관련되어 있다. 학생 신분의 청소년은 생활시간의 가장 많은 부분을 학교와 학원 등에서 보내는 학업 중심의 삶이며 학업의 성취를 가장 중요한 목표로 강요받고 있다.

둘째, 대중문화에 대한 의존성이 매우 크다. 그런 점에서 대중문화는 청소년을 둘러싸고 있는 가장 중요한 문화 환경이며 청소년이 스스로의 정체성을 형성하고 표현하는 가장 중요한 기제이다.

셋째, 청소년은 단순히 문화소비자로 존재하지 않고 문화생산자로 존재한다. 청소년은 대중음악, 영상 제작, 만화 창작 등에 전문적인 실력을 겸비하여 문화 환경에 참여하고 있다. 청소년에게 문화는 소비와 수용의 대상만이 아닌 생산과 참여의 대상이 된 것이다.

넷째, 청소년세대의 힘은 그들이 창조하는 새로운 문화에서 나온다고 해도 과언이 아니다. 정보화의 진전과 함께 문화 · 지식의 축적과 생산에 있어서 연소자 세대와 연장자 세대의 지위와 역할 그리고 그 상호관계가 역전되는 조짐이 뚜렷하다. 지식정보사회로 표현되는 오늘의 사회에 있어 젊은 세대는 연장자 세대에 의해 축적된 문화 · 지식의 단순한 전수자가 아니며, 오히려 많은 측면에서 새로운 것의 창출자와 전달자의 위치를 점하고 있다. 문화매체가 확장되고 휴대폰과 인터넷이 일반화되며 자발적 동호회가 급성장하면서 세대 간 차이도 한층 가시화되고 있으며, 문화현상을 세대변수와 연관시켜 이해해야 할 필요성 또한 증대되고 있다.

이에 다양한 청소년문화 유형을 살펴보면 다음과 같다. 청소년문화로 대표되는 유형으로는 청소년 또래문화, 청소년 여가문화, 청소년 소비문화, 청소년 대중문화, 청소년 웹툰문화, 청소년 팬덤문화, 청소년 참여문화, 청소년 패션·화장 문화, 청소년 성문화, 청소년 가족문화, 청소년비행문화, 청소년 음식문화 등 청소년만이 지니는 고유한 문화들이 존재하나 이는 청소년문화론에서 다룸이 바람직하다. 여기에서는 대표적으로 또래문화, 대중(팬덤)문화, 미디어 문화를 살펴본다.

2) 청소년의 또래문화

청소년 시기는 다양한 측면에서 친구와 상호작용을 하면서 서로 영향을 주고받는다. 즉, 친구로부터의 인정, 승인, 수용은 청소년에게 있어 매우 중요한 의미를 가진다. 친구관계는 청소년 비행연구에서 선택되는 주요 변수 중의 하나이다. 선행연구에 따르면, 일반친구와의 교류는 비사회적 행동에 참여하는 것을 방지하지만, 비행친구와의 교류는 외적 행동과 내재적 문제에 영향을 준다. 또한 몇몇 연구에서는 비행친구와의 교류가 청소년 비행의 원인이 되고 있음이 실증적으로 밝혀졌다(장수한, 2020).

청소년의 하위집단의 대표적인 예로 또래집단, 동료집단은 5~6명으로 구성되는 친구집단으로서 강한 응집력을 갖는데, 보통 비슷한 취미나 활동에 관심을 갖고 동성친구들로 구성된다. 이들은 서로 깊은 얘기를 나누며, 같은 학원에 다니면서 공부하기도 하고, 때로는 같은 취미를 갖고 있기 때문에 음악이나 연극에 같이 몰입하기도 하는데, 비슷한 성격과 특성을 가진 청소년들끼리 어우러져 패거리집단(crowd)을 형성하여 독특한 집단문화를 만들어 내기도 한다(신성철 외, 2018).

또한 인본주의 사상가였던 매슬로(Maslow)는 인간의 계층적 욕구를 5단계로 설명하였는데, 이 중 소속의 욕구, 사랑의 욕구라 불리는 3단계는 이러한 청소년의 또래문화를 잘 설명하고 있다. 인간은 생리적 안전의 욕구가 충족되면 다른 사람과 어울리고 애정을 나누고 싶은 욕구가 발생한다. 건전한 인격적인 관계로서 서로를 존중하고 칭찬해 주며 신뢰를 바탕으로 이루어질 수 있는 사랑도 만약 원활한 관계가 이루어지지 못하면 사람은 공허감, 무가치, 적대감 상태를 보인다. 반항적인 청소년은 외부적 위협으로 존재하는 적, 그들로 하여금 친화집단을 만드는 공동의 적에 대항해서 더욱 친밀감을 돈독히 하고 동료의식을 갖고자 하는 욕구를 보인다. 학교의 교사, 부모 등은 이러한 면에서 '공동의 적' 역할자가 된다(최순남, 1993).

3) 청소년과 대중문화

청소년문화를 이해하고 분석하는 데 있어 중요한 코드가 대중문화이다. 그 한 예로, 대중가요 시장의 판도는 대부분 청소년층에 의해 좌우된다고 해도 과언은 아니다. 이런 현상은 1990년대로 넘어오면서 과속화되었고 그 연령층이 점점 낮아지는 것으로 보인다. 청소년은 단지 대중가요의 수요층일 뿐 아니라 이제는 대중가요의 생산자로서 그 역할이 차츰 커지고 있다. 특히 아이돌의 등장은 더 이상 청소년이 대중문화의 소비자가 아닌 엄연한 생산자 대열에 주를 이루고 있음을 보여 주고 있다. 대중가요 시장에서 청소년층이 절대적인 비중을 차지하고 있는 것과 함께 청소년의 삶에서 대중가요의 비중은 그 어느 계층에 비해서도 큰 것으로 이해된다. 대개의 경우, 기성세대는 대중음악에 대한 청소년의 열광을 '광란' 또는 '맹목적 동경' 등의 용어로 표현하며 비판적으로 바라보는 경우가 많다. 반면에 청소년문화에 동정적인 입장에서는 대중음악에 대한 청소년의 열광을 자연스러운 일시적 과정 정도로 이해하는 태도를 보인다.

4) 기술의 변화와 미디어 문화[3]

청소년과 관련된 기술의 변화에서 우리 사회는 스마트폰 보급률 세계 1위라는 명암(明暗)이 함께 공존하는 데이터를 가지고 있다. 스마트폰 보급률 1위로 인해 청소년 인터넷 중독이 문제가 되고 있다. 여성가족부(2022a)의 조사에 따르면, 2021년 기준 청소년 '인터넷 과의존 위험군'은 183,228명으로 지난해(175,496명)보다 4.4% 증가했고, '스마트폰 과의존 위험군'은 129,543명으로 지난해(136,538명)보다 5.1% 감소했다.

한편, 교육 현장에서는 디지털 사회를 맞이하여 청소년에 대한 대응 교육을 실시하게 되는데, 이 디지털 사회는 온라인에서 데이터를 만들고 사용하는 능력에 관한 기술이 요구된다. 특별히 기계와 소통할 수 있는 능력, 즉 코딩에 관한 능력이 요구된다. 교육부에서도 코딩교육의 시간을 늘려 디지털 감수성을 높이는 교육을 시도하고 있다. 최근 중학교에서는 1학년 '정보교과'에 34시간 필수 이수로 정해 운영되

---

3) 이 내용은 '여성가족부(2022a). 2021 청소년백서.'에서 발췌 · 수정하였음.

고 있다. 교육부는 중학교 1학년에 도입된 교육을 단계적으로 중학교 3학년까지 확대하였다(교육부, 2020). 사물인터넷(IoT)기술과 웨어러블 디바이스의 활용이 증가할 것이며 이를 사용하기 위한 실행을 통해서 배우는 딥러닝의 방식이 도입된다. 현재 청소년은 1995년 이후에 태어난 Z세대로 분류된다. 이들에게는 사이버세계가 현실세계보다 더 편하게 느껴진다.

　다음은 청소년의 미디어 문화에 영향을 미치는 미디어 환경에 대한 설명이다.

(1) 미디어 환경

　미디어 환경은 청소년에게 많은 영향을 미치는 인터넷, 이용하는 서비스 유형, 스마트폰, 매체별 중요도, 온라인 미디어 이용률 등을 중심으로 기술하고자 한다. 여기에서 활용된 자료는 '방송매체이용형태조사' '인터넷이용실태조사'이다(여성가족부, 2022a).

① 인터넷
• 인터넷 이용 빈도

　2020년 청소년의 인터넷 이용 빈도를 살펴보면, 10대 청소년의 98.5%는 하루에 1회 이상 인터넷을 이용하는 것으로 나타났다. 10대 청소년의 하루 1회 이상 인터넷 이용 빈도의 경우, 2015년, 2017년, 2020년에는 전년보다 증가하였다. 20대의 경우, 2020년 99.3%가 인터넷을 하루에 1회 이상 이용하는 것으로 나타났다. 20대의 하루 1회 이상 인터넷 이용 빈도는 2013년부터 지속적으로 증가하다가 2016년에는 소폭 감소하였고, 2017년부터는 증감을 반복하였다. 인터넷 이용 빈도를 집계한 모든 연도에서 20대의 하루 1회 이상 인터넷 이용 빈도가 10대 청소년보다 높게 나타났다.

• 인터넷 이용 용도

　2020년 청소년의 인터넷 이용 용도를 살펴보면, 10대 청소년의 경우, 교육학습이 99.9%로 가장 많고, 그다음이 여가활동 99.1%, 커뮤니케이션 98.5%, 자료정보 검색 95.2%, 홈페이지 운영 64.8% 등의 순이었다. 반면, 20대의 경우, 자료정보 검색이 100%로 가장 많고, 그다음이 커뮤니케이션 99.9%, 여가활동 99.8%, 홈페이지 운영 87.4%, 교육학습 82.6%, 구직활동 51.5% 등의 순이었다. 10대와 20대는 인터넷 이

〈표 1-4〉 인터넷 이용 용도　　　　　　　　　　　　　　(복수응답; 단위: %)

구분		자료정보검색	여가활동	커뮤니케이션	거래활동	교육학습	커뮤니티	SW다운로드/업그레이드	홈페이지운영	구직활동(직업·직장)	파일공유서비스	기타
2012년	10대	91.4	98.0	96.3	58.5	91.2	55.0	9.4	71.3	2.9	25.2	-
	20대	99.8	98.3	99.6	91.1	75.9	71.7	20.7	74.7	28.3	48.0	-
2013년	10대	93.7	97.2	91.9	28.6	56.9	18.1	11.6	45.2	4.3	7.0	-
	20대	99.8	97.6	81.4	62.1	28.7	30.8	22.1	67.3	27.0	14.1	-
2014년	10대	91.0	93.3	94.4	32.0	59.2	-	14.0	-	4.2	8.6	-
	20대	99.8	95.0	99.8	86.2	43.0	-	22.6	-	29.3	18.7	-
2015년	10대	91.0	96.7	95.7	-	58.7	-	-	48.5	6.5	-	-
	20대	99.8	97.4	100.0	-	50.6	-	-	70.3	33.8	-	-
2016년	10대	88.4	97.5	95.1	-	72.4	-	-	51.5	7.9	-	-
	20대	99.8	98.5	99.9	-	60.4	-	-	74.7	42.2	-	-
2017년	10대	92.6	98.9	97.1	-	73.6	-	-	53.8	7.8	-	-
	20대	100.0	99.4	100.0	-	64.3	-	-	78.2	51.3	-	-
2018년	10대	95.6	99.5	98.2	-	83.8	-	-	70.1	7.7	-	-
	20대	100.0	99.7	100.0	-	65.5	-	-	90.9	59.8	-	-
2019년	10대	96.0	99.5	98.6	-	83.5	-	-	69.9	8.9	-	-
	20대	100.0	99.7	100.0	-	70.2	-	-	91.8	60.8	-	-
2020년	10대	95.2	99.1	98.5	-	99.9	-	-	64.8	9.4	-	-
	20대	100.0	99.8	99.9	-	82.6	-	-	87.4	51.5	-	-

출처: 과학기술정보통신부(https://www.msit.go.kr/index.do), 한국인터넷진흥원(https://www.kisa.or.kr/).

용 용도가 다소 다른 양상을 보이는 것으로 나타났다. 10대 청소년이 20대보다 교육학습을 위하여 인터넷을 더 사용하는 것을 제외하고는 20대가 10대 청소년보다 인터넷을 다양한 용도로 더 많이 사용하고 있다. 특히 20대는 홈페이지 운영과 직업·직장과 같은 구직활동을 10대 청소년보다 훨씬 많이 이용하고 있다. 특히 20대는 홈페이지 운영과 직업·직장과 같은 구직활동을 10대 청소년보다 훨씬 많이 이용하고 있다. 이처럼 청소년은 현재 자신의 필요에 따라 인터넷을 이용하고 있다.

• 인터넷 서비스 이용

　청소년의 2020년 인터넷 서비스 이용 현황을 살펴보면, 이메일은 대학생 94.3%, 고등학생 65.1%, 중학생 52.0%, 초등학생 21.1%가 사용하였다. 인스턴트 메신저는 대학생 99.8%, 고등학생 99.2%, 중학생 98.7%, 초등학생 83.8%가 사용하였으며, SNS 이용은 대학생 90.8%, 고등학생 81.4%, 중학생 74.2%, 초등학생 36.0%로 집계되어 학교급이 높아질수록 대부분의 인터넷 서비스 이용률이 높아지는 것으로 나타났다. 가장 주목할 만한 점은 청소년이 인터넷 서비스 중 인스턴트 메신저를 가장 많이 이용한다는 것이다. 인스턴트 메신저의 경우 초등학생의 이용률이 83.8%에 달하며 중학생부터는 98% 이상이 이용하는 것으로 나타났으며, 중·고등학생과 대학생 간의 차이가 적은 것을 알 수 있다. 인스턴트 메신저의 수준보다는 낮지만, SNS도 초등학생이 36.0%를 이용하며, 중학생부터는 70%를 넘는 청소년이 SNS를 이용하는 것으로 나타났다.

② 스마트폰

• 스마트폰 이용 빈도

청소년의 스마트폰 이용 빈도를 보면, 2020년 10대 청소년의 경우 '매일'이 95.3%로 가장 많았고, 다음으로는 '1주일에 5~6일'이 2.9%였다. 20대는 '매일' 96.8%로 가장 많았고, 다음으로는 '전혀 안 봄/이용 안 함' 2.1%였다. 이것은 대부분 청소년이 매일 스마트폰을 이용하고 있다는 것을 보여 준다. 2016년부터 2019년까지 매일 스마트폰을 이용한다는 청소년의 경우 10대보다는 20대에서 더 많이 증가한 양상을 보였지만, 2020년에는 20대보다는 10대의 증가율이 더 높았다.

• 스마트폰 하루 평균 이용 시간

음성통화를 제외한 스마트폰 하루 평균 이용 시간은 2020년 10대 청소년의 경우, '2시간 이상'이 77.1%로 가장 많았고, 그다음이 '1~2시간' 16.4%, '1시간 미만' 6.5%의 순이었다. 20대의 경우, '2시간 이상'이 72.8%로 가장 많았고, 그다음이 '1~2시간' 21.7%, '1시간 미만' 5.6%의 순이었다. 하루에 '2시간 이상' 스마트폰을 사용하는 청소년의 비율을 보면 10대의 경우 2015년 46.6%에서 2020년 77.1%로 30.5%가 증가했으며, 증가폭이 20대에 비하면 크다. 20대도 2015년 49.7%에서 2020년 72.8%로 23.1% 증가했다.

• 스마트폰 기능별 중요도

2020년 청소년이 생각하는 스마트폰 기능별 중요도를 보면, 10대 청소년은 미디어 콘텐츠 시청이 89.0%(중요하다와 매우 중요하다를 합함)로 가장 많았고, 다음으로 커뮤니케이션 86.4%, 정보검색 정보전달이 82.7%의 순이었다. 20대는 10대와 달리 정보검색 정보전달이 93.3%(중요하다와 매우 중요하다를 합함)로 가장 많았고, 그다음 커뮤니케이션 90.8%, 미디어 콘텐츠 시청 88.6%의 순이었다. 이것은 스마트폰 기능별 중요도에 대해 연령별 차이가 있다는 것을 의미한다. 10대에게는 미디어 콘텐츠 시청의 기능이 중요한 반면, 20대에게는 정보검색 정보전달의 기능이 더 중요한 것으로 나타났다.

〈표 1-5〉 **스마트폰 기능별 중요도**   (단위: %)

구분		전혀 중요하지 않다	중요하지 않다	보통이다	중요하다	매우 중요하다	무응답
정보검색 정보전달	10대	1.4	0.4	15.6	30.5	52.2	-
	20대	0.3	0.7	5.7	34.4	58.9	-
미디어 콘텐츠 시청	10대	1.2	0.7	9.1	33.1	55.9	-
	20대	0.6	0.8	10.0	35.4	53.2	-
커뮤니케이션	10대	1.5	2.3	9.9	23.6	62.8	-
	20대	0.7	0.5	8.0	30.9	59.9	-

출처: 여성가족부(2022a).

③ 매체 중요도

2020년 청소년의 매체별 중요도를 살펴보면 다음과 같다. 일상생활에서 10대는 스마트폰을 96.2%로 가장 중요하다고 보고했으며, 그다음 PC/노트북 2.7%, TV 0.6% 등의 순으로 응답하였다. 20대 역시 스마트폰이 91.6%로 가장 중요하다고 보고했으며, 그다음 TV 4.8%, PC/노트북 3.2% 등의 순으로 나타났다. 재해·재난과 같은 비상상황 발생 시에도 10대는 89.0%가 스마트폰을 가장 중요하다고 보고했으며, 그다음으로 TV 4.7%, 라디오 4.1% 순으로 응답했다. 20대는 스마트폰이 87.4%로 가장 중요하다고 보고했고, TV 6.7%, 태블릿PC 3.5% 순으로 응답했다. 반면, 신문, 서적은 0.0~0.6%로 중요하지 않다고 응답했다. 이것은 비상상황 발생 시 청소년에게 활자매체는 덜 중요한 반면에 전자매체는 중요하다는 것을 의미한다.

④ 온라인 미디어 이용률

인터넷을 이용하는 청소년의 2020년 온라인 미디어 이용률을 보면 다음과 같다. 6~19세는 2020년 영화 관람이 84.5%로 가장 많았고, 그 다음이 신문 읽기 63.6%, TV 시청 49.1%, 잡지·서적 읽기 21.6%, 라디오 청취 11.6%의 순으로 나타났다. 2019년과 비교해 볼 때, 2020년 영화 관람이 0.4% 감소하였지만 다른 온라인 미디어 이용률이 1.3~11.9% 증가하였고, 특히 TV 시청은 11.9%로 가장 많이 증가하였다. 20대는 2020년 영화 관람이 96.2%로 가장 많았고, 그다음이 신문 읽기 94.4%, TV 시청 76.9%, 잡지·서적 읽기 36.3%, 라디오 청취 23.0%의 순으로 나타났다. 2019년과 2020년을 비교해 볼 때, 라디오 청취는 1.3%, 잡지·서적 읽기는 1.9% 감소하였지만, 다른 온라인 미디어 이용률이 1.4~19.6% 증가하였고, 특히 TV 시청이 19.6%로 가장 많이 증가하였다.

제2장
청소년활동의 이해

최근 현대 사회는 디지털 혁명을 비롯하여 정보화·세계화 등 상당히 급변하는 현상을 보이고 있고, 특히 코로나19와 같은 신종 감염병의 출현과 더불어 각종 사회 현상의 변화양상은 더욱 다양하고 복잡해져 가고 있다. 이로 인해 청소년이 일상생활이나 집단활동에서 직접적인 체험을 통해 얻을 수 있는 지식 습득이나 청소년활동의 긍정적인 요인들은 급격하게 축소되고 있어 청소년활동의 변화와 필요성은 더욱 요구되고 있는 것이 현실이다. 이에 급변하는 현대 사회를 살아가는 청소년들의 건전하고 건강한 성장을 도모하기 위한 청소년활동이 그 어느 때보다 절실한 상황이다. 그래서 청소년 발달의 교육적 의미를 증대시키고, 청소년이 직접 활동에 참여할 수 있고 흥미를 갖는 활동 들이 무엇인지 이해하며, 그러한 활동들을 증진할 수 있는 방향을 확장시켜 나가는 것을 통해 청소년활동이 목적하는 바를 얻을 수 있도록 하는 것이 필요하다. 그러므로 이 장에서는 이와 같은 급변하는 시대 환경 속에서의 청소년활동의 개념과 청소년활동의 필요성을 소개하고 청소년활동 신고·인증제도를 점검해 보는 것을 통해 청소년활동이 나아갈 방향에 대해 살펴보고자 한다.

1. 청소년활동의 개념

1) 「청소년 기본법」과 「청소년활동 진흥법」에서의 청소년활동 개념

청소년은 현재를 잘 살고 미래를 준비하는 시기에 있고, 또한 급격한 신체변화와 마음의 성장으로 인해 적응에 어려움을 겪는 세대이다. 즉, 청소년은 성공적인 성인의 삶을 준비하고 건강한 사회구성원으로서의 역할 수행을 해 나가기 위해 자아정체감을 확립해야 하는 발달과업을 달성해 나가야 한다. 이러한 청소년 세대의 특성상 그러한 시기를 지나며 어려움을 겪고, 심리적으로 불안한 요소를 가지고 있을 수 있어 청소년이 부딪히는 다양한 문제들에 유연한 대처능력을 기를 수 있도록 주변의 환경인 가족과 사회, 주변의 성인들의 안내가 적절히 이루어져야 한다(김지선, 2015). 이에 도움이 되도록 여러 청소년기관에서 청소년에게 다양한 청소년활동을 제공하여 그들의 문제 대처능력과 역량을 배양하여 건전한 성장을 이루어 갈 수 있도록 노력하고 있다(전명순, 2021).

청소년활동이라는 용어는 일반적으로 청소년기에 필요한 발달과업을 수행하기 위한 제반 활동이라는 개념으로 사용되어 왔다. 그러나 우리나라에서는 1992년 「청소년 기본법」 제정 이후 민간 차원에서 비구조화된 활동으로 이루어지던 청소년활동을 법률적 · 정책적으로 국가가 적극적으로 추진하게 되면서, 민간영역에서 개별 단체나 개인이 주도하던 청소년활동을 제도권으로 흡수하게 되었고, 「청소년활동 진흥법」을 제정하면서 일반적인 용어에서 법률적 용어로 사용하게 되었다. 한편, 우리나에서는 2014년에 전부 개정된 「청소년 기본법」에는 청소년활동을 '청소년의 균형 있는 성장을 위하여 필요한 활동과 이러한 활동을 소재로 하는 수련활동 · 교류활동 · 문화활동 등 다양한 형태의 활동'(제3조 제3호)으로 정의하고 있다.

2) 「청소년활동 진흥법」에서의 청소년활동과 관련한 주요 용어들

「청소년활동 진흥법」 제2조에서는 「청소년 기본법」에서의 청소년활동의 목적한 바를 이루기 위한 다양한 청소년활동을 적극적으로 진흥하기 위한 필요한 사항을 정함을 목적으로 청소년활동과 관련하여 사용되는 다양한 용어들을 다음과 같이 정리하고 있다.

1. '청소년활동'이란 「청소년 기본법」 제3조 제3호에 따른 청소년활동을 말한다.
2. '청소년활동시설'이란 청소년수련활동, 청소년교류활동, 청소년문화활동 등 청소년활동에 제공되는 시설로서 제10조에 따른 시설[1]을 말한다.
3. '청소년수련활동'이란 청소년이 청소년활동에 자발적으로 참여하여 청소년 시기에 필요한 기량과 품성을 함양하는 교육적 활동으로서 「청소년 기본법」 제3조 제7호에 따른 청소년지도자[2](이하 '청소년지도자'라 한다)와 함께 청소년수련거리에 참여하여 배움을 실천하는 체험활동을 말한다.
4. '청소년교류활동'이란 청소년이 지역 간, 남북 간, 국가 간의 다양한 교류를 통하여 공동체의식 등을 함양하는 체험활동을 말한다.
5. '청소년문화활동'이란 청소년이 예술활동, 스포츠활동, 동아리활동, 봉사활동 등을 통하여 문화적 감성과 더불어 살아가는 능력을 함양하는 체험활동을 말한다.
6. '청소년수련거리'란 청소년수련활동에 필요한 프로그램과 이와 관련되는 사업을 말한다.
7. '숙박형 청소년수련활동'이란 19세 미만의 청소년(19세가 되는 해의 1월 1일을 맞이한 사람은 제외한다. 이하 같다)을 대상으로 청소년이 자신의 주거지에서 떠나 제10조 제1호의 청소년수련시설 또는 그 외의 다른 장소에서 숙박·야영하거나 제10조 제1호의 청소년수련시설 또는 그 외의 다른 장소로 이동하면서 숙박·야영하는 청소년수련활동을 말한다.
8. '비숙박형 청소년수련활동'이란 19세 미만의 청소년을 대상으로 제10조 제1호의 청소년수련시설 또는 그 외의 다른 장소에서 실시하는 청소년수련활동으로서 실시하는 날에 끝나거나 숙박 없이 2회 이상 정기적으로 실시하는 청소년수련활동을 말한다.

---

1) 청소년수련관, 청소년수련원, 청소년문화의집, 청소년특화시설, 청소년야영장, 유스호스텔, 청소년이용시설을 말한다.
2) '청소년지도자'란 다음 각 목의 사람을 말한다.
   가. 제21조에 따른 청소년지도사, 나. 제22조에 따른 청소년상담사, 다. 청소년시설, 청소년단체 및 청소년 관련 기관에서 청소년육성에 필요한 업무에 종사하는 사람

이처럼 관련법에 나와 있는 청소년활동의 개념과 청소년활동과 관련된 다양한 용어들의 정리를 살펴보면, 청소년활동은 청소년에게 다양한 체험을 통해 미래에 역량 있고 균형 있는 성장을 하도록 하며, 청소년활동을 통한 청소년의 다양한 체험활동은 다양한 영역의 발달을 도모하고, 타인과 교류하고 상호작용을 통해 사회적 능력을 배양하게 하며, 체험을 해 나가는 과정에서 청소년활동을 통한 만족을 경험하게 되고, 그 경험으로 공동체의식도 향상된다. 청소년활동은 발달과정에서 반드시 획득되어야 할 자아정체감이나 자기효능감, 건전한 자아개념 형성 등의 방법을 얻을 수 있도록 해 준다는 것을 알 수 있다.

2. 청소년활동의 필요성

1) 청소년활동의 시대적 필요성에 대한 이해

청소년기는 건강한 사회구성원으로서의 성장과 성공적인 성인으로의 발달을 위해 자아정체감을 확립하고 발달과업을 달성해야 하는 시기로, 급격한 신체·심리적 변화와 성장으로 인해 적응에 어려움을 경험한다(전명순, 2021). 특히, 이와 같은 청소년기의 특성은 그 세대가 살아가는 시대적 상황과 맞물려 다양한 특성들로 드러날 수 있어 청소년활동 또한 시대적 상황에 대한 분석과 함께 그 중요성에 대해 고려해 볼 필요가 있다. 그러므로 청소년활동의 현 시대적 필요성에 대한 이해를 바탕으로 청소년활동의 나아갈 방향을 잡는 것이 필요하다.

청소년활동이 현 시대적 상황에서 필요한 이유를 살펴보면 다음과 같다.

첫째, 디지털 혁명에 의한 대량의 정보 유통은 청소년의 간접 경험의 양적인 확대를 가져오지만, 청소년이 다른 사람이나 자연과의 직접적인 접촉을 통해 인격을 형성하거나 사회성을 신장할 기회를 축소시키고 있다. 즉, 현대 사회에서의 정보의 발달에 의한 각종 미디어의 출현과 정보화의 진전은 청소년에게 지금까지 없었던 새로운 교류, 친구 및 문화를 만드는 등의 창조성과 자주성을 획득할 수 있는 기회를 넓혀 주고 있다. 또한 간접적인 경험을 통한 경험의 양적인 확대는 폭발적으로 증가하고 있는 추세이다. 이처럼 디지털 혁명으로 비롯된 정보화와 세계화 등, 근래의 각종 사회변화는 이렇듯 청소년이 일상생활이나 자연에서 직접적인 체험을 통해 얻을 수 있는 지식 습득의 기회를 급격하게 축소시키고 있다.

둘째, 가족구조의 변화와 부모의 양육태도의 변화로 인해 청소년활동의 필요성 자체가 증가되었다. 한 자녀 가정이 증가하고 있고 핵가족화 같은 가족 형태의 변화로 인하여 형제간의 관계를 통한 사회성 발달 기회가 줄어들었을 뿐만 아니라, 부모의 양육태도에 있어서의 부모의 과잉보호와 과잉 관리의 특성들이 청소년활동의 필요성을 증대시키고 있다. 즉, 가정에서 부모가 학원이나 과외 등 보다 많은 공부 시간을 할애하기 위해 가능한 한 집안에서 할 수 있는 일상 체험조차 제한하는 경우가 많다. 실제로 많은 청소년 자녀를 둔 가정에서는 아침에 일어나서 자신이 자고 난 잠자리를 정리하거나, 설거지나 분리수거, 심부름 등 최소한의 집안일을 돕는 체험 기회도 거의 부모가 대신하는 등 일상 체험조차 위축된 가정이 많다.

셋째, 학교교육이 체험학습의 기회를 이론적이고 행정적인 측면으로 제한하여 강조하고 있다. 실제로 입시 위주의 교육에 의해 실질적인 청소년의 체험학습 기회가 매우 제한되고 있으며, 특히 지나친 입시 경쟁 등으로 인해 시험 준비를 하는 시기 자체가 초등학교로까지 점차 저연령화되어 있어 다양한 체험활동을 할 수 있는 여건이 열악한 실정이다. 또한 지역사회에서 이웃과의 인간관계 교류 또한 희박해지는 등 지역 자체의 교육적 기능도 악화되어 있는 상황에서 가족, 학교, 지역사회에서의 각종 변화는 점차 청소년 체험활동의 기회 자체를 박탈하여 심각한 체험 부족을 초래하고 있다.

넷째, 코로나19와 같은 감염병 팬데믹 등의 시대적 문제들 자체도 청소년에게 미칠 영향이 크다. 코로나19 감염병 팬데믹 상황이 청소년의 신체·심리·사회적인 측면에 미친 영향은 매우 컸다. 이처럼 이와 같은 시대적 상황들은 청소년활동의 위축을 가져왔고, 실제로 대면 활동의 제한 등의 사회적인 영향이 청소년의 자유로운 청소년활동 참여를 제한하기도 했다.

앞서 제시한 것과 같이, 여러 가지 시대적 상황에서 발생할 수 있는 청소년활동의 한계를 극복하고 청소년활동을 지속하기 위해서는 시대적 변화에 대한 정확한 분석과 그러한 변화에 적응하는 안전한 청소년활동을 만들어 나갈 필요가 있다. 그러기 위해서는 무엇보다 청소년의 시대적 요구를 반영하는 것이 우선시되어야 하고, 안전한 시설에서 청소년활동을 제공하기 위한 노력을 기울여야 한다.

2) 청소년활동의 효과

청소년활동의 효과는 이미 여러 연구를 통해 입증된 바 있는데, 몇몇 연구들을 통해 소개하는 청소년활동의 효과에 대해 기술하면 다음과 같다.

이해경과 손진희(2021)는 청소년활동의 효과를 청소년 개인의 발달, 대인관계, 사회성, 학교생활 등에 포괄적으로 영향을 미치는 것으로 설명하며 청소년활동 참여가 청소년에게 미치는 영향을 개인요인, 가족요인, 학교요인으로 구분하여 청소년활동의 효과성에 대해 다음과 같이 밝혔다. 개인요인에서는 청소년은 청소년활동에 참여하면서 자아존중감, 주관적 안녕감, 삶의 만족도, 사회적응력, 심리사회성숙도가 향상되고 스트레스가 해소된다. 가족요인에서는 가족관계, 부모와의 소통이 긍정적으로 변화하고, 가족의 기능과 역할을 학습하며, 사회성발달 등에서도 효과가 있다. 학교요인에서는 학교 적응, 학업성취, 또래관계, 교사와의 관계 등에 긍정적 영향을 미치는 것으로 나타났다.

또 다른 연구에서 전명순(2021)은 다음과 같이 청소년활동의 효과가 청소년의 성장에서 많이 나타나고 있다고 소개하고 있다. 첫째, 청소년활동이 삶의 만족인 주관적 안녕감, 행복감, 삶의 만족도, 가정생활만족도, 긍정적 정서에 효과가 있었으며 둘째, 자기주도성과 자아존중감, 자아탄력성, 자기효능감을 포함한 자아개념에도 긍정적으로 작용하였는데, 청소년 스스로의 내적인 가치를 파악하는 데 영향을 준다고 하였다. 셋째, 진로정체감, 진로성숙도, 진로의식 등에 긍정적으로 작용하여 청소년활동에 참여함으로써 개인의 진로계획 수립, 진로계획 수립 의지와 실천을 가능하게 해 준다. 넷째, 학교생활적응과 성적, 학습에 대한 자기주도성을 포함한 학교적응에도 긍정적인 효과가 있다. 다섯째, 문제행동의 감소, 우울 및 분노와 공격성 등 정서적 성향에 변화를 경험하도록 하는 효과가 있다. 청소년비행, 휴대폰의 존도, 게임중독, 음주, 흡연, 가출, 공격성, 우울, 분노 등 청소년의 문제로 나타날 수 있는 것의 감소와 정서상태의 긍정적 변화가 있었다. 여섯째, 시민의식의 향상이 나타났다. 다문화수용도, 세계시민의식, 시민성, 대인관계, 협업능력, 공동체 의식의 향상이 나타나 조화로운 성장을 이룰 수 있도록 도움을 준다. 일곱째, 청소년활동은 리더십, 임파워먼트, 생활역량 등 개인역량의 향상을 가져왔다.

이 외에도 배릿과 그린어웨이(Barret & Greenaway, 1995)는 청소년활동의 효과 또는 교육적 가치에 대해 다음의 네 가지를 제시하였다(전희일 외, 2018 재인용). 첫째,

청소년활동으로 청소년의 자아존중감, 자아개념, 자기효율성 등을 향상시키는 가치가 있다. 둘째, 청소년이 청소년활동에 참여함으로써 자기효능감이 현저히 높아지고 자신이 수행하는 과업이나 행동의 범위가 크게 확대되며, 궁극적으로는 자신의 학업성취도를 제고하는 능력이 크게 확대된다. 셋째, 청소년은 야외활동을 통하여 청소년의 개인차를 인식하게 되어 성, 학문적 능력, 육체적 능력 등이 다르게 나타남을 인식하게 된다. 또한 이러한 인식에 기초하여 새로운 관계 맺음의 기회를 실천할 수 있는 방안을 얻게 된다. 넷째, 청소년활동에 참여함으로써 청소년은 자아존중감, 자아개념, 자신의 조절 능력 등을 향상시켜 사회화 과정을 보다 효과적으로 이행해 나가는 중요한 계기가 된다.

지금까지의 내용들을 종합해 보면, 결과적으로 청소년활동이 청소년의 일반적인 발달과 성장, 다양한 문제와 정서적인 측면에서 긍정적인 영향을 주므로 다양한 내용과 방식을 통한 청소년활동의 제공은 지속적으로 이루어져야 한다고 볼 수 있다.

3. 청소년활동의 유형과 청소년활동 신고 · 인증제도

1) 청소년활동의 일반적 유형과 분류

청소년활동은 개인의 성장발달, 특히 역량발달을 중심으로 타인과 지역사회 및 모든 관계 요소에 긍정적 가치를 부여하는 활동으로 볼 수 있어 청소년활동을 분류하는 것은 사실상 쉽지 않다. 이에 청소년활동의 유형을 다양한 분류체계를 기준으로 포괄적으로 분류해 보면 일반적으로 〈표 2-1〉과 같이 유형화해 볼 수 있다.

〈표 2-1〉 **청소년활동의 유형**

분류	내용
청소년활동의 영역별 분류	① 청소년수련활동: 청소년의 심신수련을 목적으로 일상생활 및 자연권에서 목적을 갖고 행하여지는 모든 활동 형태를 말한다. ② 청소년단체활동: 청소년활동을 위해 청소년 관련 단체에 가입하거나 단체에서 전개하는 활동에 몰입하는 형태를 말한다. ③ 청소년동아리집단활동: 청소년단체나 개인의 목적에 부응하기 위하여 자신의 목적과 동일한 행동을 하거나 관심이 같은 집단을 형성하여

	공통의 관심사를 이끌어 내는 활동으로, 주로 소그룹활동이며 참여 청소년의 자발적인 활동조직체로서 청소년의 특성을 잘 특정지어 주는 집단활동의 형태를 말한다. ④ 학교의 특별활동: 각 학교급에서 정규 교과와 지식 습득의 목적을 제외한 특별활동, 재량활동 등 학생의 심신 도야와 잠재 능력의 개발을 위해 행하여지는 모든 활동을 통칭하는데 제8차 교육과정 개정 이후 창의적 체험활동의 형태로 개정되어 활용되고 있다. ⑤ 특수기관의 청소년활동: 종교단체의 종교적 이념 중심 활동과는 무관하게, 시민단체 등의 본래 단체의 설립목적 활동 이외의 청소년활동을 목적으로 이루어지는 모든 청소년활동 형태를 말한다.
청소년활동의 공간별 분류	① 학교의 청소년활동(특별활동과 방과후활동): 학교에서 지식교육을 위한 정규 교육과정 이외에 수행되는 비교과활동 및 클럽활동 등이 해당된다(예: 자치활동, 비교과활동, 개발활동, 봉사활동, 행사활동). ② 지역사회 중심의 청소년활동: 지역사회에서 행하여지는 청소년활동은 주로 생활권활동 중 일일활동으로 스포츠, 문예활동, 봉사클럽, 예비 직업인 활동 등으로 구성되어 있으며, 근린숙박활동은 1박 2일 또는 2박 3일의 단기간에 실시되는 여행, 하이킹, 문화권 탐방 등을 말한다. ③ 야외에서의 청소년활동: 주로 자연권에서 행하여지는 3박 4일 이상의 장기간에 걸쳐 수행되는 활동으로 '국토탐사활동'이나 '나라사랑대행진' 등을 들 수 있다.
활동 내용별 분류	① 청소년문화활동, ② 청소년복지 및 상담활동, ③ 청소년모험 및 수련활동, ④ 청소년자치활동, ⑤ 청소년리더십활동, ⑥ 청소년직업체험활동, ⑦ 청소년과학정보활동, ⑧ 청소년봉사활동, ⑨ 청소년국제교류활동
활동 내용 · 시설 중심 분류	① 생활체육시설에서의 청소년활동, ② 심신수련시설에서의 청소년활동, ③ 복지시설에서의 청소년활동, ④ 문화여가시설에서의 청소년활동, ⑤ 정보활동시설에서의 청소년활동, ⑥ 야영캠프활동시설에서의 청소년활동
활동 목적에 따른 분류	① 교육활동: 각 교육기관이나 단체에서 실시하고 있는 형태로 일명 조직 야영이라고도 한다. 야영활동을 통하여 의도한 교육목표를 달성하기 위한 것으로 임원, 강사, 전문가, 참가자 및 프로그램을 합리적으로 조직화하여 실시하는 형태의 활동이다. ② 훈련활동: 활동지도를 맡을 성인 지도자나 청소년, 학생들의 간부를 양성하는 것을 목적으로 실시하는 야영이다. 야영활동에 대한 기본적인 이론과 기술의 습득은 물론 야외에서의 생활을 체험해 봄으로써 지도자로서의 자질을 닦으며, 나아가서는 집단야외활동을 계획하고 운영하는 사람으로서의 능력과 함께 실제 지도에 임하는 데 필요한 관련 기법을 익히고 체득하는 활동을 말한다. ③ 봉사활동: 활동의 주된 목적이 타인의 지원과 이해이며 봉사활동을 통해 개인의 시민성과 자아를 형성하는 것으로, 봉사활동이 전체 활동의 터전으로 연계되는 활동이다.

	④ 레크리에이션 야영활동: 각종 여가 및 흥미를 유도하기 위한 활동이 주류를 이루는 활동이다.
청소년 관련법에 따른 분류	①「청소년 기본법」상의 청소년활동: '청소년활동'이라 함은 청소년의 균형 있는 성장을 위하여 필요한 활동과 이러한 활동을 소재로 하는 수련활동, 교류활동, 문화활동 등 다양한 형태의 활동을 말한다. ②「청소년활동 진흥법」상의 청소년활동 -청소년수련활동: 청소년이 청소년활동에 자발적으로 참여하여 청소년 시기에 필요한 기량과 품성을 함양하는 교육적 활동으로 청소년지도자와 함께 청소년수련거리에 참여하여 배움을 실천하는 체험활동을 말한다. -청소년교류활동: 청소년이 지역 간, 남북 간, 국가 간의 다양한 교류를 통하여 공동체의식 등을 함양하는 체험활동을 말한다. -청소년문화활동: 청소년이 예술활동, 스포츠활동, 동아리활동, 봉사활동 등을 통하여 문화적 감성과 더불어 살아가는 능력을 함양하는 체험활동을 말한다.
주최 기관에 따른 분류	① 학교에서의 청소년활동, ② 청소년단체에서의 청소년활동, ③ 종교기관에서의 청소년활동, ④ 공공기관에서 주최하는 청소년활동
기간에 따른 분류	① 당일 청소년활동, ② 1박 청소년활동, ③ 단기활동, ④ 장기활동
인원과 규모에 따른 분류	① 단독활동, ② 2인 활동, ③ 소집단활동, ④ 반활동, ⑤ 합동활동, ⑥ 연합활동, ⑦ 전국활동, ⑧ 국제활동
장소에 따른 분류	① 고정활동 또는 주둔활동, ② 이동활동
대상에 따른 분류	① 어린이활동, ② 청소년활동, ③ 부자활동, ④ 가족활동, ⑤ 신체장애자 등 특수집단활동
활동 프로그램에 따른 분류	① 스포츠활동 프로그램: 스포츠활동 영역은 청소년의 건강 증진을 본래의 목적으로 하는 프로그램으로 각종 스포츠활동, 안전훈련, 영양 및 보건 프로그램 등이 포함된다. 이 영역은 청소년의 건강 증진이 목적이지만, 이외에도 협동심과 용기 함양의 역할을 할 뿐만 아니라 학업과 직무로부터 받는 정신적 긴장을 해소시킴으로써 청소년의 정서발달에도 큰 도움을 줄 수 있다. ② 문예활동 프로그램: 문예활동 영역은 청소년의 사고 능력과 문학적 표현 능력을 향상시키는 것을 목적으로 하며, 자신의 생각과 감정을 여러 가지 형태의 글로 표현하고 그것을 발표하는 활동뿐만 아니라 다른 사람이 쓴 글을 이해하고 감상하는 활동을 의미한다. ③ 봉사활동프로그램: 청소년에게 사회봉사의 의의와 필요성, 봉사활동의 다양한 유형 등을 제시함으로써 이웃사랑과 봉사활동을 통해 얻는 즐거움을 느끼게 하기 위한 것이다. ④ 전통문화활동 프로그램: 우리 민족 고유의 정취를 느낄 수 있는 활동으로 청소년에게 올바른 문화적 정체감을 심어 주기 위한 프로그램을 말한다.

⑤ 과학활동 프로그램: 직접적인 관찰과 실험활동을 통하여 기초 과학 지식을 습득하고 여러 가지 과학적 현상에 대한 탐구 능력을 키우기 위한 것이다.

⑥ 예능활동 프로그램: 음악, 미술, 연극, 영화 등의 분야에 직접 참여하거나 타인의 예술활동 혹은 예술작품을 관람 및 감상하는 활동을 말한다.

⑦ 자연체험활동 프로그램: 자연 속에서 이루어지는 각종 체험활동과 탐사활동, 자연을 가꾸고 보존하는 활동, 야외 레크리에이션 활동 등으로 이루어지는 활동을 말한다.

⑧ 예절수양활동 프로그램: 우리 사회의 전통예절 및 일상생활에서 지켜야 할 생활예절을 익히는 활동을 의미한다.

⑨ 자아개발활동 프로그램: 인간에 대한 이해를 넓히고 주체성, 사회성 개발, 긍정적인 자아개념 확립을 목적으로 하는 것으로 심성개발활동, 인간관계 개선활동, 가치관 정립활동 등이 있다.

출처: 전희일 외(2018), pp. 66-70의 내용을 수정·보완함.

2) 청소년활동 신고·인증제도에서의 청소년활동 유형

(1) 청소년활동 신고·인증제도의 개념 및 도입배경

청소년활동인증제도는 「청소년활동 진흥법」 제35조에 기초하여 2006년부터 시행된 제도이다. 청소년수련활동을 통해 청소년의 균형 있는 성장에 기여할 수 있도록 국가 및 지방자치단체 또는 개인·법인·단체 등이 실시하고 진행하는 제도로, 청소년수련활동을 인증하고, 인증된 수련활동에 참여한 청소년의 활동기록을 유지·관리·제공하는 청소년활동 영역의 대표적인 국가정책사업이다. 2012년 국토대장정 폭행사건, 2013년 태안 사설 해병대 캠프 실종 사고, 2014년 세월호 침몰사고를 경험하면서 우리 사회는 청소년의 안전과 청소년 정책에 관심이 생겼다. 2013년 교육부는 한국청소년활동진흥원에서 인증받은 프로그램에 대한 사전 확인을 철저히 하도록 지시하였으며, 2014년에는 체험학습을 떠날 때는 인증받은 프로그램을 이용하라는 교육부 차관의 발표가 있었다. 청소년수련활동 인증제 활용에 대한 교육부의 연이은 발표는 학교수련활동에 대해 학교와 부모, 학교수련활동을 운영하는 기관 등의 사회적 관심이 늘어나는 계기가 되었다. 또한 2014년 교육부 차관의 발표와 함께 그해 「청소년활동 진흥법」이 개정(2014. 7. 22.)되었으며, 일정 규모 이상이거나 위험도가 높은 청소년 대상 활동에 대해서는 의무적으로 인증을 받도록 하면서 학교대상으로 수련활동을 운영하는 청소년수련원과 유스호스텔 등에서는 필수적으로 인증을 받게 되었고, 결과적으로 청소년수련활동 인증 프로그램이 양적으로 증가하였다.

(2) 청소년수련활동인증제의 운영목적

청소년수련활동인증제의 중요 운영목적은 ① 국가가 인증함으로써 활동의 공공성과 신뢰성을 입증하여 정책의 실효성 제고, ② 교육 · 사회적 환경 변화에 따른 양질의 청소년활동참여 기회 제공, ③ 청소년활동 정보제공 및 청소년활동 참여 활성화, ④ 자기계발 및 진로 모색 등 활용 가능한 활동 기록 관리 및 제공 등이다. 이는 단순히 과거처럼 활동의 경험 수준을 넘어서 온전한 체계성을 구축하고 안전과 참여 등의 보장 및 지원 기능까지도 염두에 둔다는 것임을 알 수 있다. 즉, 인증제도 이전의 활동이 참여와 경험, 활동 자체의 수행과 소명에 주안점을 두었다면, 인증제도 이후의 활동은 활동의 안전성과 신뢰성을 기본으로 청소년 스스로의 역량계발, 지속적인 관리를 위한 기록관리 체계까지 염두에 둠으로써 자신의 삶을 스스로 돌아보게 만드는 중요한 기록물로서의 가치도 함께 부여하고 있다는 것을 의미한다(전명순, 2018).

(3) 청소년수련활동 신고 · 인증제도의 주요 내용 및 신고 · 수리 절차

청소년수련활동 신고 · 인증제도의 주요 내용 및 적용 대상 요건 및 신고 · 수리 절차는 〈표 2-2〉, [그림 2-1]과 같다.

〈표 2-2〉 **청소년수련활동 신고 · 인증제도의 주요 내용 및 적용대상 요건**

구분	적용대상 요건
신고 · 수리 주체	수련활동 주최자 소재지 특별자치도 · 시 · 군 · 구(청소년정책 담당부서)
신고 주체	청소년수련활동을 주최하려는 자 ※「청소년활동 진흥법」의 지도 · 감독을 받는 시설, 기관: 청소년수련시설, 한국청소년활동진흥원, 지방청소년활동진흥센터, 한국청소년수련시설협회 ※ 법률에 따른 비영리 법인 또는 단체가 아닌 경우(주식회사 등 영리법인이나 영리단체)
신고 기한	참가자 모집 14일 전
신고 대상 참가자 연령	19세 미만의 청소년 (19세가 되는 해의 1월 1일을 맞이한 사람은 제외) ※ 19세 미만의 청소년과 다른 연령대를 포함하여 청소년수련활동으로 기획된 경우에도 신고 대상임

신고 대상 활동 범위	숙박형	이동숙박형, 고정숙박형 등 숙박하는 수련 활동
	비숙박형 중 일부	청소년 참가인원이 150명 이상인 청소년 수련활동 또는 위험도가 높은 청소년수련 활동(「청소년활동 진흥법 시행규칙」 별표 7 해당 활동)
신고 제외 대상		다른 법률에서 지도 · 감독 등을 받는 비영리 법인 또는 단체가 운영하는 경우 -청소년이 부모 등 보호자와 함께 참여하는 경우 -비숙박 청소년수련활동 중 참가자가 150명 미만이거나 위험도가 높은 청소년수련활동으로 지정되지 않은 활동 -종교단체가 운영하는 경우

출처: e 청소년(https://www.youth.go.kr/youth/youth/contents/trngActSttemntIntroForm.yt).

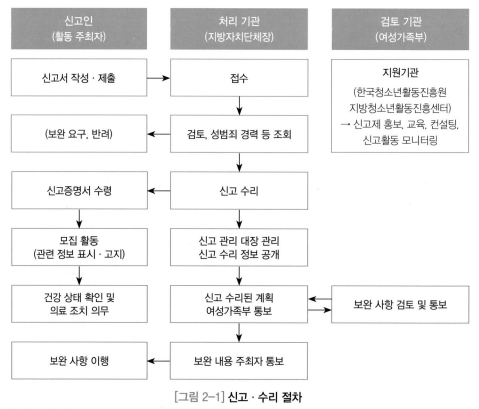

[그림 2-1] 신고 · 수리 절차

출처: e 청소년(https://www.youth.go.kr/youth/youth/contents/trngActSttemntIntroForm.yt).

(4) 청소년활동 신고 · 인증제도에서의 청소년 영역별 분류와 청소년활동 유형

「청소년활동 진흥법」에 의해 청소년수련활동인증제도가 운영되고 있는데, 이 제도에서 명시하고 있는 활동의 영역 구분을 기준으로 영역화할 수 있다. 이 제도에 따르면, 청소년활동의 영역을 내용을 중심으로 ① 건강보건 활동, ② 과학정보 활동, ③ 교류활동, ④ 모험개척 활동, ⑤ 문화예술 활동, ⑥ 봉사활동, ⑦ 직업체험 활동, ⑧ 환경보존 활동, ⑨ 자기(인성)계발 활동으로 나누고 있으며, 각 영역별 활동 예시는 〈표 2-3〉과 같다.

〈표 2-3〉 **수련활동인증제에서의 수련활동 영역별 분류체계**

영역	영역별 활동 예시
건강보건 활동	신체단련활동, 약물예방활동, 흡연 · 음주 · 약물 · 비만 예방활동, 안전응급처치활동, 성교육활동
과학정보 활동	모형활동, 인터넷활동, 우주천체활동, 정보캠프활동, 영상매체활동 등
교류활동	청소년 국제교류활동, 남북 청소년교류활동, 도 · 농 간 청소년교류활동, 국제이해활동, 다문화 이해 활동, 세계문화 비교활동, 한민족 청소년 캠프 등
모험개척 활동	탐사등반활동, 야영활동, 해양활동, 오지탐사활동, 극기훈련활동, 호연지기활동, 수상훈련활동, 한국의 산수탐사활동, 안전지킴이 활동 등
문화예술 활동	지역문화, 세계문화, 대중문화, 역사연극활동, 어울림마당, 전통예술 활동 등
봉사활동	일손 돕기 활동, 위문활동, 지도활동, 캠페인 활동, 직업현장체험 등
직업체험 활동	청소년 모의 창업, 경제 캠프, 사회생활기술, 진로탐색 활동, 직업현장 체험 등
환경보존 활동	생태활동, 환경탐사활동, 자연지도 만들기, 숲체험, 환경음식 만들기, 환경 살리기 활동, 환경시설 보전 활동 등
자기(인성)계발 활동	표현능력개발 수련활동, 자기탐구활동, 자기존중감 향상프로그램, 자기표현활동, 심성수련활동 등
기타	인증기관 직접 명기

출처: 박승경(2021), p. 22 재인용.

또한 「수련활동인증제 운영규정」 제2조에서는 청소년활동을 유형별로 구분하여 ① 기본형 활동, ② 숙박형 활동, ③ 이동형 활동, ④ 학교단체 숙박형 활동, ⑤ 비대면 청소년활동으로 제시하고 있으며 〈표 2-4〉와 같다.

〈표 2-4〉「수련활동인증제 운영규정」 제2조 청소년활동 정의

활동 유형	프로그램
기본형 활동	전체 프로그램 운영시간이 3시간 이상으로서, 실시한 날에 끝나거나 1일 1시간 이상의 각 회기로 숙박 없이 수일에 걸쳐 이루어지는 활동
숙박형 활동	숙박에 적합한 장소에서 일정 기간 숙박하며 이루어지는 활동
이동형 활동	활동 내용에 따라 선정된 활동장을 이동하여 숙박하며 이루어지는 활동
학교단체 숙박형 활동	학교장이 참가를 승인한 숙박형 활동 * 개별 단위 프로그램: 학교단체 숙박형 활동을 구성하는 각각의 프로그램
비대면 청소년활동	전체 프로그램 운영시간이 2시간 이상으로서, 「국가정보화기본법」 제3조 제11호에 따른 정보통신망을 활용하여 대면하지 아니하고 이루어지는 활동

출처: 박승경(2021), p. 23 재인용.

제3장

청소년지도의 이해

    최근 우리 사회에서는 '청소년을 학교 밖에서 어떻게 교육해야 하는가'에 대한 답으로 '청소년지도'라는 말을 많이 사용하고 있다. 그래서 고등교육기관인 대학교에도 청소년 관련 학과들이 많이 생겨나게 되었고 현재 청소년활동을 전문적으로 하는 전문가를 양성하기 위해 국가에서는 국가공인 자격증으로 '청소년지도사'라는 자격제도를 운영하며 청소년활동 전문가들을 양성하고 있다. 이는 청소년활동에서 청소년지도라는 것이 청소년활동 전문가에게 있어 상당히 중요한 기본역량으로 인식되고 있음을 알 수 있게 해 주는 대목이다. 그래서 현재 청소년지도사가 되기 위한 자격증을 취득하기 위해서는 '청소년지도방법론'이라는 교과목을 반드시 이수해야만 한다. 이처럼 '청소년지도'라는 것은 청소년활동을 전문으로 하는 전문가인 청소년지도자가 반드시 이해하고 있어야 하는 개념이기도 하며 또한 실제적인 지도 능력 또한 갖출 수 있도록 요구되고 있는 기본역량이기도 하다. 이에 이 장에서는 청소년지도에 대한 학문적 개념들을 정리하고 청소년지도의 원리 및 효과, 그리고 청소년지도의 실천현장에 관한 전반적인 내용들을 살펴보는 것을 통해 청소년지도에 대한 역량 함양을 도모하고자 한다.

1. 청소년지도의 개념

'청소년지도'라는 개념은 청소년과 관련하여 학생생활지도, 진로지도, 학업지도 등과 같이 일상생활에서도 많이 사용되어 온 용어로 비교적 최근에는 '청소년지도'라는 학문이 자리하면서 학문적인 개념으로 사용되고 있다. 학문적 영역에서 현재 정의되고 있는 청소년지도 개념에 대해 살펴보면 다음과 같다.

오치선 등(2001)은 "청소년지도는 학교 교육에 있어서 교사가 수행하는 역할을 의미하는 교수(teaching or instruction)에 대응하는 개념으로서 청소년육성의 영역에서 그 내용과 관련한 구체적 의미로는 일정한 자격과 능력을 가진 청소년지도자가 청소년 수련을 지원하는 활동을 뜻한다."라고 하였다. 또한 김진화(2004)는 "청소년지도는 청소년이 그들의 생활세계에서 직면한 여러 가지 문제(교육적·가정적·사회적·직업적·신체적·정서적 문제)를 해결할 수 있도록 적극적으로 개입하고 지원하며, 청소년의 재력(인지적·사회적·정서적·신체적 영역)이 바람직하고 건전하며 온전한 상태로 성장할 수 있도록 조력하고 지원하는 조직적인 일련의 과정을 말한다."라고 정의하였다.

한상철(2008)은 "청소년지도는 전문지도사(guide or mentor)가 청소년을 지도하는 행위 또는 과정으로서 상담의 의미를 내포하고 있으며, 청소년으로 하여금 자기 주도적 능력을 갖도록 환경을 조성하고 안내하고 지원하는 일련의 조력활동이다."라고 하였다. 특히, 한상철(2008)은 청소년지도의 개념을 당위성 차원의 규범적 정의, 결과 획득 차원의 기능적 정의, 방법적 차원의 조작적 정의로 세분화하였다. 즉, 청소년지도를 규범적 정의에서는 청소년이 주체적이고 자율적인 인격체로서 그들의 전인적인 성장과 본성 실현 및 잠재력 계발을 조력하는 일련의 과정으로, 기능적 정의에서는 청소년의 사회적 적응과 대인관계 개선, 사회공동체 의식을 함양하도록 하는 과정으로, 조작적 정의에서는 청소년 요구 분석, 지도목표 설정, 체계적인 프로그램 설계와 개발, 청소년에 대한 프로그램의 실시와 같은 일련의 과정을 지속적으로 하는 전문적인 조력활동으로 규정하고 있다.

그 외 비교적 최근 정의된 청소년지도의 개념에는 천정웅 등(2011)과 이미리 등(2014), 김영인과 김민(2016)의 정의가 있다. 천정웅 등(2011)은 '청소년지도는 청소년을 대상으로 하는 전문 지도자가 청소년들의 건강한 발달을 지원하기 위해 적극적으로 개입하기 위한 조직적이고 구체적인 행위활동'이라고 하였다. 이미리 등 (2014)은 '청소년지도란 광의적 의미에서 청소년의 긍정적인 성장과 발달을 위한 다양한 조력활동인 반면, 협의적 의미에서 청소년지도는 보다 전문적인 청소년지도 인력에 의해 이루어지는 활동'으로 정의하였다. 마지막으로, 김영인과 김민(2016)은 '청소년지도는 청소년이 덕·체·지를 겸비한 도덕적이고 전인적인 인간으로 성장할 수 있도록 청소년지도자, 청소년상담사와 같은 청소년지도 전문가에 의해서 청소년시설, 청소년단체 등에서 청소년활동 프로그램을 중심으로 이루어지는 지속적이고 체계적인 안내·지원활동'이라고 정의하였다.

이와 같은 청소년지도에 대한 학자들의 정의에서 나타나는 공통점을 종합해 보면 다음과 같은 의미가 있음을 알 수 있다(오선숙, 황인숙, 2021).

첫째, 청소년지도는 일정한 가치와 목적을 지향한다. 청소년지도는 청소년을 독립된 인격체이자 무한한 잠재성을 지닌 인격적 존재로 인식하고 이들의 전인적인 성장과 본성 실현, 그리고 잠재력을 최대한 개발할 수 있도록 조력하는 일련의 활동이라 할 수 있다.

둘째, 청소년지도의 실제적 활동 내용은 청소년활동을 지원하고 조력하는 것이다. 청소년지도는 어떤 이념이나 가치, 내용을 처방적으로 지시하거나 주입하는 것이 아니다. 청소년문제행동에 대한 개입과 청소년 보호를 위해 때로는 의무적이고 규제적인 속성을 띨 수는 있으나 궁극적으로는 청소년이 청소년 개인과 청소년 개인이 속한 공동체에 보다 잘 적응하며 성장할 수 있도록 지원하고 조력하기 위한 과정이다.

셋째, 청소년지도는 전문성을 인준받은 청소년지도자에 의해 이루어지는 동태적·지속적·체계적인 개입활동이자 조력활동이다. 이는 청소년지도를 위한 절차와 방법에 관한 것으로 청소년지도자는 청소년의 욕구 분석, 목표 설정, 프로그램 설계 및 개발, 실행, 종결 및 평가를 통해 수련활동을 지도할 수 있어야 함을 의미한다. 이에 청소년을 지원하고 조력할 수 있는 청소년지도 전문가로 청소년지도사, 청소년상담사, 사회복지사가 대표적인 청소년 전문가라고 할 때에, 이러한 전문가들은 국가검정자격제도에 의해 인준을 받고 그에 상응하는 전문적 역량과 경험을 갖추어야 한다.

넷째, 청소년지도의 장소적 속성에 관한 것이다. 김영인과 김민(2016)은 청소년지도를 「청소년 기본법」에 명시된 청소년시설이나 청소년단체의 활동으로 한정하여 설명한다. 이유는 청소년활동이란 청소년 스스로 학교, 가정 그리고 사회의 실생활권에서 요구되는 여러 가지 활동에 자발적으로 참여함으로써 다양하게 이루어지는 체험중심 활동을 의미하기 때문이다. 이와 같은 활동의 개념에서 강조하는 것은 참여에 있어서 청소년의 자발성이다. 따라서 학교라는 형식적 교육시설에서 이루어지는 교과과정은 청소년활동이라고 할 수 없으며, 학교 외 교육 장면의 활동으로 제한한 것이다. 그러나 최근 학교교육의 일부에서는 청소년 전문 지도인력의 활동 기회가 확대되면서 장소적 속성에 따른 경계가 다소 모호해지고 있다. 이를테면, 청소년지도사나 청소년상담사에 의해 창의적 체험활동, Wee클래스, 방과 후 특기적성 활동 등 학교 내에서 지역의 다양한 기관과의 연계 협력을 통해 청소년지도가 이루어지고 있기 때문이다. 이에 청소년지도를 굳이 학교를 제외한 그 밖의 사회교육 기관이나 청소년 시설 및 단체 등으로 한정 짓지 않고 청소년이라는 집단을 대상으로 이루어지는 모든 지원활동으로 보는 입장이 확대되고 있다.

지금까지 여러 학자가 정의 내린 청소년지도의 개념을 정리해 보면 결국 '청소년지도는 국가로부터 전문성을 인정받은 청소년지도자가 신체적 · 정신적 · 사회적 · 영적 문제에 직면한 청소년에게 청소년지도의 원리와 실제를 활용한 체계적인 프로그램을 통해 청소년이 의미 있는 변화와 성숙에 이르며 궁극적으로는 전인적인 인간으로 성장할 수 있도록 돕는 것이다.'라고 정의할 수 있다.

2. 청소년지도의 원리

청소년지도는 지도자의 지도 능력에 따라 다양한 원리로 이루어진다. 즉, 지도자의 지도 역량에 따라 청소년이 체험하는 프로그램의 만족도와 효과는 달라질 수 있다. 따라서 청소년지도사가 청소년지도활동을 실제로 전개해 나갈 때에는 어느 정도 일관된 지도원리가 필요하다. 이에 여러 학자가 정리한 청소년지도의 원리에 대해 살펴보면 〈표 3-1〉과 같다.

〈표 3-1〉의 내용들을 종합하여 청소년지도의 실행에 있어 일반적으로 간주해야 할 실천원리는 다음과 같다(이혜경 외, 2022).

첫째, 청소년지도는 청소년의 욕구를 충족시킬 수 있어야 한다. 청소년지도는 사회교육의 한 영역으로서 청소년의 직접적인 욕구와 관심에 초점을 맞추어 필요한

⟨표 3-1⟩ **청소년지도방법의 원리**

학자	지도원리	내용
전희일 등(2018), 김정열(2015)	자기주도적 참여촉진의 원리	청소년프로그램은 청소년이 중심이 되어야 하며, 이를 위해 프로그램 기획부터 종결까지 청소년의 참여를 촉진해야 한다.
	활동중심의 원리	활동을 통하여 청소년과 참여자의 상호작용을 통한 상호학습 효과의 최대화에 초점을 맞추어야 한다.
	현실성의 원리	청소년지도방법은 청소년활동이 전개되는 현장의 현실성을 고려한 방법을 활용하여야 한다.
	다양성의 원리	청소년의 특성, 발달, 성장 환경에 있어 다양한 개인차가 있으므로 다양한 방법으로 맥락에 맞게 융통성 있고 복합적으로 조화롭게 가능한 맞춤형 지도방법으로 지도를 하여야 한다.
	효율성의 원리	능률적이고 효과적인 지도방법(예: 비용편익 분석에 의한)을 활용해야 한다.
	창의성의 원리	하나의 답을 논리적으로 찾아가는 수렴적 사고와는 다른 여러 가지 가능한 방안과 해결책을 찾아가는 발산적 사고를 통해 창의성을 추구해야 한다.
	즐거움(재미)의 원리	청소년프로그램을 지도할 때에는 유희, 오락적 기능을 발휘할 수 있는 지도방법이 필요하다.
김창현(2019)	존중의 원리	청소년의 인격과 자율성을 존중하여야 한다.
	자기주도의 원리	청소년이 활동의 주체가 되어 적극적으로 참여하여 활동의 목적과 프로그램의 내용, 기술, 시기, 속도 등을 선택하고 결정할 수 있도록 여건을 조성하여야 한다.
	활동 중심의 원리	청소년의 실천적 행위와 체험적 활동 중심으로 운영되어야 한다.
	맥락의 원리	청소년이 처한 생활과정의 상황과 관계를 총체적으로 고려하여 청소년을 이해하고 그 삶의 과정 속에서 적합한 방법을 구성하여 적용함을 의미한다.
	다양성의 원리	청소년의 차이와 능력을 고려하여 이에 적합한 청소년지도방법을 적용하여야 한다.
	협동성의 원리	청소년지도방법의 계획과 실행에서 청소년 상호 간의 유기적인 협력이 이루어질 수 있도록 지도하여야 한다.
	창의성의 원리	창의적인 지도방법의 프로그램 개발, 청소년의 창의적인 능력 함양을 고려하여 지도자의 다양한 창의적인 발상의 전환이 필요하다. 또한 지도현장의 여러 상황을 고려하여 적절하게 융통성과 변화를 도모하고 새로운 지도기법을 강구해야 한다.
	효율성의 원리	능률적인 방법, 즉 가장 적은 시간과 비용, 에너지 등을 투입하여 원래 설정한 청소년지도의 목표를 달성할 수 있어야 한다.

출처: 전희일 외(2018), 김창현(2019), 김정열(2015).

도움과 급부를 제공할 필요가 있다.

둘째, 청소년지도는 자기결정 능력을 향상시킬 수 있어야 한다. 청소년기는 시기적으로 성인으로 가는 발달과정에서 개인적 자율성, 스스로의 책임성 등을 열망하는 시기이다. 이에 이러한 열망의 충족과 청소년의 자기결정 능력을 키워 나가는 데 도움을 주는 청소년지도가 이루어질 수 있어야 한다. 이는 자발적 참여를 통해 이루어지며, 참가한 또래 청소년과의 활동에 적극적으로 참여하는 것으로 가능하다.

셋째, 청소년지도는 자율 참여를 원칙으로 한다. 청소년지도는 청소년에게 강제성을 띠어서는 안 된다. 자율적 참여는 교육적 의미뿐 아니라 민주주의 기본 원칙을 학습해 가는 청소년지도의 이론적 정의를 형성하는 의미를 갖는다. 그러므로 만약 청소년활동 프로그램이 반강제적 또는 밀어붙이는 식의 청소년 동원을 통한 프로그램이 된다면 그 사업은 도덕적으로 실패한 것이다.

넷째, 청소년지도는 청소년의 흥미와 관심이 중요하다. 관심은 주로 언어적 형태로 표현이 되는데, 청소년이 자신의 관심을 언어적 형태로 표현했을 때 지도자는 그것을 관심으로 알 수 있으며, 지도자의 관심은 언어적 · 표현적 모습으로 전달이 될 수 있다. 흥미는 만족을 추구하며 실현 가능성을 높여 준다. 그래서 청소년의 흥미를 관심 있게 지지하는 것은 청소년지도의 중요한 요소이다.

다섯째, 청소년지도는 청소년을 존중해야 한다. 지도자가 청소년을 어떠한 관점으로 바라보느냐 하는 것은 청소년지도자가 청소년을 대하는 태도는 물론 청소년과 청소년지도자의 관계 형성 및 프로그램의 효과, 궁극적으로 청소년의 전인격에 영향을 미친다. 그러므로 청소년은 비인격적 존재가 아니라 이 시기만의 독특한 발달 특성을 지니고 있으며 자율성 · 책임성 · 권리 · 참여 · 시민성을 지닌 존재라는 점을 인식하고 청소년을 존중하는 마음으로 지도하여야 한다.

여섯째, 청소년지도는 즐거움이 있어야 한다. 청소년을 지도하는 방법에 있어 강조되어야 할 가장 중요한 요소 중 하나는 즐거움이다. 그러므로 청소년지도방법에 있어서 오락적 기능을 발휘할 수 있는 지도방법을 활용하는 것도 도움이 될 수 있다. 청소년이 프로그램을 통하여 진심으로 즐거움을 느끼고 감동받을 때 청소년은 좀 더 자발적 · 적극적으로 참여하게 되고, 지도자가 의도했던 변화에 도달할 확률도 높아질 수 있다. 다만, 청소년지도가 단순히 즐거움만을 추구하고 끝나지 않도록 목적과 방향성을 유지하는 것은 유의해야 한다.

일곱째, 청소년지도는 활동 중심이어야 한다. 청소년지도는 청소년 스스로의 체험을 통해 탐구하고 깨닫도록 하는 데 주안점을 두므로 지도자의 일방적인 주입이나 교화가 되어서는 안 된다. 활동 중심의 원리가 구현되기 위해서는 청소년이 활동 자체에 몰입될 수 있도록 청소년지도방법이 설계될 필요가 있는데, 이를 위해 청소년활동은 활동과제 수준과 청소년 능력 간의 적절한 균형에 의한 도전감, 활동 자체의 재미, 분명하고 즉각적인 피드백, 명확한 목적성 등의 특징을 갖도록 해야 한다.

여덟째, 청소년지도는 맥락에 따라 구성·적용되어야 한다. 이는 청소년이 처한 상황과 관계를 총체적으로 고려하여 청소년을 이해하고 그 삶의 맥락에 적합한 방법을 구성·적용해야 함을 의미한다. 청소년을 맥락적으로 이해한다는 것은 청소년을 다른 것과 분리하여 이해하는 것이 아닌 청소년을 둘러싼 사람, 상황, 문화, 역사적 배경 등과의 유기적인 관련성 속에서 구체적으로 파악하는 것을 의미한다. 그 이유는 청소년을 포함한 모든 사람은 이와 같은 맥락 속에서 삶을 영위하는 존재이기 때문이며, 따라서 청소년을 정확하게 이해하기 위해서는 그 청소년을 둘러싼 모든 요소의 관계, 즉 맥락을 파악하여 전체 속에서 청소년을 바라볼 필요가 있다.

아홉째, 청소년지도는 청소년 간에 유기적인 협력이 이루어질 수 있도록 해야 한다. 유기적 협력이 이루어질 수 있도록 만든 청소년활동은 상생 관계를 바탕으로 한다. 따라서 상대방의 발전이 나의 발전이 되고 나의 이득이 상대방의 이득이 될 수 있는 긍정적인 상호 의존성이 형성될 수 있도록 돕는다. 이처럼 청소년지도방법에서 협력적인 활동을 중심으로 하는 활동은 청소년으로 하여금 의사소통 기능, 사회적 책무성, 협동심 등을 함양하여 민주시민으로서의 역량을 갖추게 하는 데 도움이 될 수 있어 청소년 간 유기적 협력이 만들어질 수 있게 지도하는 것이 필요하다.

열째, 청소년지도에 있어 효율성을 염두에 두어야 한다. 효율성은 효과성과 능률성의 합성어로서 이 두 가지 개념을 합한 것으로 능률적인 방법으로 목표를 달성하는 것을 나타낸다. 따라서 효율성의 원리는 능률적인 방법, 즉 가장 적은 시간, 비용, 에너지 등을 투입하여 원래 설정한 청소년지도의 목표를 달성하는 것을 의미한다. 청소년지도방법은 그 실행에 있어 시간, 돈, 에너지 등과 같은 자원을 쓸 수밖에 없고 이러한 자원은 희소성의 원리에 지배되기 때문에 청소년지도방법의 설계나 실행은 최소의 자원을 투입해서 최대의 목표를 달성할 수 있도록 하는 것이 필요하다.

3. 청소년지도의 효과

1) 청소년지도의 가치

청소년지도는 학교 내부에서만 이루어지는 학교주체의 교육, 즉 지식교육을 보완하기 위한 학교 외에서 이루어지는 자원이다. 그래서 청소년지도는 국가의 인재양성에 있어 학교 안에서 주로 이루어지는 기존의 지식교육을 위한 교육과 더불어 공동 역할을 하는 하나의 중요한 지원활동이다. 이때, 청소년지도가 학교 안에서 이루어지는 활동보다 더 적극적이고 역동적일 때 그 본연의 기능을 수행할 수 있게 된다. 청소년지도를 통해 얻을 수 있는 가치는 다양한데, 특히 교육적 측면에서의 가치에 대해 살펴보면 다음과 같다(전희일 외, 2018).

첫째, 청소년지도는 청소년의 비사회적인 문제행동을 예방할 수 있다.

둘째, 학교교육의 부족한 점을 보완하여 다양한 경험과 개인의 인격을 도야하고 사회성을 함양할 수 있다.

셋째, 시각을 넓히는 감정적 사고의 확대 및 논리적 사고의 추론을 예상할 수 있게 돕는다.

넷째, 대인관계 기술과 같은 개인의 능력을 발달시킬 수 있다.

다섯째, 문제해결 능력과 스트레스 관리 능력과 같은 사회적 적응 능력을 향상시킬 수 있다.

여섯째, 청소년의 삶의 경험에 영향을 주고 인생관을 반영하여 의미 있는 경험을 제공해 준다.

일곱째, 청소년이 정신적·신체적 측면에서 적극적으로 청소년지도활동에 참여함으로써 인지적·사회적·신체적·정서적 발달을 도모하게 된다.

여덟째, 청소년이 청소년지도활동의 경험을 통해 무슨 일이 있었는지, 어떠한 느낌을 가졌으며, 어떻게 반응했고, 어떤 결과를 가져왔으며, 무엇을 관찰하고 알게 되었는지 등에 대하여 반성적 사고를 함으로써 현상과 사건 그리고 인간에 대한 이해를 구축하도록 한다.

아홉째, 경험과 미래의 기회를 연결할 수 있는 구조를 제공한다.

열째, 경험학습의 결과를 통해 청소년지도활동에 참여한 청소년의 활동 능력, 소속감 그리고 재능 개발을 촉진해 줄 수 있다.

마지막으로, 청소년지도를 통해 청소년지도자와 청소년과의 거리가 축소될 수 있다.

2) 청소년지도의 교육적 효과

앞서 기술한 청소년지도의 교육적 가치를 토대로 청소년지도가 적절히 잘 이루어졌을 때에는 여러 가지 교육적 학습효과 또한 얻을 수 있다. 즉, 청소년지도는 인간 성장과 개발이라는 측면에서 학문적으로 지원 가능한 모든 영역을 청소년활동 프로그램을 통해 지원할 수 있다. 이를테면, 청소년지도를 통해 학교의 정원, 도시의 공원, 학교의 캠프, 야생의 활동을 통해 청소년지도를 함으로써 학습적 효과가 극대화될 수 있게 지원할 수 있다. 또한 예술, 언어, 수학, 사회연구, 과학 분야 등 다양한 교육분야에서도 청소년지도가 활용될 수 있다. 더불어, 체육예술 활동, 책임성 활동, 창조적 활동, 창의적 아이디어 활동 등의 청소년지도활동을 하는 것으로 학습적 효과를 높일 수 있다. 이러한 청소년지도의 교육적 효과에 대해 해티 등 (Hattie et al., 1997)은 청소년지도활동을 통한 청소년 개개인의 학습효과를 다음과 같다고 보았다.

첫째, 학문성취를 제고한다. 즉, 학문성취를 제고하는 것으로 학업에 직접 관련하고 전체 학업 영역에 효과가 있다.

둘째, 지도력 범위에서 의식영역, 의사결정 능력, 개인적 지도력, 팀워크 지도력, 조직화 능력, 시간관리 능력, 가치와 목표 설정 능력 등에서 학습효과가 있다.

셋째, 자아개념의 확대와 관련하여 신체적 능력, 또래관계, 자아인식, 신체적 외관, 학문성취, 자신감, 자기효율성, 가족관계, 자기이해, 복지, 독립성 등에서 학습효과가 있다.

넷째, 인성 능력 개선을 통해 여성다움, 남성다움, 성취동기, 감정의 안정성, 진보성, 주창성, 통제 중심성, 성숙, 신경병적 요소의 감소 등에 학습효과가 있다.

다섯째, 대인관계 개선을 통해 협동, 대인 의사소통, 사회적 능력, 관계기술, 상습적 범행 감소 등에 학습효과가 있다.

여섯째, 모험능력 고취를 통해 도전의식, 유연성, 신체적 능력, 환경의 인지 등에 학습효과가 있다.

이 외에도 허쉬(Hirsch, 1999)는 청소년활동을 지도하는 가운데 청소년활동의 큰 부분을 차지하는 교류활동 지도를 통해 개인의 발달, 대인관계의 효율성 제시, 환경의 지각성 강화, 학습, 철학과 가치의 증진 등의 효과가 있다고 제시하였다. 이처럼 많은 연구자가 청소년활동에 대한 청소년지도자의 지도를 통한 교육적 효과에 대해 이야기하고 있음을 알 수 있으며, 이러한 청소년지도의 교육적 효과에 대해 종합해 보면 다음과 같다.

청소년지도는 청소년에게 다양한 장소에서 여러 가지 활동을 제공하는 것을 통해 궁극적으로 청소년이 아동기의 지적 발달 상태에서 벗어나 성인기에 진입하기 전 자신의 정체성을 새롭게 인식하고 깊이 사고하며 자아개념을 형성하도록 한다는 것을 알 수 있다. 즉, 청소년지도활동을 통하여 청소년으로 하여금 다양한 경험에 노출되게 하여 여러 가지 욕구를 충족시켜 나감으로써 자아존중감 획득과 또래관계 개선 등의 효과를 얻을 수 있고, 많은 리더십과 독립적 관계를 통해 성장을 이루며, 모험적 가치를 통해 새로운 일에 동참하려는 의지를 갖게 한다. 결국 이러한 모든 것은 청소년의 내적 정신가치의 긍정성을 도모하게 하므로 청소년지도를 통한 교과는 청소년의 내적 성적에 큰 도움이 되고, 이는 청소년의 교육적 학습효과를 극대화되도록 돕는다고 볼 수 있다.

4. 청소년지도의 실천현장

청소년지도의 실천현장은 매우 다양하다. 이 절에서는 현재 우리나라에서 대부분의 청소년활동 관련 시설에서 공통으로 하는 사업인 방과후아카데미, 청소년운영위원회와 그 외 청소년수련시설포털 사이트에서 소개하는 다양한 청소년 전용시설들을 중심으로 청소년지도의 실천현장에 대해 소개하고자 한다.

1) 방과후아카데미

청소년 방과후아카데미는 여성가족부와 지방자치단체에서는 공적 서비스를 담당하는 청소년수련시설(청소년수련관, 청소년문화의집 등)을 기반으로 방과 후 돌봄이 필요한 청소년(초등 4학년~중등 3학년)의 자립 역량을 개발하고 건강한 성장을 지원하고자 방과 후 학습지원, 전문 체험활동, 학습 프로그램, 생활지원 등 종합 서비스를 제공하는 국가정책지원 사업이다. 2005년 9월부터 46개소를 시범운영하여, 2006년 전국적으로 확대, 현재(2021년 12월 기준) 332개소 청소년수련관, 청소년문화의집 등의 공공시설에서 청소년 방과후아카데미가 운영되고 있다. 청소년 방과후아카데미의 법적 근거, 사업목적, 추진방향, 지원내용 및 운영체계는 다음과 같다.

(1) 법적 근거
- 「청소년 기본법」 제48조의2(청소년 방과 후 활동의 지원)
- 「청소년 기본법 시행령」 제33조의3(청소년 방과 후 활동 종합지원계획의 수립), 제33조의4(방과 후 활동 종합지원사업 실시), 제33조의5(청소년 방과 후 활동 지원센터의 설치 · 운영)

(2) 사업목적
- 민주시민으로서의 정의 권리 · 의무 · 책임을 배우는 전인적 성장 발달 도모
- 맞벌이 · 한부모 가정 등 돌봄이 필요한 가정에 교육복지 지원을 통해 청소년의 성장 기반 마련
- 지역사회 네트워크를 통한 다양한 인적자원 활용

(3) 추진방향
- 지역사회에서의 청소년활동 · 복지 · 보호 체계 역할 수행
  - 방과 후 돌봄 사각지대 청소년 지원을 위한 다양한 지원 및 프로그램 운영
  - 청소년의 성장발달에 부합하고, 청소년 · 학부모의 눈높이에 맞는 과정 운영
- 학교와 지역사회의 상호 신뢰 및 연계 강화
- 다양한 지역사회 인적 · 물적 자원을 연계하여 종합서비스 제공
  - 지역사회 공공기관, 사회단체, 기업, 개인 등의 물품 지원 및 후원, 자원봉사, 재능기부 등
  - 다양한 자원 연계 활용

(4) 지원내용

청소년 방과후아카데미의 주요 지원사업 및 세부 내용은 〈표 3-2〉와 같다.

〈표 3-2〉 청소년 방과후아카데미 주요 지원사업 및 세부 내용

구분	세부 항목	세부 내용
체험 · 역량 강화 활동	주중 체험활동	• 강습형태가 아닌 체험활동 위주로 청소년의 창의 · 인성 함양을 위한 다양한 체험활동 프로그램 운영(예: 예술체험활동, 과학체험활동, 직업개발활동, 봉사활동, 리더십개발활동 등)
	진로개발 역량 프로그램 (진로체험, 창의 · 융합 프로그램)	• 강습 형태가 아닌 전문적인 체험활동으로 운영 • 청소년 주도의 프로젝트(Program-Based Learning: PBL) * 역량강화는 별도의 편성이 아닌, 체험활동 또는 학습지원 프로그램 편성에 반영하여 구성
	주말체험활동 (분기별 1회 급식 포함 5시수)	• 주말체험활동과정 운영 시 외부활동 권장 * 외부는 단순히 운영시설의 건물 밖 공간을 의미하는 것만이 아니라, 다양한 테마 활동이 가능한 외부현장(시설, 공간)을 의미함
	지역사회 참여활동	방과후아카데미 자체 기획으로 청소년이 지역사회에서 봉사활동을 하거나, 지역에서 개최하는 각종 지역행사에 의미 있는 역할을 담당하여 참여하는 활동으로 주말체험활동과 연계하여 편성
	주중자기개발활동과정 (필요시 1회당 2시수 이상)	• 청소년이 중심이 되어 진행하는 활동(예: 자치활동, 동아리활동 등) • 각 운영기관에서 자유롭게 편성하여 운영하는 과정 • 실무자가 중심이 되어 운영하는 프로그램
	특별지원	청소년캠프(방학), 부모(보호자)교육, 초청인사 특별강의, 발표회 등
학습지원	보충학습지원	청소년의 자율적인 숙제, 보충학습지도, 독서지도 등의 프로그램 위주로 운영
	교과학습	전문 강사진의 교과학습 중심의 학습지원
생활지원	전반적인 생활지원	급식, 상담, 건강관리, 생활일정 관리(메일링서비스) 등의 생활지원

1. 참여부터 귀가 시까지 철저한 종합적 방과후서비스지원(생활 · 교육 · 체험 · 안전)
2. 지역사회 내에서의 자원봉사인력개발 및 연계, 지역자원과의 네트워크 구축
   * 전문체험활동과정, 자기개발활동과정을 개인별 기록 · 관리하여 포트폴리오로 작성 권장

출처: 여성가족부(https://www.youth.go.kr/yaca/about/about.do).

(5) 운영체계

[그림 3-1] **청소년방과후아카데미 운영체계**

출처: 청소년방과후아카데미(https://www.youth.go.kr/yaca/about/about.do).

2) 청소년운영위원회

　청소년운영위원회는 청소년수련시설의 운영관련 자문평가를 통해 청소년이 주인이 되는 시설이 되도록 마련된 제도적 기구로 청소년시설은 청소년활동을 활성화하고 청소년의 참여를 보장하기 위하여 「청소년활동 진흥법」 제4조 규정에 의거하여 청소년으로 구성되는 청소년운영위원회를 운영하고 있다. 청소년운영위원회의 법적 설치근거, 운영현황, 주요 기능 및 청소년운영위원회 활성화 지원사업 등은 다음과 같다.

(1) 법적 설치근거

- 제10조 제1호의 청소년수련시설(이하 '수련시설'이라 한다)을 설치 · 운영하는 개인 · 법인 · 단체 및 제16조 제2항의 규정에 의한 위탁운영단체(이하 '수련시설 운영단체'라 한다)는 청소년활동을 활성화하고 청소년의 참여를 보장하기 위하여 청소년으로 구성되는 청소년운영위원회를 운영하여야 한다.
- 수련시설운영단체의 대표자는 청소년운영위원회의 의견을 수련시설 운영에 반영하여야 한다.
- 제1항의 규정에 의한 청소년운영위원회의 구성 · 운영 등에 관하여 필요한 사항은 대통령령으로 정한다.

(2) 운영현황

2006년 210개소에서 2021년 331개소로 공공 청소년수련관 및 청소년문화의집 중심으로 운영·지원하고 있다.

(3) 주요 기능

- 청소년운영위위원회는 지역사회의 청소년시설을 기반으로 지역 내 청소년을 참여시키고, 시설의 사업 및 시설 전반의 내용을 파악하여 청소년이 원하는 진정한 청소년시설로 발돋움할 수 있도록 하는 중추적인 역할을 수행한다.
- 청소년운영위원회는 10인 이상 20인 이하의 청소년으로 구성하여 월 1회 이상 정기회의 및 필요시 임시회의를 개최하여 청소년수련시설의 기능 유지를 위한 모니터링, 시설 운영 및 프로그램에 대한 자문 및 평가 등을 수행하여 그 결과를 운영대표자에게 제출하고 운영대표자는 이를 반영한다.

(4) 청소년운영위원회 활성화 지원사업

여성가족부와 한국청소년수련시설협회는 청소년시설의 운영 및 각종 프로그램 등을 청소년이 직접 평가·참여토록 함으로써 청소년이 시설의 주인이 되고 청소년시설 운영에 청소년의 욕구와 의견이 반영되어 운영될 수 있도록 하기 위해 사업을 시행하고 있다. 청소년운영위원회의 주요 지원사업 및 세부 내용은 〈표 3-3〉과 같다.

〈표 3-3〉 청소년운영위원회 주요 지원사업 및 세부 내용

지원사업명	내용
전국 청소년운영위원회 대표단 구성, 운영	청소년수련시설에 대한 소통, 정보공유의 장 마련 지원과 청소년운영위원회 정체성 확보 및 활성화를 위한 정책개발
전국 청소년운영위원회 구성, 운영	• 청소년운영위원회의 주체적인 책임활동과 청소년수련시설 및 청소년운영위원회의 활성화 • 리더십 및 민주시민역량 강화 교육, 신뢰와 긍정의 비전 확립을 위한 소통능력 배양
전국 청소년운영위원회 담당 지도자 워크숍 매년 개최	청소년운영위원회 담당 지도자 및 참여 청소년 소통, 정보공유의 장 마련

출처: 청소년수련시설포털(http://youthnet.or.kr/?page_id=55).

3) 청소년시설 소개

(1) 청소년수련시설

청소년수련시설은 지역을 거점으로 청소년이 지역(마을)에서 행복하게 성장하고 자신의 미래를 당당하게 준비할 수 있도록 지원하는 청소년 전용시설이다. 청소년수련은 청소년의 균형적 성장을 위하여 청소년이 능동적으로 참여하여 심신을 단련하고 자질을 배양하며, 다양한 취미를 개발하고, 정서를 함양할 뿐만 아니라 사회봉사활동을 통해 배움을 실천하는 등 청소년 시기에 필요한 기량과 품성을 함양하는 교육적 활동으로서 청소년지도자와 함께 청소년수련거리에 참여하여 배움을 실천하는 조직적인 체험활동을 청소년수련활동이라 한다.

청소년수련시설은 이러한 수련활동에 필요한 여러 가지 시설, 설비, 프로그램 등을 갖추고, 청소년지도자의 지도하에 체계적이고 조직적인 수련활동을 실시하는 시설을 말한다. 수련시설은 단순히 외형적 요소인 시설, 설비 또는 공간만을 지칭하는 것은 아니며, 그 시설에서 운영되는 수련거리와 이를 기획·운영하며 청소년을 지도하는 청소년지도자의 세 가지 요소를 포함한다.

(2) 청소년수련시설의 유형과 특성

청소년수련시설은 기능이나 수련활동 및 입지적 여건 등에 따라 다양한 유형으로 구분된다. 이전에는 생활권 수련시설(청소년수련관, 청소년문화의집), 자연권 수련시설(청소년수련원, 청소년야영장) 그리고 유스호스텔로 구분되어 왔으나, 2005년부터는 청소년수련관, 청소년수련원, 청소년문화의집, 청소년야영장, 유스호스텔, 청소년특화시설로 구분되었다. 청소년수련시설의 종류와 시설의 개념 및 특성은 〈표 3-4〉와 같다.

〈표 3-4〉 **청소년수련시설의 종류와 시설의 개념 및 특성**

시설종류	시설 개념 및 특성
청소년 수련관	• 다양한 수련거리를 실시할 수 있는 각종 시설 및 설비를 갖춘 종합수련시설 • 입지조건은 일상생활권, 도심지 근교 및 그 밖의 지역 중 수련활동 실시에 적합한 곳으로서 청소년이 이용하기에 편리한 지역 • 시설은 연건축면적이 1,500제곱미터 이상이어야 하며, 둘째, 150인 이상을 수용할 수 있는 실내집회장, 연면적 150제곱미터 이상의 실내체육 시설, 2개소 이상의 자치활동실, 2개 이상의 특성화 수련활동장, 1개소 이상의 상담실, 1개소 이상 휴게실, 1개소 이상 지도자실 필수 • 시ㆍ도지사 및 시장ㆍ군수ㆍ구청장은 시ㆍ군ㆍ구에 1개소 이상씩의 청소년수련관을 설치ㆍ운영해야 함(「청소년활동 진흥법」 제11조)
청소년 수련원	• 숙박기능을 갖춘 생활관과 다양한 수련거리를 실시할 수 있는 각종 시설과 설비를 갖춘 종합수련시설 • 입지조건은 자연경관이 수려한 지역, 국립ㆍ도립ㆍ군립 공원, 그 밖의 지역 중 자연과 더불어 행하는 수련활동 실시에 적합한 곳으로서 청소년이 이용하기에 편리한 지역 • 시설기준으로 100명 이상을 수용할 수 있는 생활관, 식당, 실내집회장, 야외집회장, 체육활동장, 수련의 숲, 강의실, 특성화 수련활동장, 지도자실, 휴게실, 비상설비, 기타시설 등을 설치 • 기본적인 기능은 청소년에게 자연과 더불어 숙박을 하며 단체 수련활동을 제공하는 것
청소년 문화의집	• 간단한 수련활동을 실시할 수 있는 시설 및 설비를 갖춘 정보ㆍ문화ㆍ예술 중심의 수련시설 • 다양한 유형의 청소년수련시설 중 가장 작은 규모의 시설로 지역사회에 가장 근접한 지역에 위치하며 청소년이 일상적으로 이용할 수 있는 시설 • 시ㆍ도지사 및 시장ㆍ군수ㆍ구청장은 읍ㆍ면ㆍ동에 청소년문화의집을 1개소 이상 설치ㆍ운영해야 함(「청소년활동 진흥법」 제11조)
청소년 야영장	• 야영에 적합한 시설 및 설비를 갖추고 수련거리 또는 야영편의를 제공하는 수련시설 • 입지조건은 자연경관이 수려한 지역, 국립ㆍ도립ㆍ군립 공원, 그 밖의 지역 중 자연과 더불어 행하는 수련활동 실시에 적합한 곳으로서 청소년이 이용하기에 편리한 지역
유스호스텔	• 청소년의 숙박 및 체류에 적합한 시설ㆍ설비와 부대ㆍ편익 시설을 갖추고, 숙식편의 제공, 여행청소년의 활동지원(청소년수련활동 지원은 제11조에 따라 허가된 시설ㆍ설비의 범위에 한정한다)을 기능으로 하는 시설(2014. 7. 22. 시행) • 입지조건은 명승고적지, 역사유적지 부근 및 그 밖의 지역 중 청소년이 여행활동 시 이용하기에 편리한 지역
청소년 특화시설	• 청소년의 직업체험ㆍ문화예술ㆍ과학정보ㆍ환경 등 특정 목적의 청소년활동을 전문적으로 실시할 수 있는 시설과 설비를 갖춘 수련시설 • 입지조건은 일상생활권, 도심지 근교 및 그 밖의 지역 중 수련활동 실시에 적합한 곳으로서 청소년이 이용하기에 편리한 지역 • 사례로는 청소년문화교류센터, 청소년미디어센터, 청소년직업체험센터 등

출처: 청소년수련시설포털(http://youthnet.or.kr/?page_id=55).

제4장

청소년지도자의 이해

청소년지도자는 전문적인 지식과 태도 및 기술을 가지고 청소년을 지도하는 사람이다. 청소년의 건강한 성장과 사회적응을 지원하기 위해서는 전문적인 능력을 갖춘 청소년지도자가 필요하다. 청소년활동에서 청소년지도자가 주어진 역할을 수행하기 위해서는 다양한 역량이 요구된다. 이에 청소년지도자의 개념과 역할을 살펴보고 직무수행과 관련된 역량을 국가직무능력표준(NCS)에서 제시하는 능력 단위를 중심으로 살펴보고자 한다. 또한 전문성을 갖춘 청소년지도자를 양성하기 위해서 어떠한 자격 검증 제도를 갖추고 있는지 알아보고 이를 준비할 수 있어야 할 것이다.

1. 청소년지도자의 개념과 역할

1) 청소년지도자의 개념

「청소년 기본법」 제3조 제7호에 따르면 청소년지도자는 '청소년지도사와 청소년상담사, 청소년시설, 청소년단체 및 청소년 관련 기관에서 청소년육성에 필요한 업무에 종사하는 사람'이라고 정의되어 있다. 여기서 청소년지도사는 '청소년지도사 자격검정에 합격하고 청소년지도사 연수기관에서 실시하는 연수과정을 마친 사람'

을 뜻하고, 청소년상담사는 '청소년상담사 자격검정에 합격하고 청소년상담사 연수기관에서 실시하는 연수과정을 마친 사람'으로 여성가족부 장관이 부여한 자격을 의미한다.

동법 제23조에는 '청소년시설과 청소년단체는 대통령령으로 정하는 바에 따라 청소년육성을 담당하는 청소년지도사나 청소년상담사를 배치하여야 한다.'고 명시되어 있다. 여기서 청소년육성은 '청소년활동을 지원하고 청소년의 복지를 증진하며 근로 청소년을 보호하는 한편, 사회 여건과 환경을 청소년에게 유익하도록 개선하고 청소년을 보호하여 청소년에 대한 교육을 보완함으로써 청소년의 균형 있는 성장을 돕는 것(「청소년 기본법」 제3조)'으로 개념이 정의되어 있다.

청소년지도자는 청소년을 지도하는 사람으로서 전문적인 지식과 태도 및 기술을 갖추고 청소년의 건강한 성장과 사회적응 및 그들의 삶을 지원하고 조력하여 촉진시켜 주는 사람을 말한다(한국청소년정책연구원, 2014). 또한 청소년지도자는 지도라는 교육적 활동을 통해서 청소년에게 희망과 감동을 주고 청소년 스스로 자신의 꿈을 실현시키고자 하는 동기와 의지를 유발하며 지속시키는 교육자이자 리더이다(김영인, 김민, 2016).

권일남 등(2010)은 일반 청소년지도자는 '청소년을 대상으로 청소년활동 지도, 청소년복지 지원, 청소년보호·선도 활동 등에 관여하거나 종사하는 자로서 청소년의 긍정적 변화와 건강한 성인으로의 이행을 위해 역할모델이 정립되고 올바른 방향으로 이끌어 주는 사람'으로 정의하고 있으며, 전문 청소년지도자는 '청소년지도사 또는 청소년상담사 자격을 취득하고 청소년들 속에서 청소년과 더불어 청소년들의 균형된 성장과 성공적인 성인으로의 이행을 조장하고 촉진하는 일에 종사하는 사람'으로 구분하여 정의 내리고 있다.

진은설 등(2019)은 일반 청소년지도자는 청소년을 대상으로 청소년의 긍정적 성장·발달에 관여하거나 종사하는 자를 말하며, 전문 청소년지도자는 「청소년 기본법」에 의한 청소년지도사 또는 청소년상담사 자격을 취득하고 청소년을 직접 지도하는 일에 종사하는 자로 구분하여 설명하고 있다.

김윤나 등(2015)은 청소년지도자의 개념을 '참여 가치를 중심으로 청소년과 수평적 관계를 맺으며, 기관·단체의 목적을 효과적으로 달성하고 청소년 개개인의 욕구와 관심을 중심으로 변화를 꾀하면서 청소년에게 역할모델이 되는 사람으로서 국가자격이 있는 자와 없는 자로 구분된다.'고 설명하고 있다.

청소년사업의 경우 정부로부터 독립적인 지역의 자립 조직들도 있지만, 국가의 지원을 받는 사회복지 체계의 한 부분을 차지하는 기관도 있다. 청소년사업의 본질과 목표는 국가적인 흐름에 영향을 받으며 공공과 민간, 전문가와 자원봉사자 등의 요소들이 혼재해 있는 데서 오는 어려움이 있다. 또한 다양한 조직을 통해 활동하고 있는 청소년지도자 중에는 전문적 교육을 받지 않은 지도자 등도 있으며, 청소년의 건전한 생활에서부터 시민성 함양에 이르기까지 청소년 사업의 영역들은 윤리적 이슈와 관련된 상황들이 존재한다(Banks, 1999).

이처럼 청소년지도자의 개념은 법률에서 정하는 국가자격증 보유 여부 또는 전문성 여부와 종사하는 업무의 성격에 따라 다르게 정의 내리고 있다. 주요 공통적인 부분은 '청소년의 건강한 성장과 긍정적 변화를 위해 청소년을 직접 지도하는 업무에 종사하는 자'라고 할 수 있다. 이러한 학자들의 의견을 종합하여 청소년지도자는 '청소년의 전인적인 성장과 발달을 위하여 청소년활동, 청소년복지, 청소년보호 영역에서 종사하는 지도자로 전문적인 지식, 기술, 태도를 갖춘 사람'으로 정의하고자 한다.

2) 청소년지도자의 역할

역할은 하나의 사회단위 내에서 주어진 지위를 차지하고 있는 사람에게 기대되는 일련의 행동을 말한다(Robbins, 2005). 청소년지도자의 역할도 사회 및 조직에서 이해관계자들이 청소년지도자에게 기대하는 일련의 행동이라고 할 수 있다. 한상철 등(2001)은 청소년지도자의 역할로서 교수자, 프로그램 개발자, 촉진자, 관리자, 복지사, 상담자, 협력자를 제시하였으며, 장미(2011)는 전문가, 교육자, 변화 촉진자, 정보제공자, 조직자, 프로그램 설계 및 개발자, 프로그램 운영관리자, 분석가 등으로 제시하였다.

김영인과 김민(2016)은 프로그램 개발 및 운영자, 동기 유발자, 변화 촉진자, 평가자를 청소년지도자의 역할로 설명하였다. 정미나와 문호영(2019)은 청소년지도자의 역할에 관한 선행연구를 종합하여, 청소년 전문가, 프로그램 개발·운영 및 평가자, 교육자, 촉진자, 관리자 등의 다양한 역할을 제시하였다.

청소년지도자는 청소년이 사회구성원으로 영향력을 행사할 수 있도록 도와주고 청소년의 건강한 성장과 발달을 지원하는 역할을 하는 전문가이다. 또한 청소년지도자는 긍정적 관점에서 청소년개발(positive youth development)을 수행하는 사람이다. 문제 예방 중심의 접근을 넘어 청소년의 건전한 성장과 발달을 촉진하는 전문가로서, 청소년의 신체적 건강(physical health), 정서적 건강(emotional health), 지적 역량(intellectual competence), 사회적 역량(social competence), 시민적 역량(civic competence), 문화적 역량(cultural competence), 직업적 역량(vocational competence)의 발달을 촉진하고 성취동기(motivation for success)를 유발하는 일련의 과정에서 다양한 역할을 수행한다(김진호, 2006).

청소년지도자는 교사처럼 공적 또는 의무교육 내의 정상적인 것만이 아닌 청소년을 대상으로 하는 전체 교육과 관련된다. 청소년지도자는 사회복지사가 아니면서 사회복지사처럼 법적이거나 법적인 맥락이 아닌 상황에서도 청소년에 대한 돌봄과 통제의 역할을 한다(박선희, 2018). 청소년지도자는 청소년을 사회화하고 청소년 사업의 목적을 달성하기 위해 교육을 활용하며, 주로 비공식적 교육방법을 사용한다(Banks, 1999).

청소년기는 복잡하고 중요한 발달단계로서 지속 가능한 공동체를 형성할 수 있는 잠재력을 탐색할 수 있도록 다양한 경험이 요구된다(이영수, 2016). 이에 청소년 관련법을 근거로 전국에는 2023년 3월 기준 832개의 청소년수련시설을 비롯하여 각종 청소년시설이 설치되어 운영되고 있다.

청소년시설에서 청소년지도자는 청소년 영역의 질적 수준을 결정하는 중요한 요인으로서(김형주, 김정주, 김인규, 2015), 청소년활동이 효과적·효율적으로 운영되기 위해서는 청소년과의 관계에서 일어나는 교육적이고 기술적인 활동 과정에 필요한 전문성을 확보한 청소년지도자의 역할이 매우 중요하다(이영수, 2016). 또한 다양한 활동을 통해 청소년의 건강한 성장과 발달을 지원할 뿐만 아니라 청소년이 사회구성원으로 영향력을 행사할 수 있도록 도와준다. 따라서 고도의 지식과 기술이 필요한 분야인 청소년지도는 전문 직업인으로서 적절한 품성과 자질이 요구된다(최윤진, 김혁진, 최순희, 1993).

이런 맥락에서 청소년지도자의 역할은 권위 있는 전문가로서 클라이언트와 전문가 간의 거리를 가정하는 전통적인 전문가주의 모델과는 맞지 않는다. 청소년지도자의 중요한 기능은 함께하는 청소년과의 친밀감 형성이다. 청소년지도자는 친구이며 안내자에 가깝다(Banks, 1999).

한국청소년정책연구원(2015)에서는 청소년지도자의 전문성을 위한 역할로 자기이해, 전문지식, 전문기술의 세 가지로 설명하고 있다(〈표 4-1〉 참조).

〈표 4-1〉 **청소년지도자의 전문성을 위한 역할**

역할 구분		세부 역할
청소년 지도자의 전문성	자기 이해	청소년지도자는 자기 자신의 정체성, 목표, 동기, 요구, 제한, 장점 및 단점, 가치관, 문제 등에 대해 자각하고 있어야 한다.
	전문지식	청소년 발달 특징, 청소년 심리, 청소년정책, 청소년문화 등 청소년지도에 필요한 전문지식을 구비해야 한다.
	전문기술	청소년지도자는 조정 및 통합의 기술, 인간관계 기술, 실무적 기술 등을 습득할 필요가 있다.

출처: 한국청소년정책연구원(2015).

2. 청소년지도자의 직무 및 역량

역량은 직무 수행과 관련하여 평균적인 수행자들과 구분되는 우수한 업무 수행자들의 개인적 특성이나 자질을 말한다(McClelland, 1973). 스펜서와 스펜서(Spencer & Spencer, 1993)는 역량을 행동으로 드러나는 수행의 측면뿐 아니라, 업무 수행에서 우수한 성과를 가능하게 하는 동기, 특질, 자기개념, 지식, 기술 등 개인의 내적 특성까지도 포함하는 개념으로 확대하여 설명하고 있다. 즉, 역량은 특정 분야에 대한 지적 능력인 지식, 과업 수행을 가능하게 하는 기술, 지식과 기술에 영향을 미치는 개인의 내적 특성인 태도를 구성요소로 한다(서희정, 2018).

역량은 특정한 상황이나 직무에서 준거에 따른 효과적이고 우수한 수행의 원인이 되는 동기(motives), 특질(traits), 자기개념(self-concept), 지식(knowledge), 기술(skill) 등 개인의 내적 특성을 말한다(Spencer & Spencer, 1993). 이러한 역량은 인적 자원의 선발과 교육, 경력 개발과 같은 인력의 육성(Human Resource Development: HRD)과 성과 관리나 평가, 보상과 같은 인사 관리(personnel management)의 근간으로 활용되고 있다(김현주, 2003).

청소년활동에서 청소년지도자가 주어진 역할을 수행하기 위해서는 다양한 역량이 요구된다. 서희정(2018)은 청소년지도사의 역량을 청소년활동역량모델[1]에 근거하여 청소년활동 설계역량, 청소년활동 실행역량, 행정업무수행 역량, 팀워크 역량,

---

1) 특정 직무 또는 상황에서 뛰어난 성과를 산출하는 역량이 무엇인지를 체계적으로 구조화한 것을 말한다.

전문성 개발 역량, 태도로 구분하여 설명하고 있다.

청소년지도자의 역량을 국가직무능력표준(Natinal Competency Standards: NCS) 기준으로 살펴보면, 청소년지도 분야는 대분류 기준으로는 사회복지 영역에 속하며, 상담-청소년지도-청소년활동으로 세분되어 있다. 소관 부처는 여성가족부에 속해 있다. NCS에서 청소년지도의 능력단위 내용은 〈표 4-2〉와 같이, 청소년수련관, 청소년수련원, 문화의집 등의 청소년수련시설 내에서 청소년지도사가 청소년활동을 기획하고 실행하며, 청소년활동 및 기관 운영을 위한 기본 업무를 중심으로 직무분석이 이루어졌다(송민경, 2014). 여기서 청소년활동 영역의 청소년지도의 직무는 '청소년 사업을 기획하고 홍보하며, 청소년프로그램을 개발하고 적용하며 평가하는 일련의 과정을 말하며, 자원관리, 인증관리, 행정관리, 네트워크관리, 정보관리 등을 통하여 이를 효율적으로 지원하는 일이다.'로 정의하고 있다(국가직무능력표준). NCS에서 정의하고 있는 청소년지도에 있어서 필요한 능력단위를 청소년활동과 청소년상담복지로 나누어 정리하면 〈표 4-2〉, 〈표 4-3〉과 같다.

〈표 4-2〉 NCS에서 청소년지도-청소년활동 능력단위

순번	능력단위명	수준	정의
1	청소년사업 기획	8	청소년지도사가 전년도 사업결과보고서를 바탕으로 문제점과 현황을 파악하고 기관의 당해 연도 사업계획을 수립하는 능력
2	청소년기관 행정지원	5	기관운영계획을 수립하고, 운영위원회를 구성하고 관리하며, 재무, 인사, 행정, 시설관리, 기관평가에 필요한 일체의 업무지원하는 능력
3	협업체계 구축·운영	6	지역자원을 점검하고, 신규 자원의 개발 및 조성, 연계 확장에 필요한 활동과 협력체계를 마련하여 네트워크 사업을 운영, 평가하는 능력
4	청소년활동정보관리	4	청소년활동과 관련한 정보 및 자료를 수집하고 분석하여, 기록하고 관리하며 활용하는 능력
5	지도자 교육훈련	7	청소년지도자를 대상으로 교육훈련에 대한 요구를 파악하고, 이를 분석하여 교육훈련 계획을 세우고, 교육훈련 대상자를 선정하여 실행하는 능력
6	청소년권익증진활동 지원	5	청소년 관련 이슈를 선정하고, 실천전략을 수립하고, 연대 협력을 구축하여 실천하고 평가하는 능력

7	청소년현장실습지도	6	실습지도 계획에 의거하여 실습생을 지도하고 평가하는 능력
8	청소년조사연구	8	청소년의 특성, 청소년사업과 정책, 제반 환경 변화에 관하여 자료를 정리하고 분석하며 활용하는 능력
9	청소년프로그램 기획 및 설계	4	자료조사와 기획회의를 통하여 마케팅 계획을 수립하고 운영계획안을 마련하여 프로그램 활동지도안과 프로그램 매뉴얼을 작성하는 능력
10	청소년프로그램 실행	4	청소년지도자 교육을 실시하고 참가자를 모집하여, 프로그램을 진행할 수 있는 환경을 조성하고 실행하는 능력
11	청소년프로그램 평가	6	평가계획을 수립하여 평가를 실시한 후 프로그램의 효과성을 도모하고 프로그램의 질을 확보하는 능력
12	자원봉사활동 운영	4	자원봉사활동계획에 의거하여 자원봉사자를 선발·배치하고 자원봉사활동을 운영·관리하는 능력
13	청소년자치활동 운영	4	청소년자치활동 사업계획을 수립하여 청소년지도인력을 교육하고 청소년 참여자를 모집하며, 청소년자치활동을 지원하고 평가하는 능력
14	청소년생활지도	4	생활지도가 필요한 청소년에 대해 관련 사례를 바탕으로 생활지도 계획을 수립하고 적절한 관리와 개입을 위해 슈퍼비전 및 지원체계를 활용하여 청소년의 삶의 질 향상에 기여하는 능력
15	청소년활동 안전· 위생관리	4	안전 및 위생교육 계획에 입각하여 안전 및 위생교육을 실시하고, 청소년활동의 안전한 사용을 도모하는 능력
16	청소년수련활동 인증 및 신고	5	국가청소년활동인증 및 신고 매뉴얼에 따라서 인증프로그램을 기획하고 실시할 수 있으며, 관련법령에 의거하여 청소년수련활동신고제를 이해하고 운영할 수 있어 각종 청소년수련활동에 참여하는 청소년의 안전을 보장할 수 있는 능력
17	청소년교류활동 지도	6	국내외 교류활동 운영계획을 수립하고 대상국가 및 기관을 연계하여 청소년교류사업을 운영하고 평가하는 능력
18	청소년동아리활동 운영	4	청소년동아리활동 사업계획을 수립하여 청소년지도인력을 교육하고 청소년동아리를 모집하며, 청소년동아리활동을 지원하고 평가하는 능력

출처: 국가직무능력표준(NCS; www.ncs.go.kr).

〈표 4-3〉 NCS에서 청소년지도-청소년상담복지 능력단위

순번	능력단위명	수준	정의
1	심리평가	6	내담자의 효과적인 변화를 목적으로 인지, 성격특성, 심리적 적응상태 등을 객관적으로 이해하기 위해 내담자의 특성에 따른 심리평가 도구 선정, 검사 실시, 결과해석, 심리평가보고서 작성을 할 수 있는 능력
2	집단상담	5	집단구성원들이 집단의 경험을 통해 심리적인 문제를 해결하는 상담의 한 형태로 집단원들의 문제를 파악하여 목표를 설정, 집단을 운영하고 평가하여 종결한 후 추수관리를 하는 능력
3	청소년부모상담	6	청소년의 당면 문제의 해결과 발달을 돕는 최적의 환경을 제공하기 위해 상담을 신청한 내담자의 부모를 대상으로 자문, 교육, 상담하는 능력
4	상담자문	6	상담전문가가 개인이나 단체의 조직 및 제도의 당면문제를 해결하기 위해 공동의 전문적 조력을 하는 과정으로, 협력적인 관계에서 문제평가 및 정의, 전략선택 및 실행, 효과평가 및 종결을 하는 능력
5	상담슈퍼비전	7	상담자의 상담활동과 관련된 자질 향상과 직업적 발달을 도모하기 위하여 상담자의 상담활동 숙련 정도를 평가한 후 슈퍼비전에 대한 계약을 체결하고 슈퍼비전을 진행한 후 슈퍼비전 관계를 종결하는 능력
6	청소년상담 연구개발	8	청소년의 상담복지 분야의 권익을 증진시키기 위하여 청소년상담 의제를 설정하고 청소년정책을 분석하고 제안하며, 청소년의 문제와 관련된 프로그램 개발 및 효과성을 검증하는 능력
7	내담자 응대	4	접수면접 시작 전, 내담자에게 상담관련 정보 및 접수면접 정보를 안내하고 상담신청서를 받아 접수면접 업무를 지원하는 능력
8	접수면접	5	상담 시작 전 내담자에게 적절한 치료 및 상담자 배정을 위하여 내담자 문제 이해를 위한 정보수집과 평가를 하고 적합한 상담자를 배정하는 능력
9	상담준비	4	내담자와 상담자가 편안하게 상담을 진행할 수 있도록 상담환경 준비, 스케줄 관리, 오리엔테이션을 실시할 수 있는 능력
10	개인상담	6	개인이 지니고 있는 여러 가지 형태의 문제로 도움이 필요한 내담자에게 전문적 훈련을 받은 상담자가 면담을 통해 사례개념화, 상담진행, 상담회기평가, 상담종결, 추수관리를 실시할 수 있는 능력
11	전화상담	4	대면상담의 어려움이 있거나, 고민에 대한 즉각적인 상담이 필요한 청소년을 대상으로 청소년이 접근 용이한 매체인 전화를 활용하여 청소년을 상담하는 능력
12	게시판 · 메일 상담	4	대면상담의 어려움이 있거나, 고민에 대한 즉각적인 상담이 필요한 청소년을 대상으로 청소년이 접근 용이한 매체인 인터넷상의 상담기관의 게시판이나 메일을 활용하여 청소년을 상담하는 능력

13	채팅상담	4	대면상담의 어려움이 있거나, 고민에 대한 즉각적인 상담이 필요한 청소년을 대상으로 청소년이 접근 용이한 채팅, 문자, SNS 등을 활용하여 청소년을 상담하는 능력
14	위기상황 확인	4	위험에 노출된 청소년에게 적합한 개입을 위해 위기상황을 파악하고 청소년의 위기 유형 분석 및 위기상황 정보를 수집하는 능력
15	위기지원	4	위험에 노출된 청소년에게 즉시 개입하여 일차적 위기상황을 해결하고 지속적인 상담 및 사후관리 등의 서비스를 제공함으로써 2차 위험에 노출되는 것을 예방하는 능력
16	진로상담	4	개인이 지니고 있는 문제 중 진로 영역에서 도움이 필요한 내담자에게 전문적 훈련을 받은 상담자가 진로상담 영역의 구조화, 상담 진행, 상담회기 평가를 실시할 수 있는 능력
17	진학 및 취업지원	4	학업중단청소년 중 사회 진출에 대한 욕구를 가진 청소년에게 취업 활동 목표 수립 후 취업 관련 지원서비스를 제공하고, 진학에 대한 욕구를 가진 청소년에게는 진학 활동 목표 수립 후 진학 관련 지원서비스를 제공하는 일체의 능력
18	생활기술교육	4	위기청소년이 자신의 삶을 영위해 나갈 수 있는 기초생활 능력을 습득할 수 있도록 교육하고 지원하는 능력
19	청소년 사례 통합관리 준비	4	청소년문제의 조기 진단 및 효과적 개입을 목적으로 대상자를 조기 발굴하고 개입전략을 수립하는 능력
20	청소년 사례 통합관리 운영	4	청소년문제의 조기 진단 및 효과적 개입을 목적으로 수립된 개입전략에 따라 자원을 동원하여 통합적이고 예방적인 서비스를 제공한 후 지속적으로 모니터링하는 일체의 관리능력
21	청소년 교육훈련 준비	5	청소년상담자의 교육 및 훈련을 통한 상담자 자질 향상을 위하여 상담 관련 교육 및 훈련 프로그램을 기획하고, 운영에 필요한 교육환경을 준비하는 능력
22	청소년 교육운영 및 평가	4	청소년상담자의 교육 및 훈련을 통한 상담자 자질 향상을 위하여 상담 관련 교육 및 훈련 프로그램 운영을 위해 강사 및 운영인력을 모집하고, 교육·훈련 종료 후 그 성과를 평가하는 능력
23	지역자원 발굴 및 관리	4	지역 내 청소년에게 도움을 줄 수 있는 필수 연계기관과 신규 연계기관을 조사하고, 인적 자원 데이터베이스를 구축 및 관리하는 능력
24	지역자원 연계 협력	4	지역 내 청소년을 효과적으로 돕기 위하여 지역 내 유관기관 간 인적·물적 자원을 상호 교류하는 능력

출처: 국가직무능력표준(NCS; www.ncs.go.kr).

이러한 청소년지도사와 청소년상담사의 역량 외에도 김영인(2012)은 청소년활동지도자와 청소년 간의 관계에서 이루어지는 청소년활동은 교육활동의 성격을 지니고 있기 때문에 관조적 관찰, 개방성, 상상력, 감성지능, 의사소통, 배려와 지원, 공감문화 형성 등으로 구성된 공감적 리더십이 요구된다고 하였다.

최근 코로나19로 인하여 긍정적 관점에서 청소년개발을 촉진해야 하는 청소년지도자의 책무(mission)는 변함이 없지만 업무가 수행되는 상황과 환경이 달라져서 청소년지도자에게 요구되는 역량에 변화가 필요하다.

한편, 마상욱(2019)은 청소년지도자는 아날로그 감성뿐만 아니라 4차 산업혁명에 필요한 인재를 양성하기 위해 디지털 감성과 역량을 높여야 한다고 주장하였다. 특히, 정보통신기술(ICT)화된 청소년센터를 운영할 수 있는 역량을 갖춘 청소년지도자가 필요하며, 창의적이고 자기주도적인 청소년지도자를 양성해야 한다고 제안하였다. 전영욱 등(2021)은 온라인 환경에서 청소년프로그램을 효과적으로 전달하기 위해서 청소년지도자는 비대면 콘텐츠를 개발할 수 있는 역량을 함양할 필요가 있다고 하였다. 청소년 온라인 프로그램을 설계·개발할 수 있는 역량과 최첨단 청소년센터를 운영할 수 있는 역량이 요구된다.

3. 청소년지도자의 양성제도

급격한 사회변화에 따라 점점 심각해지는 청소년문제를 적극적으로 해결하고, 체계적인 청소년활동을 제공하기 위해 전문지식과 자질을 갖춘 청소년지도자의 양성이 필요하다. 또한 청소년의 균형된 성장과 발달을 촉진하고 국가와 사회가 필요로 하는 건강한 사회구성원으로 이행을 돕기 위해 우수한 청소년지도자의 양성이 절실히 요구되고 있다.

여성가족부에서는 전문성을 갖춘 청소년지도자를 양성하기 위하여 청소년지도사와 청소년상담사 등의 국가 자격제도를 도입하여 시행하고 있다. 교육부에서는 학교사회복지사 제도를 통해 교내 취약계층 청소년의 학교적응을 지원하고 있다. 이러한 제도와 정책을 통해 청소년지도자에 대한 양성 방법과 법적 배치기준, 보수교육 제도를 마련하고 있다.

이 절에서는 청소년지도자 중에서 청소년육성 업무에 종사하면서 국가 정책적으로 인정하고 있는 전문가 그룹으로, 청소년지도사, 청소년상담사, 청소년육성 전담 공무원, 학교사회복지사를 중심으로 살펴보고자 한다.

1) 청소년지도사

　청소년지도사는 현장에서 청소년에게 올바른 가치관과 활동을 지도하는 전문직 이므로 청소년을 이해할 수 있는 능력과 올바른 지도 능력 등 다양한 전문성이 요구 된다(윤철수, 2009). 청소년지도사의 체계적이고 전문적인 양성을 위해「청소년 기 본법」에서는 청소년지도사 양성 및 배치에 관한 내용을 규정하고 있다. 청소년지도 사는 1, 2, 3급으로 구분되며, 청소년 관련 분야의 경력과 기타 자격을 갖춘 자로서 자격검정에 합격하고 소정의 연수를 마친 자에게 자격을 부여한다. 청소년지도사 자격은 여성가족부 주관으로 한국산업인력공단에 위탁하여 자격검정을 실시하고 자격검정에 합격한 자에게 한국청소년활동진흥원에서 연수를 실시한 후 청소년지 도사 자격증을 교부하고 있다.

　청소년지도사 자격검정에서 필기시험 합격 기준은 100점을 만점으로 하여 과목 당 최저 40점 이상이며, 전 과목 평균 60점 이상의 점수를 받아야 한다. 또한 대학 졸업(예정)자 또는 이와 동등 이상의 학력이 있는 자로서 2급 청소년지도사 자격검 정에 필요한 과목 모두를 전공과목으로 이수하면 필기시험이 면제된다. 3급 청소 년지도사의 경우 전문대학 졸업(예정)자 또는 이와 동등 이상의 학력이 있는 자로서 3급 청소년지도사 자격검정에 필요한 과목 모두를 전공과목으로 이수한 자는 해당 급수의 청소년지도사 자격검정에서 필기시험을 면제한다. 자격검정에 합격한 자를 대상으로 실시하는 연수는 30시간 이상으로 하며, 자질과 전문성을 함양할 수 있는 내용으로 구성된다(여성가족부, 2022a).

　「청소년 기본법」에 명시된 청소년지도사의 등급별 자격검정에 응시할 수 있는 자격 기준과 자격검정 방법은 〈표 4-4〉와 같다.

〈표 4-4〉 **청소년지도사 등급별 자격검정 응시 자격 기준**

등급	응시 자격 기준
1급 청소년 지도사	2급 청소년지도사 자격 취득 후 청소년활동 등 청소년육성업무에 종사한 경력 이 3년 이상인 사람

2급 청소년 지도사	① 대학 졸업(예정)자 또는 이와 같은 수준 이상의 학력이 있는 사람으로서 2급 청소년지도사 자격검정에 필요한 과목 모두를 전공과목으로 이수한 사람 ② 2005년 12월 31일 이전에 대학을 졸업하였거나 이와 같은 수준 이상의 학력을 취득한 사람으로서 별표 1의2에 따른 과목을 이수한 사람 ③ 대학원의 학위과정 수료(예정)자로서 2급 청소년지도사 자격검정에 필요한 과목 모두를 전공과목으로 이수한 사람 ④ 2005년 12월 31일 이전에 대학원의 학위과정을 수료한 사람으로서 별표 1의2에 따른 과목 중 필수영역 과목을 이수한 사람 ⑤ 대학 졸업 또는 이와 같은 수준 이상의 학력이 있다고 다른 법령에서 인정받은 후 청소년활동 등 청소년육성업무에 종사한 경력이 2년 이상인 사람 ⑥ 전문대학 졸업 또는 이와 같은 수준 이상의 학력이 있다고 다른 법령에서 인정받은 후 청소년활동 등 청소년육성업무에 종사한 경력이 3년 이상인 사람 ⑦ 3급 청소년지도사 자격 취득 후 청소년활동 등 청소년육성업무에 종사한 경력이 2년 이상인 사람 ⑧ 고등학교 졸업 또는 이와 같은 수준 이상의 학력을 인정받은 후 청소년활동 등 청소년육성업무에 종사한 경력이 8년 이상인 사람
3급 청소년 지도사	① 전문대학 졸업(예정)자 또는 이와 같은 수준 이상의 학력이 있는 사람으로서 3급 청소년지도사 자격검정에 필요한 과목 모두를 전공과목으로 이수한 사람 ② 2005년 12월 31일 이전에 전문대학을 졸업하였거나 이와 같은 수준 이상의 학력을 취득한 사람으로서 별표 1의2에 따른 과목을 이수한 사람 ③ 전문대학 졸업 또는 이와 같은 수준 이상의 학력이 있다고 다른 법령에서 인정받은 후 청소년활동 등 청소년육성업무에 종사한 경력이 2년 이상인 사람 ④ 고등학교 졸업 또는 이와 같은 수준 이상의 학력이 있다고 다른 법령에서 인정받은 후 청소년활동 등 청소년육성업무에 종사한 경력이 3년 이상인 사람

출처: 「청소년 기본법 시행령」 [별표 1] 청소년지도사 자격검정의 등급별 응시자격 기준.

⟨표 4-5⟩ **청소년지도사 등급별 자격검정 과목 및 방법**

구분	검정과목	검정방법	
1급	청소년연구방법론, 청소년 인권과 참여, 청소년정책론, 청소년기관 운영, 청소년지도자론	주관식·객관식 필기시험	
2급	청소년육성제도론, 청소년지도방법론, 청소년심리 및 상담, 청소년문화, 청소년활동, 청소년복지, 청소년프로그램 개발과 평가, 청소년문제와 보호	객관식 필기시험	면접(3급 청소년지도사 자격증 소지자는 면접 면제)

3급	청소년육성제도론, 청소년활동, 청소년심리 및 상담, 청소년문화, 청소년지도방법론, 청소년문제와 보호, 청소년프로그램 개발과 평가	객관식 필기시험	면접

주: 청소년지도사 자격검정의 과목과 관련된 전공과목의 인정범위는 여성가족부장관이 별도로 정하여 고시함.
출처: 「청소년 기본법 시행령」 [별표 2] 청소년지도사 자격검정의 과목 및 방법(제20조 제3항 관련).

청소년지도사는 제도가 시행된 1993년부터 2021년까지 1급 청소년지도사 2,151명, 2급 청소년지도사 45,089명, 3급 청소년지도사 15,097명 등 총 62,337명의 청소년지도사를 배출하였다. 2021년도의 경우 총 4,317명의 청소년지도사를 배출하였는데 이 중 여성이 3,065명으로 71.0%를 차지하고 있으며, 1급은 179명, 2급은 3,404명, 3급은 734명이었다(여성가족부, 2022a).

「청소년 기본법」에서는 청소년시설과 단체에 청소년지도사를 배치하는 규정을 마련하고 있다. 국가 및 지방자치단체는 청소년단체 또는 청소년시설에 배치된 청소년지도사에 대해 예산의 범위 안에서 그 활동비의 전부 또는 일부를 보조할 수 있다. 소관 부서는 여성가족부 청소년활동안전과이다. 「청소년 기본법」에 명시된 청소년수련시설 및 청소년단체별 청소년지도사의 배치기준은 〈표 4-6〉과 같다.

〈표 4-6〉 **청소년시설의 청소년지도사 배치기준**

배치대상		배치기준
청소년 수련 시설	청소년수련관	1급 또는 2급 청소년지도사 각각 1명 이상을 포함하여 4명 이상의 청소년지도사를 두되, 수용인원이 500명을 초과하는 경우에는 500명을 초과하는 250명당 1급, 2급 또는 3급 청소년지도사 중 1명 이상을 추가로 둔다.
	청소년수련원	① 1급 또는 2급 청소년지도사 1명 이상을 포함하여 2명 이상의 청소년지도사를 두되, 수용정원이 500명을 초과하는 경우에는 1급 청소년지도사 1명 이상과 500명을 초과하는 250명당 1급, 2급 또는 3급 청소년지도사 중 1명 이상을 추가로 둔다. ② 지방자치단체에서 폐교시설을 이용하여 설치한 시설로서 특정 계절에만 운영하는 시설의 경우에는 청소년지도사를 두지 않을 수 있다.
	유스호스텔	청소년지도사를 1명 이상 두되, 숙박정원이 500명을 초과하는 경우에는 1급 또는 2급 청소년지도사 1명 이상을 추가로 둔다.

청소년야영장	① 청소년지도사를 1명 이상 둔다. 다만, 설치 · 운영자가 동일한 시 · 도 안에 다른 수련시설을 운영하면서 청소년야영장을 운영하는 경우로서 다른 수련시설에 청소년지도사를 둔 경우에는 그 청소년야영장에 청소년지도사를 별도로 두지 않을 수 있다. ② 국가, 지방자치단체, 그 밖에 공공법인이 설치 · 운영하는 청소년야영장으로서 청소년수련거리의 실시 없이 이용 편의만 제공하는 경우에는 청소년지도사를 두지 않을 수 있다.	
청소년문화의집	청소년지도사를 1명 이상 둔다.	
청소년특화시설	1급 또는 2급 청소년지도사 1명 이상을 포함하여 2명 이상의 청소년지도사를 둔다.	
청소년단체	청소년회원 수가 2천 명 이하인 경우에는 1급 청소년지도사 또는 2급 청소년지도사 1명 이상을 두되, 청소년회원 수가 2천 명을 초과하는 경우에는 그 초과하는 2천 명마다 1급 청소년지도사 또는 2급 청소년지도사 1명 이상을 추가로 두며, 청소년회원 수가 1만 명 이상인 경우에는 청소년지도사의 5분의 1 이상은 1급 청소년지도사로 두어야 한다.	

출처: 여성가족부(2022a).

「청소년 기본법」 제24조의2에 근거하여 청소년시설 및 청소년단체 등에서 청소년육성 업무에 종사하는 청소년지도사는 역량 강화 및 자질 향상을 위한 보수교육을 의무적으로 받도록 하고 있다. 교육은 청소년정책 및 권리교육, 성평등 교육, 아동학대 신고 의무자 교육, 청소년활동과 안전, 청소년 현장에 필요한 내용으로 운영하고 있다.

2) 청소년상담사

청소년상담은 청소년의 문제를 해결하고 발달적 측면에서 자기 성장을 돕는 과정이다. 청소년상담 서비스는 문제를 가진 청소년이나 가족, 청소년상담 종사자, 특히 상담자의 인간적 상호작용이라는 수단을 통해 전달되는 것이어서 그 사업의 성공 여부는 유능한 상담자의 확보와 상담 인력을 효과적으로 유지하는 것에 달려 있다(이영순 외, 2007).

청소년상담사는 국가 차원의 청소년상담 관련 기관인 한국청소년상담복지개발원, 시 · 도 및 시 · 군 · 구 청소년상담복지센터, 초 · 중 · 고 · 대학의 학생상담소, 청소년수련관, 사회복지관, 청소년쉼터, 청소년 관련 복지시설, 경찰청이나 법무부 등 청소년업무 지원부서, 사설 청소년상담실, 아동·청소년 대상 병원, 일반 청소년 관련 사업체, 근로청소년 관련 사업체 등에서 청소년상담업무에 종사하는 전문가이다.

「청소년 기본법」에서는 청소년상담사의 체계적이고 전문적인 양성을 위해 청소년상담사 양성 및 배치에 관한 내용을 규정하고 있다. 청소년상담사 자격증은 상담

〈표 4-7〉 **청소년상담사 등급별 자격검정 응시 자격 기준**

등급	응시 자격 기준
1급 청소년상담사	① 대학원에서 청소년(지도)학·교육학·심리학·사회사업(복지)학·정신의학·아동(복지)학·상담학 분야 또는 그 밖에 여성가족부령으로 정하는 상담 관련 분야(이하 '상담관련분야'라 한다)의 박사학위를 취득한 사람 ② 대학원에서 상담관련분야의 석사학위를 취득한 후 상담 실무경력이 4년 이상인 사람 ③ 2급 청소년상담사로서 상담 실무경력이 3년 이상인 사람 ④ 제1호 및 제2호에 규정된 사람과 같은 수준 이상의 자격이 있다고 여성가족부령으로 정하는 사람
2급 청소년상담사	① 대학원에서 상담관련분야의 석사학위를 취득한 사람 ② 대학 또는 다른 법령에 따라 이와 동등한 학력을 인정받는 기관에서 상담관련분야 학사학위를 취득한 후 상담 실무경력이 3년 이상인 사람 ③ 3급 청소년상담사로서 상담 실무경력이 2년 이상인 사람 ④ 제1호부터 제3호까지에 규정된 사람과 같은 수준 이상의 자격이 있다고 여성가족부령으로 정하는 사람
3급 청소년상담사	① 대학 및 「평생교육법」에 따른 학력이 인정되는 평생교육시설의 상담관련분야의 학사학위를 취득한 사람 ② 전문대학 또는 다른 법령에 따라 이와 동등한 학력을 인정받는 기관에서 상담관련분야 전문학사를 취득한 사람으로서 상담 실무경력이 2년 이상인 사람 ③ 대학 또는 다른 법령에 따라 이와 동등한 학력을 인정받는 기관에서 학사학위를 취득한 후 상담 실무경력이 2년 이상인 사람 ④ 전문대학 또는 다른 법령에 따라 이와 동등한 학력을 인정받는 기관에서 전문학사학위를 취득한 후 상담 실무경력이 4년 이상인 사람 ⑤ 고등학교를 졸업하고 상담 실무경력이 5년 이상인 사람 ⑥ 제1호부터 제4호까지에 규정된 사람과 같은 수준 이상의 자격이 있다고 여성가족부령으로 정하는 사람

주: 1) 상담 실무경력의 인정 범위와 내용은 여성가족부장관이 별도로 정하여 고시한다.
　　2) 고등학교, 대학, 전문대학 및 대학원은 별표 1의 비고 제4호와 같다.
　　3) 응시자격을 갖추었는지 여부는 자격검정 공고에서 정하는 서류제출 마감일을 기준으로 판단한다.
출처: 「청소년 기본법 시행령」 제23조 제3항 별표 3.

관련 분야를 전공하고 상담 실무경력이나 기타 자격을 갖춘 자로서 자격검정에 합격하고, 100시간 이상의 연수를 마친 자에게 부여하는 국가자격증이다. 청소년상담사 자격검정 등급별 응시 자격 기준과 자격검정의 과목 및 방법은 〈표 4-7〉과 같다.

「청소년 기본법」에서 제시하고 있는 청소년상담사 자격검정은 필기시험과 면접시험으로 구성되어 있으며, 필기시험 과목은 1급 5과목, 2급과 3급은 각각 6과목이다. 필기시험의 합격 기준은 100점을 만점으로 하여 매 과목 40점 이상, 전 과목 평균 60점 이상이다. 필기시험에 합격한 자에 한해서 면접시험을 볼 수 있으며, 응시자격 기준에 해당하는지 여부를 확인하기 위하여 서류 심사를 실시한다. 면접시험에 합격하고 서류심사를 통과한 자를 자격검정 최종 합격자로 본다. 청소년상담사 자격검정과목과 검정방법은 〈표 4-8〉과 같다.

〈표 4-8〉 **청소년상담사 등급별 자격검정과목과 검정방법**

등급	검정과목		검정방법	
	구분	과목		
1급 청소년 상담사	필수	• 상담사 교육 및 사례지도 • 청소년 관련 법과 행정 • 상담연구방법론의 실제	필기 시험	면접
	선택	• 비행상담 · 성상담 · 약물상담 · 위기상담 중 2과목		
2급 청소년 상담사	필수	• 청소년상담의 이론과 실제 • 상담연구방법론의 기초 • 심리측정 평가의 활용 • 이상심리	필기 시험	면접
	선택	• 진로상담 · 집단상담 · 가족상담 · 학업상담 중 2과목		
3급 청소년 상담사	필수	• 발달심리 • 집단상담의 기초 • 심리측정 및 평가 • 상담이론 • 학습이론	필기 시험	면접
	선택	• 청소년이해론 · 청소년수련활동론 중 1과목		

주: '청소년 관련 법'이란 「청소년 기본법」 「청소년복지 지원법」 「청소년 보호법」 「아동 · 청소년의 성보호에 관한 법률」 「청소년활동 진흥법」 「학교폭력예방 및 대책에 관한 법률」 「소년법」을 말하며, 그 밖의 법령을 포함하는 경우 여성가족부장관이 고시함.
출처: 「청소년 기본법 시행령」 제23조 제3항 별표 4.

청소년상담사는 여성가족부의 주관으로 '한국청소년상담복지개발원'과 '한국산업
인력공단'에 위탁하여 자격검정을 실시한다. 자격검정에 합격한 자에 대하여는 실무
능력 향상을 위해 한국청소년상담복지개발원에서 시행하는 100시간 이상 의무 연수
를 실시한 후 청소년지도사 자격증을 교부하고 있다. 이들은 청소년상담복지센터와
청소년쉼터 등 청소년상담기관 또는 청소년복지시설에 배치 및 활용되고 있다.

청소년상담사의 자격연수 과목은 청소년상담 관련 이론과 실제적인 실무를 익힐
수 있도록 구성되어 있으며, 1급ㆍ2급ㆍ3급 모두 5과목으로 구성되어 있다. 자격연
수 형태는 급별 책무에 맞는 질적 교육을 위하여 이론, 세미나, 실습 등으로 구성되
어 있다(〈표 4-9〉 참조).

〈표 4-9〉 **청소년상담사 등급별 자격연수 과목**

등급	연수과목	
1급 청소년상담사	• 청소년상담ㆍ슈퍼비전 • 청소년 위기개입 II • 청소년 관련법과 정책	• 청소년상담프로그램 개발 • 청소년문제세미나
2급 청소년상담사	• 청소년상담과정과 기법 • 부모상담 • 청소년 진로ㆍ학업상담	• 지역사회상담 • 청소년 위기개입 I
3급 청소년상담사	• 청소년개인상담 • 청소년매체상담 • 청소년 발달 문제	• 청소년집단상담 • 청소년상담 현장론

출처: 「청소년상담사 자격검정 및 연수 등에 관한 고시」 제13조 제1항 별표 5.

그동안 청소년상담사는 2021년까지 총 20회의 청소년상담사 자격검정이 있었으
며, 청소년상담사 1급 969명, 2급 10,940명, 3급 18,404명으로 총 30,313명의 청소
년상담사를 양성하였다(여성가족부, 2022a). 「청소년 기본법」 제24조의2에 따라 청
소년시설, 청소년단체 및 학교 등에서 청소년상담 업무에 종사하는 청소년상담사
는 자질 향상을 위하여 정기적으로 보수교육을 받아야 한다.

「청소년 기본법」에 명시된 청소년상담사 배치대상 청소년시설에는 일정한 배치
기준이 있다. 청소년지도사와 마찬가지로 국가 및 지방자치단체는 「청소년 기본
법」 제23조에 의하여 청소년시설 및 청소년단체에 배치된 청소년상담사에 대하여
예산의 범위 안에서 그 활동비의 전부 또는 일부를 보조할 수 있다. 청소년상담사

배치기준은 〈표 4-10〉과 같다.

〈표 4-10〉 **청소년상담사 배치기준**

배치대상 청소년시설	배치기준
가. 「청소년복지 지원법」제29조에 따라 특별시 · 광역시 · 도 및 특별자치도에 설치된 청소년상담복지센터	청소년상담사 3명 이상을 둔다.
나. 「청소년복지 지원법」제29조에 따라 시 · 군 · 구에 설치된 청소년상담복지센터	청소년상담사 1명 이상을 둔다.
다. 「청소년복지 지원법」제31조 제1호부터 제3호까지의 규정에 따른 청소년복지시설	청소년상담사 1명 이상을 둔다.

출처: 「청소년 기본법 시행령」제25조 제2항 별표 5.

3) 청소년육성 전담공무원

「청소년 기본법」 제25조에는 '특별시 · 광역시 · 특별자치시 · 도 · 특별자치도, 시 · 군 · 구 및 읍 · 면 · 동 또는 청소년육성 전담기구에 청소년육성 전담공무원을 둘 수 있다.'고 명시하고 있다. 청소년육성 전담공무원은 공공 영역 또는 청소년육성 전담기구 등에서 관할구역의 청소년과 청소년지도자 등에 대하여 그 실태를 파악하고 필요한 지도업무를 하는 사람이다. 청소년육성 전담공무원은 청소년지도사 또는 청소년상담사의 자격을 가진 사람으로 하며, 임용 등에 필요한 사항은 조례로 정하고 있다. 따라서 「청소년 기본법」에 의해 청소년육성 전담공무원은 '청소년육성업무를 전담하는 공무원이면서 청소년지도 또는 청소년상담사 자격을 갖춘 사람'으로 정의할 수 있다.

「청소년 기본법」에 의한 기존의 청소년육성 전담공무원에 대한 정의가 청소년지도사 또는 청소년상담사의 자격을 가진 공무원이라면, 청소년육성 전담공무원의 확산적인 정의는 '청소년지도사 또는 청소년상담사 자격을 가진 공무원, 청소년육성업무 관련 전문직 공무원, 기타 청소년육성업무를 담당하는 학교, 중앙부처 및 지자체의 청소년육성업무 담당부서 및 직영시설에서 청소년육성업무를 담당하는 공무원'(김현철, 김선희, 2015)이라고 할 수 있다.

청소년육성 전담공무원제의 도입은 청소년정책의 질적인 도약을 위한 핵심적인 대안 중의 하나이다. 청소년정책담당 지방공무원의 잦은 인사이동으로 공무원의 청소년정책에 대한 이해도가 낮고, 정책의 지속성을 담보하지 못한다는 지적이 줄 곧 제기되어 왔으며, 그 대안으로 청소년육성 전담공무원제의 필요성이 제기되어 왔다(여성가족부, 2014a). 청소년육성 전담공무원제의 필요성이 끊임없이 제기되어 왔음에도 그간 이를 대상으로 한 연구나 정책이 부족하다.

청소년육성 전담공무원은 다음과 같은 몇 가지 특징을 가지고 있다(김현철, 김선희, 2015).

첫째, 청소년육성 전담공무원은 지방공무원이다. 국가공무원은 해당되지 않는다. 적어도 「청소년 기본법」 규정에 따르자면, 청소년육성 전담공무원은 지방공무원에만 해당한다.

둘째, 청소년지도사 또는 청소년상담사 자격증을 가지고 있어야 한다. 설사 청소년육성업무를 전담하고 있더라도 청소년지도사 또는 청소년상담사 자격증을 소지하지 않았다면 청소년육성 전담공무원이 아니다.

셋째, 반드시 청소년육성 전담기구에 속한 공무원일 필요는 없다. 「청소년 기본법」이 청소년육성 전담기구의 설치에 대해 규정하고 있지만, 어디까지나 임의규정이다. 청소년육성 전담기구를 두고 있는 지방자치단체는 극소수에 불과하다. 그러나 청소년육성 전담기구에서 청소년육성 전담업무를 담당하고 있다고 하더라도 청소년지도사 또는 청소년상담사 자격증이 없다면 청소년육성 전담공무원에 해당하지 않는다.

넷째, 청소년육성 전담공무원의 근무연한에 대한 규정이 없다. 따라서 근무기간과 관계없이 이러한 조건을 갖추었다면 청소년육성 전담공무원이다.

다섯째, 청소년육성 전담공무원의 전문성에 대한 별도의 규정은 없다. 청소년육성 전담공무원의 전문성을 청소년지도사 또는 청소년상담사 자격증 소지 여부로 판단하는 셈이다.

여섯째, 별도의 직렬에 대한 규정이 없다. 지방자치단체가 청소년육성 전담공무원 임용에 대한 조례를 통하여 임용할 수 있도록 되어 있을 뿐이다.

지방자치단체에서는 청소년육성 업무가 아동 업무나 복지 업무 등과 혼재되어 있으며, 청소년육성 업무를 청소년정책 주무 부처인 여성가족부 정책사업으로 한정하기에는 어려움이 있다. 최근 지방자치 단위로 지방임기제공무원으로 채용하는 사례가 늘고 있다. 임기는 업무실적에 따라 총 근무연수 5년 범위 내에서만 연장이 가능하기에 안정성은 낮은 편이다. 〈표 4-11〉과 〈표 4-12〉는 2022년 수원시에서 공고에 제시한 청소년육성 전담공무원에 대한 직무 내용과 직무 기술서이다.

〈표 4-11〉 **청소년육성 전담공무원 채용 내용 및 인원**

근무예정 부서	채용예정 분야	채용예정 직급	채용 인원	계약 기간	직무 내용
교육 청소년과	청소년 육성전담	시간선택제 임기제 다급 (주35시간)	1명	2년	청소년 정책 동향 분석 및 정책 수립 • 청소년 정책 수요파악 및 개발 • 공공청소년수련시설, 청소년육성공모사업 개발 • 수원시 청소년의회 등 청소년참여단체 운영 • 수원시청소년육성위원회 운영

자격 및 경력 요건 기준	1. 학사학위를 취득한 후 1년 이상 임용예정 직무분야의 실무경력이 있는 사람 2. 3년 이상 임용예정 직무분야의 실무경력이 있는 사람 3. 8급 또는 8급 상당 이상의 공무원으로서 2년 이상 임용예정 직무분야의 실무경력이 있는 사람 【추가 필수자격】 • 「청소년 기본법」에 의한 청소년지도사 2급 또는 청소년상담사 2급 이상 자격증 소지자 【관련분야 경력】 • 국가기관, 지방자치단체, 공공기관, 「청소년활동 진흥법」상 명시된 청소년기관(시설)에서 청소년 정책 및 활동지원 등 관련분야 실무경력 ※ 해당 분야 경력증명서 첨부 　(경력증명서에 관련경력이 기재되어야 함)

주: 임기는 업무실적에 따라 총 근무연수 5년 범위 내 연장 가능
출처: 수원시청 홈페이지 공고문(https://www.suwon.go.kr/web/board/BD_board.list.do?bbsCd=1048).

〈표 4-12〉 **청소년육성 전담공무원 직무 기술서**

직무 기술서

□ 청소년육성 전담

임용예정 부서	임용예정 직급	임기
교육청소년과	시간선택제임기제 다급	2년

주요업무	• 청소년 정책 동향 분석 및 정책 수립 • 청소년 정책 수요파악 및 개발 • 공공청소년수련시설, 청소년육성공모사업 개발 • 청소년의회 등 청소년참여단체 운영 • 청소년육성위원회 운영

필요역량	• (공통역량) 윤리의식, 공직의식, 고객지향 마인드 • (직급별 역량) 상황인식 및 판단력, 기획력 · 팀워크 지향, 의사소통 능력, 조정 능력 • (직렬별 역량) 분석력, 전략적 사고력, 창의력, 전문성, 계획관리 능력

필요지식	• 관련 규정 및 정책에 대한 지식
	  -「청소년 기본법」「청소년활동 진흥법」등 관련 법령, 청소년 정책에 대한 지식
	• 사업 구조에 대한 이해
	  -주요 업무에 기술된 사업 및 전달체계 이해

응시자격요건	• 학사학위를 취득한 후 1년 이상 임용예정 직무분야의 실무경력이 있는 사람 • 3년 이상 임용예정 직무분야의 실무경력이 있는 사람 • 8급 또는 8급 상당 이상의 공무원으로서 2년 이상 임용예정 직무분야의 실무경력이 있는 사람 【추가 필수자격】 •「청소년 기본법」에 의한 청소년지도사 2급 또는 청소년상담사 2급 이상 자격 중 소지자 【관련분야 경력】 • 국가기관, 지방자치단체, 공공기관, 「청소년활동 진흥법」상 명시된 청소년기관(시설)에서 청소년 정책 및 활동지원 등 관련분야 실무경력

출처: 수원시청 홈페이지 공고문(https://www.suwon.go.kr/web/board/BD_board.list.do?bbsCd=1048).

4) 학교사회복지사

대부분의 아동 · 청소년은 학생이라는 사회적 신분을 유지하고 있다. 따라서 학교는 아동 · 청소년이 하루일과 중 가장 많은 시간을 보내는 삶의 공간이 되고 있다. 학교에서 학생은 학습뿐만 아니라 친구도 사귀고 놀이 활동이나 휴식을 취하기로 한다.

최근 학교에서는 학교폭력, 인터넷 · 스마트폰 과다사용, 가출, 우울 및 불안 등으로 인하여 여러 심리 · 사회적인 문제들이 발생하고 있다. 이에 학교에서는 학생의 지적 능력과 더불어 심리 · 사회적 기능을 향상시켜 건강한 사회구성원으로 성장하도록 하고 그들의 삶의 질을 높이기 위해 노력한다. 특히, 입시 위주의 우리나라 교육제도의 단점을 보완하고 학생에게 균등한 교육의 기회를 제공하기 위해서, 생활상의 문제와 욕구를 지원하는 복지적인 기능을 수행하고자 학교사회복지사 제도를 시행하고 있다.

학교사회복지는 학교체계 내에서 전문능력과 자격을 갖춘 학교사회복지사가 학생의 심리 · 사회적 문제와 가족 · 학교 · 지역사회의 역기능적 상호작용과 유발 조건을 예방 또는 해결하기 위하여 전문적이고 체계적인 과정을 통하여 사회복지서비스를 제공하는 활동이다.

학교사회복지사의 안정적인 인력수급을 위해 2005년 한국사회복지사협회, 한국학교사회복지사협회, 한국학교사회복지학회 소속 위원으로 구성된 학교사회복지사 자격관리위원회 주도로 학교사회복지사 자격시험이 처음 실시되었다. 그 당시에는 민간자격으로 학교사회복지사가 되기 위해서는 사회복지사 1급 자격증을 소지하고 학교사회복지론과 아동 · 청소년복지론, 교육학 관련 과목을 수강하고 실습(240시간)과 현장경험(기관은 1년, 학교는 6개월 이상 근무)의 실천적 요건을 충족한 사람만이 자격시험에 응시할 수 있었다.

그러나 2019년 「사회복지사업법」이 개정되면서 사회복지사 1급 자격이 있는 사람 중에서 보건복지부령으로 정하는 수련기관에서 1,000시간의 수련을 받은 사람에게 학교사회복지사 국가자격증이 부여된다. 학교사회복지사 수련은 학교사회복지 업무를 수행하는 담당 부서를 갖추고, 5년 이상의 학교사회복지사 실무경험이 있는 사람 1명 이상이 수련지도자로 상시 근무하는 「초 · 중등교육법」 제2조에 따른 학교에서 가능하다. 수련 교육의 운영 방법과 기준은 〈표 4-13〉과 같다.

〈표 4-13〉 **수련 교육의 운영 방법과 기준**

구분	시간	운영 방법	운영 기준
이론	150	• 내부 및 외부 교육 계획 수립 • 내부 교육 시 수련지도자 또는 별도의 교육강사를 통해 진행 가능 • 외부 교육 시 영역별(의료, 학교) 사회복지사협회에서 진행한 교육만 가능	• 이론시간과 실습시간은 철저히 구분 • 인정조건: 외부교육(수료증), 내부교육(계획서/교육과목 표기) + 교육자료
실습	830	• 수련기관의 영역별 사회복지실천과 관련된 현장활동 • 과목별 실습시간 준수하여야 함(「사회복지사업법 시행규칙」 [별표1의2] 참고)	• 1일 4시간 이상 8시간 이하 진행 • 1주 25시간 이하 진행 • 1개월 100시간 이하 진행 • 수련지도자의 법정근로시간 내 인정
학술활동	20	• 영역별 학술로 인정되는 다양한 분야 또는 행사(보수교육, 포럼, 심포지엄 등)	• 실습 및 이론시간과 중복하여 진행 불가 • 활동증빙서류-참석확인증

출처: 「사회복지사업법 시행규칙」 [별표 1의2].

　　학교사회복지사는 현장에서 교육복지사로 업무적인 명칭을 사용하고 있다. 최근 2022년에 교육복지사 채용공고문 내용을 토대로 응시 자격 및 채용조건을 살펴보면 〈표 4-14〉와 같다.

〈표 4-14〉 **교육복지사 응시 자격 및 업무 내용**

가. 응시 자격	
필수 1	• 관련 전공자(사회복지학, 청소년학, 교육학)로 자격증 소지자(사회복지사, 청소년지도사, 평생교육사) • 2년 이상의 교육 · 문화 · 복지 분야에서 아동 및 청소년 대상 실무경력이 있으며, 지역에서 1년 이상의 지역네트워크사업 활동 경력이 있는자(세부 활동 경력 증명서 제출)
필수 2	• 교육복지우선지원사업 중점학교 교육복지사(지역사회교육전문가) 활동 경력 1년 이상인 자 또는 학교사회복지사 자격증 소지자 중 활동 경력 1년 이상인 자
기타	• 해당지역 교육 · 문화 · 복지관련 기관(단체) 추천자 등(증빙서류 제출)

※ 지역네트워크사업 활동경력
　-소속된 기관에서 다양한 지역기관(교육, 문화, 복지, 상담 등)과 공동프로그램을 기획하여 함께 진행하였거나, 인적 · 물적 자원을 연계하는 등의 활동을 의미함.
※ 필수 1, 2 중 한 가지는 반드시 충족되어야 하며, 기타 사항은 우대

나. 업무 내용
가. 교육복지사업 업무총괄 　1) 사업계획 수립 및 운영 　2) 사업대상 학생 학교생활 적응지원을 위한 사례관리 　3) 학교적응력 및 가족기능 강화를 위한 교육복지 프로그램 운영 　4) 학생 지원을 위한 지역사회 자원의 연계 및 활용 　5) 교육복지실 운영 나. 학교의 사무분장에 따른 업무

출처: 교육지원청(https://home.pen.go.kr/).

　　그 외에도 학교사회복지사가 주로 근무하게 되는 교육청 사업인 교육복지우선지원사업 계획에서 제시하고 있는 교육복지조정자와 교육복지사의 자격 조건을 살펴보면 〈표 4-15〉와 같다.

〈표 4-15〉 **교육복지조정자 · 교육복지사 자격 조건**

채용분야		자격 조건
교육복지 조정자	필수 1	• 관련 전공자(사회복지학, 청소년학, 교육학)로 자격증 소지자(사회복지 사, 청소년지도사, 평생교육사)로서, –5년 이상의 교육 · 문화 · 복지 분야에서 아동 및 청소년 대상 실무경 력이 있으며, 지역에서 2년 이상의 지역 네트워크 사업 경력이 있는 자 (세부 활동경력 증명서 제출)
	필수 2	• 교육복지우선지원사업 교육복지조정자(프로젝트조정자) 경력이 2년 이 상인 자 또는 중점학교에서 교육복지사(지역사회교육전문가) 경력이 4년 이상인 자
교육 복지사	필수 1	• 관련 전공자(사회복지학, 청소년학, 교육학)로 자격증 소지자 (사회복지 사, 청소년지도사, 평생교육사)로서, –2년 이상의 교육 · 문화 · 복지 분야에서 아동 및 청소년 대상 실무 경 력이 있으며, 지역에서 1년 이상의 지역 네트워크 사업 경력이 있는 자 (세부 활동경력 증명서 제출)
	필수 2	• 교육복지우선지원사업 중점학교 교육복지사(지역사회교육전문가) 경 력이 1년 이상인 자 또는 학교사회복지사 자격증 소지자 중 경력이 1년 이상인 자

※ 지역 네트워크사업 활동경력: 소속된 기관에서 다양한 지역기관(교육, 문화, 복지, 상담 등)
과 공동프로그램을 기획하여 함께 진행하였거나, 인적 · 물적 자원을 연계하는 등의 활동을
의미함
※ 필수 1, 2 중 한 가지는 반드시 충족되어야 함

출처: 교육청(2021).

제5장

청소년지도자와 리더십

청소년은 가까운 미래의 리더이다. 청소년을 훌륭한 리더로 양성하는 것은 우리 사회의 책임이자 권리이다. 지도자인 리더가 꼭 갖추어야 할 리더십은 리더의 역할과 역량, 자질로서 조직의 목표를 달성하기 위하여 조직구성원에게 영향을 미치는 과정이다. 청소년수련시설 현장에서 청소년지도자의 리더십은 아무리 강조해도 지나치지 않다. 왜냐하면 청소년지도자가 어떻게 리더십을 발휘하는가에 따라 청소년의 행동이 달라질 수 있기 때문이다. 20세기에 들어오면서 리더십에 대한 연구는 다양한 측면에서 진행되어 왔다.

이 장에서는 전통적 리더십 이론을 소개하고, 새롭게 제시되고 있는 신경향 리더십 이론인 변혁적 리더십, 서번트 리더십, 셀프리더십 등 다양한 리더십 이론을 바탕으로 청소년지도자의 리더십을 살펴보고자 한다. 청소년의 특징은 성인과 아동의 중간적인 위치에 존재하는, 즉 자주성과 수동성이 공존하고 있기 때문에 청소년지도자 리더의 중요성이 강조되어야 한다. 특히 사회적으로 학교교육뿐만 아니라 청소년활동의 중요성에 대한 인식이 강조되면서, 현장체험학습을 운영하는 청소년수련시설의 청소년지도사의 역할과 리더십에 대한 관심 또한 증가하고 있다. 이러한 측면에서 청소년지도자 리더십의 유형과 리더십 원칙 그리고 리더십 요소를 제시한다.

1. 청소년지도자 리더십의 이해

1) 리더십의 정의와 특성

리더(leader)의 사전적 의미는 '조직이나 단체에서 전체를 이끌어 가는 위치에 있는 사람'이라는 뜻으로, 리더라는 용어가 본격적으로 사용되기 시작한 것은 불과 200년 전부터이다(곽승호, 2011: 10). 통상적으로 조직의 수장(首長) 또는 대표 등으로서 리더가 추종자들에게 영향력을 행사하는 과정에서 리더, 추종자, 상황적 요소 등이 어떻게 복합적이며 유기적으로 작동하느냐에 따라 조직의 명운이 결정된다(박수일, 2019: 28; Pfeffer & Salancik, 1978). 이처럼 조직을 이끌어 나가는 매우 중요한 지도자인 리더의 역할과 역량, 자질을 리더십이라고 한다.

리더십(leadership)은 '조직이나 단체를 다스리거나 이끌어 가는 지도자의 능력'으로 매우 다양하게 정의되고 있다. 테드(Tead, 1935)는 '사람들이 바람직하다고 생각하는 목표 달성을 위하여 서로 협력하도록 구성원의 마음을 움직이는 행위', 로빈스(Robbins, 1984: 112)는 '목표 달성을 지향하도록 집단에 영향을 주는 능력'으로 정의하였다. 또한 리더십은 '어떤 상황에서 목표 달성을 위해 어떤 개인이 다른 개인이나 집단의 행위에 영향력을 행사하는 과정'(진재열, 2011: 7)이고, '조직구성원이 조직 관련 행동에 대해 자발적으로 참여하도록 하는 관리자의 능력으로, 조직과 관리자, 조직구성원이 공동의 목표를 달성하기 위해 상호작용하는 과정'(김영환, 2018: 31)이다. 상황이론에서는 리더십 개념에 상황을 고려하여 '어떤 주어진 상황에서 개개인이나 집단의 활동이 목표 달성을 위한 노력이 되도록 영향을 미치는 과정'(Hersey & Blanchard, 1982: 83)으로 정의한다(신복기 외, 2019: 216).

앞의 정의들을 종합해 보면, 리더십이란 '조직의 목표를 달성하기 위하여 리더가 조직구성원들에게 영향을 미치는 과정으로, 조직구성원들의 자발적인 참여와 협동적인 활동을 바탕으로 공동의 목표를 이루기 위해 지지하고 자극하는 능력과 활동'이다. 국내외 학자들의 리더십 정의를 정리하면 〈표 5-1〉과 같다.

한편 20세기부터 체계적으로 연구되기 시작한 리더십은 매우 복잡한 현상이며, 연구자들의 개인적인 관점이나 관심사에 따라 서로 다른 측면에서 리더십을 정의하고 있다(이정근, 2013: 6). 다양한 선행연구를 바탕으로 리더십에 내포되어 있는 개

〈표 5-1〉 **국내외 학자들의 리더십 정의**

학자	리더십 정의
테드(1935)	사람들이 바람직하다고 생각하는 목표 달성을 위하여 서로 협력하도록 구성원의 마음을 움직이는 행위
로빈스(1984)	목표 달성을 지향하도록 집단에 영향을 주는 능력
허쉬와 블랑샤르 (1982)	어떤 주어진 상황에서 개개인이나 집단의 활동이 목표 달성을 위한 노력이 되도록 영향을 미치는 과정
진재열(2011)	어떤 상황에서 목표 달성을 위해 어떤 개인이 다른 개인이나 집단의 행위에 영향력을 행사하는 과정
김영환(2018)	조직구성원이 조직 관련 행동에 대해 자발적으로 참여하도록 하는 관리자의 능력으로, 조직과 관리자, 조직구성원이 공동의 목표를 달성하기 위해 상호작용하는 과정

념적 특성을 다음과 같이 요약할 수 있다(김영환, 2018: 32-34).

첫째, 리더십은 목표와 관련된다. 즉, 조직이나 집단이 달성하고자 하는 미래상으로서 목표지향적인 행동을 전개시키는 과정이자 조직 관리의 필수 불가결한 요소이다.

둘째, 리더십은 지도자(leader)와 추종자(follower) 간에 형성된 관계이다. 리더는 그가 통솔하는 조직과 집단 전체의 목표와 자신의 권위에 입각하여 스스로의 행동을 결정하며 자연스럽게 추종자의 행동에 영향을 미친다. 조직이 설정한 목표의 달성 과정에 인적자원이 가장 핵심적인 역할을 수행하기 때문에 추종자가 없는 리더란 있을 수 없다.

셋째, 리더십은 공식적 조직 계층제에서 설명하는 책임자만이 가질 수 있는 개념이 아니다. 조직구성원이 모두가 각자의 역할을 수행하는 과정에서 다른 구성원의 행동을 자극시키고 그들에게 영향을 미치는 것이 가능하다는 측면에서 리더십은 동료 간 또는 말단에 있는 자(informal leadership)에 의해서 행사되기도 한다.

넷째, 리더십은 지도자가 추종자에게 일방적으로 행동을 강요하는 것이 아니라 어디까지나 상호작용적인 과정을 통해 발휘된다. 지도자가 추종자를 고려하지 않은 채 일방적으로 명령만 했을 경우 원하는 수준의 성과를 획득하기 어렵기 때문에 추종자의 반응을 통해 적절한 리더십을 발휘할 수 있어야 한다는 것을 의미한다.

다섯째, 리더십은 리더의 권위(authority)를 통해 발휘되는 것이다. 즉, 리더는 자신의 권위를 바탕으로 타인의 행동을 유도하거나 통합하고 조정할 수 있다. 이때 리더에게 부여된 권위는 공식적이거나 법적으로 부여되기도 하지만 전문가적 정보나 지식의 활용 능력을 포함한 기타 여러 가지 지도자의 자질 및 특성에 내재하여 발생하기도 한다. 지도자의 권위가 그 추종자들에 의하여 수용되는 정도와 그가 리더십을 발휘하는 정도 간에는 밀접한 상관관계가 있다.

여섯째, 리더십은 소속된 집단 및 조직, 구성원들의 특성에 따라 상황별로 적합한, 분화된 여러 가지 기능을 수행한다. 즉, 리더십은 조직 및 개인이 처한 개별 상황적 요인을 고려한 수준에서 유연하게 발휘될 수 있다.

2) 청소년지도자 리더십

청소년교육의 의미는 책임감을 가진 행복한 성인으로서 사회화하는 과정이라 말할 수 있으며(김남선 외, 2001), 그 과정의 핵심적인 역할자가 청소년지도자라 볼 수 있다. 이는 청소년지도자가 어떻게 리더십을 발휘하는가에 따라 청소년의 행동이 달라진다는 중요한 의미를 내포한다. 실제로 많은 청소년지도의 현장에서 청소년지도자의 리더십은 청소년의 행동에 지대한 영향을 미치고 있다(배영직, 2005: 1; 오치선 외, 2001; 최은규, 2008: 1).

청소년지도자에 대한 리더십 개념은 청소년의 보편적인 잠재력으로서의 지도성으로 해석되기도 하고, 지도자의 역할이나 행동을 통해 나타나는 지도력을 의미하기도 한다(De linden & Fertman, 1998). 특히 청소년활동을 전문적으로 지도하는 대표적인 청소년지도자인 청소년지도사는 청소년시설, 청소년프로그램과 함께 청소년활동을 성공적으로 이끄는 데 있어 핵심적인 요소이다. 이는 청소년지도사의 활동조직과 운영 방식, 청소년과의 교감을 통한 참여 촉진 등이 청소년의 참여 만족과 적응수준에 영향을 미치기 때문이다(양계민, 김승경, 2012: 강경구, 2020: 8 재인용). 청소년지도사가 집단구성원의 사기나 응집력을 고양하기 위해서는 무엇보다도 구성원이 만족할 수 있도록 리더십을 효율적으로 발휘해야 하는데, 이는 청소년지도사가 집단구성원의 요구를 합리적으로 수용하고 이를 집단관리 및 지도에 적절히 반영시킬 수 있는 리더십 행동에 의해 가능하다(박광민, 서정찬, 2004: 46-47).

한편, 청소년수련시설 현장에서도 청소년을 지도하는 지도자의 리더십은 아무리 강조해도 지나치지 않을 것이다. 청소년수련활동은 프로그램도 중요하지만 이에 못지않게 청소년지도자가 어떻게 리더십을 발휘하는가에 따라 청소년의 행동이 달라진다(배영직, 2004: 오치선 외, 2001; 김창현, 2007 재인용). 특히 현장체험학습을 운영하는 청소년수련시설의 청소년지도자에게는 학교현장의 교육지도자와 같은 맥락에서 매우 중요하게 여겨진다(김창현, 2014: 28). 이처럼 사회적으로 학교교육뿐만 아니라 청소년활동의 중요성에 대한 인식이 강조되면서, 청소년지도사의 역할과 리더십에 대한 관심 또한 증가하고 있다(강경구, 2020: 2). 이러한 측면에서 청소년의 현장체험학습은 무엇보다 수련시설의 수련활동을 지도하는 청소년지도자의 리더십 역량이 절실히 요구된다. 이에 구성원들의 협동심을 최대한으로 발휘할 수 있는 역량을 갖춘 청소년지도자의 효과적인 리더십의 발휘가 매우 중요하다. 따라서 청소년지도자는 청소년에게 공동의 목표를 향하여 잠재적인 능력을 발휘할 수 있도록 분위기를 조성하여야 하며, 조직구성원들의 교육의 목표 달성에 관심을 가져야 한다. 그것은 어떠한 요소보다도 지도자의 리더십이 청소년의 교육적 성취도에 지대한 영향을 미치는 요소이기 때문이다(김창현, 2014: 25-26).

또한 청소년수련시설의 운영성과를 좌우하는 가장 중요한 요소의 하나는 청소년수련시설 운영자의 리더십이다. 청소년수련시설에서 운영자는 조직의 목표 달성을 위해서 물적·인적 자원을 관리하고 운영하는 최고책임자이다. 따라서 주어진 상황을 적극적으로 리드(lead)할 수 있는 리더십(leadership)이 요구되고 있다(박수일, 2019: 1).

2. 청소년지도자 리더십 이론

1) 리더십 이론

리더십에 대한 연구는 지금까지 많은 학자에 의해서 다양하게 이루어지고 있으며, 계속해서 새로운 이론들이 개발되고 발전되어 오고 있다. 이러한 리더십 이론의 발전과정에서 나타난 이론들은 크게 특성이론, 행동이론, 상황이론으로 정리할 수 있으며, 이 세 가지 이론을 전통적인 리더십 이론이라고 한다. 현재는 시대에 흐름에 적합한 새로운 리더십 이론들이 많은 학자에 의해 제시되고 있는데, 이를 신경향 리더십 또는 대안적 리더십이라고 한다(이정관, 2022: 6; 이정근, 2013: 9).

(1) 전통적 리더십 이론

전통적 리더십 이론인 특성이론, 행동이론, 상황이론을 살펴보면 다음과 같다(이 정관, 2022: 6-7; 이정근, 2013: 8-9; 최은규, 2008: 29-30).

첫째, 특성이론(traits theory)은 가장 전통적인 리더십 이론으로 리더가 조직구성 원을 과학적인 관리의 대상으로 인식하여 행동하는 것이며, 리더인 기관장에 대해 서 직접적인 포커스를 맞추는 이론을 말한다. 성공적인 리더와 실패한 리더, 리더인 사람과 리더가 아닌 사람을 구분하는 원인이나 과정이 무엇인지를 연구하여 이를 정확하게 정리, 규명하는 과정이 중심이 되고 있다. 특성이론에서는 1930~1950년 대에 주축을 이룬 리더 개인의 특성을 강조하고 있다. 대부분의 연구가 리더의 성공 을 보장하는 특성을 찾는 데는 실패하였다. 그럼에도 불구하고 보다 나은 방법론과 정밀한 연구 설계로 리더의 특성이 리더의 행동이나 유효성에 얼마나 관계되는지 를 관찰하려고 노력하였다.

둘째, 행동이론(behavioral theory)은 특성이론보다 한 단계 발전된 이론으로, 이 는 성공한 리더와 그렇지 못한 리더의 행동적인 특성을 파악하여 리더십의 유무를 판단하는 접근방법이며, 심리학 분야의 인간관계론과 매우 밀접한 관계가 있어 행 동이론은 이들과 함께 인간관계론 분야에서 다양하게 연구되었다. 이 이론은 추종 자들과의 관계에 초점을 맞추면서 추종자들에게 바람직한 영향을 미치거나 집단이 조직의 유효성을 높이는 리더의 행동스타일이 무엇인가를 규명하는 데 노력을 집 중하는 것으로, 행동이론에서는 리더가 직무 수행 시에 어떻게 행동하는가에 초점 을 맞추었다. 1950~1960년대에 시작된 초기의 연구는 리더의 개인적인 행동 패턴 에 초점을 맞추었으나, 최근에는 리더의 역할, 기능 등 관리적 행동에 대해 연구하 고 있다.

셋째, 리더십 이론의 접근방법 중 가장 다수설이며, 가장 발전된 이론은 상황이론 (situational theory)이다. 상황이론은 리더의 리더십 유형이 상황에 따라 변화되고 달 라진다는 리더십 이론의 접근방법이며, 리더의 리더십은 타고난 것이 아니라 본래 내면에 보유하고 있던 리더십이 상황에 따라 적용되어 발휘된다는 것이다. 즉, 리더 십은 누구나 태어날 때부터 보유하고 있으며, 상황에 따라 발휘되어 성공한 리더가 되거나 혹은 그렇지 못한 리더가 된다는 이론이다. 이 이론은 리더인 기관장과 추종 자인 직원 사이의 상호작용에 영향을 미치는 환경적인 요인들을 규명하거나 기관 장이 지닌 특성이나 기관장이 행하는 행동 또는 집단이나 조직의 유효성이 미치는

〈표 5-2〉 **전통적인 리더십 이론의 발전과정**

접근방법	기간	중심 주제
특성이론 (traits theory)	1940년대 이전	훌륭한(성공한) 리더십은 본래 태어날 때부터 가지고 타고난다.
행동이론 (behavioral theory)	1940~1960년대	리더십은 리더의 행동에 따라 달라지며, 리더의 행동이 곧 리더십 유형이 된다는 것이다.
상황이론 (situational theory)	1960~1980년대	리더십은 태어날 때부터 누구나 리더십을 보유하고 태어나며, 훌륭한(성공한) 리더십 발휘는 상황에 따라 달라진다.

출처: 이정관(2022), p. 7.

영향이 상황적인 요인에 따라서 어떠한 방식으로 달라지는가를 연구한다(Schein, 1985). 즉, 상황이론에서는 리더의 유효성이 유형뿐만 아니라 리더십이 환경을 이루는 상황에 의해서도 결정된다는 점을 강조하고 있다. 상황에는 리더나 부하의 특성, 과업 성격, 집단 구조, 조직 요소 등이 포함된다. 상황적 접근방법은 리더의 행동을 독립 변수로 하여 상황적 요인이 리더의 행동에 얼마나 영향을 주는가에 대한 연구와 리더의 특성이나 행동과 리더의 유효성과의 관계에서 매개 변수로 작용하는 상황 요인을 분류하는 연구로 다시 구분된다. 전통적 리더십 이론의 발전과정은 〈표 5-2〉와 같다.

(2) 신경향 리더십(대안적 리더십)

1980년대 이후 환경 불확실성 증대와 상상력, 창의성 등에 의한 경쟁우위 개념이 정립되어 감에 따라 인적 자원에 대한 중요성이 강조되어 통제보다 조직구성원의 전념, 몰입을 유도하고 정서적으로 고양시키는 차원의 리더십이 요구되었다. 그래서 1980년대 들어 새롭게 제시된 신경향 리더십 이론으로 변혁적 리더십, 셀프리더십, 서번트 리더십, 슈퍼리더십 등 다양한 리더십 이론이 명칭으로 제시되면서 여러 방면에서 연구들이 시도되고 있다. 신경향 리더십 이론을 살펴보면 다음과 같다(이정관, 2022: 6-7; 이정근, 2013: 8-9; 최은규, 2008: 29-30).

첫째, 변혁적 리더십(transformational leadership)이다. 우선 전통적 리더십인 거래적 리더십(transactional leadership)의 개념을 먼저 살펴보면, 한 개인이 가치 있는 어떤 것을 교환(exchange)할 목적으로 다른 사람에게 접근할 때 발생한다. 즉, 리더가 자기가 가지고 있는 어떤 가치 있는 것을 추종자가 가지고 있는 가치 있는 어떤 것과 교환하고자 할 때 일어난다. 주어진 틀을 잘 활용하여 재빨리 거래 이익을 취하는 리더십이라 할 수 있다. 거래적 리더가 관심을 두는 것은 단기적인 효율성과 타산이다. 반면, 변혁적 리더십은 추종자의 신념, 욕구, 가치를 바꾸는 것과 연관된다. 이것은 추종자에게 단순히 복종할 것을 요구하는 이상의 것이다. 변혁적 리더십은 추종자를 리더로, 리더를 사기 촉진자(morale agents)로 변화시키는 상호 자극 촉진(mutual stimulation elevation) 결과를 가져온다. 그리고 변혁적 리더십은 생산 메커니즘과 시장 메커니즘 그 자체를 변화시키고, 노동 자체를 변형시켜 나가는 등 매우 진취적이고 변혁적이다. 변혁적 리더십 핵심은 리더가 부하를 몰입시키고 기대를 초월하는 성과를 달성하도록 동기를 부여하는 데 있다(최익성, 2014: 16; Bass, 1985).

〈표 5-3〉 **변혁적 리더십 사례**

2002년 한일 월드컵 4강의 주역: 히딩크 감독

2002년 월드컵에서 보여 준 히딩크 감독의 리더십은 변혁적 리더십이라고 주장할 수 있다. 히딩크 감독은 미래에 대한 비전을 제시하여 도전적인 공동의 목표를 세우고 그 목표의 중요성을 강조하는 리더십을 보여 주었고, 선수들에게 자신감, 신뢰감, 존중감 및 사명감을 주입해 주었다는 측면에서 카리스마적 요소를 보유했다. 모든 선수를 평등하게 대우하며 선수들을 각각 다른 욕구와 능력을 가진 개성적인 인간으로 대우했다는 측면에서 개인적 배려의 요소를 보유했다. 마지막으로 선수들이 행동하기 전에 스스로 합리적으로 생각하도록 만들며, 예전의 행동방식에 대한 새로운 시각을 제공하고, 선수들에게 새롭고 기발한 방식으로 문제를 접근하도록 했다는 측면에서 지적 자극의 요소를 보유하였다.

출처: 김병문(2010), pp. 11-37.

둘째, 서번트 리더십(servant leadership)이다. 서번트 리더십은 종전까지 서로 상반된 개념으로 인식이 되었던 서번트와 리더가 합쳐진 것으로, 리더가 부하의 성장을 도와서 팀워크와 공동체를 형성하는 리더십으로 그린리프(Greenleaf, 1970)의 『리더로서의 서번트(The Servant as Leader)』에서 소개된 이후 이론적으로 정립되기 시작하였다. 그린리프는 헤르만 헤세(Hese)의 『동방순례(Journey to the East)』라는 작품에 등장하는 레오(Leo)라는 인물을 통해 서번트 리더십의 개념을 설명하였다. 그린리프는 서번트 리더십은 '타인을 위한 봉사에 초점을 두고 종업원, 고객 및 커뮤니티를 우선으로 여기며 그들의 욕구를 만족시키기 위해 헌신하는 리더십'이라고 정의하였다. 따라서 서번트 리더십은 본성적으로 남을 섬기려는 마음과 인간 내면에 깃들어 있는 박애와 이타성에 기초한 봉사욕구라고 정의된다(곽승호, 2011: 26-27).

〈표 5-4〉 **서번트 리더십 사례**

빈자의 성녀: 마더 테레사 수녀

마더 테레사는 서번트 리더십의 대표적인 인물이다. '콜카타의 성녀' '가난한 자의 어머니'라
불리는 마더 테레사는 1979년 12월 10일 노벨평화상을 수상하였다. '가난한 사람들'에 대한
마더 테레사의 헌신적 사랑은 세계적인 감동을 불러일으켰으며, 전 세계에 가난한 사람들의
'어머니'로서 '살아 있는 성인'으로 일컬어졌다. 그러나 마더 테레사가 섬기는 리더십과 그 위
대성은 겸손함에서 더욱 큰 영향력을 갖는다. "내가 한 일은 겨우 바다에 물 한 방울과 같을 뿐
이다."라는 마더 테레사의 말씀은 진정한 섬기는 리더의 자세와 생각을 우리에게 되새기도록
한다.

출처: 여성신문(2007. 12. 28.).

이러한 서번트 리더는 항상 부하를 섬기고 봉사해야 한다는 생각이 앞선다. 서번
트 리더십을 발휘하기 위해서는 자기중심적 가치관을 바꾸어서 스스로에 대해 성
찰하고 부하들의 노력에 감사를 표시할 줄 알아야 한다. 조직이 공유하는 가치는 리
더가 솔선하여 지켜야 하며 인재육성을 위해 노력해야 한다(신복기 외, 2019: 227).

셋째, 셀프리더십(self leadership)이다. 셀프리더십이란 스스로 자기 자신에게 영
향을 미치기 위해 사용하는 행동, 사고방식 그리고 감정 등에 초점을 맞춘 자율성을
지닌 리더십을 의미한다고 볼 수 있다. 셀프리더십은 업무를 수행함에 있어 자기주
도성에 초점을 맞춰 자신이 가진 역량을 최대한으로 끌어낼 수 있도록 한다는 점에
서 많은 관심을 받아 왔다. 이러한 셀프리더십은 자신의 행동과 생각을 변화시켜 스
스로에게 영향을 미칠 뿐만 아니라 나아가 자신을 둘러싸고 있는 구성원들에게까
지 공감과 긍정적 영향을 줄 수 있다는 점에서 큰 의미를 가진다(강경구, 2020: 10; 정
태연 외, 2013; Manz & Sims, 1989). 또한 셀프리더십은 타인의 행동을 맹목적으로 따
른다고 이루어지는 것이 아니라 자신의 사고에서 시작하는 것으로 자신과 자신이
하는 일에 대해 역할을 생각하는 사고방식의 표현이고(Manz & Neck, 1999), 리더십
의 개념 중 자기관리와 비교하면서 자기관리보다는 한 단계 더 높은 수준의 자기규
제로서 자기관리가 일을 어떻게 수행할 것인가에 초점을 둔다면 셀프리더십은 무
슨 일을 왜 수행하는가에 초점을 둔다(정대용, 김민석, 2009: 32-33). 즉, 셀프리더십
은 자신의 문제와 욕구를 스스로 파악하여 목표를 설정하여 성취해 나가는 자율적
이고 실천지향적인 리더십이라고 할 수 있다.

〈표 5-5〉 **셀프리더십 사례**

뇌성마비 장애인: 조지메이슨 대학교 특수교육과 정유선 교수
정유선 교수는 뇌성마비 장애를 가진 한국 여성 최초로 해외에서 박사학위를 취득한, 미국 조지메이슨 대학교 특수교육과 교수이다. "나는 4등이었지만, 끝까지 달렸다. 비록 뇌성마비 장애가 있지만, 나는 내 앞에 달려 나간 친구들처럼, 뭐든 똑같이 하고 싶었다. 기적이란 이처럼 간절히 바라는 사람에게 인생이 주는 '선물'이라고 생각한다."   정유선 교수를 있게 한 것은 어머니의 사랑이다. 죽고만 싶었던 사춘기 시절 그녀의 부모는 항상 "넌 최고야!"라고 격려를 해 주었다. 사춘기의 중학교 시절의 일기장에는, '부모님은 왜 나를 낳았을까?' '죽어 버리고 싶다.'는 등의 글로 가득 찼었지만, 그녀의 부모는 늘 용기를 주었고, 그래서 남들처럼 하고 싶어 매일 연습하는 노력을 한 결과 체력장에서도 1급, 교련 시간 붕대를 감는 것도 남들처럼 1분 안에 할 수 있었다.

출처: 한국외국어대학교(2013).

넷째, 슈퍼리더십(super leadership)이다. 셀프리더십을 기반으로 한다. 셀프리더십은 구성원들이 스스로 자신들을 리더하기위해 무엇을 할 것인가라는 면에서 자진해서 따르려는 자세인, 하나의 팔로워십이라고 할 수 있다(정대용, 김민석, 2009: 32). 슈퍼리더십은 지식기반 시대에 새로운 종류의 리더십 접근방식으로서 슈퍼리더(super-leader)는 먼저 자신을 이끌어 기초를 세우고 추종자를 자기 지도자가 되도록 유도하는 기술을 사용하여 다른 사람을 이끌기 위해 집중하는 관리자이다. 즉, 슈퍼리더는 자기주도적 접근방식을 구현하는 데 필요한 추종자들 사이에 다양한 행동 및 인지 기술을 부여함으로써 모든 추종자가 자기 선발 리더, 즉 스스로를 리드해 가도록 돕는다(Shah & Ali, 2012: 388).

심즈와 만츠(Sims & Manz, 1989)는 슈퍼리더십을 달성하기 위한 셀프리더가 되고, 셀프리더십의 모델이 될 것, 자신의 목표 설정, 긍정적 사고, 보상과 건설적 질책에 의한 셀프리더십의 개발, 팀워크를 통한 셀프리더십 증진, 셀프리더십 문화 촉진의 일곱 가지를 제시하였다. 또한 슈퍼리더십이 사람 내부의 셀프리더십을 자극하고 활성화해 자기 영향력을 통제와 권위에 대한 위협이 아니라 성과를 높이는 데 중요한 능력으로 간주하였다(박철우, 2017: 176; 신복기 외, 2019).

〈표 5-6〉 **심즈와 만츠(1996)의 슈퍼리더십의 접근법 10가지**

1. 리더는 팀/그룹이 외부 관찰에서 자기 관찰로 전환할 수 있도록 돕는다.
2. 지정된 목표에서 자기계발 목표로 전환하는 것에 초점을 둔다.
3. 조직 통제는 팀/그룹 회원들에 의해 이루어져야 한다.
4. 리더십은 동기부여 기법을 기반으로 하는 것을 선호한다.
5. 리더는 팀/그룹 상호작용을 개선하기 위해 잠재적인 나쁜 영향인 외부 비판을 자기 비판으로 전환해야 한다.
6. 외부 문제해결에서 자기 문제해결 기술로 이동한다.
7. 외부 직무 할당에서 자기 직무 할당으로 이동한다.
8. 리더십은 외부 계획에서 자기 계획으로, 외부 업무 설계에서 업무의 자기 설계로 이동한다.
9. 팀/그룹 구성원의 위협보다는 새로운 문제를 기회로 간주한다.
10. 리더십은 조직의 비전에 대한 헌신을 창출한다.

출처: 신복기 외(2019), p. 229.

2) 청소년지도자와 리더십 이론

청소년활동이 갖고 있는 고유한 목적을 달성하기 위해 청소년지도자의 역할은 아무리 강조해도 지나치지 않다. 실제로 청소년지도 과정에는 청소년지도자가 어떻게 리더십을 발휘하느냐에 따라 청소년의 행동수준이 달라질 수 있기 때문에 청소년지도자는 청소년지도 과정이 리더십의 발휘라는 관점에서 적절하게 행동해 나갈 필요가 있다(김진화, 2004).

그리고 청소년지도는 '청소년활동의 목표를 달성할 수 있도록 리더로서의 적절한 능력을 발휘하는 것'으로 청소년지도 과정은 청소년지도자의 리더십의 발휘 과정이라고 이해할 수 있다(박정배, 김한별, 2006: 104). 교사의 리더십 여하에 따라 교육효과성이 달라질 수 있듯이, 청소년활동지도자의 리더십 여하에 따라 청소년활동의 효과성 역시 달라질 수 있다. 이 점이 청소년활동지도자의 리더십이 중요한 이유이며 연구되어야 할 이유이다(김영인, 2012: 10).

최근 급변하는 시대와 청소년문화, 내부 환경과 외부 요구 변화에 청소년지도사가 능동적으로 대응할 수 있는 역량이 필요하고 이를 증대할 수 있는 변인으로 리더십이 강조되고 있다. 리더십은 청소년에게 교육적 가치 제공과 함께 청소년지도사 개인의 삶의 변화에 궁극적 가치를 실행할 수 있게 한다(주은지, 최인선, 2022: 158). 이러한 측면에서 전술한 신경향 리더십 이론을 중심으로 청소년지도자와 리더십에 관한 내용을 살펴보고자 한다.

(1) 청소년지도자와 변혁적 리더십

박수일(2019)은 청소년수련시설의 변혁적 리더십(transformational leadership) 연구에서 청소년수련시설의 조직효과성을 높일 수 있는 여러 변수 중에서 변혁적 리더십의 지적 자극이 가장 유용한 요인임을 제시하였다. 또한 변혁적 리더십의 동기부여는 조직구성원들로 하여금 자발적이고 능동적으로 업무에 몰입하고 성과를 높일 수 있도록 하는 요인이다. 따라서 변혁적 리더로서 청소년지도자는 자신의 지도활동에 대한 반성적 성찰을 통해서 스스로 더 개발해야 할 능력에 대한 인식과 함께 구체적인 기술이나 정보를 학습할 수 있게 된다. 뿐만 아니라 청소년에 대한 자신의 기본적 관점 자체를 끊임없이 변화 · 성장시켜 나감으로써 청소년이 의식하는 학습활동 요구 그 이상의 것을 파악할 수 있고, 청소년의 잠재력을 개발할 수 있도록 도와줄 수 있게 된다.

또한 김영구, 유제민과 김청송(2022)의 연구에 따르면, 변혁적 리더십이 청소년을 대상으로 하는 경우와 심리적인 적응 등에 적용하는 경우에도 긍정적인 효과가 있음을 분명하게 확인하였다. 변혁적인 리더십을 근간으로 하는 청소년지도자는 청소년 개개인이 가지고 있는 성장과 성취 욕구에 관심을 기울임으로써 이러한 욕구들에 대한 지원적 분위기를 제공하고 격려한다. 그럼으로써 청소년이 활동참여를 통해서 긍정적 효과를 얻을 수 있도록 도와줄 뿐 아니라, 궁극적으로는 청소년이 삶의 전반에 걸쳐 스스로 성장할 수 있는 역량을 배양하고, 삶의 미래에 대한 새로운 비전을 가질 수 있도록 도와줄 수 있다. 이러한 변혁적 리더로서의 행위가 가능하기 위해서는 청소년지도자는 청소년을 완전한 인격체로 인정하며, 이들이 원하는 것, 수행하고 있는 것 등에 대한 열린 의사소통을 할 수 있어야 한다.

(2) 청소년지도자와 서번트 리더십

김창현(2014: 40-41)의 청소년지도자의 리더십 유형 연구에 따르면, 서번트 리더십(servant leadership)의 경우 청소년수련활동의 효과에 유의미한 영향을 미치고, 청소년지도자가 서번트 리더십을 발휘할수록 청소년의 수련활동에 대한 효과도 높아지는 것으로 나타났다. 이는 청소년지도자에게 희생과 봉사정신의 서번트 리더십의 기술 적용이 청소년의 수련활동에 대해 만족도가 높을수록 수련활동의 효과도

동시에 높아지는 것을 보여 준 것이다. 즉, 봉사와 희생을 실천하는 지도자는 권위가 형성되며, 그들의 욕구를 충족시켜 주며 헌신하는 리더가 바로 서번트 리더십이다. 서번트 리더십은 홀리스틱 교육적(인지적·정의적·심동적 영역이 조화된 전인교육) 신념으로 청소년지도자 개인의 삶의 다양한 영역에서 다양한 교육적 체험을 한 결과를 바탕으로 지도력을 발휘해야 할 것이다.

(3) 청소년지도자와 셀프리더십

셀프리더십(self leadership)은 자기통제를 통해 동기를 부여하여 적극적·능률적으로 능력을 충분히 발휘하여 자신에게 영향력을 행사하는 힘으로, 청소년지도사가 직무수행에 만족감을 갖게 하는 중요한 요인으로 작용하여 어려운 환경을 극복하고 업무의 지속성을 유지하여 목표 달성을 할 수 있게 할 뿐만 아니라 만족 정도를 조절하는 역할을 한다(강경구, 2019). 그리고 셀프리더십은 자기통제를 바탕으로 주도적인 역할과 자세로 책임 의식을 갖고 긍정적인 청소년활동 및 지도, 조직 환경과 변화에 적응하여 효과와 연결될 수 있도록 한다. 이러한 내적 요인인 셀프리더십은 타고난 것이 아니며, 교육을 통해 개발이 가능하므로 청소년지도사의 셀프리더십 교육을 통한 역량개발을 시사하는 바이다(주은지, 최인선, 2022: 669).

(4) 청소년지도자와 슈퍼리더십

국내 다수의 연구(양동민, 2005; 이미진, 2009; 이보열, 2010; 이종권, 2009)에서도 슈퍼리더십(super leadership)이 조직의 성과에 긍정적인 효과가 있음이 입증되었다(신복기 외, 2019). 이러한 슈퍼리더십은 위대하게 타고난 몇몇 특별한 사람에게 한정되어 있는 것이 아니라 학습될 수 있는 것이다. 따라서 슈퍼리더가 되기 위해서는 자신 스스로 셀프리더십에 정통해야 하고, 구성원에게 셀프리더십을 고무하고 모범을 보여야 한다. 또한 슈퍼리더는 구성원들이 셀프리더로 성장하도록 보상과 질책으로 육성해야 하며, 결국엔 조직 전체적으로 셀프리더십이 뿌리 내릴 수 있도록 조직 문화를 창조하고 발전시켜야 한다. 이러한 맥락에서 청소년지도자는 학습을 통해서 청소년이 슈퍼리더가 될 수 있다는 자세를 견지하면서, 청소년에게 모범을 보여 줄 수 있는 리더가 되어야 한다.

3. 청소년지도자 리더십 유형과 원칙

1) 청소년지도자 리더십 유형

리더십은 특정 유형의 조직이나 집단에만 해당되는 요소가 아니고 타인이나 집단의 행동에 영향력을 행사하는 모든 상황에서 발생하게 된다. 이러한 리더십의 유형은 조직구성원을 움직이게 하는 수단을 중심으로 한 강제적 리더십과 지지적 리더십, 의사결정의 연속선상에서 리더의 권한과 부하의 재량을 중심으로 한 전제적 리더십과 민주적 리더십, 일(직무)중심의 리더십과 직원중심의 리더십 등 다양한 구분이 전개되지만, 이와 같은 관점들을 모두 포괄할 수 있는 일반적 유형으로서 다음과 같이 지시형, 참여형, 자유형이 있다(신복기 외, 2019: 229-230).

첫째, 지시형은 명령과 복종을 강조한다. 따라서 지도자는 독선적이며 조직체 구성원들을 보상-처벌의 연속선에서 통제하고 관리한다. 지시형의 장점은 통제와 조정이 쉽고, 정책의 해석과 집행에 일관성이 있다. 둘째, 참여형은 민주적 리더십으로서 결정을 함에 있어서 부하 직원들에게 의견을 묻고 이들을 결정과정에 참여시킨다. 따라서 부하 직원들의 일에 대한 동기와 사명감이 증진될 수 있고, 의사소통의 경로가 개방됨으로써 새로운 정보의 교환이 활발하게 이루어질 수 있다. 즉, 참여형의 장점은 동기유발적이며, 개인의 지식과 기술을 잘 활용한다. 또한 개인의 중요성을 강조하므로 인간의 가치와 신뢰 및 개방성을 형성하고, 개방적 의사소통으로 보다 많은 정보를 얻고 참여를 통해 개인의 기술을 발전시킬 수 있다는 것이다. 셋째, 자유형은 방임적 리더십이다. 이것은 대부분의 의사결정권을 부하 직원들에게 위임하는 형태로서 위임적 지도력이라고도 한다. 부하 직원들은 스스로 프로그램의 목표를 세우고 그에 따르는 계획을 수립하게 된다. 따라서 특정 과업 해결을 위한 전문가 중심 조직에 적합할 수 있다.

한편, 김영철(2006: 220)은 청소년단체 활동 지도교사의 리더십 유형분석에서 일반적인 리더십 유형을 전제형(authocratic leadership style), 민주형(democratic leadership style), 자유방임형(laissez-faire leadership style)으로 구분하였다. 구분의 주요 기준은 무엇보다 의사결정의 위치가 된다. 즉, 집단 행위와 관련된 거의 모든 의사결정을 리더가 혼자서 행하는 형을 전제적(authocrative) 리더라고 한다. 반면에

〈표 5-7〉 **리더십의 유형 비교**

구분	전제형	민주형	자유방임형
의사 결정	리더에 의한 정책 결정	모든 정책은 리더에 의해 지원받는 집단토론(group discussion)을 통해 결정	리더의 역할 최소화, 개인 집단 혹은 개인적 결정을 위한 완전한 자유
활동 단계	권한에 의한 지시를 받는 기술과 행동단계 미래의 단계를 알 수 없다.	토의를 통해 행동의 내용을 파악할 수 있고 리더가 대안을 제시해 주기도 한다.	리더는 작업 토의에 거의 개입하지 않으며, 필요한 정보를 제공해 주기도 한다.
과업 수행	리더는 과업과 이를 수행할 구성원을 지정해 준다.	구성원은 그들이 선택하는 사람과 일을 할 수 있으며, 업무의 분할은 그룹에 일임한다.	리더는 과업과 동료의 결정에 있어서 거의 개입하지 않는다.
평가	리더는 각 구성원의 업적을 평가할 때 주관적이기 쉽고, 구성원은 수동적인 참여가 대부분이다.	리더는 각 구성원을 평가하는 데 객관적이며 많은 일을 하지 않지만 구성원이 되려고 노력한다.	리더는 요청받지 않는 자발적 평가는 거의 하지 않으며 평가자체를 하지 않으려한다.

출처: 김영철(2006), p. 221.

의사결정의 권한을 집단구성원에게 대폭 위양하는 리더를 민주적(democratic) 리더라고 한다. 그리고 개인은 개인으로 남고 리더는 리더로서의 자기 역할을 완전히 포기한 형태의 리더를 자유방임적(laissez-faire) 리더라고 한다(김영철, 2006: 221). 김영철(2006)의 리더십의 유형 비교는 〈표 5-7〉과 같다.

　무엇보다도 청소년단체 활동 지도는 전문가로서, 그리고 촉진자로서, 비판적 분석가로서, 예술가로서의 역할을 요구한다. 그에 따라 청소년지도자는 매우 우수한 리더로서의 자질을 요구하는데, 리더의 유형을 전제형과 민주형, 자유방임형 리더십 중에서 가장 바람직한 리더십은 역시 민주적 리더십이라고 할 수 있을 것이다. 민주적 리더십은 개인의 인격을 존중하고, 참여를 확대하며, 구성원들 사이의 합리적 상호작용을 촉진하는 역할을 충실히 수행한다. 그리고 활동의욕을 고취시키며 의사소통의 통로를 최대한 개방하여 의사결정 과정에 적극적 참여를 유도하는 특성을 가지고 있다. 이러한 민주적 리더십을 가진 청소년지도자는 청소년으로 하여금 자주성과 민주적 의사결정 과정을 직접적인 참여 속에서 체득하게 해 주며, 민주시민으로서의 자질 함양과 바람직한 문화 창조의 일꾼으로 성장시키는 데 큰 기여를 한다고 할 수 있다(김영철, 2006: 235).

전술한 신복기 등(2019)과 김영철(2006)의 리더십 유형을 비교해 보면, 지시형은 전제형 리더십, 참여형은 민주형 리더십, 자유형은 자유방임형 리더십과 그 맥락을 같이하고 있다. 대부분의 조직 상황은 앞에서 분류한 것과 같은 완전한 지시형(전제형)·참여형(민주형)·자유형(자유방임형) 리더십 분위기를 나타내지는 않으며, 실제로는 이러한 각 분위기가 혼합되어 나타날 것이다(신복기 외, 2019: 231).

2) 청소년지도자 리더십 원칙

청소년지도자는 집단구성원의 사기나 응집력을 고양하기 위해서는 무엇보다도 구성원이 만족할 수 있도록 리더십을 효율적으로 발휘해야 하는데, 이는 청소년지도사가 집단구성원의 요구를 합리적으로 수용하고 이를 집단 관리 및 지도에 적절히 반영시킬 수 있는 리더십 행동에 의해 가능하다(서정찬, 2003: 2). 이러한 맥락에서 휴먼서비스 조직인 청소년기관의 목표를 효과적으로 달성하기 위해서는 구성원들의 기술과 조력, 상호 간의 협조가 있어야 한다. 조직의 관리자는 이러한 관계에 영향을 미침으로써 리더십을 행사한다. 리더십에 포함되어야 할 요소들을 다음과 같이 제시할 수 있다(신복기 외, 2019).

첫째, 지속성이다. 유능한 지도자는 사려 깊고 계획을 잘 세우며, 적절한 제안을 통해 결정과 계획을 실행에 옮기고, 구성원들로부터의 제안에 대해서 처음부터 '아니다'라고 하지 않는다. 그리고 지도자는 바람직한 결과를 성취하기 위해 용기, 신념, 자신감이 필요하다. 즉, 지도자는 활동 중 쉽게 물러나지 않으며 프로그램이 실패했거나 수정이 필요할 경우 다시 계획하고 변화시켜 나가는 끈기가 있어야 한다. 청소년은 외형상으로 건강하게 보이나 육체적·정신적으로는 허약하며, 인내심이 부족하고, 급변하는 상황 속에 대처할 수 있는 능력은 대단히 부족한 실정에 있다(김창현, 2008: 76). 또한 청소년은 대개 감정이 유동적이고 일관성이 결여되어 있기 때문에 정서적 불안감을 경험하는 편이다(이혜경, 김도영, 진은설, 2020: 23). 따라서 청소년지도자는 단기간에 청소년의 태도나 행동을 변화시키는 교육이나 프로그램보다는 지속적이고 점증적인 변화를 이끌어 낼 수 있는 지속가능한 지도와 청소년활동을 모색하는 것이 바람직할 것이다. 또한 청소년은 아직 미성숙한 존재이기 때문에 청소년지도자는 끈기와 인내심을 가지고 지도하는 것이 필요하다.

둘째, 시간 관리이다. 유능한 지도자는 최선의 서비스 전달을 위하여 각 구성원의 시간이 효과적으로 활용될 수 있도록 기관 전체의 운영을 계획하며 자신의 시간을 현명하게 사용한다. 우리나라의 청소년은 입시 위주의 학교교육과 방과 후 학원 교습 등에 많은 시간을 할애하기 때문에 청소년수련활동, 청소년참여위원회 등에 시간을 할애하는 것이 쉽지가 않다. 또한 인터넷과 스마트폰 사용이 증가하면서 청소년기관에 진행하는 대면 중심의 청소년활동이나 프로그램 참여 기회가 많지가 않다. 따라서 청소년지도자는 청소년의 적극적인 참여와 효과적인 활동을 위해서 주말과 공휴일을 활용한 교육과 프로그램을 적극 마련하고, 사이버상에서 청소년이 참여할 수 있는 비대면 프로그램(AI, 메타버스 등)을 활용하여 시간을 효율적이고 효과적으로 활용하는 방안을 찾는 노력이 수반되어야 한다.

셋째, 타협이다. 유능한 지도자는 자신이 모든 해결안을 가지고 있지 않다는 것을 인정하며, 문제에 대한 대안이 있더라도 열린 마음으로 다른 사람의 의견을 경청한다. 자신이 옳다고 생각한 것이 기관을 위해 최선이 아닐 수도 있다는 것을 인정하고 직원과 원만한 관계를 유지하고 기관의 목표에 기여하는 데 관심을 갖는다. 청소년은 성인에게 거부당하거나 자신의 가치 및 이상에 맞지 않는 기성세대의 가치, 제도, 관습을 강요당할 경우, 자신의 자주성을 강하게 주장하면서 자신의 세계를 찾아간다(이복희 외, 2018: 33). 특히 MZ세대(밀레니얼 + Z세대: 1981~2010년생)는 이전 세대보다도 개인의 취향과 선호를 중시하고 SNS를 자신의 생활에 적극적으로 활용한다(신종천, 2022: 666). 즉, 자신의 주장과 개성이 강한 특성을 가지고 있기 때문에 청소년지도자가 성공적인 리더십을 발휘하기가 쉽지 않은 경우도 종종 있다. 이럴 경우 청소년지도자는 일방적으로 지시하거나 따르도록 종용할 것이 아니라 경청과 공감을 바탕으로 적극적인 쌍방향 의사소통을 통해서 청소년의 의견을 적극 수렴하려는 노력과 함께 충분한 대화와 논의를 거쳐서 서로 의견을 조율하여 최선의 방안을 도출하는 타협의 기술을 펼쳐 나가야 한다.

넷째, 관대함이다. 청소년기는 아동에서 성인으로 탈바꿈해 가는 과도기이자 미성년으로서 많은 실수와 시행착오를 거치면서 사회구성원으로서 성장을 하는 시기이다. 청소년기에 실수와 실패를 하는 것은 자연스러운 것이고, 그러한 과정을 경험하고 극복해 나가면서 올바른 가치관과 민주시민으로서 성장해 나가는 것이다. 또한 청소년기에는 정서적 불안과 사고와 감정의 모순, 비논리적 전환 등이 나타나고, 불복종과 반항 등이 보인다(이복희 외, 2018: 42). 청소년지도자는 이러한 청소년의 사회심리적인 특성을 잘 이해하면서 적절한 대응을 해야 한다. 특히 실수와 실패를 지지하고 격려하면서, 미래지향적인 비전과 방향을 제시하는 리더로서의 자질과 관대함을 보여 주는 것이 필요하다.

다섯째, 창의성이다. 유능한 지도자는 개인적이든 집단적이든 구성원이 창의성을 발휘할 수 있는 시간과 기회를 부여하고 격려해 준다. 청소년은 미래의 동량으로서 무한한 가능성과 창의성을 가진 존재이다. '2015 개정 교육과정'에서 창의융합형 인재양성을 교육목표로 제시하고 이를 구현하기 위해 모든 학생이 갖추어야 할 핵심역량 중 하나로 창의적 사고를 포함하는 등 창의성 계발과 교육에 대한 중요성이 꾸준히 강조되어 오고 있다(김진우 외, 2020: 92). 청소년의 창의성 교육은 특정 시점의 창의적인 성취를 이루는 데에 목표를 두는 것보다는, 시간의 변화에 따른 청소년의 개인차를 정확히 파악하여 잠재된 창의성이 잘 발현될 수 있도록 하는 장기적이고 근본적인 노력이 필요하다(김순희, 2020: 3).

3) 청소년지도자 리더십 요소

성공하는 리더십은 조직을 현재에서 미래로 움직이게 하고, 조직의 잠재적인 기회를 비전으로 창조하며, 구성원들을 변화에 동참하도록 이끌고, 에너지와 자원을 동원하고 집중할 수 있도록 새로운 문화와 전략을 조직 내에 전파시키는 것이다(안병환, 김창환, 2009: 219-220; Bennis, 1983). 특히 오늘날 정보통신기술(ICT), 인공지능(AI), 메타버스 등 제4차 산업혁명이 본격적으로 진행되고 있는 지식 정보화 사회 속에서 변화에 부응하는 청소년지도자의 리더십 역량이 그 어느 때보다 필요성이 증대되고 있으며(김창현, 2014: 26), 창의융합적인 인재에 대한 사회적 요구는 미래 청소년의 지도와 방향에도 큰 영향을 미치고 있다(주성숙, 2019: 1-2).

청소년의 특징은 성인과 아동의 중간적인 위치에 존재한다는 것이다. 이 말은 자주성과 수동성이 공존하고 있다는 뜻이고, 그런 의미에서 청소년지도자는 청소년에게 리더십을 발휘해야 마땅한 것이다. 즉, 청소년은 성인과는 다른 그 중간 단계에 있으므로, 그만큼의 청소년지도자 리더의 중요성이 강조된다고 보아야 한다(배영직, 2005: 36). 건전한 청소년 육성을 위한 대표적인 청소년활동인 청소년수련활동의 핵심요인은 프로그램, 수련시설, 안전과 안전교육, 지도자의 리더십이라 할 수 있는데, 이 중에서 청소년지도자의 리더십이 가장 중요하다. 따라서 청소년수련활동은 좋은 프로그램과 좋은 시설을 토대로 훌륭한 지도자가 리더십을 발휘하여 안전하게 교육할 수 있는 여건이 마련될 때 그 효과가 극대화될 것이다(김창현, 2007). 이러한 맥락에서 볼 때 청소년수련활동의 교육적인 효과, 즉 수련활동의 성취도는 수련활동 중에 지도자의 바람직하고 효율적인 리더십 기술을 발휘할 때 수련활동의 교육적 성과는 달성된다고 본다(안병환, 김창환, 2009: 220).

한편, 청소년이 계발하는 리더십에는 어떤 요소가 포함되어야 하는가에 대해서 합의된 견해는 존재하지 않고, 학자마다 리더십 내용 요소를 매우 다르게 언급하고 있다. 밀러(Miller, 1976)는 리더십 내용요소를 의사결정, 관계성, 학습, 조직관리, 자기이해, 그룹 활동, 의사소통으로, 린든과 휘트만(Linden & Fertman, 1998)은 리더십 정보, 리더십 태도, 의사소통, 의사결정, 스트레스 관리 등을 들고 있다. 린든과 휘트만이 제시한 청소년 리더십의 요소를 살펴보면 다음과 같다(송선희 외, 2018: 245-246).

첫째, 리더십 정보는 리더와 리더십에 대해 청소년이 인식하고 아는 것으로서 모든 리더십 발달단계에서 출발점이 있다. 리더십 정보는 리더십과 관련된 청소년의 선택에 있어서 매우 중요한 역할을 한다. 따라서 청소년은 정확하고 풍부한 리더십 정보를 가질 필요가 있다. 정보의 원천은 매우 다양하다. 예컨대, 사람, 경험, 출판물, 시청각 자료, 인터넷, 프로그램 등을 통해 청소년은 리더십 정보를 얻을 수 있다. 특히 오늘날 대중매체와 인터넷을 통해 홍수처럼 넘쳐나는 정보를 접할 수 있다. 정보의 과잉 상황에서 청소년과 청소년지도자는 유용한 정보를 선택해서 활용해야 하는 과제에 당면한 것이다. 청소년은 지속적으로 리더와 리더십에 관련된 정보를 받아들이고 처리하여 일부는 저장하고 일부는 버리게 되는데, 이러한 과정에서 청소년지도자의 적절한 도움과 안내가 필요하다. 유용하고 신뢰할 만한 리더십 정보를 가지게 될 때 청소년은 자신의 리더십 계발을 올바른 방향에서 시작할 수 있다.

둘째, 리더십 태도는 청소년이 스스로를 리더와 동일시하여 자신을 리더로 규정하려는 성향, 생각, 감정 등을 의미한다. 리더십 태도는 긍정적일 수도 부정적일 수도 있으며, 육체적인 성숙에 의해서 자연스럽게 나타나는 것이 아니라 학습되는 것이다. 리더십 태도는 청소년의 경험에 따라 지속적으로 변화·수정된다. 이러한 리더십 태도에 관련된 학습과 변화는 다른 사람과의 상호작용을 통해서 일어나며, 상호작용은 사람과의 직접적인 접촉이나 책, TV, 영화 등을 통한 간접적인 접촉에 의해서도 일어난다. 태도의 학습과 수정 과정은 역동적인 과정이다. 이 과정에서 청소년은 능동적인 학습자로서 부모, 교사, 동료 등의 요구에 반응하고, 어떤 사안에 대한 주의 집중 여부를 결정하며, 스스로 자신의 관점을 정립하기 위해 노력한다. 청소년지도자는 청소년의 이러한 노력을 지원하고 적극적으로 안내해야 한다.

셋째, 의사소통 기술은 생각, 메시지, 정보 등을 교환하는 것에 관련된 언어적·비언어적 기술이다. 의사소통은 다른 사람과 지식, 태도, 의견, 감정, 아이디어 등을 교환하는 과정으로서 리더십의 필수적인 요소이다. 성공적인 의사소통은 발신자와 수신자의 상호 이해 정도에 달려 있으며, 이는 기술을 요한다. 이러한 의사소통 기술은 학습을 통해서 숙달되며 리더가 갖추어야 할 중요한 능력이다. 의사소통을 통해서 리더와 구성원 간의 장벽은 무너지고 또 하나가 되어 목표를 위해 활동할 수 있다. 의사소통은 습관, 정보, 지식, 태도, 편견 등의 복합적인 상호작용과 관련되어 있다. 청소년이 무엇을 어떻게 말하고, 다른 사람에 대해 어떻게 반응할 것인가는 모두 청소년 자신의 복잡한 의사소통 기술에 의해서 결정된다. 의사소통 기술은 학습되는 것이기 때문에 청소년지도자는 청소년의 의사소통 기술을 계발하기 위해서 노력해야 한다.

넷째, 의사결정 기술은 여러 가지 대안 중에서 다른 사람에게 영향을 미칠 수 있는 선택을 하는 것과 관련되어 있다. 청소년은 점점 독립적이 되어 가면서 스스로 의사결정을 할 기회가 많아진다. 리더의 의사결정 여하에 따라서 조직과 구성원의 운명이 좌우되기 때문에 의사결정 능력은 리더십의 중요한 요소가 된다. 청소년지도자는 체계적인 지도를 통해서 청소년기부터 합리적인 의사결정 기술을 학습시킬 필요가 있다.

다섯째, 스트레스 관리기술은 삶 속에서 발생하는 스트레스를 다루고 통제하는 방법에 관한 것이다. 스트레스는 어떤 사람이 지닌 내적 자원을 초과하는 외적 환경요인에 의해 느끼는 부담감으로 정의될 수 있으며, 이는 생리적·심리적·신체적 반응으로 나타나게 된다. 스트레스를 과중하게 받게 되면 사람은 소진감을 갖거나 의욕을 상실하고 감정을 잘 조절하지 못하게 되며 능력을 발휘하지 못하게 된다. 반면, 감당할 만한 적절한 스트레스는 약간의 긴장감을 형성하여 일의 추진에 도움이 되기도 한다. 스트레스 관리기술은 자신의 감정 상태와 일을 통제하는 것과 밀접한 관련을 가진다. 이런 점에서 스트레스 관리기술을 자기관리 기술이라고 할 수 있다. 사전계획 속에서 긍정적으로 일을 처리하고 평온한 감정 상태를 유지함으로써 사전에 스트레스를 예방하고 관리하는 기술을 리더십 계발을 통해서 함양할 필요가 있다.

제6장
청소년지도방법의 이해

청소년지도방법은 청소년의 건강한 성장과 인성의 함양을 위한 청소년지도의 주된 목적이 되는 것으로 매우 중요하다. 청소년지도방법은 청소년활동을 구체적으로 실천하는 방식이며 청소년지도자의 전문적인 능력과도 관련이 깊다. 청소년의 특성과 목표, 활동 양식에 따라 다양한 기법과 매체 활용 능력을 갖추어야 한다. 이에 청소년지도방법의 개념과 특성을 살펴보고 청소년지도의 단계와 기법을 익혀서 이를 청소년에게 적용할 수 있어야 할 것이다.

1. 청소년지도방법의 개념과 특성

청소년지도는 청소년활동을 중심으로 이루어진다. 청소년지도에서 청소년활동을 촉진하고 지속시키기 위해서는 다양한 전략과 도구 및 기술을 필요로 한다. 청소년활동에서 청소년 대상 집단과 프로그램의 다양한 특성을 고려하였을 때, 형식적이고 획일화된 지도방법으로 청소년의 욕구를 충족시키기 쉽지 않다. 청소년활동이 이루어지는 환경과 청소년집단의 특성, 청소년프로그램의 성격에 따라 적합하고 다양한 지도방법이 요구되고 있다.

청소년지도방법은 청소년지도라는 핵심 요소를 전략적으로 구체화하기 위하여 청소년지도사가 전문적으로 수행하는 행위라고 할 수 있다. 구체적으로는 청소년

참여자의 조직화, 다양한 청소년 수련 및 활동 촉진에 필요한 기법, 매체 운용 능력, 프로그램 기획 및 운영 능력 등 일체의 개입 전략을 말한다(김영인, 2022).

청소년지도방법은 청소년과 지도자가 추구하는 이념과 목표, 활용되는 내용 영역에 따라 다양하게 나타난다. 청소년지도는 지도방법에 의해 전달되는 것으로, 청소년의 균형 있는 성장과 발달을 도모할 수 있어야 하며, 청소년활동의 목표를 달성할 수 있는 것으로 조직되어야 할 것이다. 이러한 맥락에서 청소년지도방법은 단순히 청소년지도자가 청소년활동을 전개해 나가는 지도자의 개입전략과 행위만을 의미하는 것이 아니라, 청소년의 참여 특성, 활동양식, 학습 행위를 효과적으로 지원하는 다양한 조치와 개입을 포함한다. 다시 말해, 청소년지도자가 청소년의 활동과 학습을 촉진하고 프로그램의 목적을 효과적으로 성취하기 위해 전개하는 일체의 활동이며, 지도활동에 동원되는 전략, 기술, 자료, 시설, 매체 등을 모두 포함하는 개념이다(한국청소년개발원, 2004).

청소년지도방법은 그 자체가 목적성을 지닌 것이 아니라 도구적 · 수단적인 성격을 지니고 있으며, 청소년지도의 목표를 달성하기 위한 체계적 · 의도적인 활동이다(김창현, 2018). 청소년지도방법은 청소년지도의 이념, 방향, 목표, 내용, 방법이라는 청소년지도 체계 속에 있다. 따라서 청소년지도방법은 청소년지도의 이념과 목표 달성에 필요한 내용과 전문적인 역량을 청소년에게 내면화하기 위해 청소년지도사가 활용하는 전략, 기법, 수단 등을 포괄하는 총체적인 개념이다(오윤선, 황인숙, 2018).

이와 같은 여러 의견을 종합하였을 때, 청소년지도방법은 '청소년의 균형 있는 성장과 발달을 위해 조직화된 프로그램의 목적을 달성하기 위한 청소년지도자의 개입전략'이라고 할 수 있다.

김영인(2022)은 청소년지도방법의 특성을 다음과 같이 설명하고 있다.

첫째, 청소년지도방법은 그 자체가 목적성을 지닌 것이 아니라 도구적 · 수단적인 성격을 지닌다. 청소년지도방법은 청소년지도의 이념과 목표를 실현하기 위한 것이다. 청소년지도의 이념으로서 민주주의, 평화주의, 생태주의와 목표로서 덕 · 체 · 지 함양, 시민역량의 강화 등을 위한 구체적인 기술이자 계획으로서의 성격을 가진다.

둘째, 청소년지도방법은 전문적인 청소년지도자와 청소년 간의 상호작용 속에서 이루어진다. 특히 청소년지도방법은 전문적인 교육을 받고 일정한 자격요건을 갖춘 사람에 의해서 주도된다. 청소년지도자의 대표적인 예로 국가에 의해서 공인된 청소년지도사를 들 수 있다.

셋째, 청소년지도방법은 목표를 달성하기 위한 체계적·의도적인 활동이다. 청소년지도방법은 목적, 대상, 공간에 적합하도록 사전에 치밀하게 준비되고 선정된다.

넷째, 청소년지도방법은 주로 학교 밖의 장(field)에서 실행된다. 청소년지도방법이 실행되는 학교 밖의 대표적인 공간은 대자연이다. 대자연의 체험을 통해서 청소년은 자연의 순리를 체득하고 호연지기를 기르게 된다. 청소년지도방법이 실시되는 청소년활동시설로는 청소년수련원, 청소년수련관, 청소년문화의집, 청소년 이용시설 등을 들 수 있다.

다섯째, 청소년지도방법은 청소년의 자기주도적·능동적인 참여를 전제로 한다. 청소년지도가 성공하기 위해서는 청소년지도방법을 통해서 청소년의 마음을 움직여 청소년지도내용을 스스로 내면화할 수 있어야 한다. 이를 위해서 청소년지도방법을 실행할 때 청소년의 자기주도적·능동적인 참여가 필수적이다.

2. 청소년지도의 단계

청소년지도의 단계는 청소년활동 전반을 계획하는 준비단계를 시작으로 청소년지도방법과 내용을 본격적으로 실행하는 단계, 지도목표를 달성했는지 평가하는 단계로 나눌 수 있다. 청소년지도의 단계별로 청소년지도자가 수행해야 할 과업들이 다르게 나타날 수 있으므로 각 단계별 특징을 이해할 필요가 있다.

1) 준비단계

준비단계는 계획단계로서 장차 펼쳐질 청소년활동을 효과적으로 지도하기 위한 전반적인 계획 수립과 청소년활동 지도에 필요한 제반 사항을 준비하는 단계이다. 또한 청소년지도에 관련된 청소년의 요구와 특성, 지도의 목표, 내용·방법·평가, 집단의 구성 등의 전반적인 사항들에 대해 점검하고 분석하여 청소년지도 전반을 사전에 설계하는 단계이다(김영인, 2022).

준비단계에서 청소년지도자가 수행해야 한 과업으로는 청소년활동 프로그램 개발의 기획단계에서 확인된 목표를 설정하고 집단의 구성과 활동 내용, 활동방법을 선정하고 청소년지도에 필요한 공간과 인적·물적 자원을 조달하는 방법을 준비하는 단계로 구체적인 내용은 다음과 같다(전동만, 장수한, 2021).

(1) 지도목표의 설정

청소년지도목표는 청소년에게 의미가 있고 구체적이어야 한다. 청소년의 직접적·장기적 생활 설계에 도움이 되는 것이어야 하며, 달성이 가능하도록 구체적으로 설정하는 것이 좋다. 또한 목표에는 평가를 위한 기준이 명시되어야 한다. 청소년지도의 목표는 청소년지도가 종료되었을 때 청소년이 변화하고 성장하여 도달해 있어야 할 지점을 나타내며, 청소년지도의 방향을 안내하는 기능을 하기 때문이다(김영인, 2022).

(2) 집단의 구성

청소년활동의 효과성을 고려하여 집단을 구성해야 한다. 청소년 개인의 특성과 동기 및 목적, 집단의 규모, 구조화 등에 따라 목표성취의 정도가 달라질 수 있다. 집단을 구성할 때 청소년의 참여 목적과 연령, 성, 성격, 활동 경험, 발달 수준, 배경 등에 대해 사전 파악하는 것이 좋다. 집단의 동질성과 이질성에 대한 적절한 조합과 청소년의 행동특성을 적절히 반영한 체계적인 구성을 통해 집단 내의 청소년 상호 간 원활한 상호작용을 조장하고 촉진할 필요가 있다. 개인적 특성이나 목적의 유사성이 높은 집단을 동질적 집단이라고 하고, 이와 반대의 집단을 이질적 집단이라고 한다. 동질적 집단의 경우에는 청소년의 목적과 관심사, 연령을 비롯한 제반 특성 등이 유사하기 때문에 집단활동에서 문제를 공유하기가 용이하고, 구성원 간의 의사소통이 촉진되며, 관계 형성이 용이한 장점이 있다. 반면에 이질적 집단은 구성원 상호 간의 활동이 활발하게 이루어질 수 있다는 장점이 있다(성열준 외, 2016).

집단의 규모에 있어서도 청소년활동의 지도와 목표 달성에 지대한 영향 요소로서 적정 규모의 집단을 판단하여야 한다. 일반적으로 청소년활동의 목적 범위가 단순하고 한정되어 참가 청소년이 수행해야 할 과제가 구체적인 경우에는 소집단이 적절하고, 그 반대의 경우에는 대집단이 적절하다.

지도활동 중에 새로운 구성원을 받아들이는 개방집단의 형태를 취할 것인지, 아니면 기존의 청소년만으로 집단활동을 계속해 나가는 폐쇄집단의 형태를 취할 것인지를 결정해야 한다. 개방집단은 새로운 구성원으로부터 새로운 아이디어나 자원을 얻을 수 있고 집단의 속성을 유지할 수 있는 장점이 있으나, 집단 정체감의 상실과 지도력의 결여 등으로 인하여 집단의 안정성을 유지하기 어려운 단점도 지니고 있다. 폐쇄집단은 집단 결속력이 높고 구성원의 역할이나 규범이 안정적이며, 구성원 간의 협력이 잘 이루어지는 장점이 있으나, 새로운 사고나 가치의 유입이 어려우므로 집단적 사고에 빠질 위험이 있고, 구성원에 대한 순응의 요구가 많아질 수 있다는 단점이 있다(성열준 외, 2016).

(3) 내용의 선정

효과성·효율성·적시성·긴급성·중요성·요구성을 고려한 활동 내용을 선정한다. 활동 내용은 활동 목표 달성을 위한 구체적인 수단으로서 매우 중요하다. 활동 내용이 선정되고 나면 내용 간에 밀접한 연결을 지으면서, 구체적인 데서 추상적인 것으로, 쉬운 것에서 어려운 것으로, 가까운 곳에서 먼 곳으로 관련지어 내용을 조직하고 편성하는 것이 좋다.

청소년지도의 내용에는 다음과 같은 것들이 포함된다(최윤진, 1990).

첫째, 사회성 지도이다. 사회성 지도는 개인의 책임, 자립과 협조, 공중도덕과 사회참여 등에 관련된 태도를 청소년이 획득하도록 돕는 것으로 정신건강의 정진을 위한 조력, 자립정신과 사회참여, 사회봉사 정신의 육성은 물론 사회참여 활동, 말씨, 듣는 방법, 발표 능력 등까지도 포함한다.

둘째, 도덕성 지도이다. 도덕성 지도의 목표를 크게 나누면 세 가지이다. 우선 일상생활의 영역에서 사회의 건전한 향상이나 발전을 위하여 인간으로서 바람직한 생활 태도와 행동양식을 청소년에게 고양시키는 것이다. 청소년이 일상생활의 기본적인 행동양식을 잘 이해하고 관습화함과 더불어 시간과 장소에 알맞게 적절한 행동을 할 수 있도록 한다. 인격의 존엄, 인간애 등에 기반이 되는 인간 존중 정신을 기르고 개인의 자성, 개인과 개인, 개인과 집단, 집단과 집단 간의 인간관계를 중심으로 인간 존중 정신을 바르게 행할 수 있는 판단력과 태도를 기른다.

셋째, 진로지도이다. 진로지도는 청소년이 걷게 되는 인생에서 늘 현재보다 나은 생활을 목표로 하여 진행하는 것이다. 청소년의 미래를 전망하는 생활지도로 이루어지고 장기간에 걸쳐 이루어지기에, 미래 청소년의 진로를 예측하고 분석하는 등의 진로지도에 대한 전문적 지식이 요구된다.

넷째, 보건지도이다. 보건지도는 건강에 대한 지도, 안전에 대한 지도, 성에 대한 지도 등으로 구성된다. 건강의 유지는 질병과 상해로부터 일어나는 것을 포함하여 신체적 · 정신적으로 자신이 지닌 능력을 최대한으로 발휘하는 것까지를 포함한다.

다섯째, 여가지도이다. 여가지도는 청소년에게 여가의 중요성을 깨닫게 하고 다양한 여가활동 가운데 자신에게 가장 적합한 것을 선택하여 청소년이 스스로 이용하도록 해야 한다. 여가는 자유로이 사용할 수 있는 시간이지만 단순히 오락과 기분전환의 시간만이 아니라 인간성을 풍요롭게 하기 위한 귀중한 시간이다. 내일을 위해 활력을 축적하고 자신을 한층 높여 충실한 역할을 할 수 있도록 하는 일이다.

여섯째, 지역사회 봉사 지도이다. 지역사회 봉사 지도는 청소년이 이웃과 사회, 국가와 민족에 대해서 청소년이 무엇을 할 수 있는지에 관한 의무와 권리 등을 인지하게 도와주는 것이다. 지역사회의 이웃을 돕거나 봉사단체 활동을 통해 지역사회 봉사의 의미를 깨닫게 된다.

일곱째, 국제교류 지도이다. 국제교류 지도는 청소년에게 세계화에 걸맞은 지구촌의 의미, 지구환경 보존의 의미 등을 일깨워 주는 데 필요한 활동과 그에 관련된 방법과 기술을 익히게 하는 활동이다.

(4) 활동 환경 및 여건의 준비

청소년활동에 투입되어야 할 시설과 설비, 장비를 준비하고 소요 재원을 조달하는 등의 활동 환경과 여건을 준비한다. 청소년활동을 전개하기 위한 환경의 준비는 청소년활동의 성과를 재고하고 목표 달성에 영향을 미치므로 계획단계에서 면밀한 분석을 통해 준비 목록을 작성하고 준비과정에서 빠짐없이 챙겨야 한다. 물리적 환경으로서 청소년활동의 장소는 청소년활동의 유형과 목적에 따라 매체와 공간, 장비, 도구 등이 매우 다양하게 소요되고 투입된다.

토론이나 대화를 위주로 하는 집단에서는 편안한 소파나 의자 등을 준비하여 안정적인 분위기를 조성해 줄 필요가 있으며, 활동을 위주로 수행하는 집단은 비교적 넓은 공간과 테이블이나 작업대 등을 준비해 둔다.

이러한 활동 환경의 준비와 더불어 실제 활동을 위해 소요되는 예산은 얼마이며, 어떻게 예산을 확보할 것인지 준비해야 한다. 청소년지도의 예산을 계획하는 과정에서 준비물 비용과 복사비, 간식비 등은 비교적 충분하게 책정하도록 한다. 또한 부족한 재정을 확보할 수 있는 기관의 후원 또는 모금 등의 재원 조달 방법을 강구할 필요가 있다.

2) 실행단계

지도를 위한 준비가 완료되면 청소년과 함께 이를 실행하게 된다. 실행단계는 구체적으로 도입단계, 전개단계, 정리단계로 구분할 수 있다.

(1) 도입단계

도입단계는 청소년지도자와 청소년이 처음 만나서 지도활동을 시작하는 절차로 초기단계 또는 시작단계라고도 한다. 이 시기에 청소년은 새로운 사람과 환경에 대하여 긴장감과 어색함을 표현할 수 있으므로 청소년지도자는 친밀감과 신뢰감을 형성할 수 있도록 노력하여야 한다. 긴장되고 어색한 분위기를 해소하고 청소년의 마음을 열 수 있도록 우호적인 관계를 형성하는 기법을 활용한다.

도입단계에서 해야 할 과업으로는 친밀감과 신뢰감 조성, 목표 제시와 공유, 지도과정의 설명, 동기유발, 소집단 구성, 선행 경험과 학습의 재생 등이 있다. 먼저, 편안하고 우호적인 활동 분위기를 조성한다. 활동의 목표에 대한 명확한 설명과 목표 달성을 위해 수행해야 할 프로그램의 흐름과 내용에 대한 안내가 이루어져야 한다. 또한 청소년의 능동적인 참여를 유도하기 위하여 흥미와 동기를 유발하는 활동이 필요하다.

(2) 전개단계

전개단계는 청소년활동 지도를 위한 가장 직접적이고 구체적인 지도단계이며, 대부분의 시간이 할애된다. 청소년지도의 목표와 내용에 따라 다양한 지도방법을 사용할 수 있다. 준비된 내용과 활동, 자료와 방법 등을 중심으로 청소년지도자와 청소년, 청소년과 청소년 간에 다양한 상호작용이 이루어진다. 청소년지도자는 상황 국면에 따라 안내자, 촉진자, 조정자 등의 역할을 번갈아 수행하면서 청소년이 지도내용 및 활동에 몰입할 수 있도록 돕는다(김영인, 2022).

그러나 대체로 청소년 스스로 활동을 해 나가도록 하고 지도자는 청소년활동을 지원하고 조력하는 역할을 담당하는 것이 바람직하다. 사전에 마련된 프로그램에 따라 진행하되 프로그램에 고착되지 않고 상황에 따라 융통성과 창의성을 발휘해 나가는 것도 이 단계에서 요구하는 중요한 지도기술이다(전동만, 장수한, 2021).

한국청소년개발원(1997)은 전개단계에서의 전략과 과제를 다음과 같이 제시하고 있다.

- 모든 청소년에게 적절한 반응을 보이라.
- 참여 과정에 대한 책무성을 주지시키라.
- 지도과정을 참가자의 관심과 흥미를 연결 지으라.
- 참여 활동으로부터 얻게 되는 이익을 명백하게 제시하라.
- 참여 과정에 있어서 적극적인 반응 및 참여를 유도하도록 하라.
- 연속적인 경험을 위한 기회 조건을 만들라.
- 참여 과정에 있어서 선택적으로 인간적인 관점을 강조하고 다루라.
- 적절하다면 청소년의 물리적 · 정서적 수준에서 직접적인 인지적 경험을 하도록 도우라.
- 선별적으로 활동 내용 및 지도 절차를 청소년의 관심과 일치하도록 하라.
- 참여집단 내에서 응집력을 개발하고 극대화할 수 있도록 협동적인 목표구조를 사용하라.

(3) 정리단계

프로그램의 매 회기마다 지도활동이 종료되면 그 회기 동안 이루어진 활동과 내용 등을 정리하고 마무리할 필요가 있다. 정리단계에서는 활동과 내용의 요약, 피드백, 다음 회기의 안내 등이 이루어진다. 요약은 핵심적인 내용을 중심으로 하고, 이 과정을 통해 청소년이 지도과정에서 학습한 내용을 회상하여 정리할 수 있도록 한다. 피드백은 구체적이고 직접적으로 이루어질 필요가 있는데, 항상 긍정성의 관점을 유지해야 한다. 다음 회기의 안내는 이 회기와의 관련성을 중심으로 하여 다음 회기에 대한 호기심을 가지도록 한다. 필요한 경우 준비물도 잘 챙겨오도록 한다(김영인, 2022).

3) 종결단계

종결단계는 전 단계에서 지도하고 활동한 내용을 총괄하고, 조직하고 결론짓는 총결산의 단계이다. 이 시기는 지도활동의 최고조이며 결과의 단계이다. 이 단계의 주요 목적은 청소년이 개인적으로 또는 공동으로 활동한 결과를 심리적으로는 자신감과 만족감의 정서를 갖게 하고, 사회적으로는 이러한 개인적인 경험을 서로 교환하고 통합하는 기회를 갖는 것으로, 프로그램 전체에 관련된 것을 이해하는 데 있다(전동만, 장수한, 2021).

종결단계에서 먼저 할 일은 지도를 시작할 당시에 설정한 지도목표가 달성되었는지 여부를 판단하는 것이다. 이를 위해 질문지, 면접, 수행성과물, 필기시험, 관찰 등의 방법을 활용할 수 있다. 청소년의 지도목표 달성 여부에 대한 평가는 청소년의 성장과 발전에 초점을 두어야 하고, 서열이나 점수를 매기기 위한 것이어서는 안 된다. 지도과정을 종료한 후에 청소년이 목표치 대비 어느 정도의 수준인지를 파악하여 청소년에게 부족한 점이 있다면 이를 돕기 위한 정보로 활용하여야 한다(김영인, 2022).

한국청소년개발원(1997)은 종결단계에서의 전략과 과제를 다음과 같이 제시하고 있다.

- 활동 결과에 대한 숙지, 진전, 책임감 등에 관하여 지속적인 피드백을 제공하라.
- 필요하다면 건설적으로 비판하라.
- 참여활동에 대하여 효과적으로 칭찬하고 상을 주도록 하라.
- 활동 과제의 성공적인 달성에 대하여 청소년의 중요성과 책무성을 인식, 확인하도록 하라.
- 초기에 부정적인 참여 활동에 있어서 참여를 격려할 수 있도록 유인책을 제시하라.
- 참여 결과를 일상생활을 통하여 발휘할 수 있도록 외적 강화 방법으로 고려하라.
- 청소년이 참가 결과에 대하여 명백히 인식하도록 하라.
- 참여 활동에 대한 의미 있고 적극적인 매듭을 위하여 강화요인을 제공하고 격려하라.

3. 청소년지도의 기법

청소년지도의 방법은 대상자의 특성, 집단의 크기, 청소년지도의 목적, 활동 장소, 활동기간 등에 따라 달라질 수 있다. 한 가지의 방법만을 적용하는 것보다 하나 이상의 방법을 복합적으로 적용하는 것이 효율적이다. 청소년지도의 방법을 선택하기 위해서는 주어진 상황을 먼저 충분히 파악하여야 한다. 대체로 청소년지도의 기법 및 방법은 개인중심의 지도방법, 소집단에서의 지도방법, 대집단에서의 지도방법 등 세 형태로 나뉜다(한국청소년개발원, 2004).

첫째, 개인중심 지도방법은 일반적으로 세 가지의 형태로 다시 구분할 수 있다. 구체적으로 개별적인 활동 및 학습 형태, 지도자의 지원과 도움을 받는 활동 및 학습 형태, 수련 자료 및 기자재를 활용하는 활동 및 학습 형태 등이다.

둘째, 소집단 지도방법은 청소년과 참가자의 단위와 규모를 소집단의 원리를 적용하기에 적절하게 편성하여 전개하는 방식을 말한다. 청소년지도의 대부분은 어떤 형태로든 집단을 중심으로 활동하는 것이 일반적이다. 따라서 청소년지도방법의 대부분은 소집단을 대상으로 한 방법이 중심이 된다.

셋째, 대집단 지도방법은 청소년과 참가자의 단위와 규모를 소집단보다는 훨씬 큰 형태로 전개되는 활동 및 학습 형태를 말한다.

한편, 청소년지도방법 중에서 활동 주체에 따라 지도자중심 지도방법, 청소년중심 지도방법, 지도자와 청소년의 상호작용중심 지도방법으로 나누기도 한다(한국청소년개발원, 1994).

첫째, 지도자중심 지도방법은 활동이 주로 지도자를 중심으로 일방적으로 진행되면서 청소년이 대부분 보고 듣는 소극적이고 수동적인 지도대상이 되는 방법이다.

둘째, 청소년중심 지도방법은 청소년이 활동의 주체이면서 원동력으로서 자발적으로 참여하여 직접 경험하고, 활동 과제를 스스로 수행하도록 지도하는 방법이다. 여기서 청소년지도자는 청소년이 활동을 원활히 할 수 있도록 도와주는 역할을 담당하게 된다.

셋째, 상호작용중심 지도방법은 지도자와 청소년 간의 상호 의사소통을 통하여 이루어지는 방식이다. 청소년의 적극적인 참여로 활동이 이루어지고 지도자는 활동 진행 과정에 최소한의 역할만을 하게 된다.

이러한 여러 집단별 활동에서 다음과 같은 다양한 기법과 전략을 사용하는 것이 도움이 된다.

1) 친밀감 조성

청소년지도가 시작되었을 때 지도사와 청소년, 청소년과 청소년 간에 소개와 기타 활동을 통하여 친밀감과 편안한 분위기를 조성하여야 한다. 친밀감(rapport) 조성 활동은 첫 대면에서의 긴장감이나 어색함을 깨뜨리고 상호 신뢰감을 발달시키는 데 도움이 된다. 이러한 활동을 아이스 브레이킹(ice breaking)이라고 한다. 아이스 브레이킹은 새로운 사람을 만났을 때 어색하고 서먹한 분위기를 얼음 깨듯 깨뜨리는 일을 말한다.

아이스 브레이킹 방법은 주로 게임 형석으로 이루어지며, 청소년지도의 도입단계에서 참여한 청소년 간에 서로 마음을 열고 관계를 맺을 수 있도록 부드러운 분위기를 조성하기 위해 짧은 시간 동안 활용된다. 아이스 브레이킹 방법을 주도하는 사람을 아이스 브레이커(ice breaker)라고 하는데, 청소년지도자가 이 역할을 담당할 수 있어야 한다. 청소년지도자는 자신의 지도목표 및 대상에 적합한 몇 가지 대표적인 아이스 브레이킹 방법을 익혀 상황에 따라 응용하면서 활용할 수 있어야 한다(김영인, 2022).

친밀감 조성을 위해서는 청소년 상호 간의 공통적 특성과 관심사를 연결시켜 주고 이에 대해 토론할 수 있도록 격려해 주는 것이 좋다. 집단에서 활용할 수 있는 소개 방법으로는 순번제, 변형 순번제, 문제교환 방식, 1급 비밀 방식, 보물찾기 방식, 가족 유산 방식 등이 있다. 이 중에서 가장 일반적으로 사용하는 것은 차례대로 돌아가면서 자신을 소개하는 순번제이다. 첫 대면에서의 소개는 자칫 피상적인 수준에서 그칠 우려가 있다. 따라서 지도사가 먼저 자신에 대한 소개를 보여 줌으로써 청소년에게 모델이 될 필요가 있다. 더불어 간단한 레크리에이션 등을 함께 사용하는 것이 도움이 될 것이다(성열준 외, 2016).

2) 동기유발 전략

청소년지도자는 청소년이 자발적으로 참여하고 주도적으로 활동할 수 있도록 청소년의 동기를 유발할 수 있어야 한다. 청소년의 자발적이고 적극적인 참여가 청소년지도의 성패를 좌우할 만큼 중요하다. 따라서 청소년지도자는 활동이 시작됨과

〈표 6-1〉 **스티펙의 동기유발 전략**

동기유발 영역	동기유발 방법
과제	• 과제의 형태를 수시로 다양하게 한다. • 개방적이고 다면적인 과제를 제공한다. • 과제 수행에 대한 개인적인 목표를 설정하도록 한다. • 청소년에게 활동 주제를 선택할 수 있는 기회를 부여한다. • 청소년의 적극적인 참여와 탐구가 필요한 과제를 제공한다. • 청소년의 능력 수준에 따라 다양한 난이도를 지닌 과제를 제공한다. • 청소년에게 과제 수행과 관련된 다양한 활동을 할 수 있도록 한다. • 활동 내용이 청소년의 실생활에서 어떤 의미가 있는가를 설명해 준다. • 적절한 도전감을 불러일으킬 수 있는 과제와 활동 프로그램을 제공한다. • 복잡하고 신기성이 있고 경이감, 흥미를 불러일으킬 수 있는 과제를 제공한다. • 고차원적인 사고, 확산적 사고, 능동적인 문제해결이 요구되는 과제와 활동을 제공한다. • 단편적인 개념이나 기능에 중점을 두기보다는 '큰 생각'을 유발할 수 있는 과제를 제공한다.
평가와 보상	• 외적인 평가를 강조하지 않는다. • 청소년이 성취한 결과의 진정한 의미를 알려 준다. • 가시적인 외재적인 보상은 가능한 한 적게 사용한다. • 평가의 기준을 명확히 하여 사전에 공개하고 공정하고 일관성 있게 집행한다. • 청소년에 대한 상대적 평가보다는 노력, 향상, 기준 등에 입각하여 절대적 평가를 하고 실질적이고 조장적인 정보와 피드백을 제공한다.
통제	• 청소년이 스스로 목표를 설정하고 평가하도록 한다. • 청소년이 자신의 과제 수행에 책무감을 갖도록 한다. • 청소년의 효능감, 내재적 동기, 성취를 촉진할 수 있는 도움을 제공한다. • 청소년에게 과제 처리(설계, 방법, 난이도, 목표 설정, 완성 시기 등)에 있어서 가능한 한 재량을 많이 부여한다.
풍토	• 필요 이상의 도움을 제공하지 않는다. • 청소년 각각의 가치를 인정하고 존중한다. • 지도자와 청소년이 함께 참여하는 학습공동체를 조성한다. • 청소년 상호 간 상생적인 인간관계를 형성할 수 있도록 한다. • 동료의 도움을 활용하도록 격려하고 필요한 경우 도움을 요청하도록 한다. • 실수가 허용되는 풍토를 조성하고 실수와 오류를 학습의 일부분으로 간주한다.

출처: Stipek (1998).

동시에 다양한 자극을 사용하여 참여 청소년의 동기를 유발해야 한다. 청소년의 동기를 유발함으로써 청소년활동의 매력을 느끼고, 참여에 대한 의지를 높이며, 활동에 대한 주의집중에도 도움이 된다.

동기유발 및 주의집중 방법은 언어를 통한 방법, 몸짓을 통한 방법, 교구나 물건을 이용하는 방법, 활동을 통한 방법 등이 있다. 동기유발의 원리로는 흥미의 원리, 변화의 원리, 다양성의 원리를 들 수 있다. 즉, 주어진 과제 또는 활동이 청소년에게 흥미로워야 하고, 계속적인 변화를 추구해 나가야 하며, 다양한 자극들로 구성되어야 한다(성열준 외, 2016).

청소년의 동기를 유발하는 다양한 방법이 있겠지만, 여기서는 스티펙(Stipek)의 동기유발 전략에 대해 살펴보고자 한다. 스티펙(1998)은 동기를 유발하기 위한 전략을 영역별로 제시하고 있는데, 과제, 평가와 보상, 통제, 풍토 영역으로 제시하고 있다. 이를 정리하면 〈표 6-1〉과 같다.

3) 주의집중과 초점 유지 기법

지도활동에 대한 청소년의 주의집중은 도입단계에서부터 정리단계에 이르기까지 지속되어야 한다. 이 기법은 언어적 · 비언어적 행동을 통하여 청소년의 말이나 행동에 관심을 기울이고, 이에 대하여 이해의 감정을 전달하는 방법이다. 이것은 청소년의 활동에 대한 참여를 증진시키고 청소년과 청소년지도자 간의 관계를 촉진하며, 청소년 간의 수용과 결속을 증진시키게 될 것이다. 주의집중 기법으로는 청소년의 말을 반복하거나 다른 말로 표현하는 것, 청소년의 감정 기저에 감정이입으로 반응하는 것, 청소년이 이야기할 때 눈을 맞추는 행동 등이 포함된다(성열준 외, 2016).

또한 청소년지도의 특정 부분에 초점을 두게 함으로써 관련성이 없는 부분에 대한 의사소통을 감소시키고 문제를 계속적으로 탐색하게 하는 기법이다. 이를 위해 사용할 수 있는 기법으로는 명확화, 특정 의사소통의 반복, 토론 범위의 제한, 의사소통 내용의 요약과 세분화 등이 있다.

청소년의 몰입 경험(flow experience)은 활동의 구조와 개인적 능력에 따라 조절될 수 있다. 칙센트미하이(Csikszentmihalyi, 1990)는 도전 수준과 능력 수준이 균형을 이루면 몰입을 경험하지만, 자신의 능력에 비해 도전의 수준이 높으면 불안을 경험하고, 반대로 도전에 비해 자신의 능력 수준이 높으면 지루함을 경험하게 된다고 하였다. 청소년프로그램에 참여하여 지루함이나 불안감을 느끼는 것은 프로그램에 참여하는 청소년에게 결코 긍정적인 경험이 아니다. 이것은 청소년이 자신의 활동 경험에서 더 이상 즐거움을 느끼지 못하고 있음을 의미한다. 청소년이 활동 프로그램에서 지루함이나 불안감으로부터 탈피하고 좀 더 신바람 나는 활동 몰입의 상태로 회귀하기 위해서는 새로운 수준의 과제에 도전하거나 새로운 능력들을 배워야만 한다. 따라서 청소년이 활동에 집중하도록 하는 것은 자신의 능력을 최대한 발휘하게 하고 즐거움과 행복감을 느끼게 하며, 자신의 능력을 지속적으로 향상시키게 하는 것이 된다.

4) 참여 촉진 기법

청소년지도자는 청소년활동에 도움이 되는 특정한 행동을 끌어낼 수 있어야 한다. 청소년 간 상호작용을 긍정적으로 이끌기 위해서는 활동에 방해가 되는 의사소통을 제한 또는 차단해야 하고, 참여도가 낮고 소외된 청소년의 의사소통을 격려해야 한다. 청소년 간 의사소통을 활발하게 연결하여 특정 문제에 대한 탐색 및 해결을 위한 상호작용과 개방적 의사소통을 증진시키는 것이 좋다. 간혹 침묵하거나 나 홀로 있는 청소년을 활동에 참여시키기 위해서는 활동에 대한 개인적인 느낌이나 활동에 대한 기대 등을 질문하는 것이 도움이 된다.

청소년지도에서 청소년을 참여시키는 방법은 다양하다. 청소년수련시설에서 프로그램과 관련하여 청소년의 참여방법은 프로그램 기획자, 프로그램 지도자, 프로그램 평가자 등으로 참여할 수 있다. 또한 청소년시설의 운영과 관련하여 참여할 수 있는 영역으로는 대표단, 청소년자문위원, 운영위원 등 다양한 형태로 참여할 수 있다(한국청소년개발원, 2004; Justinianno & Scherer, 2001).

첫째, 청소년은 프로그램 기획자(program planner)로 참여할 수 있다. 청소년이 프로그램의 기획과정에 참여함으로써 프로그램의 비전과 목표 설정에 기여할 수 있다. 또한 프로그램과 관련된 청소년의 요구 확인, 실천계획과 일정의 개발, 자원봉사자 확보, 프로그램의 전개, 프로그램 성과의 평가 등에서 역할을 담당할 수 있다. 청소년지도자와 공동으로 프로그램을 구상하고 적용함으로써 프로그램에 대한 주인의식과 성취감을 경험할 수 있게 된다. 청소년이 프로그램 기획자로서 참여할 수 있도록 하기 위해서는 참가 희망자의 파악, 청소년 역할의 명료화, 청소년에 대한 기대와 책임의 규정, 참여에 필요한 일정 및 연락 방법 등과 같은 사항에 대한 대처, 기획 과정에 적극적으로 청소년을 개입시키기 등이 필요하다.

둘째, 청소년은 프로그램의 지도자(program staff)로 참여할 수 있다. 청소년이 자신이 가지고 있는 능력과 장점을 바탕으로 프로그램의 스태프로 또는 또래 지도자로 참여함으로써 의사소통 기술과 리더십 기술을 개발하고 정교화할 수 있다. 청소년도 적절한 훈련과 지원을 받으면 프로그램의 요구를 사정하고, 프로그램을 설계하고, 청소년이나 성인을 지도할 수도 있다. 청소년이 지도자로 참여할 수 있도록 하기 위해서는 지도자가 될 수 있는 잠재력을 가진 청소년을 파악하여 훈련과 오리엔테이션을 실시하고, 필요시에는 성인 파트너의 지정, 프로그램에 대한 연습과 피드백, 다양한 청소년의 참여, 모범적인 지도자의 모델 따라 해 보기 등 여러 가지 지원이 필요하다.

셋째, 청소년은 프로그램의 평가자(program evaluator)로 참여할 수 있다. 청소년이 프로그램의 평가 과정에 참여함으로써 프로그램의 효과성을 분석하는 데 기여할 수 있다. 청소년은 설문조사나 면접조사의 실시, 조사 결과의 정리 등과 같은 평가 관련 작업에서 역할을 할 수 있다. 이러한 활동은 청소년의 글쓰기 능력이나 의사소통 능력을 개발할 수 있다. 또한 청소년은 프로그램이 자체의 목적이나 목표를 달성했는지 여부를 이해하는 데 기여할 수 있다. 프로그램의 평가과정에서 청소년이 평가에 관한 고도의 전문성을 반드시 필요로 하는 것은 아니다. 그러나 이에 대한 사전 교육이 필요하다.

넷째, 청소년은 대표단(youth summits)으로 참여할 수 있다. 청소년대표단은 특정 문제나 논점에 관계되는 조직이나 지역(geographic area)으로부터 청소년을 한군데 모아서 갖는 청소년 회의이다. 이 방법은 관련된 청소년들에게 중요한 논점(issue)에 관하여 청소년들이 모여서 토론하고 실천할 수 있도록 하는 수단으로서 의의가 있다. 이를 통해서 청소년들이 자신들의 목소리를 낼 수 있는 기회와 가능한 대안을 찾아보는 기회를 갖게 된다. 또한 다른 청소년들과 네트워킹할 수 있고, 다양한 생각과 자원을 공유하고, 청소년과 성인이 서로의 관점에 이해의 폭을 넓힐 수 있게 된다. 청소년대표단을 운영하기 위해서는 청소년 참여자의 확보 및 위원회조직, 운영 인력 및 시설 공간 확보 목적과 의제(agenda)의 설정, 예산계획의 수립, 사업의 실행, 다양한 홍보를 통한 공론화, 행사 결과의 정리 및 평가, 다음 단계의 작업 확인 등의 절차가 필요하다.

다섯째, 청소년은 자문위원(youth advisory councils)으로 참여할 수 있다. 청소년 자문위원회는 청소년으로 구성된 집단으로서 특정한 사안이나 프로그램과 관련된 의사결정 지원, 성인들로 구성된 집단에 대한 자문이나 통찰력의 제공 등의 기능을 담당하게 된다. 자문위원회의 형태는 매우 다양하게 구성될 수 있는데, 성공적인 자문위원회가 되기 위해서는 위원회의 목적, 역할, 구성원 등이 매우 신중하게 고려되어야 한다. 또한 청소년자문위원회를 구성하기 위해서는 조직과 성인의 준비 정도 분석, 자문위원회의 체계(framework) 구성, 필요한 자원의 확보, 성인 담당자의 지정, 청소년과 성인 담당자의 역할과 책임의 명확화, 오리엔테이션과 훈련 실시, 실행계획의 수립과 적용, 반성적 사고(reflection) 기회의 제공, 자문위원회 위원에 대한 인정감 부여 등이 필요하다.

여섯째, 청소년은 조직의 운영위원(youth governance)으로 참여할 수 있다. 청소년을 역량을 갖춘 자원으로 인식하고 조직 안에서 청소년의 의견을 존중하면, 청소년이 운영위원회나 이사회 등과 같은 의사결정 기구에 참여하여 투표권을 행사할 수 있도록 하는 것이 가능하다. 이러한 운영위원회 참여는 청소년이 조직의 예산, 인사권, 전략 또는 사업계획 수립 등과 관련된 의사결정권을 공유하는 것을 의미한다. 한편, 청소년을 운영위원회에 참여시키는 것은 매우 중요한 역할을 담당하게 하는 것으로, 신중한 접근이 필요하다.

5) 청소년과 지도자 간의 파트너십 전략

청소년활동에서 지도방법을 적용할 때 당면하는 문제로는 청소년의 학교생활과 관련된 시간 확보의 어려움, 청소년의 관심을 확보하고 유지하는 것, 교통편 등과 같은 문제들이 있다. 이러한 문제점을 해결하고 청소년과 지도자 간의 파트너십을 형성하기 위해서는 다음과 같은 원칙이 적용되어야 한다(한국청소년개발원, 2004).

첫째, 청소년에게 자신의 활동에 대한 책임감을 가지도록 해야 한다. 일반적으로 사람은 자신이 참여하고 있는 일에 책임감을 가지고 있을 때 보다 적극적으로 행동하는 경향이 있다. 따라서 청소년에게 활동 프로그램에 대한 책임감을 갖게 함으로써 보다 심화된 참여를 유도할 수 있다. 활동에 대한 책임감을 갖게 하기 위해서는 자신의 활동에 선택권을 부여해 주고, 활동 내용을 설계하는 데 적극적으로 참여시켜야 한다.

둘째, 청소년지도자는 일관성이 있고 헌신적이어야 한다. 청소년지도자의 열정은 자신이 지도하고 있는 활동 프로그램에 가치를 부여하고, 헌신의 노력을 기울이는 태도를 말한다. 청소년지도자의 열정은 그 자체로 에너지이며, 청소년의 흥미를 유발한다.

셋째, 청소년의 활동 참여를 격려(encourage)하여야 한다. 청소년을 격려한다는 것은, 청소년을 인간으로서 존중하고 그 노력을 믿고 신뢰하는 행위이다. 따라서 청소년 존중에 기초한 격려가 필요하다.

넷째, 청소년에게 활동 참여를 통해 얻을 수 있는 결과를 이해시켜야 한다. 청소년이 활동에 참여하는 것은 활동 참여를 통해 자신에게 유용한 무언가를 얻을 수 있는 기대 수준 때문이라고 볼 수 있다. 따라서 활동 프로그램을 통해 얻게 될 보상을 분명하게 제시하고 인식시켜 주는 것이 필요하다.

다섯째, 활동 과제를 흥미롭고 이해하기 쉽게 제시하여야 한다. 활동 내용에 대해 관심을 집중시키기 위해서는 청소년의 호기심을 자극(stimulating)하고, 흥미롭게 제시하는 것이 중요하다. 만약 활동 내용에 흥미와 관심을 집중하지 않는다면, 지루함(boredom)과 피로함(fatigue), 주의 산만함(distraction) 등이 발생하게 된다.

여섯째, 청소년지도자와 청소년 간에 상호 존중하고 친밀한 관계가 형성되어야 한다. 인간은 생태적으로 안전감(security)과 유대감(connectedness)의 욕구를 가지고 있으며, 이러한 욕구를 충족시켜 주는 활동 환경은 참여동기에 긍정적인 영향을 미치기 때문이다. 만약 상호 존중하고 친밀한 관계가 형성되지 않는다면, 청소년은 위협이나 굴욕감을 느끼지 않기 위해 자기방어 기제를 사용하게 되며, 결과적으로 자신의 의견과 생각을 자연스럽게 표현할 수 없게 될 것이다. 그러나 청소년지도자와 청소년 간에 친밀한 유대관계가 형성되면, 청소년은 자신의 독특한 경험과 생각, 의견을 생활에 연계시킬 수 있게 되며, 보다 적극적으로 활동에 참여하게 될 것이다.

일곱째, 성공적인 활동 수행을 청소년 자신의 능력, 노력, 지식에 귀인하여야 한다. 청소년활동에서의 성공적인 수행을 자신의 능력과 노력에 귀인시키는 것은 청소년의 자기효능감과 유능감, 자율참여의 의지를 향상시킬 수 있는 좋은 방법이 된다.

여덟째, 필요하다면 건설적인 비판(constructive criticism)을 하여야 한다. 건설적인 비판은 피드백과 유사한 형태이긴 하지만, 활동 상황에서의 실수나 문제점을 부각시키는 데 한정된다는 특징을 지닌다. 건설적인 비판은 일반적인 비판과는 다르다. 즉, 건설적인 비판에서는 비난이나 혐오, 거부감의 표현이 제한되며, 빈번하게 사용하기보다는 효과적으로 잘 사용하는 것이 필요하다.

아홉째, 재미(fun)있는 시간을 가져야 한다. 청소년은 재미있는 것을 좋아한다. 지도활동의 목표를 달성하기 위해서는 청소년과 재미있게 활동하는 것이 더 효과적이다.

열째, 청소년이 서로 의지할 수 있도록 해야 한다. 청소년이 서로의 의견을 존중하고, 돕고, 의지할 때 비로소 자율적인 자치활동이 가능하며, 서로에게서 많은 것을 배울 수 있다. 지도자는 청소년 간의 관계를 형성할 수 있도록 도와주어야 한다. 청소년 사이에 불건전한 경쟁이나 모욕적인 언행을 발견했을 때는 철저하고 단호하게 제지하여야 한다. 청소년이 서로에게 긍정적인 피드백을 줄 수 있도록 격려하여야 한다.

제7장
청소년지도방법의 이론적 이해

청소년지도 및 활동과 관련한 주요 이론의 기초 원리와 과정에 대한 이해는 청소년의 긍정적인 성장과 발전을 위한 다양한 지원과 조력 과정의 계획과 운영에 필수적이다. 또한 청소년지도가 독자적이고 과학적인 학문영역으로 발전하기 위해서도 관련 이론체계를 인식하고 이에 대해 지속해서 탐구하여야 한다. 청소년지도는 형식적 교육시설에서 강의 중심의 교육보다는 학교 밖의 다양한 시설 또는 기관에서 전문적으로 개발된 프로그램을 활용하여 체험과 실습, 경험을 중심으로 이루어지는 활동이다. 이 장에서는 청소년지도의 특성을 고려하여, 경험학습이론, 구성주의이론, 동기이론의 개념과 과정, 주요 요소에 대해 살펴본다. 이러한 이론은 궁극적으로 인간의 행동을 변화시키고, 활동의 목표를 설정하며, 사회의 적응력을 키우려는 측면에서 청소년지도활동의 다양한 영역에 적용할 수 있다. 청소년활동에 기반이 되는 이론에 대한 이해를 토대로 전문적이고 효율적인 청소년지도활동을 기대할 수 있다.

1. 경험학습이론

청소년의 체험활동을 통한 전인적 성장에 목표를 두고 있는 청소년지도에서 살펴보아야 할 중요한 이론적 토대 중 하나는 경험학습이론이다. 이 절에서는 경험학습의 개념, 과정, 특징을 살펴보고자 한다.

1) 경험학습의 개념

경험은 우리를 둘러싸고 있는 주변 환경과의 관계를 통해 얻은 지식이나 결과로 이해할 수 있다. 따라서 경험학습은 이러한 삶의 다양한 경험으로부터 배우는 것, 경험을 통해 알게 되는 것을 의미하며, 모든 사람에게 적용할 수 있는 가장 기본적이며 자연스러운 학습 수단이다. 경험학습은 기존의 강의 중심의 일방적인 지식 전달과는 다른 방식의 학습이다. 경험적 학습에 대한 논의는 미국에서 시도되었던 형식적 교육에서 경험에 기반한 접근으로의 전환에서 출발하였으며, 지식 전달 중심의 형식적 · 추상적인 교육으로부터 학생의 경험에 기초한 교육으로 전환되는 계기를 마련하였다. 역사상 많은 사상가가 경험의 문제, 그리고 경험을 통해 얻은 지식에 대해 많은 관심을 기울여 탐구해 왔다. 그중에서도 존 듀이(John Dewey)와 데이비드 콜브(David Kolb)는 경험을 통한 학습(learning through experience) 또는 행함을 통한 학습(learning by doing)에 초점을 두고 이에 대한 이론적 토대를 마련한 가장 대표적인 교육철학자이다. 듀이는 암기식의 학습보다는 문제를 해결하기 위해 비판적으로 사고하는 개념으로의 경험 교육을 연구하였다. 콜브는 구체적인 경험이 변화하여 지식을 이루는 과정을 통해 학습이 일어난다고 여겼으며, 이러한 원리를 적용하여 학습자에 따른 학습유형 구별 측정 도구를 개발하여 경험학습이론을 적용할 수 있도록 구체화하였다. 경험학습(experiential learning)은 학습자가 수동적인 지식의 수혜자라는 개념에서 벗어나, 목표 달성을 위해 직접 경험하도록 동참시키고, 성찰(reflection)을 통해 지식과 가치를 확고히 할 수 있도록 하는 방법론이며, 구체적인 과정에 대해서는 듀이와 콜브의 모형을 통해 살펴보고자 한다. 이 장 내용은 콜브(1984)를 참고하였다.

2) 경험학습의 과정

(1) 듀이의 경험학습 모형

듀이는 인간의 삶은 성장의 과정이며, 새로운 경험과 이를 재구성하는 과정을 통해 성장이 일어난다고 보았다. 그리고 교육은 이러한 삶의 성장을 촉진하는 데 그

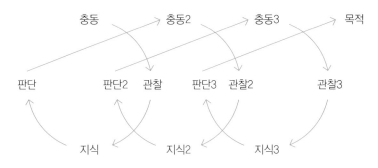

[그림 7-1] 콜브가 제시한 듀이의 경험학습 모형

출처: Kolb (1984), p. 23.

목적을 둔다고 하였다. 그러나 듀이는 모든 경험이 개인적 성장이나 지식으로 이어지는 것은 아니라고 보았는데, 예컨대 어떤 경험이 이미 우리가 알고 있는 지식 또는 신념을 확인하는 역할만 한다면 새로운 학습을 이끌지는 못하며, 간혹 새로운 경험에 주의를 기울이지 않는다면 배움의 기회는 일어나지 않을 수 있다는 점도 강조하였다. 따라서 성장을 위해서는 경험뿐 아니라 경험을 통한 학습 과정에서 새로운 지식의 습득이나 기존 지식의 확인이 일어날 필요가 있다.

듀이의 이론에 따르면, 경험을 통한 학습이 일어나기 위해서는 지속성과 상호작용의 원칙이 필요하다. 연속성과 상호작용은 서로 연결되어 작용하며, 학습이 순환적인 성격임을 나타낸다. 듀이의 경험학습 모형은 [그림 7-1]에 제시되어 있다. 학습은 경험, 개념, 관찰, 행동을 통합하는 순환적이고 변증법적인 과정이라는 점을 강조한다. 충동에서 비롯된 경험학습의 과정은 관찰을 통해 지식을 습득하고, 얻은 지식을 근거로 판단하게 되는데, 판단은 다시 다른 충동으로 이어진다. 관찰이 판단을 거쳐 지식으로 이어지기 위해서는 즉각적인 행동을 지연시키는 것이 필수적이며, 목적 달성을 위해서는 관찰을 통한 지식에 따른 행동이 필수적이다. 즉, 충동은 경험의 원동력이 되고, 판단과 습득된 지식은 새로운 충동의 방향을 제시함으로써 통합적 경험학습의 과정이 이루어진다.

(2) 콜브의 경험학습 모형

콜브는 듀이의 경험학습의 이론을 발전시켜 학습이 경험의 전환을 통해 이루어진다고 생각하였으며, 그 구체적인 단계와 이를 측정할 수 있는 도구를 제시하고자 하였다. 콜브는 경험학습이 단계적 순환학습의 경험으로 이루어진다고 하였으며, 학습은 과정인 것과 비교하여 지식은 경험의 변형을 통해 창조되는 것으로 여겼다([그림 7-2] 참조). 경험학습의 과정 설명을 위해 가장 많이 알려지고 활용되고 있는 콜브의 모형은 경험학습을 단계적 순환모형으로 제시하였으며, 학습자의 구체적 경험(concrete experience, 1단계), 이러한 경험에 대한 성찰적 관찰(reflective observation, 2단계), 경험의 성찰적 관찰으로부터 새로운 상황에서의 행동을 이끌어 갈 수 있도록 하는 추상적인 개념화(abstract conceptualization, 3단계), 개념과 원리를 적용하여 적극적으로 실험하는 단계(active experimentation, 4단계), 그리고 이러한 실험이 새로운 경험으로 이루어지는 순환의 과정이라고 여겼다. 각 단계에 대해 구체적으로 설명하면 다음과 같다. [그림 7-2]는 학습에 대한 지각과 처리에 따른 네 가지 유형과 단계를 보여 주고 있다.

① **구체적 경험**

구체적 경험은 단계는 성찰적 관찰의 기초가 되는 단계이며, 감각기관을 통한 대상과의 직접 접촉을 의미한다. 학습자를 둘러싸고 있는 모든 사물, 사람, 상황은 모든 경험의 재료가 되며, 이 단계에서는 새로운 경험에 자신을 참여시키려는 학습자의 개방적인 마음과 의지가 중요하다.

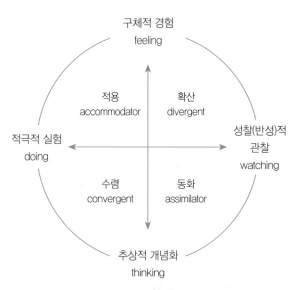

[그림 7-2] **콜브의 경험학습 모형**

출처: Kolb (1984), p. 42.

② 성찰적 관찰

성찰적(반성적) 관찰은 구체적인 경험에 대한 회상 그리고 그 경험에 대한 의미를 찾는 것을 말한다. 즉, 외부의 상황이나 경험을 내적인 상징이나 표상으로 전환하는 과정이다. 학습자는 주변 상황의 의미를 살피기 위해 관찰하고 경청하며, 기존의 사고방식이나 이론과는 다른 새로운 접근방법을 찾는 데 초점을 두고 구체적인 경험을 추상적인 개념으로 변화시키고자 한다. 이 단계에서 학습자는 다양한 관점을 적용하여 자기 경험을 성찰하여야 한다.

③ 추상적 개념화

추상적 개념화는 성찰(반성)을 통해 논리적인 분석과 이해가 이루어진 뒤 도출한 결과를 분석하여 통합된 하나의 명제나 개념을 만드는 과정이다. 추상적 개념은 원칙을 만들고 개념을 형성하는 것으로 이 단계에서 학습자는 감정이나 직관보다는 논리적 분석과 이성을 통해 경험을 재구성한다.

④ 적극적 실험

적극적 실험 단계는 추상적 개념화의 과정을 통해 도출한 원리를 새로운 상황이나 경험에 적용하여 검증하는 과정이다. 이 단계에서 학습자는 경험, 그리고 경험에 대한 성찰과 추상적 개념화를 통해 새롭게 형성된 지식을 새로운 상황에서 문제를 해결하기 위해 적극적으로 적용하고 검증한다.

이와 같은 4단계로 이루어진 경험학습 모형은 연속적·순환적인 과정으로 진행된다. 이러한 순환과정은 기본적으로 두 가지 축을 중심으로 형성되는데, 가로축은 처리 과정, 세로축은 지각과 관계되는 것으로 이러한 학습 과정은 학습자의 지각방식과 처리방식에 대한 선호에 따라 4단계 중 어느 한 단계에 속하게 된다고 주장하였다.

콜브는 또한 경험학습의 모형을 통해 학습유형이나 습관을 구체화하고자 하였다. 학습유형은 학습 습관으로 오랜 시간을 두고 형성한 자신이 선호하는 학습의 양식이라고 할 수 있다. 콜브는 앞서 지식은 경험의 획득과 성찰을 통해 얻어진다는 주장에 따라 지각 혹은 경험 획득이라고 여겨질 수 있는 구체적 경험과 추상적 개념화와 처리방식 또는 경험의 획득과 변형인 성찰적 관찰과 적극적 실험을 통해 확산,

동화, 수렴, 적용 등의 네 가지 학습유형을 구성하였다. 이는 다음과 같이 설명될 수 있다. 지식을 얻기 위해 어떤 사람은 구체적이고 만질 수 있는 대상을 사용하며, 또 어떤 사람은 상징적 표상이나 추상적인 사고를 통해 새로운 정보를 획득한다. 또는 자신과 같은 상황에 있는 사람을 바라보거나 일어나고 있는 현상에 대한 고찰을 통해 정보를 변형하기도 하고, 다른 일부의 사람은 직접 해 보거나 참여하며 정보를 변형하거나 처리함으로써 지식을 얻는다. 타인을 관찰하거나 상황을 고찰함으로써 정보를 처리하는 사람은 성찰적 관찰을 선호하지만, 어떤 일에 참여하기를 선호하는 사람은 적극적 실험을 선택한다고 생각할 수 있다.

3) 경험학습의 특징

콜브(1984)는 경험학습의 특성으로 다음의 여섯 가지를 제시하였다.

첫째, 경험학습은 결과가 아니라 과정이다. 따라서 아이디어나 지식은 고정되거나 불변하는 것이 아니라 경험을 통해 재구성된다. 지식은 경험을 통해 지속해서 수정되는 과정이기 때문에 완전히 일치하는 생각이라는 것은 존재하기 어려운 창발적 과정이다. 경험학습에 대한 이러한 관점은 제롬 브루너(Bruner, 1966)의 '교육의 목적은 지식을 암기하는 것보단 이를 획득하는 과정의 탐구와 기술을 촉진하는 것'이라는 말로 잘 설명되며, 또한 파울로 프레이리(Freire, 1974)가 설명했던 고정된 지식의 이동으로 여긴 '뱅킹(banking)'의 개념과 상반되는 것으로 이해할 수 있다(Kolb, 1984 재인용). '뱅킹'식의 교육은 교사가 학생과 의사소통하기보다는 은행에 돈을 예금하듯 지식을 학생의 머릿속에 집어넣고, 학생은 이를 단순히 받아들이고 암기하고 반복하는 것이며, 이를 통해 진정한 지식을 습득하는 것은 어렵다.

둘째, 학습은 경험에 기반을 둔 지속적인 과정이다. 지식은 학습자의 경험을 통해 검증되고 새로이 만들어진다. 이는 지식이 경험을 통해 기존 지식에 통합되고, 새로운 경험을 통해 검증되면서 수정·보완되며, 개인을 둘러싼 상황, 환경이 확장 또는 축소되면서 변화하며 지식도 변한다는 의미이다. 어떤 상황과 경험을 통해 배운 지식은 새로운 상황에 적응하는 데 효과적으로 사용될 수 있으며, 이러한 과정은 삶이 흐르듯이 지속된다.

셋째, 학습은 사회에 적응하는 과정에서 변증법적으로 상반되는 적용방식을 융합하는 과정으로 이루어진다. 즉, 배움은 본질적으로 긴장과 갈등으로 가득 찬 과정이며, 이를 얻기 위해서 학습자는 새로운 체험에 온전하고 완벽하게 참여할 수 있는 체험 능력, 다양한 관점으로부터 자신의 체험을 돌아볼 수 있는 관찰 능력, 관찰 결과를 논리적 이론에 통합할 수 있는 추상적 개념화 능력, 그리고 이러한 이론과 통합된 결과를 통해 현실에 적용하여 문제를 해결할 수 있는 적극적 실천 능력을 갖추어야 한다.

넷째, 학습은 세상에 적응하는 총체적인(holistic) 과정이다. 배운다는 것은 인지나 지각과 같이 인간 기능의 단일 전문영역만을 사용하는 것이 아니라 생각하고 느끼고 인식하고 행동하는 기능 등을 모두 종합적으로 활용하는 것이다. 학습은 총체적 과정이며, 사회적·물리적 환경에 적응해 가는 활동이기 때문에 삶을 가로지르는 모든 과정과 나이, 환경에서 학습자의 모든 기능을 활용함으로써 이루어진다.

다섯째, 학습은 사람과 환경 사이의 전환(transaction) 작용을 포함한다. 경험은 인간의 내면 심리나 인지뿐 아니라 환경의 자극과 상호작용으로 이루어진 생태를 중요시한다. 경험학습은 주관성과 객관성, 그리고 사람과 환경으로 이루어진 세계에서 중요한 특성이다. 이는 개인 특성, 환경적 영향이나 행동 모두 상호 결정으로 작동하게 되며, 각 요소는 서로 다른 요소에 영향을 미칠 수밖에 없다는 것을 의미한다. 이런 의미에서 학습은 일상생활에서 항상 적용될 수 있는 자기 주도적인 능동적 과정이다.

마지막으로, 학습은 지식을 창조하는 과정이다. 학습을 이해하기 위해서는 지식을 알아야 하고, 지식을 이해하기 위해서는 학습을 이해할 필요가 있다. 지식은 학습의 과정을 통해 객관적이고 축적된 사회적 지식과 주관적인 삶의 경험 축적이 서로 영향을 주고받는 과정을 통해 얻어진다. 여기서 지식은 학습하는 과정에서 일어나는 객관적이고 주관적인 경험 사이의 전환이라 할 수 있다. 끊임없이 새롭게 변화하는 환경에서 경험을 통해 얻은 지식은 기존 지식에 통합 또는 대체된다.

2. 구성주의이론

청소년지도는 자율적인 참여를 통해 청소년 스스로 자신에게 적합한 지식과 능력을 형성하는 것을 우선시한다. 또한 이미 구성되어 있거나 만들어진 지식을 주입하거나 강요하기보다는 자율적인 탐구활동을 통해 역량을 강화하고자 한다. 이런 점에서 구성주의는 청소년지도방법의 이론적 토대 중 하나가 된다. 구성주의는 지식의 본질과 학습자의 학습방법을 다루는 이론이라 할 수 있으며, 이 절에서는 구성주의의 개념, 유형, 학습에 대해 살펴보고자 한다.

1) 구성주의의 개념

구성주의(constructivism)는 지식의 인식과 획득에 대한 관점이자 이론이며, 기존의 객관주의 또는 논리적 실증주의에 대응하는 인식론이라 할 수 있다. 지식을 바라보는 관점에 따라서 객관주의 관점과 구성주의 관점으로 구별할 수 있으며, 객관주의 관점에 따르면 대상 그 자체는 고유한 의미가 있어 지식은 주체의 인식과는 별개로 외부 세계에 객관적으로 존재하는 독립된 실체로 고정불변의 특성이 있다(강인애, 1997). 즉, 객관주의는 지식이 '발견'되는 것이며, 역사적·문화적·시대적인 제약 없이 대부분 적용할 수 있는 것으로 본다. 이와 달리 구성주의는 개인이 속한 사회적 환경에 영향을 받으며 개별적인 경험과 배경을 바탕으로 자신의 의지를 가하여 주어진 사회현상의 이해를 구성함으로써 지식을 얻는 것으로 이해한다. 지식은 오직 인식의 주체에 의해 주관적으로 구성되기 때문에 자기의 주관적 경험이나 대상이나 환경과의 상호작용을 바탕으로 해석함으로써 얻게 된다. 따라서 구성주의 관점에서 지식은 학습자의 삶의 맥락이나 경험에 따라 주관적으로 구성되는 것이며(Payne, 1997), 만약 그 삶과 경험이 달라지면 끊임없이 재구성된다고 할 수 있다. 개

〈표 7-1〉 객관주의와 구성주의

구분	객관주의	구성주의
지식의 정의	고정되어 있으며, 확인할 수 있는 현상 또는 개체	개인의 사회적 경험에 바탕을 두고 개별적 의미로 형성하는 것
최종 목표	진리 추구	적합성 또는 타당성 추구
교육목표	진리와 일치되는 지식을 습득하는 것	개인에 의한 개별적 의미 형성의 사회적 적합성과 융화
지식의 특성	초역사적, 우주적, 초공간적	상황적, 사회적, 문화적, 역사적
현실의 특성	규칙과 방법으로 규명될 수 있고 통제와 예언이 가능	불확실성, 복잡성, 독특성, 가치 간의 충돌

출처: 강인애(1997), p. 62.

인은 환경에 적응해 가며 본인의 상황에 적합한 지식을 구성하기 때문에, 절대적이 거나 불변하지 않고 재구성된다. 객관주의와 구성주의의 차이는 〈표 7-1〉과 같다.

이러한 구성주의 관점에 따르면, 모든 상황에 적용되는 획일적이고 객관적 지식 이라는 것은 존재하기 어렵다. 시대와 공간에 따라, 그리고 같은 시대와 공간이라고 하더라도 이를 인식ㆍ경험하고 상호작용하는 개인에 따라 다르게 지식이 구성될 수 있다. 지식은 삶의 맥락을 통해 구성되므로, 학습자는 자신의 지식을 개별적으로 또는 집합적으로 구성해야 하며, 환경을 이해하고 문제를 해결하기 위해 지식을 구 성하는 데 필요한 개념과 기술을 도구로서 습득해야 한다. 따라서 청소년지도에서 도 객관적 진리의 전달보다는 안내하고 가르치는 과정과 맥락을 통해 스스로 획득 하는 경험을 중시해야 한다. 다시 말해, 학습자에게 문제에 대한 해결책을 지시하기 보다는 해결책의 자기 개념화를 장려해야 한다. 구성주의에 따르면, 우리는 각 개 인이 처한 다양한 삶의 모습과 차이를 인지하여야 하고, 개인이 형성하는 다양한 지 식을 존중하여야 하고, 다른 사람의 경험과 맥락을 통해 구성된 지식과 의미에 대해 개방적인 태도를 가져야 한다.

2) 구성주의의 유형

구성주의는 지식을 완료된 객관적 형태로 받아들이는 것이 아니라 지속해서 구 성한다는 것을 강조하고 있다. 따라서 학습자의 능동적인 반성과 사회적 상호작용 을 중시한다는 점은 공통점으로 하지만, 그 강조점에 따라 유형을 인지적 구성주의 와 사회적 구성주의로 분류할 수 있다. 인지적 구성주의는 지식을 구성하는 요인 중 개인의 인지적 작용을 강조하며, 사회적 구성주의는 지식의 습득 과정에서 인지적 특성보다는 사회적ㆍ문화적ㆍ역사적 상황과 맥락을 강조한다.

(1) 인지적 구성주의

인지적 구성주의는 지식의 형성 과정에서 사회문화적 측면보다는 인간의 인지 작용을 상대적으로 중요하게 여기며, 이를 대표하는 학자로는 피아제(Piaget), 글라 저스펠트(Glasersfeld) 등이 있다. 관점은 주로 피아제의 발달심리학에 이론적 근거 를 두어 지식이 어떻게 구성되고 인간이 자신들의 세계를 어떻게 알게 되는지에 초 점이 맞춰져 있다. 인지적 구성주의는 피아제의 이론에 따라 지식이란 객관적 정보의 주입이 아니라 경험을 통해 쌓이는 것으로 생물학적으로 (이미 결정된) 발달과정의 틀 안에서 동화와 조절이라는 인지적 과정에 의해 구성된다고 여긴다(Russell, 1993). 즉, 개인의 정신적 활동을 통해 자기 경험에 대한 해석을 내리며, 이는 결과적으로 인지구조의 변화를 가져온다는 것이다. 따라서 사회적·문화적 요인의 영향보다는 상대적으로 개인의 인지적 구조 변화와 활동에 관심을 두었다. 그리고 이런 관점에서 구성주의의 지식은 객관적 진리 형태로 외부에 존재하는 것이 아니라 개인에 의해 주관적으로 구성된다는 점에서 객관주의 인식론을 부정한다. 그러나 그렇다고 해서 사회적 요소를 완전히 무시하였다고는 볼 수 없다. 피아제에 따르면, 사회적 상호관계나 사회화는 생물학적으로 결정지어진 인지 발달단계 중에서 성인이 되었을 때 필연적으로 얻게 되는 요소(Russell, 1993)이며, 인지적 발달은 인간 공동체와의 상호작용이 아니라 자기 신체나 정신활동을 통해 이루어지는 생물학적 기능에서 비롯된다. 인지적 구성주의이론을 학습환경에 적용하면, 가르친다는 것은 학습자가 적합한 발달단계에 도달할 때 알맞은 형태와 내용으로 제시됨으로써 적절한 시기에 다음 단계로 발전을 도모할 수 있는 자극의 역할을 해야 한다.

급진적 구성주의를 주장한 글라저스펠트는 피아제의 이론을 바탕으로 지식이 개별 주체가 특정 환경이나 상황에 적응하기 위해 구성하는 것이므로 객관성을 부여할 수 없다고 주장하였으며, 지식이란 오직 인간의 경험 세계에 의해서만 조직되고 만들어져 의미가 부여된다는 관점을 강조하고, 지식의 객관성을 부정하며, 다음의 원리를 제시하였다(Russell, 1993).

첫째, 지식은 언어나 감각을 통해 피동적으로 전달 혹은 받아들여지는 것이 아니며, 개인의 경험에 따른 추상화 과정에 의해 능동적으로 구성된다. 둘째, 지식은 적합성을 추구하는 방향 또는 성장하려는 방향으로 이루어진다. 인간은 보편적인 것이 아니라 자신에게 유익한 것을 얻기 위해 지식을 구성한다고 보았다. 셋째, 지식은 인간이 구성한 것이며, 객관적 실제의 존재와 그 관련성은 무의미하다.

급진적 구성주의에 따르면, 지식은 개인의 외부에서 주어진 것이 아니라 각각의 주체가 개별적이고 주관적인 자신의 이해와 경험에 따라 형성한 세계에 대한 의미를 부여한다. 따라서 그 세계의 본질은 필연적으로 고유하다. 이러한 구성주의 입장은 지식의 주관적 측면을 강조하고, 학습자가 개인의 고유 방식으로 지식을 구성하는 교육을 지지한다.

(2) 사회적 구성주의

인지적 구성주의와는 달리 사회적 구성주의는 사회적 상호관계를 개인의 인지적 발달 그리고 지식의 구성에 가장 중요한 요소로 바라본다. 인간이 동물과 구별되는 것은 사회라는 세계가 존재하기 때문이며, 인간이 어떤 특정 사회에서 태어나 자라면서 그 사회가 가진 독특한 문화와 행동양식을 습득하기 때문에, 한 개인이 성장한다는 것은 사회와의 상호작용을 반드시 전제로 한다. 즉, 인지적 구성주의에서는 지식의 형성을 개인과 사회의 분리된 요소의 상호작용으로 이루어진다고 보지만, 사회적 구성주의자들은 개인과 사회라는 두 가지 요소를 분리해 생각할 수 없으며, 인간의 인지 발달은 사회적 상호작용의 내면화 과정이라고 여겨 지식의 형성에 관여하는 사회의 역할을 강조한다.

사회적 구성주의를 대표하는 학자는 비고츠키(Vygotsky)이다. 비고츠키는 개인과 사회, 사회적 상호작용과 언어 및 문화가 학습에 미치는 영향에 관심을 두었다. 비고츠키는 언어의 매개적 역할에 주목하였다. 언어를 통해 사회적 상호작용, 즉 의미의 사회적 해석과 소통, 공유가 가능하기 때문이다. 언어는 처음부터 사회적 속성을 지니고 있다. 사회적 구성주의에 따르면, 지식은 2단계를 거쳐 개인에게 필요한 지식이 학습된다. 우선, 사회적 구성주의에서 지식은 언어를 매개로 한 상호작용과정에서 사회적 지식이 구성되고, 이렇게 구성된 지식은 개인에게 내면화되면서 획득된다. 즉, 급진적 구성주의에서 주장하는 것과 같이 특정 환경에 대한 직접적 적응과정을 통해 개별적으로 지식을 구성하는 것이 아니라, 사회적 과정을 통해 형성된 사회적·문화적 지식과의 동화를 통해 지식을 형성하는 것이다(김영인, 김민, 2016). 따라서 학습에서 사회적 상호작용의 참여나 협동이 중요하며, 이와 같은 상호작용이 학습자나 아동의 학습효과를 극대화할 수 있다. 이와 같은 관점을 바탕으로 비고츠키는, 인간의 생물학적 발달이 선행하고 학습이 발달의 범위 내에서만 가능하다고 보았던 피아제와 달리, 발달과 학습은 서로 다른 과정이지만 영향을 줄 수 있다고 보았다. 이런 발달과 학습의 관계를 나타내는 개념이 근접발달영역(Zone of Proximal Development: ZPD)이다. 근접발달영역은 아동의 잠재적 발달영역에서 독립적으로 해결할 수 있는 부분인 실제적 발달영역을 제외한 부분이라고 할 수 있다(Fosnot et al., 2001). 즉, 아동이 혼자서는 할 수 없으나 성인 또는 앞서 나가는 또래와 함께 학습하면 성공할 수 있는 영역을 의미한다. 이러한 근접발달영역의 개념은 협동 학습, 안내자로서의 성인이나 지도자의 역할의 중요성을 시사한다.

3) 구성주의 학습의 특징

전통적인 수업방식을 통한 학습은 학생이 교사의 설명을 들음으로써 새로운 지식을 전달받는 것이다. 이러한 강의식 전달 수업은 지식이 환경으로부터 수동적으로 받아들여진다는 생각에서 출발한다. 구성주의는 이러한 지식관이 지식이 형성되는 과정의 본질을 제대로 파악하지 못한 것으로 본다. 구성주의에 기반한 학습의 특징은 다음과 같다(김영인, 김민, 2016; Fosnot et al., 2001).

첫째, 학습은 발달의 결과가 아니라 그 자체가 발달이며, 구성적이며 능동적인 과정이다. 외부에 존재하는 지식을 단순히 수용하거나 발견하는 것을 학습으로 보는 것이 아니라, 개인이 환경에 적응하거나 사회적 지식을 구성하며 이를 내면화하는 과정에 의해 지식이 형성되며 학습이 이루어진다고 보기 때문에 학습자의 자율성, 자기 주도성, 능동적 참여가 중요하다.

둘째, 학습은 반성적 사고를 통해 이루어진다. 반성적 사고는 의미 구축으로 외부 환경, 경험, 사회적 맥락에 적합한 지식을 구성하는 원동력이다. 반성을 통해 자신에게 적합한 의미를 창출하고 재구성한다. 반성적 계기 마련을 위해 일기 쓰기, 개별 경험에 대해 토의하기 등을 활용할 수 있다.

셋째, 인지적 불균형은 학습을 촉진한다. 학습자의 능력보다 수준이 더 높은 인지적 불균형은 학습을 촉진하는 계기가 된다. 과제의 수준이 조금 높은 인지적 불균형은 학습자에게 도전과 탐구 기회를 부여함으로써 학습을 촉진한다. 학습자의 탐구와 토론이 격려되어야 하며, 오류 또한 개념 형성을 위해 활용되어야 한다.

넷째, 학습은 언어를 활용한 사회적 활동이다. 학습에서 교육자와 학습자, 그리고 학습자 사이 대화를 통한 수평적 소통 관계 형성은 중요하다. 학습자 집단은 활동과 반성, 상호작용이 일어나는 대화의 공동체며, 공동체 안에서 소통을 통해 의미를 이해하고 개념 형성을 촉진할 수 있다.

다섯째, 학습은 도구와 상징을 통해 촉진된다. 학습에서 다양한 물리적 도구, 언어를 중심으로 하는 상징체계가 활용되어야 한다. 학습자가 이러한 도구를 통해 의미를 만들고자 할 때 관점의 구조적 변화가 일어나 개념을 재조직하는 중심원리가 된다.

마지막으로, 학습은 알아가는 과정이다. 구성주의 학습은 외부 환경에서 주어진 객관적인 지식을 발견하고 수용하는 과정이 아니라 학습자가 스스로 자기 삶과 환경, 사회적 맥락에 적합한 지식을 형성하는 과정이다. 따라서 학습에서는 앎 그 자체보다 앎의 방법, 즉 개념에 대한 이해와 구조가 어떻게 생겨나는지를 아는 것이 중요하다.

3. 동기이론

청소년지도 프로그램의 참여는 외부의 강요나 기대보다는 자발적 의지에 따라 형성되는 것이 바람직하다. 따라서 청소년지도의 주체는 청소년지도자뿐 아니라 참여 청소년도 포함하며, 청소년에 의한 주체적 학습활동이 이루어지도록 청소년 지도방법은 동기이론에 토대를 두어 이를 적절하게 유발할 수 있어야 한다. 청소년 지도자는 프로그램에 참여하는 구성원의 동기의 본질, 유형, 수준 등을 파악하고 이들의 동기를 유발하여 참여 요인을 강화하도록 지도하는 것이 필요하다. 물론 모든 청소년지도 프로그램이 자기주도학습의 원리나 동기이론에 의해 실시될 수는 없다. 그러나 주체적인 참여를 기반으로 하는 동기이론을 숙지·활용하여 청소년지도활동이 자율적 참여와 자기주도적 학습활동을 중심으로 이루어지도록 하는 것이 이상적이라 할 수 있으며, 이를 위해 동기의 의미, 동기의 역할, 동기의 유형, 주요 동기 유발 요소에 대해 살펴보고자 한다.

1) 동기의 의미

동기(motivation)는 어떤 행동을 하게 하는 힘으로 이해할 수 있으며, 인간의 행동을 명확히 하는 데 사용되는 개념이다. 동기는 행동에 활력을 주고 어떤 목표를 향하도록 방향을 제시하며, 목표를 달성하기 위해 효과적 행동을 하도록 강화한다. 학자마다 동기의 개념에 대해 조금씩 다르게 정의 내리고 있으나, 일반적으로 동기는 '행동을 시작하게 하고 방향을 결정하며, 이를 유지할 끈기와 강도를 결정하는 힘'(김아영 외, 2022)으로 이해할 수 있다. 인간의 어떤 행동이든 동기가 있기 마련이며, 동기를 부여한다는 것은 목표지향적 행동을 시작하고 안내하고 유지하는 과정을 만들어 내는 것이다. 즉, 동기는 사람을 움직이게 하는 행동의 원동력으로 매우 복합적인 것이며, 단순히 생물학적 욕구에 한정되지 않고 사회환경과 상호작용을 통해 발달하여 넓게는 자아실현의 욕구까지도 포함하는 것으로 볼 수 있다(오윤선, 2017).

2) 동기의 역할

하고자 하는 마음이 없다면, 학습이나 활동의 효과를 기대할 수 없다는 것은 당연하며, 이와 같은 인식은 동기의 중요성을 보여 준다. 하고자 하는 마음이 들게 하는 것, 목표 달성을 위해 행동을 시작하고 유지하는 과정 등이 동기에 포함된다. 이는 직접 관찰하기 어렵기에 인간의 행동을 보고 유추해 내는 개념이며, 그 기능은 다음과 같다(변영계, 1999).

(1) 활성적 기능

활성적 기능(activating function)은 행동을 유발하고 지속하며, 추진하는 힘을 말한다. 이는 개인이 행동을 선택하도록 이끄는 것이며, 그 행동이 실제로 일어나는 역할을 한다. 무엇인가 하기로 선택하였다고 하더라도 그것을 실제 행동으로 옮기기까지는 시간이 걸릴 수 있다. 동기의 활성적 기능에는 시작한 행동을 유지하는 역할도 포함한다. 어떤 행동이 일어나기 위해서는 직접적인 발생 원인이 있어야 하며, 이런 원인이 존재하는 한 지속되며, 원인이 해소되면 그 행동이 끝난다고 생각할 수 있다. 보통 개체의 마음속에서 자발적으로 발생하는 동기는 내부의 생리적 조건과 외부의 환경으로부터 발생하는 자극이 서로 협동하여 행동을 유발하게 되며, 개체의 욕구 수준에 따라 달라진다.

(2) 지향적 기능

지향적 기능(directing function)은 행동의 방향을 수정하는 기능이다. 보통 행동은 목표를 지향하는 방향으로 움직이며, 행동의 방향을 어느 쪽으로 결정짓는지는 동기에 따라 달라진다. 행동의 방향 선택에 있어 목표는 동기의 방향이 어느 쪽을 향할지 결정하는 중요한 환경요인이며, 지향적 기능은 수많은 선택적 과정을 통해 이루어진다.

(3) 강화적 기능

동기는 행동의 원동력이 되어 행동을 강화하며, 이를 강화적 기능(reinforcement function)이라고 한다. 행동이 개인에게 어떤 효과를 미치는지에 따라 그 행동이 일어나 확률이 증가하기도 하고 감소하기도 한다. 욕구를 충족시켜 주는 강도가 강하면 행동이 지속되지만, 강도가 약하면 행동은 소거된다. 즉, 행동의 결과로 인한 보상에 따라 동기의 수준은 달라진다. 이때 보상은 행동의 결과로 생기는 외적 강화를 말한다. 동기 유발로 어떤 목표를 지향하는 행동이 일어나고 그 결과로 목표가 달성되는 바람직한 효과가 발생하였다면 학습자는 그 행동을 반복하게 되지만, 만약 목표를 달성하지 못하면 그 행동은 감소하거나 소멸된다.

(4) 조절적 기능

선택된 목표 행동에 도달하기 위해서는 다양한 과정과 방법, 동작이 선택되고, 이를 수행하는 과정을 겪는데, 다양한 과정과 방법을 선택하고 수행하는 과정에서 동기는 조절적 기능(adjustment function)을 한다.

3) 동기의 유형

동기는 목표 행동을 유발하는 다양한 목표나 이유에 따라 그 유형을 내재적 동기(intrinsic motivation)와 외재적 동기(extrinsic motivation)로 구분할 수 있다. 내재적 동기는 개인이 흥미를 느끼는 활동에 대해 자기 능력을 발휘하여 도전하고자 하는 타고난 성향이다(Ryan & Deci, 2000). 즉, 본질적으로 행위에 내재된 흥미와 즐거움, 호기심과 만족감이 있어 행동 그 자체가 보상과 즐거움이 되는 것을 의미하며, 행동을 일으키는 힘이 개인의 내면에 있는 것이다. 행위에 참여하는 것 자체가 보상으로 작용하기 때문에 외부의 보상과 관계없이 자신의 의지에 따라 자발적으로 행동하며, 행위에 내재한 흥미, 즐거움, 성취감, 자발적 관심으로 어떤 일에 몰입할 때 내재적으로 동기부여가 되었다고 한다. 행동이나 과제 수행에 따라 긍정적 정서를 경험하며, 이는 내적 보상으로 작용하므로 과제와 보상은 분리되지 않는다.

외재적 동기는 내부에서 오는 기쁨이나 호기심, 성취감을 만족시키는 것과 같은 내적 보상을 위한 것이 아니라 행동을 통해 외부로부터 오는 보상체계나 결과를 얻기 위해 행동하고자 하는 욕구를 가지는 동기라고 할 수 있다(Ryan & Deci, 2000).

즉, 다른 사람의 인정, 물질적 보상, 칭찬이나 관심의 획득 또는 벌이나 비난, 불이익을 피하고자 행동하는 경우 외재적으로 동기화되었다 할 수 있다(오윤선, 황인숙, 2018). 외재적 동기를 가진 학습자가 원하는 보상은 과제나 행동의 특성과 무관하므로 별개로 분리되며, 외적 보상이 제공되지 않는다면 외재적 동기를 가진 학습자는 과제에 참여하거나 행동할 이유가 사라진다. 예를 들면, 어떤 학생이 영어를 열심히 공부하는 이유가 영어에 관심이 많고 흥미가 있기 때문이라면 내재적으로 동기화되었다고 볼 수 있으며, 내적으로 보상받기 때문에 외부 환경과 무관하게 학습을 지속한다. 반면, 부모로부터 용돈을 받거나 잔소리를 듣고 싶지 않아 영어 공부를 했다면 외재적으로 동기화되었다고 볼 수 있으며, 용돈이나 잔소리가 사라진다면 영어 공부를 더 이상 하지 않을 것이다.

4) 동기 유발과 관련한 요소

청소년지도는 청소년의 자발적인 참여와 활동을 중심으로 이루어지기 때문에 청소년활동에 참여하는 학생들의 참여를 유도하고 지속시키는 것을 청소년지도의 핵심과제로 볼 수 있다. 아무리 좋은 활동 시설과 프로그램이 있다고 하더라도 참여하는 청소년이 없다면 무용지물(김영인, 김민, 2016)이라고 할 수 있으며, 동기 유발을 위해 다음 요소를 염두에 두어야 한다.

(1) 내재적 동기 유발

내적동기 유발은 참여자의 내부적 요인이다. 개인의 심리적 욕구와 성장을 위한 선천 욕구로부터 발생하며, 활동 자체에 대한 호기심, 흥미, 재미를 느끼고 이를 수행한 다음 성공, 만족, 성취감을 느낀다. 이러한 내재적 동기를 유발하기 위해서는 자율성, 자기효능감, 성취 욕구, 귀인 성향에 대한 이해, 정확한 목표 의식 등의 욕구 충족이 필요하다. 자율성은 자신의 기대에 따라 독립적으로 행동하거나 결정하고자 하는 욕구이며, 청소년에게 스스로 활동의 선택 기회를 부여함으로써 충족될 수 있다. 또한 설사 비자발적으로 억지로 참여한 청소년이라고 할지라도 초기 저항을 개인의 관심과 목표로 전환하여 활동과 문제해결의 주체자로 느끼게 하여 참여 동기를 고취하는 것이 필요하다. 자율권을 많이 누릴수록 내재적 동기가 높아지기 때문에, 과제를 선택하고, 토론이나 활동할 주제를 정할 수 있도록 기회를 제공함으로써 내재적 동기를 높일 수 있다. 자기효능감은 어떤 행동 또는 과제를 성공적으로 수행할 수 있다는 자기 자신에 대한 신념 또는 자신감이다(변영계, 1999). 과거의 실제 또는 대리 경험을 통해 성공 경험이 있을수록, 신뢰하는 사람으로부터 격려를 많이 받을수록 자기효능감이 높게 나타나며, 높은 자기효능감은 과업 수행에서의 즐거움뿐만 아니라 도전에 대한 흥미와 관심 유발에 긍정적 영향을 준다(김영인, 김민, 2016). 청소년이 지닌 성취욕구는 어떤 과제나 활동에 적극적으로 참여하도록 동기를 유발한다. 무엇인가를 성취하고자 하는 욕구는 누구에게나 있다. 청소년의 수준에서 성취할 수 있는 목표나 활동을 설정하여 그들이 효과적으로 기능을 발휘하여 과제를 수행하고자 하는 성취욕구를 적절하게 자극하고, 성취 결과와 능력 향상에 대한 지지와 격려와 같은 긍정적 피드백을 적극적으로 활용할 필요가 있다.

귀인 성향은 행동이나 결과의 원인에 대해 어떻게 지각하는지를 의미한다. 사람은 어떤 행동이 성공 또는 실패했을 때 이를 초래한 이유를 알고자 노력한다. 만약 우리가 어떤 목표를 성공적으로 달성한 이유를 안다면, 그것에 근거하여 다음 목표를 어떻게 설정하고 추구할 것인지 결정할 수 있기 때문이다(허승희, 이영만, 김정섭, 2015). 사람은 성공과 실패를 가져온 원인을 설명하기 위해 보통 안정성, 소재성, 통제성이라는 정보를 사용한다(김영인, 김민, 2016). 안정성은 성공 또는 실패의 원인이 오래 가는 것인가 쉽게 바뀌는 것인가에 대한 것이다. 예를 들면, 능력이나 적성은 쉽게 변하지 않아 안정성이 높지만, 노력은 때와 장소에 따라 쉽게 변한다. 소재성은 성공과 실패의 원인을 내부 또는 외부 어디에서 찾는지와 관련된다. 어떤 사람은 자신에게서 그 원인을 찾고, 또 어떤 사람은 외부에서 주로 그 원인을 찾는다. 시험에서 낮은 점수를 받은 학생이 시험 문제가 어려워서 그랬다고 말한다면 귀인의 소재를 외부에 둔 것이며, 자신이 충분히 공부하지 못해 낮은 점수를 받았다고 생각한다면 귀인의 소재를 내부에 두었다고 볼 수 있다. 통제성은 성공과 실패의 원인을 자신이 통제할 수 있는 것인지 없는 것인지에 대한 것이다. 보통 능력이나 운, 타인의 도움 등은 통제가 어렵고, 노력은 통제하기 쉽다고 여기는 경향이 있다. 이러한 귀인에 대한 특성을 파악하여 청소년의 동기 유발에 활용할 필요가 있다. 목표 의식 또한 동기와 밀접하게 연관이 있다. 학습이나 활동 자체에 의미를 두는 경우 어려운 과제에 당면해도 과제 수행을 포기하지 않고 경험하려고 한다. 반면, 활동이나 수행을 통해 다른 사람과 비교를 통한 자기 능력을 과시 또는 사회적 인정에 목표를 두고 있다면 도전 과제보다는 자기 능력으로 쉽게 수행할 수 있는 과제를 선호하고,

어려운 과제나 활동을 회피하는 경향이 있다.

(2) 외재적 동기 유발

외재적 동기는 외부로부터 오는 보상이나 결과를 얻기 위해 행동하고자 하는 욕구에서 출발한다. 따라서 동기 유발을 위해서 칭찬, 물질, 성적 등과 같은 외부 보상체계를 사용할 수 있고, 행동주의자들은 이를 강화라고 한다(허승희, 이영만, 김정섭, 2015). 어떤 과제 수행이나 행동에 있어 적절한 행동에 대해서는 상을 주고, 그렇지 못한 행동에 대해 벌을 주는 상벌의 적절한 조치는 동기를 유발하는 데 큰 역할을 한다. 어떤 사람이 행동한 뒤 정적 강화(상)를 받으면 그 행동을 또 하고 싶은 동기를 느끼고, 반대로 부적 강화(벌)를 받으면 그 행동을 피하고 싶은 동기를 느끼기 때문이다. 예를 들면, 아동의 학습 동기 또는 바람직한 행동을 유발하기 위해 스티커를 이용한다. 교사나 부모가 주는 스티커를 더 많이 받고자 지시를 잘 따르고 수업에 적극적으로 참여한다. 그런데 나이가 많아질수록 이런 정적 강화물을 이용하는 비율이 감소하는데, 물질적 보상보다는 만족 또는 보람과 같은 내재적 요인에 의해 더 영향을 받기 때문이다. 많이 활용되는 다른 형태의 강화는 칭찬이다. 사람은 누구나 인정받고 싶은 욕구가 있으므로, 칭찬은 과제나 행동의 동기를 부여하는 데 효과적이다. 그러나 물질이나 칭찬과 같은 강화는 보상으로 인해 과제나 활동의 경쟁이 과열되거나 내재적 동기를 감소시키는 등의 문제를 발생시킬 수도 있으므로 대상, 성격, 나이 등을 고려하여 적절히 조절될 필요가 있다(오윤선, 2017).

청소년활동 지도를 활성화하고 그 효과성을 극대화하기 위해서는 청소년이 무엇인가에 참여하도록 하고 행동하도록 이끈다는 점에서 내재적 동기와 외재적 동기 모두 중요하다. 그러나 청소년 대부분이 내적동기보다는 부모나 교사에 의한 외적 동기에 의해 과제나 활동에 참여하는 경우가 많다는 점을 고려할 때 외재적 동기가 내재적 동기로 전환되도록 노력해야 한다. 청소년이 스스로 활동 목표를 설정하는 능동적 참여는 활동의 지속성은 물론 역할 수행을 통한 활동 목표 달성, 그리고 이를 통한 청소년의 만족감과 성취감, 자신감을 기대할 수 있다.

제2부

청소년지도방법의 실제

제8장   **청소년의 대상별 지도방법**

제9장   **청소년활동 유형별 지도방법**

제10장   **청소년문제에 대한 지도방법**

제11장   **청소년프로그램의 운영**

제12장   **청소년활동 현장의 위험과 안전관리**

제13장   **청소년활동과 지역사회연계**

청소년의 대상별
지도방법

  청소년지도의 대상자별 지도방법은 청소년집단의 유형, 유형별 청소년들의 교육
적 욕구 및 목적하는 바가 다양한 만큼이나 그 지도방법 또한 다를 수 있다. 즉, 지
도대상으로서의 청소년집단의 특성, 크기, 학습목적, 학습내용, 학습장소, 학습조직
의 특성, 학습기간 등에 따라 지도방법은 다르다는 것이다. 그래서 청소년활동을 지
도하는 청소년지도자들은 청소년의 대상별 지도방법에 대한 이해와 대상별 지도방
법의 차이, 실제 지도방법 등에 대해 반드시 이해하고 있어야 한다. 이에 이 장에서
는 청소년의 대상별 지도방법을 개인중심 청소년지도방법과 집단중심 지도방법으
로 구분하여 소개하되, 특히 집단중심의 지도방법은 집단의 크기에 따라 집단지도
의 목적이나 방법 또한 달라질 수 있기에 이를 소집단과 대집단으로 구분하여 설명
하고자 한다.

1. 개인중심 지도방법

1) 개인중심 청소년지도방법의 필요성과 목적

  청소년기는 아동과 성인 사이의 과도기적인 존재로 신체적 · 인지적 · 정서적 ·
사회적인 면에 있어 미성숙에서 성숙의 상태로 발달하는 과정에 있다. 이 과정에서

청소년은 자신이 되고자 하는 이상적인 모습과 현재 자신의 모습 간의 차이로 인해 심리적 불안정 상태를 경험할 수 있다. 이에 개인중심 청소년지도방법은 청소년지도자와 청소년 개인의 일대일 대면관계를 통해 이루어지는 지도를 통해 청소년의 감정, 자극 그리고 충동에 대한 절제 및 통제력 향상, 자아존중감 향상 등의 다양한 면에서 여러 가지 경험을 통해 생산적이고 책임 있는 성인으로 성장하도록 돕는 지도방법이다. 먼저, 개인중심 지도방법의 필요성을 살펴보면 다음과 같다.

첫째, 자신의 감정과 자극 및 통제기술의 개선이 필요하다. 즉, 청소년은 쾌락적 충동의 통제 부족과 신경질적 사고, 낮은 자아개념 등 정서적으로 내적 갈등이 항상 내재되어 있는 경우가 많다.

둘째, 자아존중감과 또래 사이의 관계 능력 개발을 필요로 한다. 청소년기는 자아정체성 확립에 있어 상당히 중요한 시기이다. 이때 자아정체성 확립에 영향을 미치는 핵심적인 요인이 자아존중감이다. 청소년 개인의 자아존중감은 또래 사이의 긍정적 관계 경험을 하는 데 있어서도 중요한 역할을 한다.

셋째, 조직과 집단 사이의 질서 유지 능력 개발을 필요로 한다. 청소년기는 개인의 자율성을 넘어 조직과 집단 사이에서 적응하고 그 속에서 개별성을 유지하며 조화롭게 기능하는 것을 배워 나가는 시기이다.

넷째, 친교성의 확립이 필요하다. 청소년기는 사람들 사이에서 정직하게 자신을 돌아보며 진실한 관계를 유지하는 것을 통해 대인간 친밀감을 경험하고 유지하는 능력의 확립이 필요하다.

다섯째, 형식적·논리적 사고력의 확립이 필요하다. 문제해결 기술과 협상 기술의 발달 및 추상적인 사고를 요구하는 학문적 상황에서의 수행능력 측면에서 그리고 유능감, 유대감, 통제성, 정체감의 발달 측면에서 형식적·논리적 사고력의 확립은 중요하다.

이러한 개인중심 지도방법의 필요에 따른 청소년지도방법의 목표는 크게 육체적 활동 기회, 능력과 성취 기회, 자아정의의 기회, 또래, 성인 간 적극적 사회적 상호작용, 의미 있는 참여 기회의 증대 측면에서 〈표 8-1〉과 같다.

〈표 8-1〉 **개인중심 청소년지도방법의 목표**

발달요구	지도방향 목표
육체적 활동 기회	• 새로운 육체적 능력을 시험해 보고 싶은 기회 • 성장과 사춘기의 정상적 변화 이해 • 빠른 성장으로 정신적 혼란의 이완 기회
능력과 성취 기회	• 개인적 인지를 위한 몰입 기회 • 급진적·문화적 정체성의 수용 기회 • 또래로부터 승인 욕구 기회 • 새로운 관심과 능력의 출현 기회 • 성인으로부터 승인 욕구 기회 • 성공을 위한 기회 • 상징적 청중으로서 자기인식 기회 • 책임성을 위한 기회 • 성적정체감의 수용 기회 • 불확실한 자아존중감 수용 기회
자아정의의 기회	• 이성 정체감의 수용 기회 • 자신의 미래에 대한 자기인식 기회 • 감정주의적이고 분위기 중심의 수용 기회 • 자신의 긍정적 신체이미지 구축 • 타인으로부터 새로운 반응 인정 기회 • 형식적 조작기의 징후인식 기회
또래, 성인 간 적극적 사회적 상호작용	• 부모와 다른 성인과의 상호작용 기회 • 또래의 중요성 인식 • 성인으로부터 승인 기회 • 또래로부터 승인 기회
의미 있는 참여 기회	• 실제의 성인세계의 한 부분에 참여 기회 • 생활경험의 결핍에서 탈피하는 기회 • 사회적 기술의 성숙

출처: 김정열(2015).

2) 개인중심 청소년지도방법의 조건 및 유형

(1) 개인중심 청소년지도방법의 조건

개인중심의 학습은 교사나 지도자 중심의 학습과는 다르므로 다음의 네 가지 가정이 충족될 필요가 있다.

첫째, 개인의 성숙에 있어서 필수적 요소인 자기주도성과 자발성을 가지기 위한 능력과 욕구 안에서 성장되어야 하며, 그 능력은 가능한 한 빨리 개발되고 양육될 필요가 있다.

둘째, 학습자의 경험이 이를 지원하는 지도자의 전문성과 결합되어 향후의 풍부한 학습자원이 될 수 있도록 개발되어야 한다.

셋째, 개인이 일상생활을 수행하고 또는 그들의 삶의 문제를 보다 적절하게 해결해야 할 필요에 의해 제시되어야 한다.

넷째, 개인중심의 학습은 학습자가 특히 자기존경과 같은 존경에 대한 필요, 성취에 대한 갈망, 성장에 대한 강렬한 욕망, 성취 만족, 호기심 등과 같은 내적 자극에 동기화가 형성되어야 한다.

(2) 개인중심 청소년지도방법의 유형

① 도제제도

도제제도(徒弟制度)는 중세유럽 장인(master)과 도제(apprentice) 중심의 기술 전수 형태의 교육에서 비롯된 개인중심 지도방법으로, 제자가 스승 밑에서 일정한 기능을 전수받아 독립할 수 있도록 하여 독자적인 영업을 하고, 그 역시 새로운 수련공을 두어 그 기능을 전수해 주는 제도로 수공업의 기능후계자를 양성하던 방법이다. 주로 기술 습득과 관련된 영역에서 선택적으로 사용되는 개인중심 지도방법이다.

② 원격교육

원격교육은 교육현장에서 가르치는 사람과 청소년 사이에 물리적인 거리가 존재할 때, 이를 방송이나 통신수단 또는 기타 방법을 이용하여 극복하고 개별적으로 학습하게 하는 방법이다. 이러한 방식은 강좌형 프로그램이나 지도자 전문성 연수 프로그램 등으로 응용되어 왔으나, 최근 코로나19와 같은 감염병 팬데믹을 겪은 후 전 세계적으로 원격교육에 대한 이슈와 활용방안에 대한 논의들이 지속되고 있다.

③ 상담

개인적으로 어려움이 있는 청소년이 훈련받은 전문 상담자의 도움을 받아 자신의 내적인 어려움을 치료하는 방법이다. 상담은 도움을 필요로 하는 내담자가 상담자와의 안전한 대면관계 속에서 언어라는 매개체를 통해 문제해결 및 전인적인 성장을 경험하는 과정이라고 할 수 있다. 이에 청소년상담을 하는 지도자는 청소년과 수용적이고 구조화된 관계를 형성하고 청소년이 자신과 환경체계에 대해 의미 있는 이해를 증진할 수 있도록 도와야 한다. 이를 통해 스스로 자신의 삶을 조망하고 문제 해결의 주체적인 존재가 되도록 해야 한다. 또한 상담은 이처럼 청소년의 내면의 심리정서적인 문제에 대한 지원과 더불어, 때로는 보다 적극적으로 정신과적 문제나 문제행동을 예방하고 감소할 수 있도록 해야 하며, 이를 위해 청소년에 대한 개인지도방법을 시행할 때에는 청소년상담에 대한 기본 지식과 역량을 필요로 한다.

④ 현장경험 학습

야외의 학습재료들을 활용하여 현장체험을 하는 실천적 학습방법이다. 여기에는 역할놀이 현장학습, 참여관찰 현장학습 등이 있다. 역할놀이(role-playing)는 청소년이 어떤 문제에 대해 직접 역할을 수행해 보는 것을 통해 그 문제를 밝혀내고 해결하여 그 결과를 논의함으로써 학습하는 형태이다. 역할놀이는 청소년의 흥미를 유발하고 능동적으로 참여할 수 있도록 한다. 참여관찰 현장학습은 원칙적으로는 관찰이 이루어지는 사건이나 현장에서 직접 눈으로 참여와 관찰을 하는 방법이며, 이때 청소년은 기록을 재구성하여 실제 상황을 느낄 수 있게 해 준다. 이는 현장견학 활동과 같이 직접적인 체험을 요구하는 학습과 동일한 효과를 가져올 수 있다.

⑤ 직접 개별학습

일정한 지도자에 의존하여 청소년이 수시로 직접 만나 양방향 의사소통을 통해 학습하는 방식으로 개인지도나 멘토링(mentoring), 코칭(coaching) 등이 여기에 속한다. 청소년지도 현장에서는 직업교육이나 진로지도 등에서 응용 가능한 지도방법이다.

⑥ 개인학습 프로젝트

흔히 프로젝트 기반 학습(project based learning)이라고 하며, 특수한 목적을 달성하기 위해 특정한 과제목표를 설정하고 이를 실천에 옮기는 방법이다. 이는 대안학교나 대안교육 현장 등에서 주로 상용되는 개인중심 지도방법으로 개인중심 학습 중 전통적이고 보편적인 방식으로 평가되고 있다.

⑦ 인턴십

도제제도와 현장경험을 조합한 방식으로 과거 전통적으로 의사의 현장교육 및 훈련 등에 많이 쓰여 왔다. 이것은 입사 전 자신의 희망이나 적성에 적합한 영역을 선정하여 사전경험을 통해 전문지식을 습득하는 과정으로 현재 예비 청소년지도 인력 직무훈련과정에 응용되기도 하며, 실습 과정과 연계하여 활발하게 적용하는 개인중심 지도방법이기도 하다.

⑧ 다중미디어 학습

최근 들어 다양한 형태로 전환되기 시작한 방법으로 사용 가능한 모든 매체를 활용하여 개별학습을 돕는 방식이다. 이 방법은 청소년 직업교육, 언어 개발, 개인 성장과 관련된 영역 등에서 널리 활용된다.

2. 소집단중심 지도방법

1) 청소년 소집단중심 지도방법의 개념, 필요성 및 목표

소집단중심 지도는 집단경험을 통하여 집단구성원의 공통된 목적 달성과 함께 개개인의 필요와 욕구를 충족시키기 위한 수단으로서의 활동을 의미한다. 이때, 집단지도는 집단의 역동이론을 바탕으로 한 집단의 사고 과정을 방법상의 중책으로 여기며 집단 속에서 집단 내 구성원 사이의 심리적 역동관계를 활용한다. 이를 통해 집단지도는 집단목표를 성취함에 있어 집단구성원이 스스로 합리적 · 과학적인 방법으로 해결하도록 하며, 이는 전문가의 지도 아래 이루어진다.

청소년 집단지도, 특히 청소년기의 소집단 경험은 다음과 같은 필요성에 의해 수행된다.

첫째, 청소년기에 소집단중심 지도방법이 중요한 것은 그들의 발달과정상의 특성과도 매우 밀접한 관계를 갖기 때문이다.

둘째, 소집단은 개인의 조합이 이루어진 집합체로서 집단을 통해 개인에 대한 이해를 높일 수 있다.

셋째, 외적인 변화에서 출발하여 청소년 자신의 내면적 변화를 도모하는 데 있어 소집단 속에서의 변화는 청소년기에 매우 크게 작용할 수 있다.

넷째, 소집단 내에서 적응될수록 자기인식, 자기조절, 감정이입, 동기부여, 눈에 보이지 않는 사회적 기술 등과 같은 개인이 받아들이는 감정적인 지능이 개발된다.

다섯째, 전문적 지도방법으로서 소집단중심 지도방법은 청소년의 사회적 기능 향상에 적극적으로 관여하며, 실제로 청소년의 사회적 기능과 집단 간의 긴밀한 상호작용에 대한 경험과는 중요한 상관관계가 있다. 이를 위해 청소년의 사회적 기능의 향상을 위하여 청소년은 때로는 전문가의 도움을 필요로 한다.

이와 같은 필요성에 따라 소집단중심 지도는 다음과 같은 목표를 가진다.

첫째, 자기인식을 향상한다. 자기인식은 자신의 감정, 느낌, 동인을 의식하고 이해하는 능력으로 소집단중심 지도를 통해 자기인식의 향상을 돕는다.

둘째, 자기조절력의 증대이다. 자기조절력은 행동에 옮기기 전에 판단하는 능력 및 자신의 통제능력을 의미하며, 소집단중심 지도를 통해 이와 같은 자기조절력의 증대를 도울 수 있다.

셋째, 동기부여이다. 동기부여는 외적 지위의 상승을 위한 열정이나 에너지 및 열정의 추구를 의미한다. 이는 청소년기에 중요한 내적 역량으로 소집단중심 지도활동을 통해 청소년의 내적 동기부여 능력이 향상될 수 있도록 한다.

넷째, 대인관계 능력의 향상이다. 대인관계 능력은 타인이 만든 감정을 이해하고 타인의 감정적 반응에 따라 적절히 대처하는 기술로서 소집단중심 지도활동을 통해 집단 내에서의 다양한 대인관계 경험을 통해 대처 기술이 습득될 수 있도록 한다.

다섯째, 사회기술 능력의 함양이다. 사회기술 능력은 상호 간의 지지망을 구축하고 관계를 유지하는 능력으로 이는 협력적 분위기를 조성하는 능력과도 같다. 소집단 내에서의 활동은 대인관계 능력 향상과 더불어 다양한 사회적 기술을 습득할 수 있도록 하는 장으로서 기능할 수 있다.

2) 소집단중심 지도방법의 유형

(1) 브레인스토밍

브레인스토밍(brainstorming)은 창의적인 아이디어를 생산하기 위한 학습도구이자 회의기법으로 집단구성원들이 어떤 문제나 요청에 대해 집중적으로 해결방안을 스스로 모색하기 위해 활발한 논의를 하는 특징을 갖는다. 이 기법은 회의에 참가한 집단구성원들이 자유롭게 의제에 대해 접근한 다음 개방적 질문을 통하여 아이디어를 자극하고 만약 상호 의견 제시가 균등하지 않다면, 차례차례 묻는 절차를 통해 마지막에 평가하도록 하는 과정을 거친다. 브레인스토밍의 기본규칙은 다음과 같다.

- 표현하기: 아무리 이상하고 다듬어지지 않아도, 혹은 상상에 지나지 않을지라도 마음에 떠오르는 생각은 무엇이든지 표현하도록 한다. 자유로운 분위기에서 제한을 받지 않도록 한다.
- 비평가적: 아이디어를 내놓는 동안 어떠한 평가도 허용되지 않으며, 다른 사람에 대한 평가 역시 마찬가지로 비판하지 않는다.
- 아이디어의 양: 양적으로 많은 것이 요구되기 때문에 아이디어가 많으면 많을수록 좋다. 즉, 양적인 증가는 훌륭한 해결책을 내놓을 가능성 또한 높다고 보기 때문이다.
- 변경: 타인의 아이디어를 수정하거나 확대시키는 것이 권장된다. 브레인스토밍은 집단에서 실시되므로 참가자들은 서로로부터 아이디어를 이끌어 낸다. 전체적으로 회의 참가자들이 자유스럽게 토론 과정에서 제시한 모든 아이디어를 기록한다. 개방적 질문을 통해 아이디어를 자극하고 상호 의견 제시가 적절하지 않을 경우 차례차례 묻는 절차를 통하여 모든 사람의 의견이 자유롭게 수용되도록 하며, 궁극적으로 모든 사항이 최종적으로 평가되도록 한다.

(2) 필립66

필립66은 미시간대학교의 필립(Phillips) 교수가 개발한 것으로 6사람이 6분 동안 이야기하는 것을 기본으로 한다. 그룹 구성원들이 질문 등을 통해 적극적으로 참여하도록 격려하는 방식으로 이 방식은 20~100명 정도의 보다 더 큰 그룹에서도 6~12명의 하위그룹으로 쪼개는 방식으로 사용 가능한 토론방법이다. 이 토론기법은 보통 인원이 6명이 넘으면 토론의 생산성이 떨어진다는 생각에서 나온 발상을 통해 만들어졌다. 이 토론기법은 토론하는 집단이 토론내용이나 방법에 대한 사전지식 없이 상호 잘 모르는 상태에서 이루어지는 것으로 각 1분 정도의 시간을 주어 소개를 하도록 한 후 토론하려는 이슈를 간단히 설명한다. 그리고 토론의 결과를 이끌도록 끝나는 시간을 정해 두고 무조건 이 시간 내에 결과를 끝내도록 한다.

(3) 역할연기

역할연기는 개인중심 지도방법에서도 유용하게 활용되지만, 소집단중심 지도방법에서도 활발하게 활용되는 방법 중 하나이다. 역할연기는 인간관계에서 어떤 상황이나 문제를 극화한 것으로 실제적 위험부담이 없는 가상적 상황에 대해 소집단 구성원에서 서로 다른 역할을 번갈아가며 수행해 보도록 함으로써 집단구성원 간의 친근감을 증대시키고 의사소통 기술과 대처 능력을 향상시키도록 돕는 기법이다. 특히 학교폭력, 성폭력 가해청소년이나 피해청소년에게 그 효과를 입증받고 있는 방법이다.

(4) 현장경험

조직적인 계획에 의해 현장에서의 실제 경험을 통해 지도를 받게 하는 방식이다. 현장경험은 단체견학이나 수학여행 등 일종의 학습여행 프로그램을 통해 과거부터 수행되어 오던 방식으로 청소년봉사활동 또한 현장경험에 속한다. 이때, 청소년지도자는 현장경험이 반성적 사고를 통해 의미 있는 경험이 되도록 현장활동 후 주의를 기울여 지도하는 것을 통해 현장경험이 단순히 일회성 견학이나 여행의 경험으로만 끝나지 않도록 깊이 있는 지도가 이루어질 수 있도록 해야 한다.

(5) 게임 및 시뮬레이션

게임이란 일정한 규칙을 정해 놓고 승부를 겨루거나 즐기는 놀이를 말하며, 시뮬레이션은 복잡한 문제나 사회현상 등을 해석하고 해결하기 위해 실제 비슷한 모형을 만들어 모의적으로 실험하여 그 특성을 파악하는 것을 말한다. 게임이나 시뮬레이션은 인위적인 문제, 사건, 상황, 주제와 유사한 환경을 게임이나 시뮬레이션 프로그램을 통해 제공하기 때문에 활동에 참여하는 청소년에게 안정성을 보장하면서 직접적인 체험을 가능하게 하는 활동으로서의 장점이 있다. 게임과 시뮬레이션은 아동의 사회화 훈련, 청소년의 가치관 교육 및 성인에게도 유용한 기법으로 최근 그 활용도가 높아지고 있는 추세이다.

(6) 감수성 훈련

심리적 문제나 사회적 문제를 다루기 위해 형성되며, 자신의 행동과 기타 타인의 행동에 대해 통찰력을 제공해 준다. 특히 이 방식은 개인의 심리적인 문제의 해결방식으로 사전단계에서도 전문가의 개입이 필요하며, 자기 자신의 회복을 위해 자기노출과 의지를 필요로 한다.

(7) 의사결정 기법

의사결정 기법은 여러 가지 대안 가운데 하나를 선택하는 것을 결정하는 기법으로 상호의 협력하에 의견을 조율하고, 더 나아가 모든 사람이 승복하고 동의하도록 만드는 기법이라 할 수 있다. 소집단활동에서는 어떤 소집단활동이냐에 따라 다양한 형태로의 의사결정을 해야 하는 상황이 발생할 수 있다. 이에 소집단지도 안에서 발생하는 다양한 의사결정 과정에서 수용되는 의사결정의 기법에 대해 소개하면 일반적으로 다음과 같은 다양한 형태가 있다.

- 만장일치: 모든 집단구성원의 동의하에 이루어지는 것으로 대부분의 경우, 모든 구성원이 그 상황에 몰입된 경우에만 일어난다.
- 의견합일: 일부의 사람들이 반론을 제기하지만 대부분의 사람이 협력하고 지원하는 형태이며, 집단구성원들은 주어진 주제에 대해 활발한 의견 개진을 하고 그 과정에서 제기될 영향을 대부분 수용한다.
- 다수성: 전체 집단의 반수 이상의 사람들이 찬성한 형태로 개개인의 경우 반대자가 많이 있기는 하지만 전체적으로 반수 이상의 사람들이 선택한 의제에 대해 대부분 수용하며 따라가는 형태이다.
- 과반수: 의제의 대립 시 무조건적으로 다수를 차지하는 사람들의 의견을 추종하는 방법으로 그 수가 비록 과반수에 이르지 못할 경우 적용한다. 이 기법은 대부분 복수의 의제가 대립 시에 많이 이용된다.
- 최소연합: 다수의 사람은 침묵하고 소수의 사람이 자기주장을 펼 경우 이러한 소수의 사람이 선택하는 방법이다.
- 명령: 가장 강력하고 권위 있는 사람이 일방적이고 중요하게 지시하는 사항에 따라 결정하는 기법이다.
- 비활성화: 아무도 반대하지 않고 의견제시도 하지 않는 형태이다.

3. 대집단중심 지도방법

1) 대집단중심 지도방법의 의미

대집단을 위한 특별한 지도방법이 따로 있는 것은 아니나, 대체로 강의, 강연, 매체이용 등을 통하여 대규모 참여자들을 대상으로 집단을 운영하는 방식이 여기에 속할 수 있다. 그러나 집단의 크기가 소집단의 단계를 벗어나 '대중'의 단계로 넘어서게 되면, 강사는 청소년이 개인으로서의 개체로 보이는 것이 아니라 집단화되어 나타난다. 이에 대집단에서는 양방향 의사소통이 거의 불가능할 뿐 아니라 개인과 개인의 접촉이 아니라 개인과 집단 간의 접촉이므로 학습의 분위기가 인간적인 접촉 중심이 될 수 없다는 큰 단점이 있다. 그래서 특별한 경우의 강연회, 영화관람, 전체 토의 등 불가피하게 수행되어야 하는 경우를 제외하고 대집단활동을 통한 집단 지도는 최소화하는 것이 필요하다. 이에 집단을 활용한 지도방법은 소집단을 중심으로 한 지도방법이 가장 효과적이므로, 대집단의 경우도 분할이 가능한 형태의 소집단중심 지도방법을 활용할 수 있는 경우 소집단 형태로의 분할을 통한 집단지도를 하는 것이 필요하다. 그럼에도 불구하고 분할이 어렵거나 불가능한 경우에 있어서는 비록 한방향 의사소통(one-way communication) 방식이기는 하지만 대규모 강연회나 첨단 매체를 통한 전달기법의 적용도 가능할 것이다. 그 가운데 강의형 기법과 토론형 기법 몇 가지, 대규모 집단지도가 가능한 레크리에이션에 대해 소개하고자 한다.

2) 대집단중심 지도방법의 유형

(1) 강의형 기법

교수기법 중 가장 전통적인 방식으로서 지금까지 학교교육에서 주로 사용되어 온 방법이다. 이 방법은 지도자가 다수의 청소년에게 비교적 단시간 내에 많은 양의 지도 내용을 전달 및 전수할 수 있다는 장점이 있으나, 일방적인 전달체계로 이루어진다는 단점이 있다. 이러한 단점을 최소화하기 위해 지도자는 강의 목적 설정 단계에서 전달하려는 목표를 구체적으로 수립하고, 전달 내용을 체계적이고 조직적으로 구성할 필요가 있다. 또한 다양한 자료를 강의 과정에서 제시함으로써 참여 청소년으로 하여금 간접적인 경험을 할 수 있도록 하여야 한다. 강의 전달 방식으로는 낭독식, 암기식, 요점식, 즉흥식 등이 있으며, 강의 내용과 강의자(또는 지도자), 수강 청소년의 특성에 따라 지도자는 가장 적절한 방식을 선택하여 사전에 충분히 연습한 후 강의에 임하는 것이 필요하다.

(2) 토론형 기법

토론형 기법은 소크라테스의 산파법에서 유래된 것으로, 학습자의 역할과 활동을 중요시하며, 지도자와 학습자, 학습자와 학습자들 간의 언어적인 상호작용에 의해 의견을 교환하고 집단 내에서 문제를 해결할 수 있도록 하는 지도방법을 말한다. 토론형 기법의 장점은, 첫째, 개방적인 의사소통과 협조적인 분위기에서 학습동기와 흥미를 유발할 수 있고, 둘째, 집단활동의 기술을 개발하고 민주적인 태도를 익힐 수 있으며, 셋째, 의사소통 기술을 연습할 기회를 제공해 주며, 넷째, 사회적 기능 및 태도를 형성시킬 수 있다는 점을 들 수 있다. 반면, 단점으로는, 첫째, 집단의 크기에 제약을 받으며 지도자가 미숙하면 효과적인 토론이 이루어지지 못한다. 둘째, 소수의 토론자에 의해 주도될 우려가 있으며, 셋째, 평가불안이나 사회적 태만이 나타날 수 있으며, 넷째, 준비 및 계획 단계와 진행 과정도 많은 시간이 소요되며, 마지막으로 학습자들의 수준이 밑바탕이 되어야 한다. 그럼에도 불구하고 토론형 기법 청소년집단지도에서 매우 중요한 기능 중 하나로 양방향 의사소통(two-way communication)을 가능하게 하며, 토론을 통해 자신의 견해를 밝힐 수 있고, 타인의 의견을 들을 수 있으며, 이를 통해 보다 활성화된 학습을 수행할 수 있다. 무엇보다 토론기법은 대규모의 강의형 대집단지도방법의 단점 및 한계를 보완하는 형태로도 진행될 수 있어 매우 유용한 집단지도기법이다. 토론 방식에는 다양한 방식이 있으며, 이에 대해 소개하면 〈표 8-2〉와 같다.

〈표 8-2〉 **토론방식의 형태 및 특징**

토론방식	특징
심포지엄	• 동일한 주제 또는 상호 관련된 몇 개의 소주제를 중심으로 소수의 사람들이 공식 발표 형태로 각자의 전문지식과 의견을 제시하고 토론하는 공식적인 좌담 토론의 형태 • 해당 분야의 권위 있는 전문가 2~5명으로 발표자가 구성되고, 이들은 각자 특정 주제에 대해 발표

세미나	• 50명 이하의 소수집단을 참여자로 구성하여 구성원은 대부분 당해 주제·분야에 관한 권위 있는 전문가나 전문적인 연구 관련자로 구성 • 세미나는 특정 전문연구사업과 관련하여 연구기관이 주도하여 수행되는 경우가 많으며, 발표자는 물론 참석자 전원이 당해 분야에 관한 지식과 정보 및 관심을 소유하고 있어 공시적 발제 내용과 공재적 질의토론이 매우 전문적이고 활발히 진행
배심토론	• 특정 주제에 대해 3~6명의 배심(panal)구성원이 청중 앞에서 유목적적인 대화 형태로 토론을 하는 학습기법 • 배심토론의 진행은 사회자가 특정 주제에 대해 사전에 준비된 질문들을 배심 구성원들에게 제기함으로써 이루어짐 • 청중인 청소년들은 간접적인 참여로서 직접적인 대화나 토론에 참여하지 않고 단지 배심구성원과 사회자 간의 대화와 의견 교류 과정을 경청 • 사회자의 진행에 따라 몇 명의 학습자가 질문을 통해 토론에 참여하는 경우도 있음
공개토론 (forum)	• 25명 이상의 집단 구성과 1인 이상의 전문가 및 사회자로 구성, 사회자의 진행 하에 15~60분간의 공개적인 토론을 진행하는 기법 • 흔히 포럼이라고 하며, 모든 구성원이 질의-응답 형태로 자신의 의견을 발표하고 직접 토론에 참여하는 등 활발한 의사 전달이 이루어짐을 특징으로 함
소집단 분과 토론	• 활발한 토의 진행을 위해 모든 구성원이 다 함께 토의에 직접 참여하기 어려운 대집단을 약 5~12명 정도의 소집단으로 나누어 분과 형태로 토론을 진행하는 방식 • 최종적으로 전체 집단이 다시 함께 모여 각 분과 소집단들의 토론 결과를 종합 및 정리하여 결론에 이르게 함으로써 대집단 종합 토론의 성과가 가능

(3) 레크리에이션

레크리에이션의 어원은 라틴어 'Recrestio'에서 유래한 것으로 '신선하다' 또는 '재충전하다'라는 의미를 지니고 있다. 이에 전통적인 의미의 레크리에이션은 산뜻하고 차분하면서 자발적으로 선택한 활동을 의미하나, 현대적 의미의 레크리에이션은 피로를 풀고 새로운 힘을 얻기 위해 여러 사람과 함께 놀거나 운동 등을 즐기는 일의 의미로 이해되고 있다. 레크리에이션은 1930년대 이후 미국의 경제 불황으로 청소년의 일탈이나 범죄가 증가하는 등의 사회문제가 크게 대두되면서 이에 대한 해결방안으로 빈민계층의 아동·청소년의 건전한 인격 형성 및 여가 선용을 위한 지역사회 활동의 일환으로 레크리에이션이 활용되기 시작하였다.

레크리에이션은 심신의 피로를 회복시켜 주고 사회구성원으로서 사회성과 책임성을 길러 주며 심리 · 정서적으로 건강한 성격 형성을 돕는다. 또한 집단활동을 통하여 '나도 할 수 있다.'는 자신감을 갖게 해 주고, 무엇보다 청소년의 창의력 개발 및 대인관계 능력을 향상시켜 주는 기능과 나아가 건전한 집단의 결속을 도모하여 청소년이 바람직한 사회적 성취를 가능하게 하는 원동력이 될 수 있도록 해 준다. 이에 대집단 지도방법으로서 레크리에이션의 활용은 다양한 장소에서 청소년지도에 활용되고 있다.

제9장

청소년활동 유형별 지도방법

이 장에서는 청소년활동 유형별로 청소년지도자의 지도방법과 방향을 살펴본다. 크게는 청소년수련활동, 문화활동, 교류활동, 봉사활동, 진로활동으로 나누어 세부적인 사업과 함께 지도방법을 살펴본다. 더불어 청소년지도를 하다 보면 상담적 접근방법이 필요할 때가 종종 발생한다. 이에 청소년상담자 역할에 있어서 지도자의 역할과 자질, 가치에 대해 살펴봄으로써 지도방법을 활용하는 데 도움이 되고자 한다.

1. 청소년수련활동 지도방법

청소년수련활동을 지도하기 위해서는 청소년수련활동 인증제와 청소년수련활동 신고제를 이해할 필요가 있다.

1) 청소년수련활동 인증제

청소년수련활동 인증제는 「청소년활동 진흥법」 제35조 내지 제38조에 따라 시행된 제도로서, 청소년수련활동이 청소년의 균형 있는 성장에 기여할 수 있도록 국가 및 지방자치단체 또는 개인 · 법인 · 단체 등이 실시하고자 하는 청소년수련활동을 인증하고, 인증된 수련활동에 참여한 청소년의 활동 기록을 유지 · 관리 · 제공하는 청소년수련활동 프로그램에 대한 국가 인증제도이다.

청소년수련활동 인증제는 글로벌 · 다문화 시대의 흐름에 발맞추어 청소년의 활동 환경을 조성하고 지원하는 제도로 청소년의 다양한 요구에 부응하고, 사회문화적 역량을 개발 · 강화하는 것을 목적으로 한다. 청소년활동 기반 확립과 학교교육과 연계한 활동 지원의 확대 요구에 대한 사회적 공감대가 형성되면서 2004년 2월 「청소년활동 진흥법」 제35조에 근거 규정을 마련하여 2006년부터 운영하고 있다.

청소년수련활동 인증제는 청소년활동 프로그램에 대한 사전인증으로 양질의 활동 기회 및 프로그램을 제공할 수 있게 하고, 수요자인 청소년의 욕구가 반영된 활동프로그램을 제공함으로써 '유용성' '공공성' '안정성'을 강조한다. 또한 인증받은 활동에 참여한 청소년의 활동실적을 기록 · 관리함으로써 청소년의 자기계발과 진로탐색에 필요한 자료로 활용될 수 있도록 지원하고 있다.

수련활동 인증신청은 상시적으로 청소년활동정보서비스를 통하여 이루어지며, 접수된 청소년수련활동은 1개 프로그램당 2명의 인증심사원이 심사를 하고, 인증위원회가 최종 심의를 하게 된다. 인증기준은 국내 청소년활동과 국제 청소년활동 영역으로 구분되어 있으며, 각 영역별 인증기준은 공통기준과 개별기준 및 특별기준을 갖는다. 공통기준은 활동 프로그램, 지도력, 활동 환경 등 세 가지 영역으로, 개별기준은 숙박형과 이동형으로 구성되어 있으며, 반드시 인증을 받아야 하는 프로그램과 학교단체 숙박형 활동, 비대면방식 청소년활동은 특별기준을 추가로 적용한다.

청소년수련활동 인증제의 운영 목적은 다음과 같다(e 청소년, https://www.youth.go.kr).

첫째, 국가가 청소년수련활동의 공공성과 신뢰성을 인증함으로써 청소년활동 정책의 실효성을 제고한다. 둘째, 청소년의 교육적 · 사회적 환경 변화에 따른 양질의 청소년활동 정책과 참여 기회를 제공한다. 셋째, 다양한 청소년활동 정보를 제공하고 청소년활동 참여를 활성화한다. 넷째, 자기계발 및 진로 모색 등 활용 가능한 활동을 기록하고 관리하며 제공한다.

청소년수련활동 인증제의 특징은 다음과 같다(e 청소년, https://www.youth.go.kr).

첫째, 맞춤형 참여이다. 청소년의 눈높이에 맞는 다양하고 재미있는 인증수련활동에 참여할 수 있다. 둘째, 안전과 전문성이다. 안전한 활동환경을 갖추고 전문성을 지닌 지도자와 함께한다. 셋째, 체계적 관리이다. 인증 신청, 수시 점검, 사후 관리 등 인증수련활동의 시작부터 끝까지 꼼꼼하게 관리한다. 넷째, 경험의 활용이다. 인증수련활동 참여 후 여성가족부장관 명의 참여 기록확인서를 발급받을 수 있고, 포트폴리오를 작성하여 관리할 수 있다.

2) 청소년수련활동 신고제

　청소년수련활동 신고제도는 「청소년활동 진흥법」 제9조의2에 따라 19세 미만의 청소년을 대상으로 하는 청소년수련활동 계획을 사전에 신고하도록 하고, 관련 정보를 참가자가 편리하게 확인할 수 있도록 인터넷 등에 공개하는 제도이다. 청소년수련활동 관련 안전사고 예방을 위해 2013년 11월 '이동·숙박형 청소년활동 신고제도'로 도입되어 2014년 7월부터 '숙박형 등 청소년수련활동 신고제도'로 신고 대상과 활동을 변경하여 운영 중이다. 신고제도를 통해 수련활동의 신고를 준비하는 과정에서 활동 운영 전반에 관한 안전 요소를 점검하게 되고, 범죄 경력자 등 결격 사유가 있는 지도자의 참여를 막을 수 있으며, 안전 보험 가입을 의무화하여 보다 안전한 수련활동을 진행할 수 있도록 하였다. 또한 신고 수리된 활동 정보를 인터넷 홈페이지(e 청소년, https://www.youth.go.kr) 등에 공개함으로써 청소년, 학부모 등 정보가 필요한 모든 사람이 쉽게 수련활동 정보를 알 수 있도록 하여 활동 선택과 참여 결정에 도움을 주었다. 위험도가 높은 수련활동에는 〈표 9-1〉과 같은 것들이 있다.

〈표 9-1〉 **위험도가 높은 청소년수련활동**

활동유형	프로그램명
수상활동	래프팅, 모터보트, 동력요트, 수상오토바이, 고무보트, 수중스쿠터, 레저용 공기부양정, 수상스키, 조정, 카약, 카누, 수상자전거, 서프보트, 스킨스쿠버
항공활동	패러글라이딩, 행글라이딩
산악활동	암벽 타기(자연암벽, 빙벽), 산악스키, 야간등산(4시간 이상의 경우만 해당)
장거리 걷기활동	10km 이상 도보 이동
그 밖의 활동	유해성 물질(발화성, 부식성, 독성 또는 환경유해성 등), 하강레포츠, ATV 탑승 등 사고위험이 높은 물질·기구·장비 등을 활용하여 이루어지는 청소년수련활동

출처: e 청소년(https://www.youth.go.kr/).

3) 청소년수련활동 지도방법

청소년이 수련활동을 하는 데에는 기본적으로 적절한 수련거리가 있어야 한다. 수련거리는 프로그램이라고도 하는데, 수련활동이 이루어지는 활동 목적과 내용, 활동 대상자, 과정, 방법, 장소, 시기, 조직 등 모든 제반 활동을 포함한다. 청소년 수련거리는 청소년의 건전한 육성을 목적으로 실시하는 다양한 청소년활동을 보다 효과적·효율적으로 실현시키기 위한 활동들의 집합이라 할 수 있다. 즉, 수련거리는 청소년활동을 구체화하기 위하여 필요한 활동 내용과 그에 관련된 자원과 조건 등의 제반 여건을 종합적으로 연결하여 단계적으로 편성한 것이다.

수련거리는 청소년활동에 있어서 지도자가 청소년에게 지도해야 할 내용이며, 지도자의 지도 아래 갖게 되는 모든 경험과 활동이다. 청소년 수련거리는 수련활동의 목적을 실현할 수 있는 활동 내용으로서 청소년지도에 있어서 매우 중요한 역할을 한다. 청소년수련활동의 목적을 달성하기 위해서는 청소년의 발달에 적합하고 욕구를 충족시켜 줄 수 있는 수련거리가 개발되어야 한다. 청소년 수련거리는 청소년의 흥미를 유발할 수 있으면서도 수련활동의 목적을 달성할 수 있어야 한다(한국청소년개발원, 2004).

청소년지도자는 청소년의 수련활동을 계획하고 진행하기 전에 청소년의 요구를 분석하고 수련활동의 목표 설정, 프로그램 내용, 세부 지도 방향, 환경 등을 파악하고 점검하여야 한다. 또한 청소년이 속해 있는 지역사회의 특성과 청소년의 상황과 실정에 맞게 수련활동의 내용을 재구성할 수 있어야 한다. 청소년지도자는 자신이 청소년프로그램 운영 및 관리에 적합한지 살펴보아야 하며, 청소년 참여 인원 대비 적정한 지도자를 배치하여야 한다.

수련활동은 일상생활과 관련된 실생활 중심의 교육으로 실습, 관찰, 체험, 실기 등 체험활동을 중심으로 구성하도록 한다. 청소년이 자발적으로 참여하여 자신의 적성과 흥미를 발견할 수 있도록 지도해야 한다.

한편, 수련활동은 신체적인 운동을 수반하는 과정이기 때문에 항상 안전에 주의를 기울여야 한다. 시설 및 기구의 사용과 취급에서 안전을 고려하여, 가능하면 안전 관련 유자격자를 배치하거나 필요한 교육을 반드시 이수하도록 한다. 청소년에게는 사전에 충분한 안전교육을 실시한다.

2. 청소년문화활동 지도방법

「청소년활동 진흥법」 제2조(정의)에 따르면, 청소년문화활동은 청소년이 예술활동, 스포츠활동, 동아리활동, 봉사활동 등을 통하여 문화적 감성과 더불어 살아가는 능력을 함양하는 체험활동을 의미한다. 청소년문화활동은 청소년의 문화적 감수성 증진을 통하여 입시 위주의 환경 속에서 청소년의 삶의 질을 향상하고자 추진되고 있다.

청소년문화활동은 청소년의 상시적이고 자율적인 참여를 통해 지역사회 중심으로 건전한 청소년문화를 형성하는 데 목적을 둔다. 청소년문화활동은 지방자치단체와 연계하여 운영되고 있으며, 대표적인 사업으로는 '청소년동아리활동'과 '청소년 어울림마당' 지원사업이 있다.

1) 청소년동아리활동

청소년동아리활동은 자생적으로 청소년 또래로 구성된 자치활동이자 집단활동으로 학교교육 과정의 일부로 활용되고 있는 체험활동이라고 할 수 있다. 청소년동아리활동은 청소년 스스로가 활동 목적과 내용을 선정·개발하고, 가치관이나 사회적 문제의식 등을 공유한다. 또한 자신의 끼와 재능 등을 개발하여 자신의 진로를 탐색하고 진로 선택에도 영향을 미칠 수 있는 활동이다(이운주, 2001).

청소년동아리활동은 청소년이 문화·예술·스포츠·과학 등 다양한 취미활동을 통해 건강한 또래관계를 형성하고 자신의 특기·소질을 개발할 수 있는 자율적 활동이다. 여성가족부는 전국 시·도별 청소년시설 및 각급 학교(초·중·고등)의 동아리활동 활성화를 위하여 인근 청소년수련시설과 연계해 우수 청소년동아리를 선정하여 지원하고 있으며, 2017년부터 현재까지 2,500개의 청소년동아리를 선정·지원하고 있다.

지역사회 네트워크를 활용한 지역사회 동아리활동 참여는 지역사회 문제를 해결하거나 시민단체 등과 연계한 지역사회 내 시민으로서의 활동 참여를 경험하기도 한다. 이러한 지역사회 동아리활동은 청소년이 동아리활동을 단순한 취미나 특기 개발의 범위를 넘어 청소년과 지역사회를 연결하는 수단과 통로로 활용할 수 있기 때문에, 청소년의 지역사회 동아리활동 참여는 지역사회 네트워크의 한 구성요소로서 역할을 기대할 수 있다.

지역사회 동아리는 지역사회 내 청소년수련시설에 가입하여 활동하는 시설동아리와 청소년단체동아리 등을 대표적으로 꼽을 수 있다. 지역사회 동아리활동은 가입한 청소년을 중심으로 청소년지도자 또는 시설단체의 지원으로 동아리활동이 이루어진다. 지역사회 동아리의 경우 청소년동아리연합회 형태로 구성되거나 청소년수련시설에서 시설 대관 형태로 운영되는 경우로 나눌 수 있으며, 동아리 지원금으로 운영 지원을 받는 경우도 있다. 따라서 학교 밖 지역사회 동아리의 경우 동아리활동 분류 기준에 따르면, 후원기관으로 지역자치단체 또는 청소년수련시설, 청소년동아리연맹 등의 지원을 받으며, 공식성 및 인준이 청소년수련시설 장이나 지역자치단체 장 등에 의해서 인준되어 조직화된 동아리를 의미한다. 지역사회 동아리활동은 창의적 체험활동과 연동하여 운영할 수도 있지만, 기본적으로는 학교 동아리활동과 구별하여 청소년기관을 중심으로 자치적으로 운영되는 형태라고 할 수 있다(이승렬, 2013).

2) 청소년 어울림마당

청소년 어울림마당은 청소년의 일상적 삶의 일부분으로서 청소년의 문화적 감성 함양과 문화창조 능력 개발을 지원하는 시설과 조직, 프로그램 등으로 구성된 인프라로서의 일정한 지역적 공간을 의미한다(여성가족부, 2014a).

청소년 어울림마당은 2004년과 2005년에 8개 광역시·도에서 운영되었으나, 2006년부터 11개 시·도로 확대되었고 5개 시·도가 시범사업 대상으로 지정되었다. 2008년도에는 16개 시·도, 90개 시·군·구로 청소년 어울림마당이 확대·실시되었으며, 2011년부터는 16개 시·도 대표 어울림마당과 110개 시·군·구 어울림마당이 지원·운영되고 있다.

청소년 어울림마당 활동은 지역 내에 청소년이 다양한 문화활동의 생산자 및 소비자로서 주도적으로 문화활동에 참여할 수 있는 상시적 공간을 조성하여 청소년의 문화적 감수성 및 역량을 도모하는 데 그 목적이 있으며, 기획, 준비 그리고 실행 등 모든 과정에 있어 청소년이 자발적으로 참여하는 데 그 의의가 있다.

3) 청소년문화활동 지도방법

청소년지도자는 청소년동아리활동을 통해 청소년들의 다양한 욕구와 저항의 에너지가 건강한 방향으로 나아갈 수 있도록 지도해야 한다. 특히 청소년지도자는 청소년이 동아리활동을 통해 다양한 특기를 개발하고 체험할 수 있도록 지원하여야 한다. 건전한 또래관계의 형성과 청소년의 동아리활동이 활성화될 수 있도록 방향을 제시하고 운영 과정상의 문제점을 해결하는 데 초점을 두고 조력자와 멘토의 역할을 해야 한다.

청소년 어울림마당은 청소년이 생활권 주변에서 문화적 감수성을 높일 수 있는 다양한 문화 · 예술 · 놀이 체험의 장으로 운영되고 있다. 청소년 어울림마당은 청소년이 주체가 되어 기획 · 진행하여 청소년의 다양한 문화 표현의 장으로 운영될 수 있도록 해야 하며, 모니터링을 통해 청소년 눈높이에서 청소년의 욕구가 적극 반영될 수 있도록 유도하여야 한다.

청소년 어울림마당의 핵심 가치로는 청소년, 문화, 어울림마당에 있으며, 그중에서 청소년이 중심이다. 청소년은 어울림마당의 주인이며 고객이다. 주인으로서 청소년은 단순 참가자가 아니라 문화존(zone)의 설계와 운영에 참가하는 주체를 의미하며, 동아리나 개인 단위로 자신의 문화 역량을 능동적으로 표출하는 생산자이다. 청소년이 프로그램의 기획단계부터 참가하고, 동아리나 개인 단위로 능동적으로 참여해야, 어울림마당의 본래 목적에 부응하고, 콘텐츠가 안정적으로 확보되며, 고객으로서 청소년 참가자를 안정적으로 확보할 수 있다. 어울림마당을 홍보함에 있어 최상의 방법은 청소년의 입으로 알려지는 것이다. 무대나 부스에 참여하는 청소년은 또래 청소년 지지자가 많고, 그 지지자는 무대공연을 하는 친구를 보기 위해 어울림마당에 참여할 확률이 아주 높다. 그리고 고객으로서 청소년이기에 청소년 어울림마당은 청소년에게 다양한 문화체험의 기회를 제공해야 하며, 안전하고 쾌적한 문화활동의 공간을 제공해야 한다(이채식, 2015).

어울림마당은 전문적 예술단체나 예술가 혹은 특정 동아리나 개인 중심의 발표무대가 아니다. 지역 청소년의 일상적 문화활동이 표현되고 향유되고 공유되는 생활로서의 문화가 어울림마당의 일차적 관심사이다. 어울림마당의 무대에 올라가거나 부스에 펼쳐지는 다양한 공연이나 프로그램 자체가 중요한 것이 아니라 이러한 결과물을 낳게 하는 청소년문화활동이 우선되어야 한다.

청소년 어울림마당은 각종 자원의 효율적 연계 및 활용을 통해서 청소년의 상시적 문화활동 여건을 조성할 필요가 있다. 장기적으로는 청소년을 위한 지역단위의 문화 공간을 확보하고 점차 확산함으로써 지역 중심의 청소년문화를 활성화시켜야 한다.

청소년 어울림마당은 전국적으로 운영되고 있다. 청소년 어울림마당의 운영 방향은 청소년이 쉽게 접근할 수 있는 공간을 활용하여 지역적·문화적으로 의미가 있는 요소들을 네트워킹(networking)하는 것이다. 따라서 각 지역 특성에 맞는 상설 청소년문화·예술·놀이 체험의 장을 운영하는 상설 청소년문화공간을 조성해 주어야 한다.

청소년지도자는 청소년의 창의적인 능력과 문화적인 감수성을 개발하는 데 도움을 주어야 한다. 청소년문화와 기성세대 문화의 만남의 장으로 지역 문화단체 초청 공연과 청소년과 지역주민의 공연을 통한 폭넓은 문화마당을 제공하며, 청소년의 자발적 참여를 확대하고 홍보할 수 있는 역량이 필요하다.

청소년문화활동 지도 현장에서 청소년지도자는 문화·예술 활동을 통해 청소년 개인이 어떠한 문화 감수성의 변화가 있는지에 대한 평가과정을 마련할 필요가 있다. 또한 청소년지도자는 평소에 다양한 문화에 대한 이해를 바탕으로 편견과 차별 없는 시각을 길러야 할 것이다. 청소년문화활동을 지도하기 위한 지도자는 다음과 같은 점에 유의하여 지도하여야 한다(김영인, 김민, 2016).

첫째, 청소년문화 특성에 대한 이해이다. 청소년문화활동을 지도하는 지도자는 청소년의 새로운 문화적 의식과 특성에 대해 이해하고 있어야 한다.

둘째, 전통문화활동에 대한 이해 및 지도방법을 길러야 한다. 문화는 역사의 산물이다. 새로운 문화가 형성되더라도 그 문화의 뿌리는 과거의 문화에 존재한다. 특히 한 사회의 문화적 정체성은 전통문화의 계승과 보존에 의해 이루어지므로, 전통문화 예술활동을 통해 문화적 정체성을 청소년에게 전수하려는 노력이 중요하다.

셋째, 뉴미디어 문화활동 지도방법 및 기술을 가져야 한다. 문화는 미디어를 통로로 삼아 전파와 확산을 거듭한다. 특히 청소년 세대의 문화는 뉴미디어의 속성과 깊은 관련성을 갖는다. 최근 청소년이 컴퓨터와 인터넷을 활용한 새로운 문화적 게토(ghetto)를 형성하려는 것은 이러한 문화의 의미와 미디어의 의미가 결합한 양상이라 할 수 있다.

넷째, 청소년 소비문화 및 경제활동 지도방법을 사용하여야 한다. 소비문화는 청소년문화를 살펴보는 주요 측면의 하나이다. 전통적으로 청소년은 그들의 독특한 소비양식을 통해 자신의 문화적 특성을 보여 주기 때문이다. 청소년이 선호하는 대중음악, 대중 영화, 뉴미디어 문화의 소비 문화양식을 제대로 이해할 필요가 있다.

다섯째, 청소년문화의 역기능 예방 지도방법을 습득하여야 한다. 문화는 항상 긍정적인 영향만을 주지는 않는다. 최근 인터넷 · 스마트폰 과다 사용과 중독적 성향은 대표적인 문화 역기능이다. 청소년지도자는 이와 같은 문화의 역기능에 대해서 관심을 기울일 필요가 있다. 나아가 역기능의 예방과 치유에 대한 전문적인 지식과 기법을 습득하는 것이 필요하다.

또한 청소년지도자는 청소년의 문화활동이 청소년에게 긍정적인 영향을 미칠 것이라는 굳은 신념을 가지고 지도하여야 한다. 문화와 예술을 통해 청소년을 지도한다는 것은 사회적 기능에 초점을 맞추어 이루어지는 교육활동이기도 하다. 청소년이 문화활동을 통하여 긍정적 기능을 극대화하고 부정적 역기능을 최소화할 수 있도록 지도자는 지도방법을 끊임없이 숙련해야 한다.

3. 청소년교류활동 지도방법

1) 청소년교류활동의 개념 및 의의

청소년 국제교류활동은 청소년들의 세계시민의식을 형성하기 위하여 시행되었다. 청소년 국제교류활동은 과거에 비해 다양한 형태와 수준에서 정부와 민간단체 그리고 사회교육 기관들에 의해 활발하게 전개되고 있다. 아동을 대상으로 세계시민의식교육을 활발하게 전개하는 대표적 기관으로는 유니세프와 굿네이버스, 월드비전이 있다.

청소년교류활동은 「청소년활동 진흥법」 제2조에서 '청소년이 지역 간, 남북 간, 국가 간의 다양한 교류를 통하여 공동체 의식 등을 함양하는 체험활동'으로 정의하고 있다. 한국청소년개발원(2004)에서는 청소년 국제교류활동의 목적을 '지구촌 사회 간 문화적 이해를 통한 평화적 · 공동체적 삶을 창조하고 지구촌 문제의 공동 해결을 위하여 공동체나 지역사회 공동체 등의 함께하는 삶에 대한 의식과 행위를 배우고 익혀서 지구촌 및 지역사회 공동체를 형성 · 발전시키는 것'으로 규정하고 있다.

청소년 국제교류는 청소년의 글로벌 리더십 함양과 국가 간의 우의와 협력 도모를 목적으로 하는 국제적 활동으로 중앙정부 차원의 국가 간 청소년교류와 다양한 해외 체험 행사, 교류 프로그램 등이 이에 해당되며, 민간 차원에서의 교류 프로그램도 다양하게 전개되고 있다(박선영, 2012). 한국스카우트연맹 등과 같은 국제청소년단체나 청소년관련 시설 및 기관 등도 방학 기간을 활용하여 청소년해외봉사활동, 국제야영대회, 국제청소년포럼 등과 같은 청소년 국제교류활동을 활발히 전개하고 있다.

윤철경 등(2012)은 청소년의 국제교류정책 현황 분석에 관한 연구에서 국가교류의 가장 전통적인 목적인 '상호 우익 증진'과 글로벌 역량, 글로벌 인재, 글로벌 리더십 등 '개인역량의 강화'와, 지구사회에 대한 책임과 참여 등을 강조하는 '세계시민의식' 등의 효과성을 제시하고 있다.

조남억과 김고은(2014)은 국제교류활동 프로그램의 자기효능감, 팀워크(예: 팀원의 의견 수용, 팀 활동 시의 논의, 팀원들과의 상호작용), 대인관계(예: 진실한 마음, 타인에 대한 호의, 타인을 존중하는 태도), 세계시민의식(예: 인간의 보편가치, 다양성에 대한 가치존중, 세계적 문제에 대한 흥미와 관심, 세계 문제해결에 대한 참여의식, 세계지향적인 태도)의 향상에 대한 효과성을 분석하고 제시하였다. 즉, 청소년교류활동은 개인 역량의 강화, 자기효능감, 팀워크, 대인관계, 세계시민의식의 향상을 가져올 수 있는 활동이다.

청소년교류활동은 체험학습을 통한 사회적 리더십을 함양하기 위한 시도이자, 다양한 세계 문화 이슈들에 대한 이해와 정의, 평등, 인권, 환경, 가치를 구현하는 공동의 책임을 배울 수 있는 소중한 기회이다. 청소년기에 국제 경험을 하는 것은 청소년의 인생관과 직업관을 바꿔 놓을 수 있으며, 특히 가치관 형성에 매우 중요한 역할을 한다. 청소년은 국제교류와 해외 봉사활동을 통해 고정관념을 불식하고 폭넓은 사고를 할 수 있는 배움의 기회를 가질 수 있다(이창호, 오해섭, 2009).

2) 청소년교류활동 사업

여성가족부에서 추진하고 지원하는 교류활동 사업은 국제교류(국가 간 청소년교류, 한·중 청소년교류, 국제청소년리더 교류, 한·아세안 청소년 서밋[1]), 청소년 해외체험 프로그램, 민간단체 주관 청소년국제행사, 2023 새만금 제25회 세계스카우트

잼버리(25th World Scout Jamboree) 사업 등이 있다. 청소년교류활동은 같은 사업이 지속되기보다는 국제행사 여부에 따라 달라지므로 여성가족부(2022a)에서 발간한 '2021 청소년백서' 자료를 참고하였다.

(1) 청소년 국제교류

① 국가 간 청소년교류

국가 간 청소년교류는 상대국 청소년 담당 부처와의 약정 등에 의해 매년 정기적으로 실시되는 사업으로 청소년기관 및 시설 방문, 양국 청소년 간의 토론, 가정방문, 역사·문화 유적지 답사, 산업 시설 견학 등을 통해 청소년 관련 정보와 경험 등을 교환하고 각국의 문화를 체험할 수 있는 기회를 제공한다. 2020년에는 코로나19 확산에 따라 해외 파견 및 초청이 불가능하여 일본, 브루나이 현지 청소년과 비대면 교류를 실시하여 온라인을 통한 각국 문화 소개 및 공동 과제 수행, 토론회 등 프로그램을 진행하였다. 2021년에는 온라인 교류 규모를 확대하여 9개국과 온라인 교류를 진행하였다. 코로나19 상황 속에서도 청소년 분야 협력 기반을 마련하고자 캄보디아, 싱가포르(재체결), 오스트리아, 아르메니아와 청소년교류 약정을 체결하였다(여성가족부, 2022a, 〈표 9-2〉 참조).

〈표 9-2〉 **청소년교류 약정체결국 현황(39개국)**

구분	약정체결국
동북아시아(3개국)	중국, 일본, 몽골
남아시아·태평양(9개국)	말레이시아, 베트남, 필리핀, 인도, 파키스탄, 인도네시아, 싱가포르, 브루나이, 캄보디아
유럽(14개국)	러시아, 프랑스, 체코, 폴란드, 핀란드, 헝가리, 그리스, 터키, 스페인, 불가리아, 아제르바이잔, 슬로바키아, 오스트리아, 아르메니아
중남미(4개국)	칠레, 멕시코, 콜롬비아, 아르헨티나
중동·아프리카(9개국)	사우디, 이스라엘, 이집트, 수단, 모로코, 튀니지, 카메룬, 아랍에미리트, 카타르

출처: 여성가족부(2022a).

---

1) 서밋(summit)은 정상회담 참여를 의미한다.

② 한 · 중 청소년교류

2003년 7월 한 · 중 양국 정상 간의 청소년교류 합의에 따라 2004년부터 우리 정부의 공식 초청으로 한 · 중 청소년교류가 시작되었다. 2012년부터 수교 20주년을 맞이하여 한 · 중 양국 청소년 500명씩 교류하였다. 2016년 하반기 중국 측 사정으로 한 · 중 청소년교류는 중단되었으나, 2018년 8월 한 · 중 청소년교류 재개를 위한 협력 약정이 체결되었으며, 2018년 하반기부터 초청 · 파견 사업을 재개하였다. 2020년부터는 코로나19 확산에 따라 출입국 제한 등으로 추진되지 못하였다.

③ 국제청소년리더 교류

2017년에는 한 · 중 청소년교류의 실질적이고 파급적인 효과를 고려한 새로운 형태의 발전모델 개발 및 교류 기반 구축을 위하여 국내 체류 중국 유학생과 한국 청소년 간 교류 시범사업을 신규 추진하였다. 대학과 민관협력을 통하여 국내 총 10개 대학 내 1,000여 명의 한 · 중 청소년 상호교류 활동을 지원하였다. 각 대학에서는 특성화된 주제를 선택하여 오리엔테이션, 특강, 멘토링, 교류활동, 지역, 문화, 역사, 스포츠, 생태 등 탐방, 팀별 결과 발표 등 다양한 청소년교류활동을 실시하고, 여성가족부에서는 대학별로 전문가 컨설팅, 현장 방문, 사업성과 정리, 결과 보고 등의 체계적인 프로그램 운영을 지원하였다. 2018년에는 지원 대상을 다국가 유학생으로 확대하여 34개국 유학생, 2019년에는 41개국 유학생이 한국 청소년과 교류하였다. 2020년부터는 코로나19의 확산으로 소규모 팀별 활동을 통해 교류를 이어갈 수 있도록 지원하고 있다. 앞으로도 이 프로그램의 운영을 통해 청소년의 실질적, 심층적 교류 효과를 추구하고, 참여 대학 간 지식과 경험을 공유하여 교류 발전모델을 개발 및 확산해 나갈 계획이다.

④ 한 · 아세안 청소년 서밋

'2021 한 · 아세안 청소년 서밋'은 '2019 한 · 아세안 특별 정상회의' 후속조치로 청소년 인적 교류 확대를 위해 청소년 간 소통의 장을 마련하였다. '한 · 아세안 청소년 서밋' 기간 동안 각국 청소년들은 온택트 방식으로 한 · 아세안의 동반 성장을 위해 필요한 청소년의 역할에 대해 함께 논의하고, 각국의 경험과 사례를 나누는 등 한 · 아세안의 협력 방안에 대한 견해를 공유하였다. 2021년 개최된 한 · 아세안 청소년 서밋에는 총 100명(10개국 각 10명)이 국가를 대표하여 참여하였다.

(2) 청소년 해외체험 프로그램

2005년부터 실시되고 있는 청소년 해외체험 프로그램은 청소년이 국제무대에서 활동할 수 있도록 지원하는 국제회의 및 행사 파견과 해외자원봉사 프로그램으로 구성 및 실시되며, 이를 통해 청소년의 글로벌 역량을 강화하여 세계 시민의식을 함양하는 것을 목표로 한다. '청소년을 세계의 주역으로, 국제회의 참가단'과 '꿈과 사람 속으로, 대한민국 청소년 해외 자원봉사단' 등 2개의 세부 프로그램으로 이루어져 있다.

(3) 민간단체 주관 청소년국제행사

민간에서 개최하는 국제청소년행사를 지원하는 프로그램으로 2021년에는 '걸스카우트 e-국제야영' 프로그램 개최를 지원하였다. 특히, 코로나19의 확산에 따라 한국걸스카우트 연맹은 기존 야영대회를 온라인으로 실시하여 청소년이 코로나19 상황 속에서도 다양한 활동을 접할 수 있도록 지원하였다.

(4) 2023 새만금 '제25회 세계스카우트잼버리' 개최

세계스카우트잼버리는 전 세계 170여 개국에서 5만 명 이상이 참여하여 다양한 문화에 대한 이해와 우애를 다지는 세계 청소년 야영 행사다. 1920년 영국 런던 올림피아 스타디움에서 34개국 8,000명의 스카우트들이 참가한 '제1회 세계스카우트잼버리'가 시초가 되어 이후 4년마다 개최하는 정규 행사로 이어져 오고 있다.

잼버리(Jamboree)는 북미 인디언의 '즐거운 놀이' '유쾌한 잔치'라는 뜻을 지닌 말로서, 스카우트의 창시자인 '베이든 포우엘경'이 제1회 세계스카우트잼버리를 'Jamboree'라고 명명한 것이 유래가 되었다.

세계스카우트잼버리는 올림픽과 같이 4년마다 개최국을 결정하며, 대회를 유치한 국가는 3년마다 개최되는 세계스카우트총회에서 스카우트 회원국(1개국당 6표 투표)의 투표로 선정된다. 2019년까지 24회의 세계스카우트잼버리가 개최되었으며, 2023년에는 제25회 세계스카우트잼버리(25th World Scout Jamboree)가 대한민국 전라북도 새만금에서 개최될 예정이다.

2023 새만금 제25회 세계스카우트잼버리는 청소년활동을 활성화하고, 미래의 주역으로 자라나는 청소년에게 세계 청소년들과의 교류의 장을 마련함으로써 세계 시민으로 성장할 수 있는 기회를 제공할 것이다. 전 세계 5만여 명의 스카우트 대원

(청소년)과 지도자의 한국 방문은 국내 관광자원 및 문화자원 등과 연계되어 경제적 효과와 함께 고용 창출 및 부가가치 유발효과도 클 것으로 평가되고 있으며, 개최지 인 새만금 지역의 발전에도 긍정적 영향을 미칠 것으로 기대되고 있다.

3) 청소년교류활동 지도방법

청소년교류활동을 지도하기 위해 청소년지도자가 갖추어야 할 역할과 자질을 살펴보면 다음과 같이 다섯 가지가 있다(김영인, 김민, 2016).

첫째, 청소년교류활동 지도자는 타 문화에 대한 수용적 태도와 함께 다양성을 인정할 수 있는 포용력이 있어야 한다. 타 문화를 이해하기 위해서는 다른 문화, 곧 삶의 양식을 이해하기 위한 다양한 정보와 지식을 갖추어야 한다. 타 문화를 옳고 그름이나 우열의 방식이 아닌 다름으로 인정하여야 한다.

둘째, 타인과의 의사소통 능력이 요구된다. 이를 위해서는 언어능력과 함께 원활한 의사소통 능력 전반이 요구된다. 이를 위해 어학적 능력, 인간관계에 대한 이해, 자기주장 표현방식, 타인에 대한 배려 등의 사회기술 능력 등이 요구된다.

셋째, 긍정적 사고방식이 필요하다. 우선 지도자 자신에 대한 신뢰가 있어야 하며, 상황을 읽어 내는 통찰력과 위기 상황에 당황하지 말고 좌절하기보다는 이를 희망적 상황으로 만들 수 있는 여유로움과 긍정적 사고가 요구된다.

넷째, 문제를 발견하고 문제를 해결할 수 있는 능력이 있어야 한다. 문제를 발견하였다면 문제로부터 연유되는 각종 갈등을 해결하는 등 문제를 해결하는 능력이 있어야 한다. 교류활동은 이질적인 문화 간 충돌과 갈등이 일어날 소지가 크다. 따라서 소통과 이해, 존중과 나눔의 장면으로 상황을 전환할 수 있는 문제해결 능력이 있어야 한다.

다섯째, 타인과 사물에 대한 호기심과 일에 대한 열정이 필요하며, 모험을 두려워하지 않는 용기 또한 필요하다.

청소년교류활동 지도자의 역할은 간단히 정의하기는 어려우나 활동 단계별로 살펴보면, 교류활동프로그램 개발자이면서 동시에 조정자(coordinator)의 역할을 해야 한다. 실행단계에서는 리더이자 프로그램 지휘자(program director)의 역할을 하여야 하며, 프로그램의 목적이 제대로 달성되었는지를 살펴보는 평가자의 역할도 같이 갖추어야 한다. 지도자의 성격에 기초한 역할을 일반적인 청소년지도자와 마찬가지로 청소년의 안내자이자 촉진자이며, 전문가이자 격려자, 전달자의 역할을 한다. 특히 교류활동이 다양한 요소들을 고려하고 검토해야 하는 차원에서 교류활동 지도자는 꼼꼼한 세심함과 배려 깊은 지도자의 역할이 요청된다(김영인, 김민, 2016).

4. 청소년봉사활동 지도방법

1) 자원봉사활동의 개념

자원봉사(自願奉仕)의 한자어를 풀어 보면 '스스로 원하여 받들어 섬김'이라는 의미를 지니고 있다. 『표준국어대사전』에서는 '자기 스스로 나서서 국가나 사회 또는 타인에게 적극적으로 도움을 주는 일'로 정의되어 있다. 영어로는 'volunteerism' 'volunteer' 'voluntary service' 등으로 표기되는데, 이는 자발적인 의지(will)와 욕망(desire)을 나타내는 라틴어의 '자유의지(voluntas)'에서 유래된 말이다. 여기서 '자유의지'라는 말은 자원봉사활동에서 무보수성의 측면보다는 자발성을 강조하는 개념이라는 것을 알 수 있다.

UN의 '2011 세계자원봉사 현황보고서(State of the World's Volunteerism Report)'에서 '자원봉사활동은 개인이 속한 지역사회에 함께 참여하는 의사 표현이다. 참여, 신뢰, 연대, 호혜 그리고 공동의 책임 의식은 거버넌스와 함께 세계시민의 덕목이다. 또한 자원봉사는 과거의 향수를 불러일으키는 유물이 아니라, 세계화가 가속되는 가운데 사회문제의 최전방에서 대응하는 우리의 노력이며, 오늘날 나눔과 돌봄은 필수적 활동으로 대두되고 있다.'고 주장하고 있다.

또한 '2022 세계자원봉사 현황보고서'에서 '자원봉사는 협력적인 의사결정 문화를 촉진할 수 있다. 자원봉사는 불평등한 권력관계를 바꿀 수 있다. 자원봉사는 시민 참여에 대한 다양한 경로를 제공하지만, 접근 기회는 여전히 불평등하다. 자원봉사자가 서비스 제공자와 수혜자 간의 다리를 만든다.'고 하였다.

호주의 자원봉사 기관인 Volunteer Victoria(2015)에서는 자원봉사활동을 '지역사회와 자원봉사자에게 유익이 되고, 어떠한 강요도 없이 자원봉사자의 순수한 자유의지에 의해 수행되고, 금전적 보상을 받지 않으며, 자원봉사자의 활동으로 지정된 활동만을 수행한다.'고 설명하고 있다.

우리나라의 「자원봉사활동 기본법」은 '자원봉사활동이란 개인 또는 단체가 지역사회·국가 및 인류사회를 위하여 대가 없이 자발적으로 시간과 노력을 제공하는 행위를 말한다.'로 정의하고 있다. 자원봉사활동의 진흥을 위한 기본방향으로 '자원봉사활동은 무보수성, 자발성, 공익성, 비영리성, 비정파성(非政派性), 비종파성(非宗派性)의 원칙아래 수행될 수 있도록 하여야 한다.'로 규정하고 있다.

자원봉사활동은 개인적 차원에서는 자기계발의 계기가 될 수 있고, 지역사회와 국가, 지구촌에서는 다양한 사람들과 공동체 정신을 바탕으로 교류하고 탐구하며, 자원봉사자의 지적·정의적·행동적 역량을 변화시킬 수 있다. 또한 이웃에 대한 배려와 관심을 나타내는 것으로, 사회적인 유대와 결속력을 강화한다. 더불어 전 지구적 차원에서도 활발하게 행해지면서 전 세계의 인류애 형성과 소통을 돕는다.

2) 자원봉사활동의 특징

자원봉사활동은 자발성, 공익성, 무보수성, 학습성, 행위성의 특징을 가지고 있으며, 구체적으로 살펴보면 다음과 같다(김영인, 김민, 2016).

(1) 자발성

자발성은 봉사활동이 국가 권력이나 어떤 권위에 의해서도 통제되거나 강압되지 않은 자발적인 활동임을 나타내는 것이다. 봉사활동의 본질은 자유의지를 바탕으로 하는 활동이다.

(2) 공익성

공익성은 봉사활동이 사익보다는 공익정신에 의한 활동임을 나타내는 것이다. 봉사활동은 자신보다는 타인이나 사회를 위한 것으로서 이타적인 시민정신이 활동의 중요한 전제가 된다.

(3) 무보수성

무보수성은 봉사활동이 아무런 물질적인 반대급부 없이 이루어지는 활동임을 나타내는 것이다. 봉사활동은 봉사자의 자아실현, 만족, 신념의 충족 등이 중요한 동기가 되는 것이지, 물질적인 대가를 추구하는 것은 아니다. 봉사활동은 섬김의 정신에서 비롯되는 것으로 물질적인 보수나 영리를 추구하지 않는다.

(4) 학습성

학습성은 봉사활동이 봉사자의 능력을 변화시키고 시민성을 함양하는 교육적 경험을 본질적으로 내포하는 활동임을 나타내는 것이다. 자원봉사자는 봉사활동을 통해서 자신의 내면적인 정신세계와 외면적인 행동을 변화시키는 학습 경험을 하게 된다. 봉사활동을 통해서 문제해결력을 기르고 이웃에 대한 관심과 사랑을 키우며, 시민으로서 참여적 자세와 태도 · 책임성을 형성하게 된다. 이러한 봉사활동의 학습성을 강조하여 '봉사학습(service learning)'이라 하기도 한다.

(5) 행위성

행위성은 봉사활동이 단순히 심리적인 지식, 태도, 신념 등과는 다른 운동, 실천, 노력 등을 나타내는 인간의 구체적인 행동임을 나타내는 것이다. 지식, 태도, 신념 등과 같은 심리적인 요소는 봉사활동의 전제 요소일 수는 있지만, 봉사활동 그 자체일 수는 없다. 봉사활동은 실천적인 행위로 나타날 때만 의미가 있다.

3) 청소년 자원봉사활동의 의의

청소년의 자원봉사활동은 학교교육의 보완과 성인으로의 준비라는 관점에서 교육적 목적으로 출발하였다. 청소년은 봉사활동을 통해 자신의 잠재력을 개발하거나 사회환경을 체험함으로써 정신적 · 심리적 성숙과 발달을 도모할 수 있다. 또한 봉사활동으로 인한 사회참여를 통해 사회적 연대감과 공동체 의식을 배양할 수 있다.

청소년의 봉사활동은 인성교육과 학교 밖의 다양한 교육 기회를 제공하고자 '자원봉사 의무제'를 도입하고 학교교육 과정에 학생의 자원봉사를 의무화하였다. 청소년은 사회복지 시설, 관공서, 공공기관, 병원, 우체국 등을 방문해 봉사활동을 하고 확인서를 받은 뒤 학교에 제출하면, 교사는 각 학생의 봉사활동 실적을 생활기록부에 반영하였다. 그러나 공교육의 방향이 '대학입시'에 초점이 맞추어져 있고 학생이 봉사활동을 의무적으로 시행하면서 여러 부작용이 발생하기도 하였다. 즉, 의무적인 봉사활동으로 인해 학업에 열중해야 할 학생이 귀중한 시간과 에너지를 소모

한다는 주장이 있었으며, 실제로 봉사활동을 하지 않고 시간만 채우는 식의 부작용이 발생한 것이다. 이에 따라 현재는 학교, 교육청, 교육부가 주관하는 봉사활동만 생활기록부에 반영이 되고 스스로 한 봉사활동은 기록할 수 없다. 이러한 조치로 인해 청소년의 봉사활동이 위축될 수 있다는 우려의 목소리가 있지만, 청소년의 자발적인 자원봉사활동을 위해서는 필요하다는 일면도 있다.

봉사활동 참여를 통해 청소년이나 성인은 자신의 삶이 타인과 밀접하게 관련되어 있으며, 지역사회의 일원임을 경험하고, 지역사회 문제를 민주주의 절차에 따라서 해결해 가는 경험을 하게 된다(Wade, 2001). 따라서 청소년에게 봉사활동은 점수를 따기 위한 의무적 활동이 아니라, 사회참여를 통해 건전한 성장을 도모할 수 있으며 소중한 삶의 경험이 되는 것이다. 청소년은 봉사활동을 통해 문제해결의 방법을 스스로 찾을 수 있으며, 학교에서 배운 이론을 지역사회의 다양한 사회문제를 해결하는 데 적용할 수 있고, 도덕적 가치를 경험할 수 있게 된다.

서울시자원봉사센터(2016)는 「청소년이 시민으로 성장하는 봉사 학습 안내서」를 발간하면서 청소년이 자원봉사활동을 통해 배울 수 있는 여덟 가지를 제시하고 있다. 즉, ① 서로 배움, ② 관계 맺기, ③ 협업의 기술, ④ 문제해결 능력, ⑤ 자존감 향상, ⑥ 숨어 있는 능력의 발견, ⑦ 사회의식, ⑧ 성장감이다.

청소년 자원봉사자가 봉사활동을 통해서 얻게 되는 경험에 초점을 맞추어 자원봉사가 어떻게 구조적·조직적인 자원봉사활동을 해 나갈 것인가는 대단히 중요하다. 즉, 청소년이 자원봉사활동을 통해서 여러 가지 경험을 얻고 그것을 자신의 삶 속에 반영하는 것이 중요하다. 청소년기의 봉사활동은 교육적 효과가 높고 중요하기 때문에 '봉사학습(service learning)'이라고 한다. 청소년 자원봉사에서 무엇보다 중요한 것은 청소년의 주도적인 참여이다. 청소년이 주도적으로 준비(기획)―실행―평가를 담당하는 것이 바람직하다.

청소년 봉사학습은 청소년의 자원봉사활동과 활동 후의 반성이 학습에 반영되는 과정을 포함하는 개념이다. 학교의 교과목과 지역사회의 욕구를 동시에 충족시키면서 지역사회에서 발생하는 각종 사회문제를 해결하기 위한 개입과 조정, 지원하는 기회를 가지는 자발적인 사회 체험이며 참여 행위이다. 개인 혹은 집단으로 하든, 어떤 상황에서 무슨 일을 하든, '나(우리)의 봉사활동을 필요로 하는 문제가 무엇인가?' '그 문제를 어떻게 해결할 수 있는가?' 등을 생각하고 스스로 실천계획을 세우는 것이 중요하다(서울시자원봉사센터, 2016).

4) 청소년 자원봉사활동 현황

청소년자원봉사는 개인, 가족, 동아리·단체 등의 유형으로 활동에 참여하며, 일손 돕기·환경미화·취약계층 활동 보조 등의 노력봉사, 학습 지도·멘토링·공부방 운영 지원 등의 교육봉사, 지역행사 운영·보조, 캠페인 활동 등의 문화봉사, 청소년의 다양한 재능을 활용한 재능봉사 활동 등 다양하게 이루어지고 있다.

청소년봉사활동은 봉사활동 인증터전을 통해 이루어지고 있는데, '인증터전'이란 청소년활동정보서비스 e 청소년(www.youth.go.kr)에 봉사활동 실적을 등록·운영·관리할 수 있도록 17개 시·도 청소년활동진흥센터에서 인증한 기관을 의미한다. 현재 활동 인증터전으로는 청소년기관 및 단체, 사회복지기관 및 시설, 문화·예술시설 및 단체, 체육·관광시설 및 단체, 의료보호시설 및 단체, 기업체(사회공헌재단 등) 등의 다양한 기관이 참여하고 있다.

2016년부터는 청소년자원봉사의 안전한 봉사활동 환경 보장과 자발적 봉사참여 촉진을 위해 자원봉사 상해보험 지원을 시작하였으며, 2017년부터는 자원봉사 포털(1365나눔포털, VMS) 간 종합보험 통합 제공 추진을 통해 자원봉사 상해보험 수혜대상자를 크게 확대하였다.

2017년부터 청소년 자기주도형 봉사활동 사업이 추진되고 있다. 자기주도형 봉사활동은 청소년이 지역사회의 문제나 변화가 필요한 주제를 스스로 조사·분석하고 참여하는 봉사활동을 의미한다. 기존 봉사활동이 봉사시설 및 기관의 담당자(성인)가 계획한 봉사활동에 청소년이 참여하는 형식으로 진행되는 반면, 자기주도형 봉사활동은 참여 청소년이 스스로 활동의 목적과 수단, 실행방법을 기획하고 실행한다는 점에서 큰 차이가 있다.

2017년에는 자기주도형 봉사활동 시범사업으로 4개 시·도(대전, 경기, 광주, 전남)에서 27개 팀이 참여하였으며, 자기주도형 봉사활동 매뉴얼(청소년용, 지도자용)이 개발·보급되었다. 2018년에는 전국 17개 시·도로 확대·운영하여 총 930명, 2019년에는 총 1,393명, 2020년에는 총 2,064명, 2021년에는 2,109명의 청소년이 지역사회의 문제 등에 대해 스스로 생각해 보고 봉사활동을 주도적으로 실행하는 자기주도형 봉사활동에 참여하였다(여성가족부, 2022a).

5) 청소년봉사활동 지도방법

서울시자원봉사센터(2016)에서는 청소년 봉사학습의 실천 과정으로 기획-준비-실행-평가의 4단계 과정을 제시하고 있다(〈표 9-3〉 참조).

〈표 9-3〉 **청소년 봉사학습의 실천 과정**

실천 과정	실행 방법
기획단계	• 봉사활동의 의미와 가치에 대한 충분한 이해가 필요하다. • 활동 목표를 설정한다. • 봉사활동이 가능한 장소, 관계기관 조사 및 협조 요청을 한다.
준비단계	• 활동실행 이전에 필요한 지식과 기술을 습득한다. • 선택된 프로젝트 수행을 위한 준비와 세부 활동 계획을 습득한다. • 비용, 안전 문제, 프로그램을 위한 준비물을 확보한다.
실행단계	• 역할 분담을 한다. • 수립된 구체적인 활동계획서에 따라서 봉사활동을 진행한다.
평가단계	• 구성원들이 자신들의 활동 경험을 나눔으로써 시야를 넓히고, 비판적 사고를 통해 학습 성과를 새로운 삶의 지식으로 승화시키는 과정이다. • 평가단계에 서로 경험을 나누며 성과에 대해 격려하고 인정해 줄 수 있는 자리를 마련한다. • 함께 활동한 기관이나 지역사회에 활동을 널리 알려 성과를 기념하고 발전시켜 나갈 방법을 모색한다. • 토론, 작문, 수기발표, 프로젝트 공유회 등의 방법을 활용한다.

출처: 서울시자원봉사센터(2016).

여성가족부와 청소년활동진흥원(2018)에서는 청소년의 자발적인 봉사활동을 위하여 「청소년 자기주도형 봉사활동 매뉴얼」을 청소년용과 지도자용으로 제작하여 배포 및 교육하고 있다. 청소년 자기주도형 봉사활동은 청소년이 지역사회에 관심을 갖고 자신의 재능을 활용하여 문제해결 및 개선을 위해 스스로 활동의 목표와 방법을 정하고 이를 실행하는 봉사활동을 말한다. 지도자 매뉴얼에는 청소년 자기주도형 봉사활동에 필요한 일곱 가지 마음을 다음과 같이 제시하고 있다.

• 남이 시켜서가 아니라 내가 하고 싶어서 하려는 자발성
• 내가 생활하는 동네 또는 소속된 곳에 대한 관심과 문제의식

- 새로운 프로젝트를 개발하고 실행하는 기획자로서의 창의성
- 실제로 필요하고 할 수 있는 봉사를 찾으려는 현실 의식
- 계획대로 수행하려는 성실성과 책임 의식
- 활동 과정에서 발생하는 문제들을 하나씩 해결하며 활동을 추진해 내는 과제 관리능력
- 혼자가 아니라 함께 목표를 달성해 내기 위해 필요한 협상과 신뢰의 기술

청소년 자기주도형 봉사활동의 진행단계는 다음과 같다(〈표 9-4〉 참조).

〈표 9-4〉 청소년 자기주도형 봉사활동 단계

단계	활동 주제	활동 내용
준비단계: 목표 설정	나·우리의 첫마음 알아보기	자신의 관심사, 적성(잘할 수 있는 일), 하고 싶은 일을 탐색하여 기록(활동의 동기 발견)
	우리의 목표	자신의 지역사회(우리 동네, 소속된 곳) 속에서 문제점과 해결방안을 생각하고 활동목표 목록을 작성하여 목록 중에서 활동목표 선택
준비단계: 계획하기	사전 준비	활동목표, 대상, 장소, 횟수, 일정, 준비물, 관련 사전 허가사항 등을 미리 정리. 활동에서 제일 어려울 점 등을 미리 예상하고 준비
	계획서 작성	사전준비 목록을 기초로 봉사활동계획서 작성, 지도자에게 확인받기
	활동 준비 체크리스트	날짜를 정해서 하는 캠페인, 부스 운영, 지역행사 참여 등 행사 성격의 봉사활동을 준비할 경우 주로 활용
활동단계	활동일지 작성	활동 시간, 장소, 참여 인원, 현장 변경사항, 점검과 반성할 내용 등 기록(매 활동일마다 작성)
	활동 실시하기 (역할 체크리스트)	봉사자 명단, 각자 역할과 진행 상황 기록(그룹 활동 시 사용)
평가단계	단계별 활동평가	단계별 활동에 대한 주관적 평가(5점 평가)
	개인/팀 활동평가	잘된 점, 아쉬운 점, 향후 개선방안 기록
작성단계	봉사활동 보고서 작성	보고서 양식에 맞춰 활동일지 종합하여 기록
	봉사활동 보고서(사진) 작성	사진과 함께 일시, 장소, 활동 내용 등 기록

출처: 여성가족부, 청소년활동진흥원(2018).

봉사활동을 하고 나면 활동의 지속성을 위하여 인정과 승인이 필요하다. 자원봉사자에게 봉사활동이 만족스럽도록 격려해서 활동을 계속하도록 관리하고 지원하는 것이다.

청소년봉사활동 관리시스템(CS버전)은 2005년 청소년 자원봉사활동 관리를 위해 구축되었으며, 이로 인해 시·도 청소년자원봉사센터가 지역별 봉사활동 기관 및 봉사활동프로그램과 실적 등을 보다 쉽게 관리·지원할 수 있게 되었다. 2014년 7월부터 여성가족부 청소년 자원봉사 포털사이트(Dovol)와 행정안전부 자원봉사 통합관리시스템(1365나눔포털)의 연계 서비스를 제공하고 있다. 이를 통해 Dovol-1365나눔포털 간의 자원봉사 실적 연계는 물론 교육부의 교육행정정보시스템 '나이스(NEIS)'를 통하여 학생생활기록부에 봉사활동 실적을 온라인으로 전송할 수 있도록 하고 있다. 2017년에는 청소년활동정보서비스(http://www.youth.go.kr/)와 통합하여, 청소년 자원봉사활동과 청소년국제교류, 자유학기제 연계 체험활동 등 타 청소년활동 정보와의 연계도 강화하였다. 또한 코로나19가 지속됨에 따라 2021년 2월부터 청소년이 비대면 봉사활동에 수월하게 참여할 수 있도록 비대면 및 혼합형 봉사활동 정보를 제공하고, 신청 서비스를 제공하고 있다(여성가족부, 2022a).

5. 청소년진로활동 지도방법

1) 진로지도의 필요성과 개념

청소년기는 성공적인 자아정체감 형성과 적성, 흥미, 성격, 가치관 등의 특성을 객관적으로 이해함으로써 진로 선택과 진로 준비의 중요한 시기이다. 자신의 적성과 흥미를 파악하여 다양한 직업 세계를 탐색하고 미래를 준비하는 것은 이 시기의 발달과업인 자아정체감을 형성하는 데 매우 중요하다(Havighurst, 1978).

청소년기의 중요한 과업 중의 하나가 진로의 선택과 결정이며, 진로란 직업 세계와 자기 자신에 대한 이해를 통해 일생을 체계적으로 선택하고 결정해 나가는 과정이라고 할 수 있다. 스스로 결정한 직업과 진로가 자기 자신과 생활양식을 변화시킬 수 있으며(Crites, 1981), 어떠한 진로를 선택하느냐에 따라 개인의 생활양식, 가치관, 태도 등이 정해지고 진로의 향방이 평생 지속되기 때문에 중요하게 고려해야 할 문제이다(김충기, 2005).

진로(career)란 개인이 일생에 걸쳐서 직업과 관련한 일련의 행동의 과정을 나타내는 것이다. 초등학교는 진로인식(career awareness)단계, 중학교는 진로탐색(career exploration)단계, 그 이후의 청소년은 진로준비(career preparation)단계에 속한다. 청소년이 자신의 진로에 대하여 잘 알고 준비하는 것이 필요하다(이영대, 임언, 이지연, 최동선, 김나라, 2004). 2015년 「진로교육법」의 제정과 2016년 중학교 '자유학기제'의 전면 시행 등은 청소년 진로지도의 중요성을 강조하고 있는 정책들이다. 적성과 소질에 맞는 진로탐색과 자기주도학습 능력 배양, 인성 및 미래역량 교육이 이루어지도록 하기 위한 것이다.

2015년 교육과정 개정과 함께 '진로진학상담교사'의 명칭이 '진로전담교사'로 변경되었다(교육부, 2016). 이는 학교 진로교육 담당자 역할이 단순히 상담에 한정되는 것이 아니라, 진로교육과 관련된 수업, 진학, 취업, 체험활동 담당 등의 영역으로 확장되었음을 보여 주는 것이다.

진로지도는 파슨스(Parsons, 1907)가 미국의 보스턴시에서 시작한 직업상담(vocational counseling)을 효시로 하여 이후 직업지도(vocational guidance)라는 명칭으로 사용되었다. 그러다 1970년 이후 진로교육(career education)의 도입과 함께 진로상담(career counseling), 진로지도(career guidance)의 동의어로 사용되고 있다. 그러나 엄격하게 구별하자면, 진로상담은 진로지도를 효율적으로 이끌기 위한 방안이다. 개인이 지니고 있는 잠재 가능성을 인식 · 탐색하고 개발시켜 자신이 원하는 진학 · 직업을 선택하고 이에 잘 적응하도록 함으로써, 선택한 진학 · 직업에 만족하고 능률을 향상시켜 행복감을 느끼며 지낼 수 있도록 하는 것이다(김충기, 2001).

진로지도(career guidance)는 '사람들이 활동하는 생애 동안 그들의 진로 발달을 자극하고 촉진하기 위해서 전문상담자나 교사 등과 같은 전문인이 여러 다양한 장면에서 수행하는 활동으로서 진로계획, 의사결정, 적응문제 등에 조력하는 것'을 의미한다(김봉환 외, 2017). 즉, 진로지도는 진학지도와 직업지도를 포함한 개인의 전 생애에 걸쳐 직업적 발달을 촉진하고 진로를 준비시켜 그에 따라 직업을 선택하고 선택된 직업에서 적응하여 계속 발전할 수 있도록 돕는 과정이다.

이무근과 이찬(2020)은 진로지도를 '자신의 진로를 계획하고, 그 진로에 대한 준비를 하며, 적절한 시기에 직업을 합리적으로 선택하고, 선택한 직업에 잘 적응하며, 더욱 발전할 수 있도록 인생의 전 과정을 도와주는 과정'으로 정의하였다.

「진로교육법」 제2조에서 정의하고 있는 진로지도와 관련된 용어를 살펴보면 다음과 같다.

1. '진로교육'이란 국가 및 지방자치단체 등이 학생에게 자신의 소질과 적성을 바탕으로 직업 세계를 이해하고 자신의 진로를 탐색 · 설계할 수 있도록 학교와 지역사회의 협력을 통하여 진로수업, 진로심리검사, 진로상담, 진로정보 제공, 진로체험, 취업지원 등을 제공하는 활동을 말한다.
2. '진로상담'이란 학생에게 진로정보를 제공하고 진로에 관한 조언과 지도 등을 하는 활동(온라인으로 하는 활동을 포함한다)을 말한다.
3. '진로체험'이란 학생이 직업 현장을 방문하여 직업인과의 대화, 견학 및 체험을 하는 직업체험과, 진로캠프 · 진로특강 등 학교 내외의 진로교육 프로그램에 참여하는 활동을 말한다.
4. '진로정보'란 학생이 진로를 선택할 때 필요한 정보로 개인에 대한 정보, 직업에 대한 정보, 노동시장을 포함한 사회환경에 대한 정보 등을 말한다.

2) 진로지도의 목표

진로지도의 궁극적인 목적은 진로상담 및 진로교육을 통하여 개인적으로는 자아를 실현하고, 국가적으로는 인력의 효율적인 활용으로 국가발전에 기여하는 것이다. 이를 위한 구체적인 진로지도의 목표는 자신에 대해서 보다 정확한 이해 증진, 직업 세계에 대한 이해 증진, 합리적인 의사결정 능력의 증진, 정보 탐색 및 활용 능력의 함양, 일과 직업에 대한 올바른 가치관 및 태도 형성에 있다(오윤선, 황인숙, 2018).

(1) 자신에 대한 정확한 이해 증진

복잡한 직업 세계에서 자신에게 가장 적합한 직업을 선택하기 위해서는 무엇보다도 자기의 가치관, 능력, 성격, 적성, 흥미, 신체적 특성 등에 대하여 올바르게 이해하는 일이 필수적이다. 특히 청소년지도자는 청소년이 진로지도를 통하여 정확하고 객관적인 자기 이미지를 형성할 수 있도록 도와야 한다.

(2) 직업 세계에 대한 이해 증진

많은 청소년이 일과 직업 세계에 대해 잘 모르고 있는 경우가 많다. 설령 알고 있다고 해도 매우 피상적인 수준에서 단편적인 측면만을 숙지하고 있다. 따라서 진로지도를 통해 일의 종류, 직업 세계의 구조와 특성, 직업 세계의 변화, 고용 기회 및 경향 등을 올바르게 이해하도록 하는 일은 진로지도의 중요한 목표가 된다.

(3) 합리적인 의사결정 능력의 증진

진로지도의 최종 결과는 자신에 대한 정보, 직업 세계에 대한 정보 등을 토대로 최종적으로 진로를 선택하는 의사결정을 하는 것이다. 청소년이 진로지도를 통해 자신의 진로를 스스로 선택하고 계획을 추진할 수 있도록 학습하고, 의사결정 능력을 증진시키도록 도와야 한다.

(4) 정보 탐색 및 활용 능력의 함양

정보화 시대를 바람직하게 살아가는 모습 중 하나는 자신에게 필요한 다양한 정보를 신속하게 수집 · 분석 · 가공하여 적절하게 활용하는 능력을 갖추는 것이다. 이를 통해 합리적인 의사결정이 이루어질 수 있도록 도와야 한다.

(5) 일과 직업에 대한 올바른 가치관 및 태도 형성

진로지도의 중요한 목표 중 하나는 청소년으로 하여금 일과 직업에 대한 올바른 가치관 및 태도를 갖도록 하는 것이다. 일을 하는 것은 생계수단 이상의 의미를 갖는다. 일은 사회봉사와 자아실현의 수단이 된다.

교육부(2016)는 초등학교 진로교육의 목표를 '자신과 일에 대한 이해와 긍정적 가치를 형성하고 다양한 진로 탐색과 체험을 바탕으로 자신의 꿈을 찾고 진로를 설계할 수 있는 진로개발 역량의 기초를 배양한다.'로 제시하고 있으며, 세부 목표는 다음과 같이 제시하고 있다.

첫째, 긍정적 자아개념을 형성하고 자신의 흥미와 적성을 탐색하며 타인을 배려하고 의사소통하는 역량의 기초를 기른다.

둘째, 일과 직업의 의미와 역할, 직업 세계의 다양성과 변화를 이해하고 일에 대한 긍정적이고 개방적인 태도를 형성한다.

셋째, 진로에서 학습의 중요성을 이해하고 바른 학습 태도를 가지며 다양한 방법과 체험을 통해 직업 정보를 탐색하는 능력을 키운다.

넷째, 자기 이해와 다양한 진로 탐색을 바탕으로 자신의 진로를 설계하고 계획할 수 있는 기초적인 의사결정과 계획수립 역량을 기른다.

3) 교육부 진로지도 관련 정책

중학교의 진로교육 로드맵을 살펴보면 1학년은 자유학기·학년제 운영, 2학년과 3학년은 진로교육 집중학년·학기제 운영으로 구성되어 있다(〈표 9–5〉 참조).

〈표 9–5〉 **중학교 진로교육 로드맵(진로체험 중심형: 소규모 학교)**

구분	1학년		2학년		3학년	
운영 시기	1학기	2학기	1학기	2학기	1학기	2학기
		●	●	●	●	●
목표	• 자신의 특성 파악 • 다양한 종류의 직업 탐색 • 직업세계의 변화 탐색		• 자기주도적 학습 계획 및 실천 • 구체적인 직업정보 탐색 • 건강한 직업의식 형성 • 고등학교 정보 탐색		• 창업·창직의 이해 • 고교 진학계획 수립 • 관심 분야 진로경로 탐색	
활동	• 『진로와 직업』 교과 운영 • 다양한 진로체험 • 진로비전캠프 • 꿈·끼 탐색주간 활동		• 청소년 진로박람회 참가 • 특성화고 학과체험 • 학습능력 향상 진로캠프		• 기업가정신 진로캠프 • 『진로와 직업』 교과 운영 • 전문가 초청 진로상담캠프 • 진로특강	

주 1) ● = 자유학기, ● = 진로교육 집중학년·학기
  2) 중학교 1학년은 자유학기를 포함하여 1학기까지 확장한 자유학년제로 운영함
  3) 검정색 동그라미는 자유학년제를 운영하는 시기를 표시한 것임
  4) 파란색 동그라미는 진로교육 집중학년·학기를 운영하는 시기를 표시한 것임
출처: 교육부, 한국직업능력개발원(2017).

(1) 진로교육 집중학년·학기제

진로교육 집중학년·학기제는 2015년 12월 23일부터 시행된 「진로교육법」 제13조(진로교육 집중학년·학기제) 및 동법 시행령에 근거하고 있다. 이에 따르면 초·중등학교에서 특정 학년 또는 학기를 정하여 진로체험 교육과정을 집중적으로 운영하는 것을 말하며, 이는 학생 및 학부모의 의견과 대상 학교의 실정 등에 따라 추진하도록 하고 있다.

진로교육 집중학년·학기제는 학생에게 다양한 진로교육을 학교급별로 집중적으로 제공함으로써 학생이 변화하는 직업세계에 능동적으로 대처하고 자신의 소질과 적성을 실현하여 개인의 행복한 삶과 국가 경제 및 사회의 발전에 기여하는 것을 목적으로 한다.

(2) 자유학기제

자유학기제의 목적은 학생들이 스스로 꿈과 끼를 찾고, 자신의 적성과 미래를 탐색, 고민, 설계하는 경험을 통해 지속적인 자기성찰 및 발전할 수 있는 기회를 제공한다. 지식과 경쟁 중심 교육을 자기주도 창의학습 및 미래지향적 역량(창의성, 인

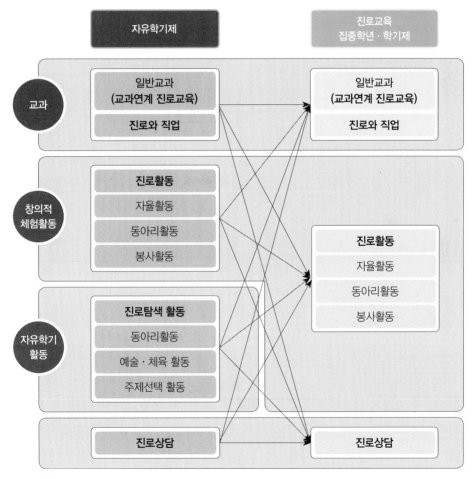

[그림 9-1] 자유학기제와 진로교육 집중학년·학기제의 연계 내용 모식도

출처: 교육부, 한국직업능력개발원(2017).

성, 사회성 등) 함양이 가능한 교육으로 전환한다. 공교육 변화 및 신뢰 회복을 통해 학생이 행복한 학교생활을 제공한다.

자유학기제는 진로교육 집중학년·학기제와 마찬가지로 학교에서 이루어지는 진로교육 활동으로 교과 및 창의적 체험활동에서의 진로활동, 진로상담, 그리고 자유학기 활동 시간에 이루어지는 네 가지 유형의 활동(진로탐색 활동, 동아리활동, 예술·체육 활동, 주제선택 활동)이 모두 포함될 수 있다.

⟨표 9-6⟩ **자유학기 연계 진로교육 집중학년·학기제 운영 유형**

운영 유형	개념
진로체험 중심형	집중학년·학기제 시기에 학생 현장직업체험, 직업실무체험, 현장견학, 강연·멘토링, 학과체험, 진로캠프 등 진로체험 중심으로 진로교육을 강화하여 운영하는 유형
진로동아리 중심형	집중학년·학기제 시기에 창의적 체험활동의 정규 동아리 또는 학생 자율 동아리를 중심으로 진로교육을 강화하여 운영하는 유형
교과연계 중심형	집중학년·학기제 시기에 일반교과 내용 속의 진로교육적 요소를 추출하여 진로교육을 연계한 '교과연계 진로교육'을 중심으로 진로교육을 강화하여 운영하는 유형
진로상담 중심형	집중학년·학기제 시기에 학생의 자기이해와 진로탐색 경험과 향후 진로계획을 토대로 진로상담 및 지도를 제공하는 것을 중심으로 진로교육을 강화하여 운영하는 유형
전환기 진로활동 중심형	집중학년·학기제를 중학교에서 고등학교로 전환되는 시기(3학년 말 또는 2, 3학년 학기말)를 이용하여 집중적인 진로설계, 탐색 및 준비를 하는 프로그램을 중심으로 진로교육을 강화하여 운영하는 유형

출처: 교육부, 한국직업능력개발원(2017).

(3) 진로연계학기

2021년에 교육부는 '진로연계학기'라는 새로운 이름의 제도를 발표하였다. 골자는 초6, 중3, 고3 학생들이 학교교육 과정을 통하여 학교급 전환에 대한 사전 준비와 나아가 자신의 진로설계를 위한 다양한 체험을 강조하는 것이다. 이는 새로운 제도라기보다 과거 10여년 전 부터 일선 교사들이 요구한 학교급 전환기 학생을 위한 진로지도 프로그램과 이에 대한 간헐적 시행의 연속선상에서 탄생된 제도라 할 수 있다. 교육부가 2013년에 개발하여 학교에 보급한 학교급 전환기 프로그램(School Transition Program: STP)의 경우, 진로교육에 적극적인 소수 교사에 의해 운영되고 교육부 주관 진로교육실천대회의 주요 콘텐츠로만 홍보되었다면, 이번 진로연계학기는 학교교육 과정의 제도적 모양새를 갖추며 모든 학교급에서 의무적으로 시행될 것으로 보인다(이지연, 2022).

이지연(2022)은 다음과 같이 학교급에 따라 유사 제도의 위계적·차별적인 진로연계학기 운영을 제안하고 있다.

1. 초등학교교육 과정은 모든 교과에 진로교육이 통합되는 진로교육 중심 교육과정이라 할 수 있다. '진로교육 집중학년·학기제'를 초등학교교육 과정을 통하여 운영하며, 담임교사를 중심으로 모든 교과를 통한 자기이해와 '직업은 왜 가져야 하며, 건강한 직업윤리와 가치가 무엇인가'라는 학생의 진로 인식에 중점을 둔다.
2. 중학교교육 과정은 '자유학기·학년제'를 중심으로 다양한 체험과 활동을 탐색하며 잠정적인 진로 의사결정과 진로준비를 할 수 있도록 진로탐색을 강조한다.
3. 고등학교교육 과정은 '고교학점제'를 중심으로 학생이 자신의 진로에 맞춘 교과 선택과 평가, 그리고 그 이후의 진로 전환과의 연계 지점을 제시한다.
4. 이러한 학교급별 위계적·차별적 제도 운영 안에서 초등학교 6학년, 중학교 3학년, 고등학교 3학년에게는 전환(school → school, school → work)되는 것에 대한 새로운 학교생활(학습·교우관계·일상생활·진로설계 등) 혹은 직업 세계 진출을 위한 준비와 적응 관련 정보와 경험·활동이 안내되는 집중적인 진로연계학기를 운영한다.

진로연계학기는 인생 다음 단계의 전환(transition)·적응(adaptation)·진로계획(career planning)에 필요한 요소로 집중 안내·탐색하도록 도와주어 궁극적으로 모든 제도를 통한 진로개발 역량이 함양되도록 운영해야 할 것이다.

2022 개정 교육과정에서는 학습자 스스로 목적의식을 가지고 자신의 진로와 적성을 바탕으로 무엇을 어떻게 배울지 주도적으로 교육과정을 설계할 수 있도록 지원하는 것을 중점 방향으로 제시하고 있다(교육부, 2021). 교육과정과 학습자의 삶을 연계하고 학습자의 삶과 성장을 지원하는 것에 초점을 두고 있다. 지금까지의 진로교육이 청소년이 자신의 진로 방향을 설정하고 주도적으로 준비해 나갈 수 있도록

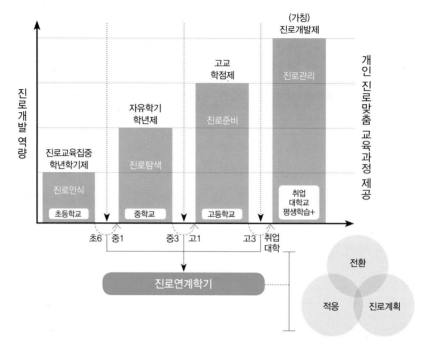

[그림 9-2] **진로연계학기와 학교급별 유사제도 운영(안)**
출처: 이지연(2022).

조력하고 있다는 점에서 2022 개정 교육과정은 진로교육이 학교교육 과정 안에 녹아드는 방향으로 나아가고 있는 것으로 볼 수 있다.

그러나 실제 학교교육 과정이 청소년의 삶과 연계되기 위해서는 청소년 삶의 다양한 영역을 포괄하여 접근할 필요가 있다. 진로구성주의에서 강조하는 환경에 적응하는 과정으로 진로개발을 바라볼 때 학교교육 과정을 넘어선 진로개발이 요구된다. 예컨대, 청년의 진로개발은 취업·창업뿐 아니라 주거·금융, 생활·복지 등을 아우르며, 삶의 영역을 통합하여 접근하는 방식으로 지속가능한 진로개발을 기대한다. 청소년의 성장을 위해서는 학교뿐 아니라 지역사회를 기반으로 이루어지는 교육·고용·복지 등 다양한 지원 시스템 내 진로개발 요소와 내용을 연계하고 통합할 필요가 있다. 이와 관련하여 이지연 등(2022)은 교육·고용·복지 정책이 상호 협력 및 협력할 수 있는 부처 간 협의체 구성 명시, 정부 부처 조직 재구조화 및 수평적 민관협의체 구축 등을 제안하고 있다.

2022 개정된 교육과정에서 제시하고 있는 진로교육 관련 자유학기(학년)제 개선안과 진로연계학기 운영 예시는 [그림 9-3], [그림 9-4]와 같다.

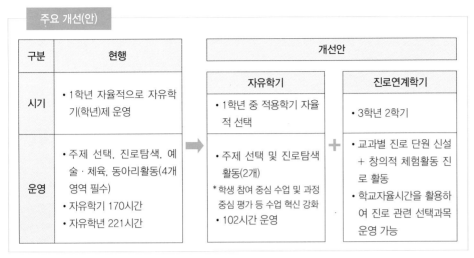

[그림 9-3] **자유학기(학년)제 개선안**

출처: 교육부(2021).

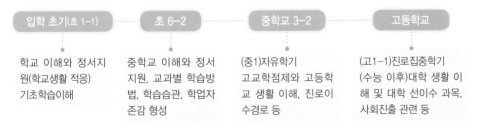

[그림 9-4] **진로연계학기 운영 예시**

출처: 교육부(2021).

4) 진로지도 프로그램

상급학교로의 전환(초 → 중 → 고 → 대학·취업)을 앞둔 시기를 '전환기'라고 한다. 전환(transition) 이전 단계부터 잘 준비된 전환은 유연한 착지와 성공적인 적응을 가져다주지만, 미흡한 준비는 상급학교 특성에 따른 학업 스트레스, 새로운 인간관계에 대한 심리적 부담, 상급학교 부적응 등 다양한 측면에 부정적 영향을 미칠 수 있다.

한국직업능력연구원은 전환기 학생이 경험하는 성장 과정에서의 심리·사회·학업적 문제들에 전략적으로 대응할 수 있도록 학교급 진로교육 프로그램(School Transition Program: STP) 4종, 즉 STP-E(초6), STP-M(중3), STP-H(대학진학 고3),

STP-J(취업선택 고3)를 개발하였다. 각 학교급별 STP의 핵심 목표는 상급학교(취업)로의 전환을 앞두는 학생에게 명확한 진로계획(의식) 수립 속에서 전환의 내용과 의미를 이해하고 변화를 관리함으로써 성공적인 적응을 지원하는 내용이다.

〈표 9-7〉 전환기 진로프로그램 학교급별 목표

학교급	초등학교	중학교	고등학교	특성화고등학교
프로그램명	STP-E (Elementary School)	STP-M (Middle School)	STP-H (High School)	STP-J (Job)
강조점	중학교 생활에 필요한 진로개발 역량 함양	고등학교 생활에 필요한 역량 습득 및 자기주도적인 진로개척	대학생활을 준비하고, 확장된 진로대안과 구체성을 가지며, 자기주도적인 진로를 개척	바람직한 직장인으로서의 삶을 이해하고, 자기주도적인 진로를 개척
주요 학습 및 활동 내용	초등학교 때와 달라지는 중학교 생활방식 이해 및 중학교에의 성공적 적응을 위한 공부, 시간관리, 친구관계 관련 내용 학습 등 원활한 중학교 생활을 위한 준비	중학교 때와 달라지는 학교생활 방식, 학습방법, 교우관계 이해와 학습 및 진학예정 고등학교 유형과 연계한 진로설계 준비	대학교 생활방식 이해 및 대학생활에의 성공적 적응을 위한 자기주도적 학업, 시간관리, 교우관계, 경제 관련 내용 학습과 성인(대학생)으로서의 삶의 준비	직장에서의 생활방식 이해 및 성공적인 직장생활 수행에 필요한 경력관리, 시간관리, 대인관계, 경제관리 관련 내용 학습과 성인(직장인)으로서의 삶의 준비
시수	14차시	14차시	14차시	14차시

출처: 교육부(2013).

〈표 9-8〉 STP-E 단계별 세부활동 구성

차시	이론적 단계	모듈명	모듈별 상위 목표	세부활동명	세부활동 목표	학생 활동	소요 시간
1	전환의 의미 이해하기	여행 의지 다지기	나의 과거 삶을 돌아보고, 앞으로 맞이할 변화를 이해한다.	초등학교 6년을 돌아봐요!	초등학교 생활을 돌아보며, 초등학교를 통해 배운 점 생각	• 초등학교 학년별 기억 떠올리기 • 초등학교 때의 기쁜 일, 슬픈 일, 배운 점 떠올려 보기	40분
2				변하는 나, 성숙해지는 나!	청소년기의 특징과 사춘기에 대한 이해	• 사춘기의 심리적 변화와 원인 이해하기 • 청소년기의 신체적·인지적·사회적 변화 이해하기	40분

3	성공적인 전환 준비하기	여행지 알아보기	달라지는 중학교 생활의 내용을 알아보고, 성공적인 중학생활의 요소를 이해하여 중학교 생활을 준비한다.	변화는 또 다른 시작!	큰 변화를 맞이하는 중학교 생활에 대한 두려움 해소	• 변화를 맞는 상황에 대한 대처 능력 키우기 • 중학교 생활을 예측해 봄으로써 두려움 해소하기	40분
4				중학교 생활이 궁금해요.	중학교 생활 내용에 대한 이해와 준비	• 초등학교 생활과 달라지는 중학교 생활 내용 배우기 • 중학교 생활을 위해 준비할 것 정리하기	40분
5				멋진 중학생이 될래요!	성공적인 중학교 생활을 위한 요인 이해	• 바람직한 중학생의 자질과 요소 알아보기 • 바람직한 중학생 모습 표현하기	40분
6				중학교 생활, 고민 해결!	중학생의 고민에 대한 이해와 해결	• 중학생(청소년)의 고민 내용 알아보기 • 중학교 생활 중 고민을 만났을 경우 해결방안 찾아보기	40분
7	전환에 따른 변화 관리하기	여행 체력 다지기	성공적인 중학교 생활을 수행하는 데 필요한 역량(학습, 시간관리, 교우관계, 경제활동)을 습득한다.	집중 또 집중해 봐요!	내게 맞는 학습방법 탐색	• 집중력 의미 이해와 관련 활동해 보기 • 나의 학습방법 점검 및 학습계획 수립하기	40분
8				바빠! 바빠요.	효율적인 시간관리의 필요성과 방법 이해	• 우선순위에 따른 효율적 시간관리 방법 습득하기 • 나만의 여가시간 활용법 탐색하기	40분
9				나의 감정만큼 남의 감정도 중요해요!	적절한 감정표현으로 원만한 대인관계 형성	• 감정카드를 통해 감정 느끼는 상황 알아보기 • 불편한 상황에서의 적절한 대화법 연습하기(I message)	40분
10				포기해야 할 것이 있어요.	합리적 경제활동과 선택 기준 생각	• 기회비용의 의미와 중요성 이해하기 • 합리적 선택의 기준 생각해 보기	40분
11	진로계획 수립 및 실천하기	씩씩하게 여행 떠나기	내게 맞는 진로를 탐색하여 계획을 수립하고, 꿈을 이루기 위해 노력해야 할 사항을 정리한다.	난 행복한 아이예요.	나의 흥미와 장점을 탐색하여 자기이해 높임	• 과거 삶을 통해 내가 좋아하는 것과 잘하는 것 이해 • 나만의 행복 그래프 그리기	40분
12				내게 소중한 것은?	직업 선택에 있어 직업가치의 중요성 이해	• 직업가치의 중요성과 종류 이해하기 • 직업 롤 모델 설정하고, 나의 직업가치와 비교해 보기	40분
13				난 무엇을 하며 살까요?	평소에 갖고 싶던 직업정보 탐색	• 내가 갖고 싶은 직업 선정하기 • 직업을 소개하는 직업카드 만들기	40분
14				꿈과 끼를 펼치고 싶어요!	내가 달성할 진로목표와 실행 계획 세우기	• '꿈나무 키우기' 작성하기(진로 목표와 나의 노력) • 서로의 꿈나무 격려하기	40분

출처: 교육부(2013).

⟨표 9-9⟩ STP-M의 단계별 세부활동 구성

차시	이론적 단계	모듈명	모듈별 상위 목표	세부활동명	세부활동 목표	학생 활동	소요 시간
1	전환의 의미 이해하기	마음 up!	새로운 고등학교 생활에 대한 두려움을 없앤다.	내 머릿속 '고등학교'	고등학교에 대한 생각을 나눠 본다.	• 고등학교에 대한 생각 '다섯 글자로 말해요' • '나의 뇌구조' 그려 보기	45분
2				떴다 떴다 '격려 비행기'	고등학교 진학에 대한 두려움을 없앤다.	• 고등학교 두려움에 대해 '격려 비행기' 만들기 • 고등학교 생활에 힘이 될 최고의 멘토 선정하기	45분
3	성공적인 전환 준비하기	이해 up!	중학교 생활과의 차이점을 배우면서 고등학교 생활을 이해하고, 전환을 위한 기본기를 다진다.	내가 갈 고등학교는?	진학할 고등학교를 이해한다.	• 진학 예정인 고등학교 정보 검색하기 • 진학할 학교 방문 계획 세우기	45분
4				고등학교 공부, 달라도 너무 달라!	중학교 공부와 고등학교 공부의 차이점을 이해하고 효과적으로 준비한다.	• 고등학교 공부에 대해 이해하기 • 내게 맞는 공부방법 찾아보기	45분
5				공부만큼 친구도 중요해!	원만한 교우관계 형성을 위해 나를 이해하고 타인을 이해한다.	• DISC 검사를 통해 나의 장단점 파악하기 • DISC 유형별 모둠 활동으로 다른 사람 이해하기	45분
6				네가 진짜로 원하는 게 뭔데?!	원하는 일을 하는 것의 중요성을 깨닫고, 미래에 대한 청사진을 만들어 본다.	• 고교 이후의 인생 생각해 보기 • 인생 시나리오 작성해 보기	45분
7	전환에 따른 변화 관리하기	응용 up!	전 단계에서 배운 정보를 활용하여, 고등학교 생활에 대한 적응력을 키울 수 있는 응용 활동을 해 본다.	멋진 나! 멋진 고등학생!	나만의 '멋진 고등학생' 정의를 내리고, 계획을 작성한다.	• 존경받는 인물들의 고교 시절 이야기하기 • 멋진 고등학생이 되기 위한 계획서 작성하기	45분
8				재치만점 학습 전략!	자기주도적 학습 능력을 통한 효과적인 공부방법을 준비한다.	• 'SMART' 공부 전략 알아보기 • 체계적 공부 계획 세워 보기	45분
9				우리, 같이 여행 가 볼래?	나의 기획능력을 알아보고, 다른 사람과 협력하는 법을 배워 본다.	• 다른 DISC유형 친구들과 여행 계획하기	45분
10				오~ 이런 일도 할 수 있구나!	진로설계에서 창의성을 발휘할 수 있음을 이해한다.	• 창의성 시험해 보기 • 창의적으로 진로를 개척한 사례 읽기	45분

11	진로계획 수립 및 실천하기	다짐 up!	진로에 대한 합리적 의사결정 방법을 익히고, 미래를 위한 효과적인 전략을 세운다.	난 잘할 수 있을 거야!	자기존중감, 자기신뢰의 기초를 다져 본다.	• 자기존중감, 자기신뢰의 중요성 이해하기 • 자기존중감 익히는 연습하기	45분
12				그래! 결정했어!	진로 의사결정의 중요성을 이해한다.	• 고등학생의 진로 의사결정 사례 알아보기 • '두 마음 토론' 게임 해 보기	45분
13				꿈 전략맵, 클릭 클릭!	꿈을 이루기 위한 전략 및 세부 계획을 수립한다.	• 어른이 된 후의 꿈 생각해 보기 • '꿈 전략맵' 작성해 보기	45분
14				미래 직업 준비 해 볼까?	나의 미래를 구체적으로 디자인한다.	• '나의 미래 카툰' 공유하기 • 이력서 및 자기소개서 작성해 보기	45분

출처: 교육부(2013).

〈표 9-10〉 **STP-H 단계별 세부활동 구성**

차시	이론적 단계	모듈명	모듈별 상위 목표	세부활동명	세부활동 목표	학생 활동	소요 시간
1	전환의 의미 이해하기	다지기	성인의 의미를 이해하고 전환기의 중요성을 인식한다.	내 인생의 터닝포인트	이전 삶의 주요사건 돌아보기	• 내 인생의 5가지 터닝포인트 • 고3 전환기 준비의 필요성 이해	50분
2				성인이 된다는 것은	성인이 되는 것 이해하기	• 성인기의 신체적·정서적·사회적 변화 이해 • '성인이 된다는 것' 마인드맵 작성	50분
3	성공적인 전환 준비하기	도움닫기	고등학교 생활과 다른 대학생활 내용을 이해하고, 성공적인 대학생이 되기 위한 자질과 요소에 대해 알아본다.	고딩 vs. 대딩	고교·대학교 생활방식 차이 알아보기	• 대학생활 용어 O/X 퀴즈 • 고등학교, 대학교 생활의 차이 조사	50분
4				super 대학생을 찾아서	성공적인 대학생의 자질과 요소 탐색하기	• 성공적인 대학생활의 자질, 요인 토론 • super 대학생 & 'F'학점 대학생	50분
5				Go~ Go~ 대학 캠퍼스로	대학교 탐방해 보기	• 대학교 캠퍼스 투어 • 대학탐방 통해 느낀 점 작성	120분
6				선배님, 궁금해요.	대학생과 인터뷰하기	• 관심학과 재학생 인터뷰	
7	전환에 따른 변화 관리하기	도약하기	성공적인 대학생활을 위한 핵심 요소를 알아보고(학업, 시간관리, 대인관계, 경제관리) 관련 역량을 습득한다.	도약! 學테크	대학에서의 학습 요령 익히기	• 나의 학습 유형 검사 및 분석 • 내게 맞는 학습계획 수립	50분
8				도약! 時테크	효율적 시간 관리 해 보기	• 평소 시간관리 습관 생각해 보기 • 우선순위에 의한 시간관리 계획 수립	50분
9				도약! 人테크	건강한 인간관계 형성하기	• 내 주변의 관계 분석 • 대인관계 형성을 위한 계획 수립	50분
10				도약! 財테크	경제 관리하는 법 알아보기	• 나의 소비패턴 분석 • 대학생활의 소비 규모와 용돈 충당 방식 예상	50분

11	진로계획 수립 및 실천하기	비상하기	고등학교 이후의 장·단기 목표를 설정하고 단계별 계획을 수립·실천 한다.	내 안의 숨은 진로 영향 요인은?	내 삶의 경험을 통하여 진로 영향 요인 찾아보기	• 과거-현재-미래 삶의 진로 영향 요인 분석 • 분석 결과로 미래 진로 방향을 가늠해 보기	50
12				인생 계획 로드맵	인생의 최종 목표 및 단계별 과제 설정해 보기	• top-down 방식의 인생 목표 설정 • 목표 달성 위한 단계별 실천계획 작성	50
13				전공, 그것이 알고 싶다.	관심 전공에 대해 더 알아보기	• 희망 전공의 교육과정, 향후 진로 • 희망 전공학과 진학 준비	50
14				꿈은 이루어진다!	내 꿈을 이루는 좋은 습관 갖기	• 꿈을 이루기 위한 실천사항 • 프로그램을 마치며(나의 다짐)	50

출처: 교육부(2013).

〈표 9-11〉 STP-J 단계별 세부활동 구성

차시	이론적 단계	모듈명	모듈별 상위 목표	세부활동명	세부활동 목표	학생 활동	소요 시간
1	전환의 의미 이해하기	다지기	성인의 의미를 이해하고 전환기의 중요성을 인식한다.	내 인생의 터닝포인트	이전 삶의 주요 사건 돌아보기	• 내 인생의 5가지 터닝포인트 되돌아보기 • 취업으로의 전환기를 준비하는 필요성 이해하기	50분
2				성인이 된다는 것은?	성인이 되는 것 이해하기	• 성인기의 신체·인지·정서·사회적 변화 이해하기 • '성인이 된다는 것' 마인드맵 작성하기	50분
3	성공적인 전환 준비하기	도움닫기	고등학교 생활과 다른 직장생활의 내용을 이해하고, 성공적인 직장인의 자질과 요소에 대해 알아본다.	고딩 vs. 직딩	고등학생·직장인의 생활내용 차이 이해하기	• '무한상사' 영상시청을 통해 직장생활 엿보기 • 학교와 직장생활의 차이 조사하기	50분
4				슈퍼맨을 찾아서!	성공적인 직장인의 자질과 요소 탐색하기	• 성공적인 직장인의 자질과 요인 탐색하기 • 성공 직장인과 非성공 직장인 차이 알아보기	50분
5				창업, 도전해 볼까?	창업 요건 및 절차 이해하기	• 창업에 대한 전반적 이해하기 • 창업 요구 역량 및 성공사례 알아보기	50분
6				Go~ Go~ 직업 현장으로!	직업현장 체험 및 직장인과 인터뷰 하기	• 직업 현장 탐방하기 • 직장인 인터뷰하기	100분

7	전환에 따른 변화 관리하기	도약하기	성공적인 직장생활의 핵심 요소를 알아보고 (직무, 대인관계, 시간관리, 경제관리) 관련 역량을 습득한다.	도약! 職테크	직장에서의 직무 능력 향상의 중요성 및 교육과정 알아보기	• 희망직업의 직무능력 향상의 중요성 이해하기 • 직무능력 향상을 지원하는 교육 과정 알아보기	50분
8				도약! 人테크	효율적 시간 관리 하기	• 내 주변의 관계 분석하기 • 보다 나은 대인관계 형성 계획 수립하기	50분
9				도약! 時테크	건강한 인간관계 형성하기	• 평소 시간관리 습관 생각해 보기 • 우선순위에 의한 시간관리 계획 하기	50분
10				도약! 財테크	급여 관리 기준에 대해 생각해 보기	• 직장인들의 경제관리 상황 이해 하기 • 급여 관리 기준 및 계획 토론하기	50분
11	진로계획 수립 및 실천하기	비상하기	고등학교 졸업 이후의 장·단기적 삶의 목표를 설정하고 단계별 실천계획을 수립한다.	내 안의 숨은 진로영향 요인은?	나와 내 주변의 진로영향 요인 알아 보기	• 내 주변의 진로영향 요인 분석하기 • 내게 맞는 진로방향 설정해 보기	50분
12				직업, 그것이 알고 싶다!	희망직업에 대한 구체적 정보 알아 보기	• top-down 방식의 커리어패스 설정하기 • 희망직업의 하는 일, 요구능력, 입사조건 등 알아보기	50분
13				취업을 향한 첫 걸음!	성공적인 구직활 동 방법 알아보기	• 전반적인 구직과정 이해하기 • 입사 지원을 위한 이력서, 자기 소개서 작성하기	50분
14				꿈은 이루어진다!	내 꿈을 이루는 좋은 습관 갖기	• 꿈을 이루기 위한 실천 사항 확인해 보기 • 프로그램을 마치며(나의 다짐)	50분

주: 음영을 표시한 부분은 대입을 앞둔 '고3학생을 위한 전환기 진로지도 프로그램(STP-H)'과 달라지는 부분이다.
출처: 교육부(2013).

　심리학자 칙센트미하이와 바버라 슈나이더는 일의 세계를 엿볼 수 있는 기회와 성인의 역할을 배우고 익힐 수 있는 기회를 많이 접한 청소년일수록 자신의 미래를 보다 체계적으로 준비하며 건강한 직업인으로 성장할 가능성이 커진다고 주장한다 (Csikszentmihalyi & Schneider, 2001). 따라서 초등학교부터 지속적으로 진로지도가 이루어질 필요가 있다. 커리어넷, 워크넷, 서울진학진로정보센터 등 청소년을 위한 진로교육 관련 홈페이지에는 다양한 진로지도 및 진로상담과 관련된 자료들이 있으며, 무료로 이용 가능하다.

〈표 9-12〉 **진로교육 관련 홈페이지**

홈페이지(주소)	특징
커리어넷 (www.career.go.kr) 한국직업능력연구원	**1. 진로탐색 프로그램** • 아로주니어 플러스(중 · 고학년용): 플래시 프로그램을 활용하여 주니어 직업사전 미래사회의 직업에 대해 알아볼 수 있음. 학생들이 흥미 있게 참여하도록 플래시로 제시됨 **2. 진로상담** • 진로 솔루션: 월 진로 진학 학습 직업 전문가로 구성된 커리어 솔로몬들이 학생들이 홈페이지를 통해 신청해 준 상담내용을 바탕으로 몇 가지 대표 고민을 선정하여 종합 솔루션을 제공함. PDF 파일을 다운로드하여 열람할 수 있음 **3. 직업 학과 정보** • 직업과 학과에 대해 자세한 정보를 제공함. 특히 주니어 직업 정보는 초등학생의 수준에서 이해하기 쉽도록 그림과 함께 하는 일과 어떻게 하면 직업을 가질 수 있는지 설명함 **4. 진로 동영상** • 직업 학과 진로교육으로 분류되어 있으며, 직업인에 대한 정보 대학 학과 진로 설계에 대한 정보를 제공하는 다양한 동영상을 로그인 없이 무료로 이용 가능함 **5. 교사 관련 메뉴** • 교사들의 진로교육 전문성 신장을 위해 진로정보, 진로교육 프로그램 진로교육 관련자료, 진로교육 교사연수, 진로교육연계, 진로교육 지표 등을 제시함
워크넷 (www.work.go.kr/) 고용노동부 · 한국고용정보원	**1. 청소년 심리검사 실시** • 청소년을 대상으로 8종의 심리검사를 개발하여 제공함 • 고등학생 적성검사, 직업가치관검사, 청소년 진로발달검사, 초등학생 진로인식검사, 청소년 인성검사, 청소년 직업흥미검사, 중학생 진로적성검사, 직업흥미탐색검사(간편형) **2. 직업정보** • 한국 직업정보: 한국고용정보원에서 매년 실시하는 재직자 조사를 바탕으로 우리나라 대표직업들의 수행직무, 직무 특성, 일자리 전망 등 검색

	• 직무기반 직업 추천: 개인이 희망하는 직업에서 중요하게 생각하는 직무적 특성을 가장 많이 지닌 직업 추천 • 한국 직업 전망: 우리나라 대표직업의 향후 10년간 일자리 전망을 비롯해 하는 일, 근무환경, 평균임금, 되는 길(교육 및 훈련, 관련학과, 관련 자격), 적성 및 흥미, 경력개발, 관련 정보(관련 직업, 분류 코드, 관련 정보처) 등의 상세 정보 확인 • 한국 직업 사전: 우리나라 직업의 총람으로, 체계적인 직무분석을 거친 직업별 수행직무와 각종 부가 직업정보(정규교육, 숙련 기간, 작업 강도, 자격 면허 등), 직업/산업분류 코드를 제공 • 직업인 인터뷰: 다양한 분야에서 자신만의 입지를 다지고 널리 이름을 알린 직업인들의 이야기 • 다양한 직업 세계: 20가지 테마별로 직업을 분류하여 원하는 직업정보 검색 • 신직업 · 미래직업 정보 제공 3. 학과정보 • 학과검색, 전공 진로 가이드, 학과정보 FAQ, 학과정보 동영상 4. 진로상담 • 학과 선택, 직업 진로, 국내외취업 등에 대한 인터넷 상담
서울진학진로 정보센터 (www.jinhak.or.kr/) 서울특별시 교육연구정보원	1. 진로심리검사 • 홀랜드진로발달검사: 한국가이던스의 홀랜드 진로발달검사로서 흥미와 진로 성숙도를 함께 측정. 원래 유료검사이나 서울시교육청에서 서울 학생에 한해 예산을 지원하여 1년에 1회 무료로 실시함 2. 진학진로상담실 • 현직 초등학교 교사로 구성된 상담교사단이 있어 온라인 진로상담 및 방문 상담이 운영되고 있음 3. 진로정보 • 진로직업정보: 직업 진로 자격증 고교 학과 정보 제공 • 체험학습장: 서울시내 체험학습장 안내 및 사이트 링크 • 진로교육영상자료: 직업 진로 관련 영상자료 대여 안내 • 학교안내: 서울시내 초 · 중 · 고등학교에 대한 안내 및 사이트 링크 • 진로자료실: 진로관련 발간자료 및 다양한 진로교육자료 제공 • 추천 사이트: 전국의 진로관련 사이트 안내

6. 청소년상담 지도방법

청소년지도사는 상황에 따라 상담적 접근이 필요할 때 상담자의 역할을 하게 된다. 이때 어떤 준비가 필요한지, 어떠한 가치를 가지고 상담에 임해야 하는지에 대해 숙지할 필요가 있다.

청소년지도사는 기본적으로 청소년에 대한 존경, 정직, 긍정적 청소년 발달, 청소년과 일할 때의 윤리, 비밀성, 책임, 편견 없는 접근, 지속적인 평생학습 등의 가치관이 필요하다. 브로디(Broady, 1998)는 청소년지도사가 가져야 할 중요 수준의 가치로 자기효능, 제도적인 틀(철학, 가치, 사명, 문화), 청소년 권리, 자기성찰, 청소년 자원봉사주의, 공유, 옹호, 지역사회 자원봉사주의, 성인 자원봉사주의 등을 강조하였다.

상담기법에 대해서는 '소년심리 및 상담' 교과에서 자세히 다루고 있으므로 여기서는 청소년상담자의 자질과 가치 및 윤리에 대해 살펴보고, 이를 청소년지도방법에 사용하기를 바란다.

1) 청소년상담자의 자질

상담자의 일반적 자질과 전문적 자질에 대해 박선희(2018)는 다음과 같이 설명하고 있다.

첫째, 이해력이다. 인간에 대한 깊은 이해로 단순히 인간발달에 대한 객관적인 지식이나 문제해결을 위한 지식만이 아닌 내담자의 입장에서 그 문제를 인식하고 공감할 수 있는 깊은 이해력이 필요하다. 둘째, 심리적 안정과 성숙이 요구된다. 상담자 자신의 미해결 과제가 많거나 심리적으로 불안정한 상태에 있으면 상담사의 역할을 제대로 할 수 없다. 셋째, 전문성이다. 상담과 관련된 학위와 자격증을 취득하고 실습과 연수경력을 쌓으며 슈퍼바이저로부터 지속적인 슈퍼비전을 받음으로써 형성될 수 있다. 넷째, 일치성이다. 상담사가 내담자의 문제를 이해하고 공감해 줄 때, 이는 진실된 마음을 기초로 한다. 진실성이 결여된 상담자의 태도는 내담자에게 그대로 전달되어 상담의 효과를 떨어뜨린다. 다섯째, 윤리이다. 상담내용에 대한 비밀유지, 내담자와의 이중관계 금지 등 상담과정에서 상담자의 윤리는 매우 중요하다.

상담자가 갖추어야 할 일반적인 자질과 함께 청소년상담사로서 필요한 전문적인 자질들을 갖추어야 한다. 청소년기의 발달적 특성을 이해하여 발달적으로 어떤 변화가 일어나고, 어떤 문제에 부딪히며, 문제해결 능력은 어느 정도인지 파악할 수 있어야 한다. 청소년의 주 호소 문제를 해결하기 위한 전문적인 상담이론과 상담기법을 익혀 서로 어떻게 다르고 어떤 효과가 있는지 정확히 알아야 한다. 청소년상담자는 사례문제에 따라 적절한 상담이론을 적용하고 상담기법을 사용할 수 있어야 하며, 청소년 심리검사자로서의 전문성, 상담 프로그램 개발과 운영, 연구 능력, 행정 능력 또한 갖추어야 하는 전문적인 능력을 필요로 하는 전문가이다. 이를 정리하면 〈표 9-13〉과 같다.

〈표 9-13〉 **청소년상담자의 자질**

일반적 자질	전문적인 자질
• 인간에 대한 깊은 이해 • 심리적 안정과 성숙 • 전문성 • 일치성 • 윤리	• 청소년기의 발달적 특성과 문제해결 능력 파악 • 전문적인 상담이론과 상담기법 사용 • 청소년 심리검사자로서의 전문성 • 상담 프로그램 개발과 운영 • 연구 능력 • 행정 능력

2) 청소년상담자의 가치

한국청소년상담복지개발원에서 '아동 · 청소년상담자 윤리강령'을 제정할 때 토대로 한 핵심 가치를 보면 유익성/무해성, 신뢰, 책임감, 고결성, 공정성 등으로 나타나며, 그 기본원리로 전문가로서의 태도, 내담자의 존엄성과 권리에 대한 존중, 내담자와의 관계, 정보 보호, 심리검사, 상담 연구, 강령의 준수 의무 등을 제시하였다.

김현민과 김민(2017)은 현장 전문가들이 SNS를 사용하면서 내담자와 건강한 관계를 맺기 위해 관련된 연구들을 수집한 후, SNS 사용과 관련하여 현장에서 나타날 수 있는 주제를 사생활 보장, 전문성, 전문성 경계의 세 가지로 구분하여 논의하였다. 그들은 전문가 윤리와 관련하여 SNS를 청소년상담에 적용할 때 필요한 가치를 다음과 같이 설명하고 있다.

첫째, 내담자와 부모(보호자)의 사생활과 비밀보장에 대한 권리를 최대한 존중해야 한다는 가치와 관련한 것이다. 전문가는 SNS를 이용하여 내담자와 관련된 정보를 더 많이 수집하고 긍정적인 관계를 맺고 더 나은 서비스를 제공할 수 있지만, 한 편으로는 SNS상에서 상담사와 내담자가 친구를 맺고 나면 SNS에 게시하는 정보 (예: 친구목록, 사진, 기분, 장소, 만난 사람, 한 일 등)가 서로에게 보일 수 있어 문제가 발생할 수 있다.

둘째, 상담사는 전문적 가치를 견지하고 관련된 지식, 기술, 경험을 기반으로 자신의 전문 분야의 발전과 내담자의 웰빙을 위해 노력하는 사람이다. SNS의 사용은 불필요한 자기 노출과 자신의 전문성과 관련된 문제를 겪을 수 있는 상황을 초래할 수 있는데, 자신이 어떤 분야에서 어떤 사람들과 만나고 일하는지 보여 주기 때문이다. 예를 들어, 학대나 폭력을 경험한 청소년과 SNS 내에서 정보를 주고받으며 도움에 대한 요청도 받을 수 있겠지만, 전문가와 SNS 친구를 맺고 있는 청소년의 대부분이 피해자라고 오인할 수 있다는 것이 문제가 될 수 있다.

셋째, 전문가 윤리강령은 전문가로서 역할과 경계를 명확하게 하고 전문가-내담자 관계는 물론 동료-내담자 관계, 동료-기관 관계를 포함한 다양한 상황에서 발생할 수 있는 관계들을 명시해 놓았다. 상담사는 자신의 법적·도덕적 한계를 벗어난 다중 관계를 맺지 않아야 하며, 청소년 내담자에게 무력, 정신적 압력 등을 사용하지 않는다고 명시되어 있다. 하지만 SNS상에서 내담자와 상담사가 '친구 맺기'를 하면 상담사는 내담자를 자신의 실제 친구로 인식하고 관계 유지에 대한 책임성을 가질 수 있으며, 내담자의 경우 주말에도 자신의 요구가 충족될 때까지 상담사에게 무언가 요구하는 경우가 생길 수 있다.

청소년사업은 윤리적인 긴장과 딜레마로 가득하다. 청소년의 개인적인 선택에 관한 것과 공공의 선을 촉진하는 것 사이에서 고전적인 딜레마를 경험하게 된다. 청소년지도자의 전문적인 책임과 의무를 수행하는 데 갈등이 생기게 되고 윤리적인 딜레마에 빠지게 될 때, 청소년지도의 가치는 이를 해결하는 핵심 열쇠의 역할을 하게 된다. 청소년지도자가 경험하는 윤리적인 딜레마는 가치와 연결되어 있고, 가치관이 확립되어 있지 못한 경우에는 윤리적인 딜레마에 쉽게 빠질 수 있다. 또한 청소년지도사의 가치는 함께 일하는 클라이언트, 동료, 청소년지도 현장에서 함께 일하는 다양한 사회구성원들과의 관계에 영향을 주며, 개인, 가족, 집단, 지역사회 등을 대상으로 활동을 하는 데 있어 중재 내용이나 개입방법을 결정하는 일에도 영향을 미친다. 따라서 이에 대한 인식이 필요하며, 윤리적 실천을 위해 노력해야 한다.

각 나라에서 청소년지도에 종사하는 전문가에게 요구되는 가치와 윤리강령을 제
시한 것을 살펴보면 〈표 9-14〉와 같다.

〈표 9-14〉 **청소년지도사의 가치 및 윤리강령**

국가명	가치 및 윤리강령 내용
영국	① 기본적인 인권에 대한 존중(예: 정의, 자유) ② 자기결정에 관한 개인과 권리에 대한 존중 ③ 사회 내 서로 다른 문화와 종교에 대한 존중 ④ 임파워먼트와 참여 민주주의에 대한 헌신 ⑤ 협력적인 업무 관계와 집합적인 행동 ⑥ 젊은이와 성인들이 그들의 동의에 기반한 모든 관계와 활동들에 대한 승인
호주	① 청소년의 역량강화(권한부여) ② 청소년의 참여 ③ 청소년을 위한 사회 정의 ④ 청소년의 안전 ⑤ 청소년의 존엄성과 가치에 대한 존중 ⑥ 청소년의 삶과 연결성(가족, 지역사회) ⑦ 긍정적인 건강과 웰빙 ⑧ 긍정적인 변화와 건강한 발전
뉴질랜드	① 긍정적 관계 강화 ② 양질의 관계 증진 ③ 동료에 대한 존중과 비판적 태도 ④ 재미, 역동성 및 창의력 증진 ⑤ 청소년의 가치 평가 ⑥ 광범위한 접근방식 장려(청소년의 고유 정체성을 개발, 청소년의 변화와 적응 에 적응을 도움) ⑦ 청소년의 정체성 개발
북아메리카	① 자신에 대한 책임 ② 대상자에 대한 책임 ③ 기관장/기관에 대한 책임 ④ 직업에 대한 책임 ⑤ 사회에 대한 책임
우리나라	① 청소년에 대한 윤리: 존중, 자율적 행동, 배려, 흥미 유발, 억압 금지, 비밀 보 장, 정보 제공, 안전 유지 ② 자신에 대한 윤리: 전문성, 자기관리, 경계, 성적 접촉 금지 ③ 직업에 대한 윤리: 투명성, 정직성, 책임성, 동료관계, 기관/단체에 대한 사명감 ④ 사회에 대한 윤리: 가정, 지역, 사회를 이해하고 협조

출처: 윤나랑(2017).

제10장

청소년문제에 대한 지도방법

청소년문제에 대한 사회적 관심은 그 어느 때보다 높다고 할 수 있으며, 청소년은 성장과 발달과정에 따라 여러 가지 문제에 직면하게 된다. 청소년지도는 그들의 생활에서 직면한 교육적·가정적·사회적·신체적·정서적 문제 등을 해결할 수 있도록 적극적으로 개입하고 지원하는 과정을 포함한다. 우리는 크고 작은 문제를 겪고, 이를 해결하고 극복하는 과정을 통해 성장하고 성숙하며, 이는 청소년도 마찬가지이다. 즉, 청소년기에 본인 그리고 또래 집단이 경험하는 문제를 어떻게 이해하고 해결하는지에 따라 이들의 삶의 질이 달라질 수 있다. 이 장에서는 청소년이 당면한 주요한 문제로 인터넷 중독, 가정 밖 청소년, 약물남용 현상과 청소년 유해환경에 대한 개념과 현황, 그리고 대처 방법을 살펴봄으로써 지금의 청소년이 경험하는 어려움을 이해하고, 나아가 이를 극복하고 바람직한 성장과 발달로 이끌기 위해서는 어떤 도움이 필요할지 생각해 보고자 한다.

1. 청소년문제에 대한 이해

청소년기는 급격한 신체적·정서적 발달과 변화를 경험하는 동시에 자아정체감을 형성하고 진로를 설정해야 하는 등 사회적 역할 수행도 동시에 요구받기 때문에 정서적으로 불안하고 스트레스가 많은 시기이다(이미리, 조성연, 길은배, 김민, 2014).

청소년기에는 이러한 변화에 적응하기 위해 노력하며, 대부분 잘 적응하고 넘기지만, 일부 청소년은 부적응을 경험하기도 한다. 아동기에서 성인기로 가는 과도기로의 청소년기의 발달 특성 때문에 나타나는 부적응의 문제는 행동으로 표출되는데, 이러한 표출된 청소년 행동을 '비행' '일탈행동' 등의 용어로 표현할 수 있다.

청소년문제행동은 정의 내리는 사람, 연구목적에 따라 비행, 일탈, 위험 행동 등을 포괄하는 매우 넓은 개념이라고 할 수 있다. 청소년문제행동은 비행이나 일탈, 위험 행동, 범죄와 같은 용어와 혼용해 사용되고 있으나, 구체적 내용에서 그 차이가 있다. 우선 청소년 비행은 법으로 금지하는 행동, 반사회적 행동 또는 사회 규범에 어긋나는 행위를 하는 것을 의미하며, 특히 성인의 경우 법적으로 문제가 되지 않는 행위(음주, 흡연 등)도 포함한다. 문제행동은 법을 위반하는 행위를 말하기도 하지만, 법을 위반하지 않더라도 또래를 괴롭히거나 공격하는 반사회적인 행위 등도 포함하기 때문에 상대적으로 비행과 비교하여 그 개념의 범위가 더 넓다고 할 수 있다. 위험 행동은 신체적 · 심리적 · 법적 · 경제적 손실의 가능성이 있는 행동이며, 싸움, 흡연, 약물남용, 가출, 무단결석, 부정행위 등을 포함하여 개인의 건강과 사회경제적 지위를 위협하는 반항적이고 반사회적인 행동이다(한상철, 2004). 청소년범죄는 법적으로 미성년에 해당하는 자의 범죄를 의미하며, 「소년법」 제4조 제1항 제1호와 2호에 규정된 14세(형사책임 기준 나이) 이상 19세 미만의 소년에 의한 범죄행위와 10세 이상 14세 미만의 촉법소년 행위를 말한다.

청소년문제에 대한 유사 개념을 총체적으로 고려하여, 모경환 등(2018)은 청소년문제를 '다수의 사회구성원에게 부정적 영향을 미치며 사회구성원 노력으로 해결할 수 있는 청소년에 관한 사회적 상황이나 행동의 유형'(p. 6)으로 정의하였으며, 오윤선과 최아람(2019)은 청소년문제행동을 '개인 혹은 집단적 행위를 통해 사회적 규범과 가치, 윤리 및 법과 제도에서 벗어난 일탈행동과 사회적 · 문화적 가치 기준에서 벗어나는 이상행동, 환경에 적응하지 못하여 발생하는 반사회적 행동, 비사회적 행동, 부적응 행동을 모두 포괄하는 개념'(p. 17)이라고 하였다.

중요하게 살펴보아야 할 것은 청소년의 문제행동은 행위를 하는 주체가 청소년이라는 점을 고려하여 범죄와 같이 반사회적 행동은 물론 자신에게 부정적 영향을 미치는 비사회적 행동이나 부적응 행동을 포함한다는 것이다. 부적응은 문제 상황이나 사회적 조건에 적절하게 대처하지 못하여 나타나는 이상 반응이나 적응장애를 의미한다. 부적응은 불안, 우울, 낮은 자기존중감, 자살 생각과 같은 정서장애를 초래하기도 하고, 대인관계 실패와 사회적응의 실패를 초래하여 외현화된 문제행동으로 표출되기도 한다(한상철, 2008). 따라서 청소년문제행동은 개인의 심리적 부적응과 매우 밀접한 연관이 있으며, 문제행동에 따른 대응과 해결 역시 부적응 행동에 대한 이해와 지도가 이루어져야 한다는 것을 의미한다.

　이와 같은 논의를 종합하면, 청소년문제행동은 청소년이 가정, 학교, 지역사회에서 생활 및 적응해 가는 과정에서 나타나는 법과 규범의 한계를 넘어선 반사회적인 행동이면서 동시에 자신에게 해가 되는 비사회적 행동이며, 사회의 규범이나 가치에 비추어 바람직하지 못한 상태로 정의 내릴 수 있다.

　청소년의 문제행동은 사회적 · 환경적 · 문화적 배경에 따라, 그리고 학자들의 학문적 관심에 따라 구체적인 범위와 영역이 다르게 분류된다. 개인의 정서와 행동장애를 중심으로 문제행동을 살펴보기도 하고, 외현화된 청소년의 일탈행위에 관심을 두기도 한다. 이 장에서는 청소년의 대표적 문제로 알려진 인터넷 중독, 가정 밖 청소년[1], 약물남용 현상과 청소년 유해환경, 그리고 청소년지도방법에 대해 논의하고자 한다.

2. 청소년과 인터넷

　인터넷은 정보화사회에서 매우 중요하고 필요한 서비스이며, 우리의 생활에서 뗄 수 없는 자연스러운 삶의 일부가 되었다. 이에 따라 청소년의 인터넷과 컴퓨터를 활용하는 능력 또한 과거에 비해 매우 신장하였다. 특히 발달 특성상 외부의 영향력에 민감하게 반응하는 청소년에게 이제는 익숙한 환경으로 주어진 인터넷과 컴퓨터 사용 그리고 스마트폰은 게임이나 교육과 같은 콘텐츠 보급의 다양화와 일상화로 그 영향력이 더욱 빠르게 확산하였다고 볼 수 있다. 그러나 급속한 정보화사회로의 발전은 미처 준비하지 못한 부작용도 유발하게 되었는데, 이는 청소년의 과도한 인터넷과 게임의 이용을 넘어선 중독문제이다. 이 절에서는 인터넷 중독의 개념과

---

1) 청소년이 가출할 수밖에 없는 사회적 환경에 대한 고려 없이 개인의 일탈이라는 부정적 선입견을 강화한다는 의견을 반영하여 최근 일부 개정된 「청소년 복지지원법」에서는 '가출 청소년'이라는 용어 대신 '가정 밖 청소년'이라는 단어를 사용하고 있다. 여기에서도 가출 청소년을 지칭할 때는 가정 밖 청소년이라는 용어를 활용하고자 하며, 내용에 따라 가출도 함께 사용한다.

현황, 관련 정책 대안을 살펴보고자 한다.

1) 인터넷 중독의 개념

인터넷 중독은 인터넷의 긍정적인 측면보다는 병리적 부적응에 초점을 둔 과도한 사용에 주목한다. 1990년대 후반 인터넷이 매우 빠르게 보급되던 시기 중독이라는 과도한 사용에 관심을 두기 시작하였으며, 이와 관련한 다양한 연구가 진행되었다. 몇 가지 연구를 살펴보면, 영(Young, 1996)은 도박의 기준을 근거로 인터넷 중독을 충동조절장애(Impulsive Control Disorder)로 간주하여 중독의 기준을 제시하였다. 영(1996)은 그 구체적인 내용으로 인터넷을 하고자 하는 강박적 사고, 인터넷 사용에 대한 내성과 하지 못할 때 나타나는 금단증상, 의도 이상의 과한 사용과 지속적 욕구, 다른 활동에 대한 흥미 저하 등으로 한 연구를 제시하였다. 유사하게 그리피스(Griffiths, 1996) 또한 인터넷 사용에 대한 집착, 인터넷 사용 정도에 대한 주변 사람의 불만 또는 지적, 내성, 금단, 일상생활 및 사회적 관계의 지장 등과 같은 증상을 인터넷 중독의 기준으로 제시하였다. 국내에서도 역시 관련 연구가 진행되었는데, 우종인 등(2000)은 강박적이고 병리적인 인터넷 사용을 진단하기 위한 기준을 살펴보기 위해 강박성과 충동성의 중독 특성에 관심을 두고 연구를 진행하였으며, 천정웅(2000)은 인터넷 중독과 사이버 범죄에 주목하여 이를 사이버 일탈로 규정하였으며, 컴퓨터 몰입과 인터넷 중독은 장시간 사용으로 일상생활을 제대로 수행하지 못하며, 사용하지 못하면 심리적 불안이나 우울감과 같이 청소년의 정신건강을 해치는 증상이 발현되는 것으로 이해하여 연구를 진행하였다.

종합하면, 인터넷 중독은 '인터넷 사용에 과도하게 집착하여 발생하는 건강하지 못한 문제행동에 주목하며, 학자들마다 그 견해에 차이가 있으나, 일반적으로 인터넷을 과다 사용함으로써 이에 대한 금단과 내성을 갖게 되고, 이에 따라 일상생활에서 장애가 유발되는 상태'(질병관리청 국가건강정보포털, 건강정보 인터넷 중독)를 의미하는 것으로 합의된다.

2) 청소년 인터넷 중독 현황

인터넷과 컴퓨터는 물론 스마트폰의 사용이 보편화되면서 청소년의 관련 기기 사용 시간에 대한 조사가 지속해서 이루어지고 있다. 2021년 청소년 인터넷 · 스마트폰 이용 습관 진단조사(여성가족부, 2021a)에 따르면, 응답에 참여한 전국의 초등학교, 중학교, 고등학교 청소년 가운데 인터넷 과의존 위험군은 약 1.3%, 주의군은 13.1%, 스마트폰 과의존 위험군은 1.1%, 주의군은 9.3%로 나타났다. 인터넷 과의존의 경우 2021년에 전년도와 비교하여 위험군과 주의군의 비율이 증가하였으며, 스마트폰 과의존의 경우 2019년에 비해 2020년 그 비율이 증가하였다가 2021년 소폭 감소한 것으로 확인되었다(〈표 10-1〉 참조). 또한 다음 표로는 제시되지 않았으나, 통계조사(여성가족부, 2021a)에 따르면 인터넷과 스마트폰 두 가지 문제를 모두 가진 청소년은 8만 8,123명으로 2020년과 비교하여 4,343명이 증가한 것으로 나타났다. 이러한 객관적 지표는 청소년이 자신의 인터넷과 스마트폰을 얼마나 사용하고 있는지를 돌아보게 하여 문제의식을 느끼도록 하고, 향후 자신의 힘으로 과의존에서 벗어나기 어려운 청소년을 대상으로 전문적 상담과 치유 서비스 제공을 위한 기초자료이며 동시에 인터넷과 스마트폰의 중독문제가 청소년지도자의 개입이 얼마나 필요한지를 보여 준다.

〈표 10-1〉 **2019~2021년 청소년 인터넷 · 스마트폰 위험군 및 주의군** (단위: 명)

연도	구분	재학생 수	인터넷 과의존 현황				스마트폰 과의존 현황			
			조사 인원	위험군	주의군	소계	조사 인원	위험군	주의군	소계
2019	초4	427,116	420,563	5,665	38,914	44,579	393,611	4,154	24,544	28,698
	중1	428,355	422,788	5,503	54,811	60,314	417,248	5,297	38,886	44,183
	고1	455,944	443,216	3,622	45,892	49,514	435,722	5,005	45,721	50,726
	합계	1,311,415	1,286,567	14,790	139,617	154,407	1,246,581	14,456	109,151	123,607
2020	초4	453,363	438,416	5,700	47,413	53,113	421,103	3,942	29,762	33,704
	중1	471,470	464,074	5,355	62,410	67,765	460,327	5,066	42,737	47,803
	고1	441,719	428,951	3,715	50,903	54,618	424,959	4,893	50,138	55,031
	합계	1,366,552	1,331,441	14,770	160,726	175,496	1,306,389	13,901	122,637	136,538
2021	초4	403,781	438,813	6,147	49,702	55,849	418,919	3,855	28,421	32,276
	중1	444,636	439,792	6,287	63,873	70,160	436,424	5,329	42,022	47,351
	고1	451,469	394,376	4,289	52,930	57,219	391,513	4,545	45,371	49,916
	합계	1,299,886	1,272,981	16,723	166,505	183,228	1,246,856	13,729	115,814	129,543

출처: 여성가족부(2021a).

장시간 인터넷이나 스마트폰을 사용하는 청소년은 다음과 같은 문제를 겪을 수 있다. 인터넷 중독은 청소년의 정신건강은 물론 대인관계에서의 장애를 유발할 수 있으며, 바람직한 자아정체감 형성을 위협하기도 한다. 또한 가상공간을 통해 청소년이 성 관련 문제, 사회 규범을 위협하는 해킹, 인권침해 등의 문제에 쉽게 노출될 가능성도 크다. 이는 청소년의 초기 정체감 혼미를 가중하여 현실 자아와 가상 자아의 혼돈을 경험하여 부정적 정체감을 형성하기도 하며, 무력감이나 우울, 존재감 상실과 같은 정서적 장애를 경험할 가능성이 있다(한상철, 2008). 스마트폰이나 인터넷의 과의존은 계획적으로 일을 수행하거나 성취하는 능력에도 부정적인 영향을 미치는데, 가상공간에 머무는 시간이 길어지면 다른 중요한 일을 미루거나 포기하기도 하고, 수면시간이 줄어들어 체력 저하나 시력 저하 등과 같은 신체적 문제를 경험하기도 한다(오윤선, 황인숙, 2021).

3) 청소년 인터넷 중독 정책

청소년의 인터넷과 스마트폰 의존을 예방하고 극복하기 위해 다음과 같은 프로

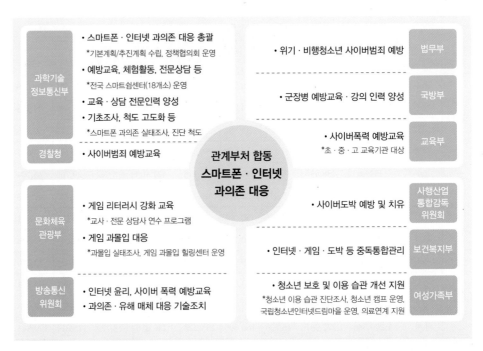

[그림 10-1] **청소년 스마트폰 · 인터넷 과의존 대응을 위한 정부 부처의 주요 역할 및 협력체계**
출처: 과학기술정보통신부(2022).

그램과 정책을 시행 중이다. 인터넷 중독과 예방을 해결하기 위해 「국가정보화기본법」 제30조에 근거하여 2010년부터 3개년 주기로 관련 정책과 계획을 마련하고 있다. 정책에 따르면, 과학기술정보통신부, 여성가족부, 보건복지부, 교육부 등을 포함 10개 부처에서 인터넷 중독 예방을 위해 교육 및 시범 · 중점 학교 운영, 인터넷

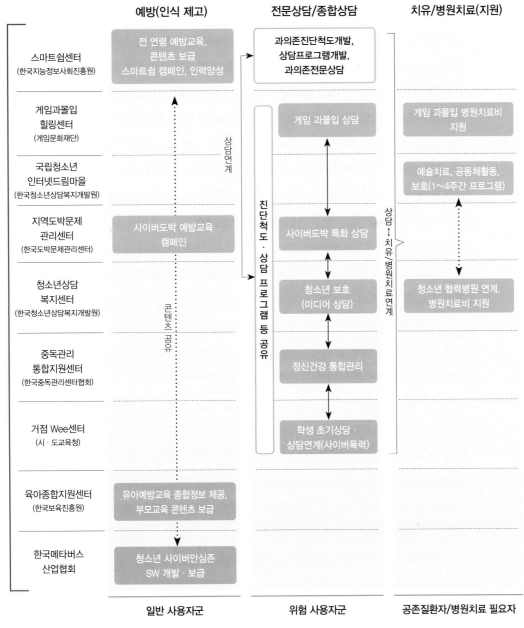

[그림 10-2] 청소년 스마트폰 · 인터넷 과의존 대응 전문기관 협력체계

출처: 과학기술정보통신부(2022).

중독 진단, 상담, 치료 연계 서비스를 추진하고 있으며, 부처별 주요 역할은 다음과 같다([그림 10-1] 참조).

청소년의 인터넷과 스마트폰 의존을 예방하고 극복하기 위해 [그림 10-1]의 협력체계에 따라 각 부처가 역할을 분담하고 있는데, 그중에서도 과학기술정보통신부는 스마트폰 과의존에 집중하여 아동·청소년의 스마트폰 과의존 예방을 위한 교육과 콘텐츠를 보급하고 치유 상담을 진행하는 등의 사업을 진행하고 있다. 문화체육관광부는 게임 리터러시 강화 교육, 게임 과몰입 대응을 위한 사업을 중점 담당하도록 하였으며, 여성가족부와 보건복지부는 인터넷과 스마트폰 과의존에 대해 치유 상담, 치료 연계, 캠프 운영 등의 치료적 사업을 추진하고 있다([그림 10-1] 참조).

2022년 6월 발표된 「지능정보서비스의 건전한 활용을 위한 스마트폰·인터넷 과의존 예방 및 해소 기본계획」(2022~2024)에 따르면, 문제를 해결하기 위한 구체적인 상담 협력체계로 정부 주관의 스마트쉼센터(한국지능정보사회진흥원), 국립청소년인터넷드림마을(한국청소년상담복지개발원), 청소년상담복지센터(한국청소년상담복지개발원), 게임과몰입힐링센터(게임문화재단), 중독관리통합지원센터(한국중독관리센터협회), 거점 Wee센터(시·도교육청) 등을 꼽을 수 있다. 이 중 청소년지도활동과 밀접한 연관이 있는 스마트쉼센터, 국립청소년인터넷드림마을, 청소년상담복지센터, Wee센터는 다음과 같은 특징이 있다([그림 10-2] 참조).

(1) 스마트쉼센터

스마트쉼센터는 한국지능정보사회진흥원 운영하는 센터로서 스마트폰과 인터넷 과의존으로 인한 각종 생활 장애를 예방하고 해소하는 전문 상담기관이다. 건강한 스마트폰 사용을 통해 삶의 균형을 회복하도록 예방 교육, 상담, 실태조사, 캠페인 등의 사업을 추진하고 있으며, 전국 17개 광역도시에 설치되어 있다(스마트쉼센터, https://www.iapc.or.kr/).

(2) 국립청소년인터넷드림마을

국립청소년인터넷드림마을은 2014년 8월에 설립되었으며, 인터넷과 스마트폰 과의존 청소년을 대상으로 치료와 상담과 같은 특화된 치유프로그램을 제공하고 신체적·정신적으로 건강한 성인으로의 성장을 지원하는 역할을 담당하고 있다(국립청소년인터넷드림마을, https://nyit.or.kr/user/index.asp). 여성가족부가 설립한 국립청소년수련시설이며, 한국청소년상담복지개발원에서 위탁운영하고 있다. 인터넷과 스마트폰 과의존으로 어려움을 겪는 청소년을 대상으로 하며, 개인, 상담복지센터, 학교, 청소년 관련 시설 등을 통해 신청할 수 있다. 종합적이고 전문적인 치유 프로그램을 운영하고 있으며, 전문인력을 활용하여 중독 진단 및 평가, 대상자 개인 특성과 원인 파악을 중심으로 한 개인상담, 또래와 참여하는 집단상담, 부모교육, 가족 캠프, 그리고 그밖에 청소년의 잠재 역량을 발전시키고 균형 있는 성장을 도모하기 위해 청소년지도사와 함께하는 외부 활동, 체험활동, 대안활동, 봉사활동, 체육활동 등의 서비스를 제공한다.

(3) 청소년상담복지센터

청소년상담복지센터는 청소년에 대한 상담, 긴급구조, 자활, 의료지원 등의 업무를 수행하여 청소년의 건강한 성장과 복지증진을 위한 상담지원과 지역사회 내 자원을 연계하여 맞춤형 서비스를 제공하고자 하는 목적을 지닌다. 청소년상담복지센터는 「청소년복지 지원법」 제29조(청소년상담복지센터)를 법적 근거로 하여 2022년 11월 기준 전국 240개소가 설치·운영 중이다(청소년상담복지개발원, https://www.kyci.or.kr/userSite/index.asp).

청소년상담복지센터는 교육부와 협력해서 학년 전환기 청소년을 대상으로 인터넷과 스마트폰 이용 습관 진단조사를 시행하고, 주의 또는 위험군 청소년을 대상으로 상담과 치료 등의 사후 조치 서비스를 제공하고 있다. 또한 위험군 청소년을 대상으로 치료를 위한 기숙형 치유특화 프로그램을 제공하고 있으며, 이 외에도 스마트폰 과다 사용 청소년의 부모를 대상으로 관련 문제에 대한 이해, 효과적인 사용 습관 관리 및 지도방식 등에 대한 부모교육 등을 제공하고 있다.

(4) Wee센터

Wee 프로젝트는 학교, 교육청, 지역사회가 연계하여 위기에 처한 학생을 미리 발견·지원하여 학생의 건강하고 즐거운 학교생활을 가능하게 하는 통합지원 서비스로서 2008년부터 시작된 정책사업이다. 위기 학생이 겪는 학교 부적응이나 학업 문제를 각 학교와 교육청 등의 다중 안전망에서 다루어 문제를 해소하고자 하는 목적을 지니고 있다. 따라서 Wee센터에는 인터넷이나 스마트폰 과의존 또는 중독 청소년을 대상으로만 사업을 진행하는 것은 아니며, 가정의 경제적 어려움, 부모이혼과 같은 가족의 위기, 학습 부진이나 학업 중단, 비행, 학교폭력 등의 위험 등을 겪고 있는 학생을 대상으로 사업을 진행한다. 앞서 제시한 다른 기관과 유사하게, Wee센터에서도 인터넷과 스마트폰 중독이나 과의존의 어려움을 겪는 대상 학생을 위해 개인상담과 집단상담을 진행하며, 문제 예방을 위한 부모교육, 가족 코칭 등의 사업도 활발하게 진행하고 있다(Wee센터, https://www.wee.go.kr/home/cms/cmsCont.do?cntnts_sn=22).

4) 인터넷 중독과 청소년지도

다른 청소년문제도 그렇지만, 특히 인터넷과 스마트폰 과의존 문제의 최선의 해결책은 예방이다. 이미 과의존과 중독이 된 후에는 치료에 많은 시간과 노력이 필요하기 때문이다. 최근 코로나19로 인한 비대면 온라인 학습의 확대, 스마트폰의 광범위한 확산 등으로 청소년의 통신기기 이용과 의존은 증가할 수밖에 없는 환경이며, 온라인 매체를 규제하거나 교육을 통해 자발적으로 사용 빈도나 시간을 줄이도록 하는 접근은 예방에 한계가 있다.

교육이나 정보검색 등의 이유로 인터넷이나 스마트폰을 활용하기도 하겠지만, 다수의 인터넷과 스마트폰 과의존 청소년은 일반 사용자군에 비해 재미 추구와 스트레스 해소를 위해 스마트폰이나 인터넷을 한다(오윤선, 황인숙, 2021). 따라서 청소년에게는 인터넷이나 스마트폰 외에 관심을 가질 수 있는 대안적 여가 활동이 필요하다. 학업으로 지친 청소년의 휴식과 즐거움은 물론 신체적·정서적 안정감을 줄 수 있는 다양한 여가 활동의 제공이 인터넷이나 스마트폰에 갇힌 청소년의 일상을 변화시킬 수 있어야 한다. 이러한 여가나 체험 활동을 통해 자신의 성격이나 취향에 따라 정적·동적인 활동을 선택하여 참여함으로써 자기에게 적합한 활동을 통해 자아성취감을 획득하고 스트레스를 해소할 수 있다.

이미 인터넷이나 스마트폰에 중독된 청소년에게는 의료적 개입과 함께 집중적 상담과 치료 프로그램을 연계해 줄 필요가 있다. 스스로 인터넷에 중독되었다는 사실을 인정하고 적극적인 의지를 갖는 것이 주변의 도움을 통해 문제를 해결할 수 있는 첫걸음이라고 할 수 있으며, 이러한 행동 변화를 위해 청소년을 상담하고 동기 강화 및 의지 형성을 위한 전략을 수립하고 적용해야 한다. 또한 인터넷 중독 청소년은 가상공간의 과몰입으로 인해 현실에서의 또래와의 폭넓은 사귐과 활동이 줄

어들어 사회성이 부족한 경우가 많다. 이러한 청소년을 위한 가정과 학교, 지역사회에서 적용할 수 있는 사회성 및 사회적 효능감 향상을 위한 상담 및 집단 프로그램을 개발하고 운용해야 한다. 마지막으로, 청소년지도자는 청소년이 개인, 가정과 관련한 다양한 어려움에 대한 탈출구나 도피처로 인터넷이나 스마트폰 과의존에 빠지지 않도록 관련 어려움을 호소하는 청소년에게 더욱 관심을 기울여야 할 필요성이 있다.

3. 가정 밖 청소년

청소년의 가출은 성인과 달리 그들이 청소년이기 때문에 문제행동으로 여겨지며, 지위 비행 또는 일탈행위로 인식된다. 최근 청소년의 가출은 가정이나 학교에서 특별하게 문제나 어려움을 갖고 있지 않은 청소년에까지 보편화되고 있고, 시작 시기가 저연령화되고 있으며, 빈도가 증가하는 등의 특징을 보인다. 청소년 가출은 일반적으로 비행으로 바라보는 시각이 강하다. 그러나 청소년의 가출을 개인적 특성과 일탈로 여기는 데 그치지 않고, 사회환경적 맥락을 함께 살펴보면 청소년의 인권 측면에서 고민해 보아야 할 필요성도 있다. 이 절에서는 가출의 개념과 현황, 가정 밖 청소년의 특성 그리고 이들을 위한 지도대책을 소개하고자 한다.

1) 가출의 개념

청소년의 가출은 사회적 · 환경적 맥락에 따라 그리고 학자들에 의해 다양하게 정의되고 있다. 한국형사정책연구원(1993)은 가출의 의도와 목적을 중심으로 '개인 혹은 다수가 자신의 지위에 해당하는 역할 수행을 포기하고 새로운 대안을 찾아 집을 나가는 것'으로 정의하였으며, 한상철(1999)은 '청소년이 겪고 있는 다양한 생활 사건에 대한 스트레스 인자를 부정적으로 지각하는 데서 비롯되며, 그 결과 이전의 스트레스 인자를 더욱 증폭시킴으로써 우울증을 비롯한 정신적 장애를 경험하고 있는 상태'로 정의하였다. 박윤희와 이상균(2010)은 가출 청소년을 '자신 및 주변의 문제에 직면했을 때 이를 해결하고 대안을 찾기 위해 비의도적으로 가정에서 떠밀려 나와 도움이 필요한 청소년과 돌아갈 주거 공간이 없는 청소년'으로 정의하였다.

여성가족부(2020)는「2020년 청소년 매체 이용 및 유해환경 실태조사」에서 가출을 '18세 미만의 청소년이 부모나 보호자의 동의 없이 24시간 이상 집으로 들어가지 않는 경우'라고 규정하였다. 최근에는 청소년이 가출할 수밖에 없는 사회적 환경에 대한 고려 없이 개인의 일탈이라는 부정적 선입견을 강화한다는 의견을 반영하여 '가출 청소년'이라는 용어를 '가정 밖 청소년'이라는 단어로 변경한「청소년복지 지원법」일부개정안이 통과되어(2021년 2월) 청소년에 대한 국가의 적절한 보호책임과 지원 대책을 강조하는 법적 지원 근거를 마련하였다.

2) 가정 밖 청소년의 현황

가족 간의 갈등과 가족 해체의 가속화는 청소년 가출이 지속해서 증가하는 원인 중 하나라고 볼 수 있다. 가정 밖 청소년은 거리 생활을 하며, 건강 악화는 물론 절도나 폭행, 성매매와 같은 범죄나 비행 문제를 일으키기도 하고, 범죄의 대상이 되기도 하는 심각한 사회적 부작용을 초래한다.

한국청소년정책연구원(2021)의「2021 아동·청소년 인권실태조사」에 따르면 2021년 초·중·고등학생의 최근 1년 내 가출 경험률은 3.2%로 전년 대비 0.3% 증가한 것으로 나타났다. 성별과 학급별로 살펴보면, 남학생(3.4%)이 여학생(2.9%)보다 가출 경험이 많았으며, 학교급이 높을수록 가출 경험이 적었다. 가출 이유로는 부모와의 문제(62.4%)가 가장 높은 비중을 차지하였으며, 다음으로는 학업(18.5%), 친구들과 함께하기 위해(9.7%) 순으로 나타났다([그림 10-3], 〈표 10-2〉 참조).

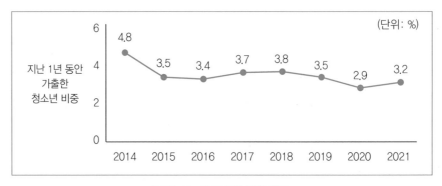

[그림 10-3] **청소년 가출 경험**

출처: 한국청소년정책연구원(2021).

⟨표 10-2⟩ **가출 경험 및 이유**   (단위: %)

구분	가출 경험	가출 이유					
		부모님과의 문제	학업 문제	친구들과 함께하기 위해서	가정의 경제적 문제	학교 문제	기타
2014	4.8	57.4	12.0	16.2	0.2	2.7	11.6
2015	3.5	63.5	12.8	12.4	1.4	3.6	6.2
2016	3.4	60.7	12.4	12.8	0.8	2.7	10.6
2017	3.7	60.9	14.3	10.6	1.7	5.1	7.4
2018	3.8	58.0	15.6	12.0	4.1	3.0	7.2
2019	3.5	61.7	15.9	9.6	2.3	1.1	9.5
2020	2.9	61.0	20.8	8.0	2.3	2.0	5.9
2021	3.2	62.4	18.5	9.7	1.4	0.6	7.4
남자	3.4	59.0	18.7	11.8	1.9	0.0	8.6
여자	2.9	66.6	18.2	7.3	0.8	1.3	5.9
초(4~6)	3.8	54.6	20.0	8.7	2.1	0.0	14.6
중	3.4	68.2	15.3	13.4	1.2	0.0	1.9
고	2.4	65.7	20.5	6.4	0.6	2.1	4.7

주: 1) 최근 1년 동안 가출한 적이 있는 사람의 비중
   2) 최근 1년 동안 가출한 적이 있는 사람의 주된 가출 이유
출처: 한국청소년정책연구원(2021).

가정 밖 청소년은 과도기적 발달 과정에서 가정의 소중함을 인식하지 못하고 자유 또는 독립을 추구하기 위해 집을 뛰쳐나가기도 하지만, 학대적 가족이나 무관심한 가족구성원, 가족 갈등으로부터 탈출하였거나 보호자에 의해 거부되고 버려진 상태에 놓여 있기도 하다. 가정 밖 청소년은 가정에서 나온 순간부터 삶을 영위하기 위한 기본적인 생리적 욕구와 안전의 욕구를 위협받게 된다. 당장 의식주를 스스로 해결해야 하는 청소년은 경제 및 자립적 활동이 어려워 숙식 문제에서 곤란을 겪을 수밖에 없다. 이에 비행집단에 관여하거나 약물 취급, 매춘 등과 같은 유해환경에 노출되며, 범죄의 피해자나 가해자가 될 수 있다(한상철, 2008).

3) 가정 밖 청소년을 위한 대책

가정 밖 청소년을 위한 대표적인 법은 「청소년복지 지원법」이며, 제16조에 '청소년 가출 예방 및 보호 · 지원'에 대한 조항이 있으며, 주요 내용은 다음과 같다. ① 여

성가족부 장관 또는 지방자치단체의 장은 청소년의 가출을 예방하고 가출한 청소년의 가정ㆍ사회 복귀를 돕기 위하여 상담, 제31조 제1호에 따른 청소년쉼터의 설치ㆍ운영, 청소년쉼터 퇴소 청소년에 대한 사후지원 등 필요한 지원을 하여야 한다. ② 보호자는 청소년의 가출을 예방하기 위하여 노력하여야 하며, 가출한 청소년의 가정ㆍ사회 복귀를 위한 국가 및 지방자치단체 등의 노력에 적극 협조하여야 한다. ③ 여성가족부 장관 또는 지방자치단체의 장은 제1항에 따른 청소년 가출 예방 및 보호ㆍ지원에 관한 업무를 「청소년기본법」 제3조 제8호에 따른 청소년단체(이하 '청소년단체'라 한다)에 위탁할 수 있다. 이러한 법적 근거를 바탕으로 가정 밖 청소년을 지원하는 기관으로는 청소년쉼터와 청소년자립지원관이 있다.

(1) 청소년쉼터

청소년쉼터는 가정 밖 청소년을 지원하는 대표기관으로 1992년 최초 설치되었으며, 2004년 「청소년복지 지원법」이 제정(2005년 2월 시행)되어 법적 설치 근거를 마련하였다(여성가족부, 2022a). 청소년쉼터는 가출 청소년의 생활보호와 상담, 자립

〈표 10-3〉 **청소년쉼터의 종류 및 기능**

구분	일시 쉼터(32개소)	단기 쉼터(63개소)	중ㆍ장기쉼터(39개소)
기간	24시간부터 7일 이내 일시보호	3개월 이내 단기 보호 (최장 9개월까지 연장 가능)	3년 이내 중ㆍ장기 보호 (필요시 1년 연장 가능)
이용 대상	가정 밖ㆍ거리 배회ㆍ노숙 청소년	가정 밖 청소년	가정 밖 청소년
주요 기능	• 가정 밖 청소년 조기 구조ㆍ발견, 단기ㆍ중장기 청소년쉼터와 연결 • 위기 개입 상담, 진로지도, 적성검사 등 상담 서비스 제공 • 먹거리, 음료수 등 기본적인 서비스 제공 등	• 가정 밖 청소년문제해결을 위한 상담ㆍ치료 서비스 및 예방 활동 • 의식주 및 의료 등 보호 서비스 제공 • 가정 및 사회복귀 대상 청소년 분류, 전문기관 연계ㆍ의뢰 서비스 제공 등	• 가정복귀가 어렵거나 특별히 보호가 필요한 위기 청소년을 대상으로 장기간 안정적인 보호 서비스 제공
위치	이동형(차량), 고정형(청소년 유동 지역)	주요 도심별	주택가
지향점	가출 예방, 조기 발견, 초기 개입	보호, 가정 및 사회복귀	자립 지원

출처: 여성가족부(2022a).

역량 강화, 고충 처리, 문화활동프로그램 등을 제공함으로써 가정 밖 청소년의 가정과 사회로의 복귀를 지원하며, 청소년 보호시설의 전문화 및 차별화된 서비스를 지원하고자 일시, 단기 및 중·장기 쉼터로 나누어 운영되고 있다(〈표 10-3〉 참조).

(2) 청소년자립지원관

가정 밖 청소년은 청소년쉼터 입소 나이가 지나거나 보호기간이 종료된 뒤에는 쉼터를 퇴소하여 자립해야 한다. 그러나 일정 기간 쉼터나 청소년 회복지원시설의 도움을 받아도 주거 문제와 생계 문제를 스스로 바로 해결하는 것은 쉽지 않다. 생활의 어려움을 의논할 대상이 없고, 가정 내 교육이나 사회 경험이 부족하여 범죄에 노출되거나 생활고를 겪을 가능성이 크다는 지적에 따라 쉼터 퇴소 청소년의 건강한 자립을 돕기 위해 청소년자립지원관에 대한 논의가 지속되었고, 2012년 「청소년 복지 지원법」 개정 시 청소년자립지원관의 설치 및 운영 근거가 마련되었으며(김지연, 백혜정, 최수정, 2017), 2022년 기준 전국에 11개소가 운영 중이다.

청소년자립지원관의 이용 대상은 쉼터나 청소년회복지원시설에서 퇴소한 뒤 추가적인 자립 지원과 보호가 필요한 만 19세부터 24세까지의 청소년이며, 최대 2년까지 지원을 받을 수 있다. 제공하는 서비스로는 해당 시설의 지원, 지역 공공서비스 및 민간 자원을 활용하여 개별 특성을 고려한 사례관리 및 주거 지원을 기반으로 소득, 생계, 금융, 교육, 진학, 취업 및 훈련, 건강과 일상 지원 등을 포함한다(여성가족부, 2022c).

4) 가정 밖 청소년을 위한 지도

청소년지도자는 청소년의 가출을 예방하고 이들을 지도하기 위한 프로그램을 개발하고 실행하기 위한 전문성을 갖춰야 한다. 가정 밖 청소년을 귀가시키고 쉼터나 회복시설과 보호시설을 통한 도움 제공은 물론 가출을 가정이나 개인의 문제해결 수단으로 선택하지 않도록 합리적인 사고와 선택을 돕는 지도대책의 마련이 필요하다. 또한 위기 대처 기술, 대인관계 기술, 스트레스 관리 및 갈등 관리 기술 등을 통한 건강한 자립을 위한 적절한 조치가 이루어져야 한다. 청소년에게 가출이 직면한 모든 문제를 해결하는 만능 해결책은 아니며, 가출 후 생활의 어려움과 불편함이 자신이 생각하는 것 이상이라는 사실을 인지할 수 있어야 한다. 더불어 스트레스와 갈등 관리 기술 발달을 통해 부모, 교사, 친구와 원만한 관계 형성을 촉진할 수 있도록 도와야 한다. 구체적으로는 청소년에 대한 가족, 교사, 또래의 지지는 스트레스 해소는 물론 문제행동을 예방하는 데 긍정적 영향을 미친다고 알려져 왔으므로 이를 개선하기 위한 가족 의사소통과 갈등 관리 방법의 향상, 가족 응집성 증가를 위한 프로그램 등이 적극적으로 활용될 필요가 있다(한상철, 2008).

또한, 일부 청소년은 가족이나 학교로부터 도피하여 자유롭게 또래와 어울려서 시간을 보내기 위해 가출을 선택하는 경우가 있다는 점, 그리고 가출 후 범죄의 가해자 또는 피해자가 될 수 있다는 점을 고려할 때 가정 밖 청소년 집중 사례관리 서비스, 자조 모임을 통한 부모교육, 부모와의 신뢰성 형성 및 협조 등이 필요하다(정익중 외, 2022). 즉, 가정 밖 청소년이 유해환경이나 범죄 행동에 노출되고 가담하는 것을 예방하기 위해 사회적 안전망에 대한 정보를 제공하고, 합리적으로 문제를 해결할 방안을 선택할 수 있도록 지속적인 상담과 지도방법이 요구된다.

마지막으로, 가정 갈등이나 폭력 등으로 가정이 안전하지 않아 이로부터 탈출할 수밖에 없는 청소년을 위해 청소년쉼터 등과 같은 보호시설과의 연계, 자립 과정에 실질적 도움을 줄 수 있는 현실적이고 체계적인 교육 또는 훈련 프로그램 제공, 가정 폭력과 같은 원인을 해결하기 위한 근본적 대책이 함께 논의되어 가정 밖 청소년이 행복하고 안전하게 지낼 수 있는 사회를 만들어야 한다.

4. 청소년과 약물

최근 심각한 사회문제로 대두되고 있는 약물 관련 문제에 청소년도 예외는 아니다. 술, 담배, 부탄가스, 신나 등의 유해 물질과 진통제나 진해거담제 등 일반 의약품의 남용과 그와 관련한 비행과 범죄를 예방하고 해결하기 위한 대책이 필요하다. 청소년 대부분은 약물에 대한 무지와 호기심으로 약물을 시작하며, 처음에는 비교적 구하기 쉬운 약한 약물에서 점차 중독성이 강한 마약의 투약으로 이어지곤 한다. 청소년은 신체적 발육이 완전히 끝나지 않은 상태이므로 그 손상의 피해가 크며, 약물에 중독된 청소년은 자신과 타인을 위협하는 과격한 행동을 할 가능성이 있으며, 향후 성인기에 마약과 같은 더 강력한 약물남용과 의존으로 이어질 수 있다는 점에서 성인과 비교해 유해 약물 사용의 위험 요소가 더욱 크다고 할 수 있다(최재윤, 이광섭, 2012).

1) 청소년과 유해 약물

약물은 의약품과 더불어 의약품이 아니면서 중추신경에 영향을 미치는 환각제를 포함하는 넓은 의미로 정의되고 있으며, 약물 사용 행위에 대해서는 사용(use), 오용(misuse), 남용(abuse) 등의 용어가 활용되는데, 이는 사용 정도보다는 가치판단에 의해 결정된다. 사용은 치료에 효과가 있고, 위험성이 적은 약물을 사용하는 것을 의미하며, 오용은 의도적인 것은 아니지만 적절한 용도로 사용하지 못하는 것 또는 다른 목적으로 사용하는 것을 의미한다. 남용은 사용방식이나 양이 효과를 가져오는 데 필요한 것보다 더 많이 사용되는 것을 의미하며, 이러한 구분은 의학적 상식, 법규, 사회적 규범에서 일탈하여 쾌락 추구를 위해 사용하는 행위라고 할 수 있다(최영신, 2004).

청소년 유해 약물은 「주세법」에 의한 주류, 「담배사업법」에 의한 담배, 「마약류 관리에 관한 법률」에 의한 마약류, 「화학물질 관리법」에 의한 환각물질 등을 지칭(여성가족부, 2022a)하며, 청소년이 복용 또는 흡입하는 광범위한 약물을 모두 포괄한다. 정리하면, 일반적인 마약류와 청소년이 복용하는 유해 물질을 모두 포괄하는 일반적인 용어로 약물을 정의할 수 있다. 이러한 유해 약물은 중추신경계 등에 작용하여 습관, 중독, 내성 등을 유발하고 인체에 유해 작용을 미칠 수 있으므로, 청소년의 사용을 제한하지 않으면 심신을 심각하게 훼손할 우려가 있다(이미리 외, 2020). 특히, 이러한 약물은 한번 사용하게 되면 의존성과 내성, 중독성이 강해 스스로 중단하기 어려운 상태에 이르게 되어 전문적 치료를 해야 하며, 청소년기는 물론 성인기의 신체 건강과 정신건강에 악영향을 미칠 뿐 아니라 범죄 또는 일탈행위와도 매우 밀접한 연관이 있다.

2) 청소년의 약물남용 현황

약물남용은 스스로 구매해서 사용한다는 점에서 공식 통계를 통해 실태를 파악하기 어렵다. 따라서 자기보고 형식의 조사를 통해 간접적으로 확인할 수 있는데, 청소년의 약물남용 실태는 「청소년 매체 이용 및 유해환경 실태조사」(여성가족부, 2020), 「청소년건강행태조사」(질병관리청, https://www.kdca.go.kr/)를 활용하여 정리한 통계표로 살펴볼 수 있다.

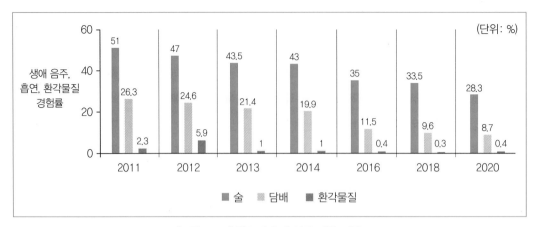

[그림 10-4] **청소년 유해 약물 사용 경험**

출처: e-나라지표(https://www.index.go.kr/potal/main/EachDtlPageDetail.do?idx_cd=2776).

청소년의 약물남용 실태를 유형에 따라 보면, 술이 담배와 환각물질에 비해 그 경험 비율이 월등히 높은 것으로 나타났다([그림 10-4] 참조). 술이나 담배, 환각물질 모두 연도별로 점차 감소하고 있는 것을 확인할 수 있으며, 이는 「청소년 보호법」에 따라 청소년에게 유해 약물을 판매한 자나 대리 구매하여 전달한 자에 대한 처벌과 단속이 강화됨에 따라 사회적 인식 개선에 따른 것으로 생각할 수 있다.

청소년의 약물남용을 살펴볼 수 있는 또 다른 자료는 「마약류 관리에 관한 법률」을 위반한 마약 사범에 대한 통계이다(〈표 10-4〉 참조). 검찰청(2021)의 '마약류 범죄백서'에 따르면, 필로폰, 대마초, 아편을 포함한 강한 약물을 규제하는 「마약류 관리에 관한 법률」을 위반한 청소년은 다음과 같다. 2021년 기준 전체 마약류 사범의 숫자가 16,513명이며, 19세 이하 청소년은 2.8%를 차지한다는 점에서 숫자 자체는 크다 할 수 없으나, 청소년 마약류 사범이 최근 급증하고 있으며, 마약은 신고 없이는 잘 드러나지 않는다는 점에서 그 문제의 심각성을 찾을 수 있다.

〈표 10-4〉 **19세 이하 청소년 마약류 사범의 마약류별 현황**   (단위: 명)

연도	마약	향정신성 약물	대마	합계
2019	3	167	69	239
2020	78	196	89	313
2021	196	192	62	450

출처: 검찰청(2019~2021).

3) 청소년 약물남용 대책

청소년 약물남용 문제해결을 위해 「청소년 보호법」에서는 청소년에 대한 유해 약물의 판매, 청소년 유해 약물에 대한 유해 표시 불이행 행위를 금지하고 있다. 법에 따르면, 청소년에게 술이나 담배를 판매하는 경우, 2년 이하의 징역이나 2천만 원 이하의 벌금에 처하도록 하고 있으며(동법 제59조), 유해 약물이나 물건을 판매, 대여, 배포하는 경우 3년 이하의 징역이나 3천만 원 이하의 벌금에 처하도록 규정하고 있다(〈표 10-5〉 참조).

그 밖에 청소년이 약물의 위험성을 인지하고 유혹을 뿌리칠 수 있도록 돕기 위한 대책이 요구된다. 마약류의 약물을 오용 또는 남용하지 않도록 관련 지식을 제공하도록 SNS나 동영상을 통한 사이버 홍보를 강화하고 적극적으로 활용하고 있다. 여성가족부(2022f)에서 발표한 '제4차 청소년보호 종합대책'에 따르면, 아동·청소년을 대상으로 하는 음주와 흡연 예방 교육을 강화하며, 교사의 역량강화 사업을 지원하며, 음주·흡연·마약류에 대한 유해성을 홍보하고 예방하는 캠페인 추진을 통해 지역사회 유해환경을 개선하고 있다. 또한 알코올이나 마약과 같은 중독 청소년을 위한 치료, 재활 서비스의 접근성을 강화하며, 흡연 청소년 대상 금연 지원프로그램과 국립청소년치료재활센터의 기능을 강화하여 정서·행동뿐 아니라 중독 청

〈표 10-5〉 **청소년 유해 약물 관련 위반 행위 및 처벌**

	위반 행위	위반 시 처벌
청소년 대상 판매 금지	• 청소년 유해 약물 또는 유해 물건을 판매·대여·배포한 자 주류/담배(전자담배 기기장치, 담배 형태 흡입제 포함)	2년 이하의 징역 또는 2천만 원 이하의 벌금 (「청소년 보호법」 제59조)
	• 청소년 유해 약물 또는 유해 물건을 판매·대여·배포한 자 환각물질/성 기구 및 레이저 포인터류	3년 이하의 징역 또는 3천만 원 이하의 벌금 (동법 제58조)
청소년 유해 표시 불이행/포장 의무 불이행	• 청소년 대상 주류·담배 등의 판매·대여·배포 금지표시 미이행 • 청소년 유해 약물 등에 청소년 유해 표시 미이행 • 청소년 유해 약물 등 포장 미이행(포장 의무 및 표시·포장의 훼손 금지)	2년 이하의 징역 또는 2천만 원 이하의 벌금 (동법 제59조)

출처: 법제처(www.law.go.kr), 「청소년 보호법」 제58조, 제59조.

소년의 재활 프로그램이 제공될 수 있도록 지원을 검토 중이다.

4) 청소년 약물남용과 지도

청소년의 약물남용은 충동적이고 쾌락 추구적이므로 빠르게 중독되고, 복합적이고 더 강력한 자극을 추구하며, 어린 나이에 시작한 만큼 내성으로 인해 사망에 이를 수 있는 높은 위험성이 있다. 또한 음주와 흡연과 같은 유해 약물 역시 그 자체로 청소년의 건강에 해로울 뿐 아니라 다른 비행 행동이나 범죄로 이어지는 징검다리의 역할을 한다는 점에서 그 문제를 심각하게 바라볼 필요가 있다. 약물남용은 중독과 내성으로 이어지는 치명적 결과를 초래하지만, 청소년은 이에 대한 인식이 부족한 실정이다. 각 지역의 교육청, 학교, 학부모가 함께하는 유해 약물이나 마약류 사용 예방을 위한 다양한 교육과 치료, 재활을 위한 대책 마련이 필요하며, 이러한 활동의 효과성을 높이기 위해서는 청소년활동시설 등의 협업과 노력 또한 필요하다. 이미 유해 약물에 노출, 중독된 청소년은 적절한 치료와 재활을 위한 전문시설의 도움을 받아야 할 것이지만, 그렇지 않은 다수의 청소년이 유해 약물에 노출되지 않도록 예방환경 조성을 위한 프로그램과 활동을 지원하는 것이 필요하다.

청소년 약물 문제를 해결하기 위한 정책은 다양하며, 여러 관계 부처와 제도를 통해 이루어진다. 청소년이 유해 약물에 접하지 않게 하기 위한 초기 대응으로는 정서적으로 불안정한 청소년에게 깊은 관심을 두고 고민을 덜어 주고 이해하려는 노력이 필요하다. 또한, 많은 경우 비행과 약물을 탐닉하는 청소년이 사회경제적 어려움과 불안정한 가정환경에 노출되어 있다는 점을 고려할 때 이들에 대한 사회적 관심과 지원을 잊지 말아야 할 것이며, 마지막으로 입시나 학업 스트레스에 대한 해결책으로 약물을 찾지 않도록 이를 해소할 수 있는 건강한 대책도 다각적으로 모색될 필요가 있다.

5. 청소년과 유해환경

1) 청소년 유해환경의 정의

일반적으로 청소년이 접하게 되는 환경은 직접적이고 개인적으로 경험하는 환경과 사회환경으로 미디어, 서적, 사회문화적 수단으로 나눌 수 있으며, 이러한 청소년을 둘러싼 환경 중 청소년 유해환경은 청소년이 건전하고 건강하게 성장하는 데 유해한 영향을 미칠 수 있는 환경을 총체적으로 말한다(김정열, 2015; 허철수, 1997). 「청소년 보호법」 제2조에 따르면, 청소년 유해환경은 청소년 유해매체물, 청소년 유해 약물, 청소년 유해물건, 청소년 출입·고용금지업소 및 청소년 폭력·학대를 말한다. 이는 음란물 또는 폭력적 영상물, 인쇄물, 술이나 담배와 같은 유해 약물, 출입이나 고용이 해로운 것으로 인정되는 업소, 폭력이나 학대를 통해 신체적 또는 정신적 피해를 발생하게 하는 행위 등으로 청소년의 건전한 발달을 저해하는 모든 환경을 총칭한다.

청소년 유해환경은 법으로 정의되어 있으나, 절대적이고 보편적이라기보다는 상대적 개념으로 이해할 수 있다. 직접적으로 청소년의 정상적인 성장·발달을 저해하는 환경뿐 아니라, 청소년문제행동 또는 비행을 유발할 가능성이 있는 불건전하고 비교육적인 환경을 정비하는 것이 필요하다(강경수, 이민형, 김진환, 2008; 김정열, 2015). 청소년을 둘러싼 환경 중 유해환경이 많고 강도가 강해 이에 따른 문제가 발생하고 있다는 문제의식을 느끼고 청소년에게 강력한 부정적이고 유해한 영향을 미치는 환경을 개선하고 정화하지 않고는 문제해결과 청소년지도의 효과성을 기대하기가 어렵다.

2) 청소년 유해환경의 분류

「청소년 보호법」에 따라 청소년 유해환경은 청소년 유해매체, 유해 약물, 유해업소로 분류할 수 있으며, 유해 약물은 앞서 따로 다뤘으므로, 청소년 유해매체와 유해업소에 관해 설명하고자 한다.

(1) 청소년 유해매체

「청소년 보호법」제2조 및 제7호에 따른 청소년 유해매체물은 ① 청소년보호위원회가 청소년에게 유해한 것으로 결정하거나 확인하여 여성가족부 장관이 고시한 매체물, ② 다른 법령에 따라 해당 매체물의 윤리성·건전성을 심의할 수 있는 기관이 청소년에게 유해한 것으로 심의하거나 확인하여 여성가족부 장관이 고시한 매체물 중 어느 하나에 해당하는 것이라고 정의하고 있다.

동법 제9조에 따른 청소년 유해매체물의 심의 기준은 다음과 같다. 청소년에게 성적인 욕구를 자극하는 선정적이거나 음란한 것이나 청소년에게 포악성이나 범죄의 충동을 일으킬 수 있는 것, 성폭력을 포함, 폭력행위와 약물의 남용을 자극하거나 미화하는 것, 도박과 사행심을 조장하는 등 청소년의 건전한 생활을 현저히 해칠 우려가 있는 것, 청소년의 건전한 인격과 시민의식의 형성을 저해하는 반사회적·비윤리적인 것, 그밖에 청소년의 정신적·신체적 건강에 명백하게 해를 끼칠 우려가 있는 것이다.

(2) 청소년 유해업소

청소년 유해업소는 청소년의 출입과 고용이 청소년에게 유해한 것으로 인정되는 ① 청소년 출입·고용금지 업소, ② 청소년의 출입은 가능하지만, 고용은 유해한 것으로 인정되는 청소년고용금지업소를 말한다.

구체적으로, 청소년 출입과 고용이 금지된 업소로는 일반게임제공업소(청소년 이용 불가 및 전체이용가 게임물 설치·제공), 멀티방, 유흥주점, 단란주점, 가요주점, 비디오방, DVD방, 노래연습장(청소년실은 출입 가능), 전화방, 성인용품점, 키스방, 안마방 등 신종·변종 퇴폐업소, 경마 장외발매소, 경륜, 경정 장외매장 등이 있다. 청소년고용이 금지된 업소로는 일반게임제공업소(전체이용가 게임물 설치·제공), 피시방, 숙박업소, 만화대여점, 호프집·소주방, 티켓다방, 주로 주류의 조리·판매를 목적으로 하는 일반음식점 등이 있다. 그 밖에 청소년 출입이 제한된 업소로 22시부터 다음날 9시까지 청소년실이 있는 노래연습장과 청소년 게임제공업소, 피시방이 있으며, 22시부터 다음날 5시까지 출입이 제한되는 업소로는 찜질시설이 있는 목욕장(찜질방)이 있다.

청소년의 출입이나 고용을 위반한 때에는 벌금이나 행정처분을 받게 된다. 고용위반의 경우에는 3년 이하의 징역 또는 2천만 원 이하의 벌금이나 과징금, 출입 위반의 경우에는 2년 이하의 징역 또는 1천만 원 이하의 벌금이나 과징금, 출입 시간 위반의 경우 최대 2년 이하의 징역 또는 2천만 원 이하의 벌금이나 영업정지를 받게 된다.

3) 청소년 유해환경에 대한 대책 및 지도

청소년의 건강한 성장환경 조성을 위해 청소년을 둘러싼 유해환경을 점검하고 새로운 유해환경 변화에 대응하기 위해 「청소년 보호법」 제33조에 따라 3년마다 종합대책을 수립하여 시행하고 있다. 관련한 구체적 과제를 살펴보면, 유해환경 등으로부터 청소년의 안전할 권리를 보장하기 위해 청소년 대상 온라인 불법 유통을 근절하기 위한 법과 제도를 정비하고, 온라인과 오프라인 청소년 대상 담배와 주류 및 불법 마약류 판매 등을 근절하고 감시시스템을 강화하고 있다. 또한 청소년의 건강한 생활과 교육환경을 조성하기 위해 불법 유해업소와 관련 광고물에 대한 관리, 적발 단속을 강화하고 있다. 그 밖에 동법 제5조 및 제48조와 시행령 제40조에 근거하여 지역 내 청소년 유해환경 감시단을 조성하고 운영 · 지원함으로써 청소년 유해업소와 유해 약물에 대한 판매 등의 환경에서 보호하기 위한 감시 · 고발 활동을 수행하고 있다. 2022년 6월 기준 전국 247개, 단원 총 20,000명이 활동하고 있으며, 시민단체 소속 직원, 직장인, 자영업자, 주부 등으로 이루어져 월 1~2회 활동하고 있다. 주요 활동으로는 「청소년 보호법」 위반행위에 대한 감시 · 신고, 청소년의 보호와 선도 및 건전 생활의 지도, 청소년 유해환경 정화를 위한 지역주민과 업주 대상의 계도 활동, 캠페인이나 유해환경에 대한 교육 및 홍보를 통한 정화 활동, 청소년의 달이나 수능 전후 청소년 유해환경에 대한 점검과 단속 활동이 있다(여성가족부, 2022h).

청소년문제는 청소년사회에 국한된 것이 아니라 사회 전체의 환경이나 맥락과 관련된 복잡한 문제이다. 따라서 이와 관련한 외부 유해환경에 대한 제도적 · 정책적 노력과 감시가 지속되어야 한다. 그러나 청소년은 외부 환경을 그대로 수용하기만 하는 존재는 아니므로 관련한 여러 가지 문제를 해결하기 위해서는 청소년 스스로가 건전한 성장과 발달에 대한 개념을 정립하고, 이에 좋지 못한 영향을 주는 환경에 대해 내적 판단력과 통제를 적절히 사용하여 대처할 수 있는 의지를 갖도록 하는 교육과 지도가 필요하다.

제11장

청소년프로그램의 운영

청소년프로그램이란 '청소년의 건전한 발달과 사회 적응을 조력하기 위한 목적으로 실시되는 다양한 청소년지도활동이나 청소년이 참여하는 활동을 효율적이고 매력적으로 실현하기 위해 필요한 교육적 경험과 환경의 집합'이다. 즉, 청소년프로그램은 청소년들의 전인적인[지(知), 덕(德), 체(體)] 건전한 성장발달 등을 목적으로 청소년에 대한 올바른 이해와 청소년의 균형적 가치 그리고 자발적인 역량을 갖추어서 사회의 구성원으로서 그 역할을 잘 수행할 수 있도록 하는 태도와 능력 등을 배양토록 하는 것이다. 특히 청소년프로그램은 청소년지도의 핵심요소로 기본적으로는 청소년 개인의 성장과 발전을 지향하며, 이를 통하여 사회변혁을 도모하고, 청소년의 욕구를 충족시킴과 동시에 청소년지도자에게는 전문성에 의한 성취감과 만족감을 주는 수단이 되기도 한다. 청소년은 아동과 성인의 중간 단계로 신체적·심리적·정서적으로 다양한 변화를 겪으면서 성장·발전해 나가는 존재로, 청소년프로그램을 개발할 때는 이러한 청소년의 다양한 특성과 상황이 고려되어야 한다.

이러한 측면에서 이 장에서는 청소년프로그램 개발의 특성과 성격 및 원리, 청소년프로그램 유형에 대해서 살펴보고자 한다. 그리고 청소년프로그램 개발 과정은 PROGRAM의 앞 글자를 활용한 7단계로 제시하고, 청소년기관의 프로그램 기획 능력을 발휘함과 동시에 부족한 청소년프로그램 예산을 확보하는 중요한 수단인 청소년프로그램 공모사업도 제시한다. 그리고 청소년프로그램의 구성 요소와 공모사업 신청서 작성 방법도 소개한다.

1. 청소년프로그램의 이해

1) 청소년프로그램의 정의와 특성

(1) 청소년프로그램의 정의

프로그램의 사전적 의미로는 '일의 진행 계획이나 순서 또는 목록'이다. 용어는 'pro'와 'graphein'의 합성어로 이전(before)과 서술하는 것(to write)의 내용이 결합된 단어로 어떠한 발생될 행동을 사전에 서술하는 것이라는 의미를 가지고 있다(유진이, 윤혜순, 2020).

랩과 포트너(Rapp & Poertner, 1992: 29)는 프로그램을 '하나의 목적을 이루기 위한 행동들의 집합체'로 보았고, 요크(York, 1982) 역시 프로그램을 '목적을 달성하기 위한 일련의 상호 의존적인 활동들'로, 폴락과 빈터(Pawlak & Vinter, 2004)는 조직화된 사업을 구성하여 연결된 서비스의 종합이라고 정의하고 있다(Netting et al., 2008). 따라서 프로그램이란 '조직이나 기관이 의도된 계획에 따라 어떤 목적을 달성하기 위해 인적 · 물적 자원을 활용하는 일련의 집합적인 활동들'(박경일 외, 2019: 13)이다.

이와 같은 학자들의 주장을 바탕으로 청소년프로그램을 정의하면 '청소년 조직이나 기관이 의도된 계획에 따라 어떤 목적(건전한 청소년육성, 청소년보호 등)을 달성하기 위해 인적 · 물적 자원(청소년지도자, 시설 인프라, 예산 등)을 활용하는 일련의 집합적인 활동'으로 정의할 수 있다. 이러한 청소년프로그램은 지도자가 청소년에게 지도할 내용과 방법을 체계적으로 구조화한 것이며, 청소년이 지도자의 지도하에 갖게 될 모든 경험과 활동들의 집합이라 할 수 있다(유진이, 윤혜순, 2020).

한편, 이복희, 김종표와 김윤아(2018: 83-85)는 청소년프로그램의 개념을 일상적 의미, 교육적 의미, 통합적 의미로 구분하였다. 세부 내용을 살펴보면 다음과 같다.

첫째, 일상적 의미에서 프로그램이란 용어는 인간의 실존적 가치를 무시한 채, 단순히 앞으로 진행될 절차, 사건, 순서, 활동만을 강조한다(김진화, 2001). 예를 들어, 방송 프로그램, 행사 프로그램, 컴퓨터 프로그램 등을 떠올리면 그 의미를 쉽게 짐작할 수 있다. 일상생활에서 프로그램이란 용어는 흔히 접할 수 있다. 그렇지만 그 의미는 형식과 내용에 따라 약간씩 다르게 이해되고 있어 혼란스럽다. 보통 프로그램이란 앞으로 행할 활동을 순서대로 나열해 놓은 계획서와 거의 같은 의미로 쓰는 경우가 많다. 간단하게는 어떤 행사의 식순도 프로그램이요, 음악회의 발표 내용을 순서대로 나열한 것도 프로그램이다. 좀 더 복잡하게는 어떤 활동을 시간과 장소에 따라 내용과 방법까지 밝혀 한눈에 볼 수 있도록 제작해 놓은 것을 프로그램이라 한다. 또한 일정한 목적을 가진 비정규적인 활동이나 행사를 프로그램이라 하기도 한다. 이처럼 프로그램은 그 내용과 형식에 있어서 매우 다양하다.

둘째, 교육적 의미에서 프로그램이란 용어는 흔히 커리큘럼(교육과정)[1]이라 하며, 합리주의와 논리실증주의의 전통에 근거하여 학습자가 배우고 습득해야 할 것을 외부에서 전문가가 사전에 계획하여 마련한 체계화된 교육내용(지식, 정보, 기술, 교과)을 강조하는 경향이 지배적이다(김진화, 2001). 다시 말해, 교육적 의미에서 프로그램은 단순히 시간 순서에 따라 진행될 사건이나 활동만을 뜻하지 않고, 학습자의 참여와 실존적 가치를 인정하는 그 이상의 의미가 함축되어 있다. 일정한 목표를 향해 학습자의 행동이 변화하도록 사전에 체계화시켜 놓은 교육내용(지식, 정보, 기술, 교과)을 강조한다.

셋째, 통합적 의미에서 프로그램이란 용어는 교육내용, 교육방법, 교육활동, 교육매체가 하나로 통합된 교육적 실체로 규정된다(김진화, 2001). 다시 말해, 학습내용(지식, 정보, 대상, 원리 등)을 포함하는 것은 물론이고, 학습목적과 목표, 대상, 활동 및 학습과정, 활동 및 학습방법, 장소, 시기, 학습자 조직, 매체 등의 모든 요소가 유기적인 네트워크를 형성하고 있는 하나의 시스템으로 간주한다.

이러한 맥락에서 볼 때, 청소년프로그램이란 '청소년의 건전한 발달과 사회 적응을 조력하기 위한 목적으로 실시되는 다양한 청소년지도활동이나 청소년이 참여하는 활동을 효율적이고 매력적으로 실현하기 위해 필요한 교육적 경험과 환경의 집합'이라고 볼 수 있다(이복희, 김종표, 김윤아, 2018: 84).

(2) 청소년프로그램 개발의 특성

프로그램 개발은 실천지향적이고 경영관리적인 성격을 포함하고 있어 그 과정에

---

1) 청소년지도자와 청소년의 만남에서는 일반 형식교육 혹은 공교육에서 쓰고 있는 교육과정(curriculum)이라는 용어를 사용하지 않고, 프로그램(program)이라는 용어를 사용한다. 청소년프로그램과 교육과정의 차이점은 교육과정은 학교교육이나 공교육에서 사용되는 교육적 사전 스케줄을 나타내는 용어이며, 프로그램은 청소년지도에서 사용되고 있는 교육적 사전 스케줄을 의미하는 용어라고 할 수 있다(유진이, 윤혜순, 2020). 즉, 청소년프로그램은 학교교육에서 반영하지 못하는 부분을 해결 또는 보완하기 위한 방안이라고 할 수 있다.

서 협동적 성격과 체제적 성격 등이 부각되는 다원적인 특성을 나타낸다. 청소년프로그램 개발이 가지고 있는 특성은 다음과 같다(한국청소년개발원, 2005).

첫째, 일반적으로 청소년지도에서 프로그램 개발의 기본 단위와 주체는 청소년단체와 청소년기관 등 조직체이다. 학교교육이 교육부의 주관하에 행정체제와 관리체제를 갖는 것과 달리, 청소년지도에서는 기관 및 조직체를 기본 단위로 하여 독립적으로 프로그램을 개발한다.

둘째, 청소년단체 및 청소년기관이 학교교육 기관에 비해 대체로 소규모에 여건이 열악하지만, 프로그램 개발은 학교교육과는 다르게 청소년기관 및 단체를 중심으로 보다 역동적으로 이루어진다.

셋째, 프로그램 개발에서 청소년지도사는 그 역할이 학교교육 현장에 종사하는 교사보다 월등히 크다. 학교교육 현장에서 교사가 단순히 국가에서 이미 개발된 교육과정을 전달하는 역할만을 수행하는 데 비해, 청소년지도사는 프로그램의 내용을 선정하고 조직한다. 이러한 맥락에서 볼 때, 청소년지도에서 프로그램 개발은 그 활동의 잠재력이 상대적으로 매우 크다고 할 수 있다.

넷째, 청소년지도에서 프로그램 개발은 청소년기관 및 단체의 성격, 프로그램의 유형, 프로그램의 단위, 참여자의 형태, 프로그램 개발자의 성향에 따라 다른 양상을 보인다(한국청소년개발원, 2005).

한편 유진이와 윤혜순(2020)은 청소년프로그램의 특성을 프로그램 개발 주체, 내용 및 방법, 시간적 관점 등으로 제시하고 있다.

첫째, 프로그램 개발 주체와 관련하여 청소년프로그램은 주로 청소년기관에 의해 주도되고 있는 실정이다. 물론 누구나 주체가 될 수 있고, 청소년이 직접 프로그램 개발에 참여하기도 하지만, 아직까지는 청소년 관련 기관이 주도해 나가고 있다. 그런데 청소년 관련 기관은 학교와는 달리 규모가 작을 뿐만 아니라 직접 단위기관에서 투입할 프로그램의 모든 것을 결정하기 때문에 사회 변화에 역동적으로 대응가능한 특성을 지닌다. 최근에는 청소년 관련 기관과 청소년대표가 프로그램 개발의 공동 주체가 되어 가고 있다.

둘째, 청소년프로그램은 학교교육에 비해 다루는 내용이나 주체, 방법 등에서 훨씬 다양성을 지닌다. 내용에 있어서 지적인 영역을 넘어 정의적·신체적 측면 모두를 다루며, 주제의 측면에서도 청소년이 관심을 갖는 모든 영역을, 그리고 방법적인면에서도 청소년의 흥미와 관심을 고취시키기 위해 최첨단 기술과 기법들이 적용되고 있다.

셋째, 시간적으로 청소년프로그램은 현재와 미래를 동시에 지향한다. 학교교육 과정이 청소년의 미래의 삶에 초점을 두는 반면, 청소년프로그램은 청소년의 현재의 삶과 미래의 삶에 동시에 초점을 맞춘다. 청소년프로그램은 청소년의 현재 안고있는 삶의 고민 해결을 돕기도 해야 하지만, 향후 10년, 20년 후의 삶에서 필요로 하는 지식과 정보, 기술, 태도 함양 등을 담고 있다.

2) 청소년프로그램의 성격과 원리

(1) 청소년프로그램의 성격

청소년프로그램은 청소년지도의 핵심요소로 기본적으로는 청소년 개인의 성장과 발전을 지향하며, 이를 통하여 사회변혁을 도모하고, 청소년의 욕구를 충족시킴과 동시에 청소년지도자에게는 전문성에 의한 성취감과 만족감을 주는 수단이 되기도 한다(유진이, 윤혜순, 2020). 이러한 청소년프로그램 개발의 성격은 다음과 같다(이복희 외, 2018: 85-86).

첫째, 프로그램 개발이란 청소년기관의 적응기제이자 혁신기제로서 청소년기관의 변화창출 전략이다. 구체적으로, 청소년기관에서 행해지는 프로그램 개발은 사회 변화에 대한 청소년기관의 교육적 대응이며, 동시에 청소년기관이 새로운 변화 창출을 주도하기 위한 교육적 대안이라 할 수 있다. 청소년기관은 끊임없이 변화하는 사회의 변화 양상과 청소년의 요구 및 필요에 적응하여야 하는데, 이러한 교육적 적응기제는 바로 그 청소년기관이 가지고 있는 교육프로그램이다. 또한 청소년기관은 단순히 변화에 대해 수동적으로만 대응하지 않고 새로운 변화를 창출하는 데 적극적인 노력을 기울여 나가야 할 것이다.

둘째, 청소년학 분야에서 프로그램 개발은 청소년 개개인의 행동 변화뿐만 아니라 청소년집단의 변화를 지향하고, 심지어는 청소년을 둘러싼 지역사회 및 환경을 변화시키는 목적을 가지고 있다. 변화를 촉진하기 위해서 청소년이 가지고 있는 기존의 지식과 기술뿐만 아니라 청소년의 마음, 태도, 신념을 변화시키는 데 초점이 맞추어진다.

셋째, 프로그램 개발은 계속적인 집단적 의사결정 과정이다. 프로그램을 개발하는 과정에 참여한 경험이 있는 청소년지도사라면 이러한 지적에 대해 쉽게 동의할 것이다. '프로그램 개발의 범위를 어느 정도까지 할 것인가?' '프로그램 개발에 참여하게 될 청소년 대표는 몇 명 정도로 할 것인가?' '요구분석을 통해 파악된 것들 중에서 우선순위를 어떻게 결정하여 그 요구를 프로그램에 포함시킬 것인가?' '프로그램을 운영하기 위해 그 활동 전략은 어느 정도까지 구체화시킬 것인가?' '프로그램 결과에 대한 평가 준거를 무엇으로 할 것인가?' 이와 같은 일련의 사안을 결정하는 것이 연속적인 의사결정 과정임에 틀림없다. 따라서 프로그램 개발에 관여하는 청소년지도사는 각 단계에서 바람직한 결정을 내리기 위해 의사결정의 원리를 잘 알고 있어야 할 것이다.

넷째, 프로그램 개발은 청소년의 요구와 필요를 확인하고 분석하기 위해 청소년단체 및 청소년기관과 청소년 대표가 참여하는 공동의 노력(collaborative effort)이다. 청소년지도사는 청소년의 자발적인 참여를 유도하기 위해 각별한 노력을 기울여야 하지만, 가장 우선시되어야 할 것은 프로그램을 개발하는 동안 청소년을 참여시켜 프로그램에 청소년의 요구와 필요를 반영하고 개발된 프로그램에 그들의 자발적인 참여를 촉진해 나가는 것이다.

다섯째, 프로그램 개발은 여러 계층의 사람들이 복잡한 절차와 단계에 공동으로 참여하는 집단활동으로서 하나의 체제(system)로 간주될 수 있다. 즉, 체제란 프로그램 개발과 관련된 다양한 개념과 과정으로 구성된 각 부분들이 하나의 통합적인 전체를 형성하기 위해서 상호 관련되어 있고 질서정연하게 연결되어 있는 것을 뜻한다. 실제로 프로그램 개발 과정에서는 프로그램의 기획, 설계, 운영, 평가 및 개정과 같은 주요 하위 과정들이 있으며, 이 하위 과정 속에는 또한 다양한 조치가 포함되어 있다. 따라서 청소년지도사는 프로그램 개발이 총체적인 체제(holistic system)라는 것을 인식하고 있어야 한다.

여섯째, 프로그램 개발은 청소년단체 및 청소년기관이 성장하고 발전하는 데 필요한 정보와 전략을 획득하는 피드백 수단이다. 청소년단체와 청소년기관은 프로그램 개발을 해 나가는 과정에서 환경의 변화에 적응하고, 조직의 혁신과 재생을 경험하게 된다.

(2) 청소년프로그램 개발의 원리

청소년은 아동과 성인의 중간 단계로 신체적·심리적·정서적으로 다양한 변화를 겪으면서 성장·발전해 나가는 존재로, 청소년프로그램을 개발할 때는 이러한 청소년의 다양한 특성과 상황이 고려되어야 한다. 이러한 맥락에서 진은설 등(2022: 29-30)은 청소년프로그램 개발의 원리를 다음의 여섯 가지로 제시하고 있다.

첫째, 청소년프로그램은 청소년의 균형적인 성장과 발달에 초점을 두고 이들이 사회의 구성원으로서 그 역할을 잘 수행할 수 있도록 하는 데 필요한 사항을 주 내용으로 한다. 따라서 청소년프로그램을 개발하려고 할 때 '개발하려고 하는 프로그램이 청소년의 성장에 기여할 수 있는지' '청소년에게 어떤 의미가 있는지'에 대해 우선적으로 고려해야 한다. 일정한 목적을 두고 지속적으로 실시하는 청소년활동은 우연히 시간적인 여유가 생겨서 그저 시간을 보내는 수동적인 활동(예: 여가활동)과는 근본적으로 다르기 때문이다.

둘째, 청소년프로그램에는 청소년 및 청소년기관과 국가적·사회적 측면이 모두 고려되어야 한다. 즉, 청소년프로그램의 내용에 있어서 청소년의 발달과업, 흥미와 욕구가 반영되어야 하고, 청소년기관의 설립 목적에 부합해야 하며, 국가적·사회적으로는 정부의 청소년정책과 그 맥을 같이해야 한다.

셋째, 청소년프로그램 실행에 필요한 제반 여건들을 충분히 고려해야 한다. 청소년프로그램은 실행하기 위해서 개발하는 것이므로 프로그램을 실행하는 청소년지도사의 실행능력과 기술, 재정 여건, 장비와 시설, 행정적 지원, 대외 협력관계 등 현실적 여건을 기반으로 개발해야 한다.

넷째, 청소년프로그램은 학교 수업과는 달리 상황에 따른 유연한 대처가 가능하다는 점이 큰 특징이라고 할 수 있다. 특히, 오늘날과 같이 급변하는 시대에는 그러한 환경에 신속하게 대응할 수 있도록 탄력적 운영이 가능한 프로그램을 개발해야 한다. 뿐만 아니라 이미 개발된 프로그램이라 할지라도 시간의 흐름에 따라 대상 청소년의 특성 및 시대적 상황이 달라지므로 한번 개발된 프로그램으로 오랫동안 운영하기보다 계속적인 프로그램의 개발을 통해 프로그램의 변화를 꾀하여야 한다.

다섯째, 프로그램의 개발에 있어서 논리적인 연결이 필요하다. 하나의 프로그램은 이벤트가 아니라 잘 짜인 공연과 같은 것으로 물 흐르듯이 전체적인 연결이 자연스러워야 한다. 즉, 프로그램이 논리적으로 구성되지 않으면 엉성하거나 프로그램 내의 순서가 엉키게 되어 프로그램의 효과에도 부정적인 영향을 미치게 된다. 따라서 프로그램은 집을 건축하는 것과 같이 설계의 과정부터 꼼꼼하게, 그리고 체계를 갖추고 논리적으로 전개될 수 있도록 개발되어야 한다. 이를 위해 프로그램 개발에 따른 충분한 시간을 확보하여 논의 및 심사숙고의 과정을 거쳐야 한다.

여섯째, 프로그램 개발 과정에서 개발자의 전문성이 요구된다. 프로그램 개발을 하는 과정에서는 프로그램 설계·내용·과정·의사결정·협상 등에 있어 전문적인 역량이 필요하다. 프로그램을 개발하려면 해당 분야에 대한 지식과 정보를 갖고 있어야 하며, 그에 따른 절차와 구체적인 기법에 능통해야 하고, 각 절차마다 수많은 의사소통 및 협상이 이루어지기 때문에 이와 관련한 능력과 기술이 요구된다.

3) 청소년프로그램의 유형

청소년활동 현장에서 진행하는 프로그램은 청소년활동을 바라보는 기준에 따라서 학문적 정의, 법률적 정의, 대상별 정의 등의 여러 분야로 다양하게 나눌 수 있다. 특히 청소년관련 법률에 따라 여러 분야로 구분되어 있는 청소년사업은 각 법률에 의해 설치되고 건립된 기관과 시설을 중심으로 각각의 고유한 영역으로 주요 청소년프로그램을 진행하고 있다. 법적 기준에 따른 청소년프로그램 영역별 분류기준은 〈표 11-1〉과 같다.

〈표 11-1〉과 같이 행정적인 분류들에 따라 각각의 고유사업을 하는 것이 가장 일반적이지만 이 절에서는 청소년지도사들이 가장 많이 활동하는 청소년수련시설에서 진행하는 청소년프로그램 분류를 '사업예산'을 기준으로 정리하였다.

현장에서 진행하는 청소년프로그램을 '사업예산'으로 구분하면 크게 각 기관에서

〈표 11-1〉 **법적 기준에 따른 청소년프로그램 영역별 분류기준**

법률적 기준	청소년기관 및 시설 기준	대상별 기준
「청소년 기본법」, 「청소년활동 진흥법」, 「청소년복지 지원법」, 「학교밖청소년법」,	• 청소년수련시설 • 한국청소년활동진흥원 • 지방청소년진흥센터 • 한국청소년상담복지개발원 • 청소년상담복지센터 • 이주배경청소년지원센터 • 청소년쉼터 • 청소년자립지원관 • 청소년치료재활센터 • 청소년회복지청소년지원센터 '꿈드림' 지원시설	• 교급별 청소년 • 연령별 청소년 • 사회계층별 청소년 • 학교 밖 청소년 • 가정 밖 청소년

출처: 박선숙, 박수영, 송원일, 오경은, 허일수(2022), p. 226.

확보하고 있는 기본적인 예산안에서 이루어지는 '기관별 목적사업'과 외부에서 공모사업 등의 과정을 거쳐 확보한 외부예산을 사용하는 '외부 공모사업'으로 나누어진다(해당 사업구분의 명칭은 각 기관별로 차이가 있을 수 있다).

청소년프로그램을 실제로 개발하는 과정에서 현장에서 가장 먼저 결정해야 하는 것은 프로그램이 어떤 형식으로 진행되는가이다. 청소년프로그램의 진행 형식은 여성가족부 공모사업을 기준으로 하면 '기본형'과 '숙박형' '이동형'으로 나눌 수 있다. 그리고 코로나19로 인해 최근에는 '비대면' 청소년프로그램도 현장에서 활발히 기획되어 진행되고 있다.

(1) 기본형

'기본형' 청소년프로그램은 청소년시설 혹은 기타 안전한 장소를 미리 선정하고 일정한 기간 동안 청소년프로그램을 진행하는 형태를 말한다. 우리가 일반적으로 많이 알고 있는 강좌와 만들기 체험과 같은 방식으로 이루어지고 있으며, 장소, 기간, 형태 등을 통해서 프로그램을 구분할 수 있다. 기본형 청소년프로그램의 종류는 〈표 11-2〉와 같다.

〈표 11-2〉 **기본형 청소년프로그램의 구분과 종류**

구분	종류
진행 장소	실내, 실외, 혼합형, 비대면
진행 기간	1회성, 정기형(2회 이상 다회기)
진행 형태	강의, 체험, 토론, 개별, 팀, 비대면, 혼합활동
프로그램의 형태 중 '고위험군'에 속하는 프로그램의 경우 '청소년수련활동 신고제' 적용대상	
고위험군 청소년수련활동	수상활동, 항공활동, 산악활동, 장거리 걷기 활동, 그밖의 활동

출처: 박선숙 외(2022), p. 226.

(2) 숙박형

'기본형' 청소년프로그램을 기준으로 특정한 장소에서 1일 이상의 숙박이 포함되는 경우의 프로그램을 말한다. 숙박형 프로그램은 숙박시설이 갖추어진 청소년시설이라고 하더라도 의무적으로 '청소년수련활동 신고제' 신고대상이 된다. 동일한 장소에서 숙박을 하는 '고정숙박형'과 장소를 이동하면서 진행하는 '이동숙박형'으로 구분된다. 학창 시절 대부분이 경험한 '학교단체 수련회'와 같은 형태의 프로그램이 '고정숙박형' 프로그램으로 볼 수 있고, 한때 유행했던 '국토대장정'과 같이 청소년이 일정한 거리를 이동하면서 숙박 장소를 변경하는 것을 '이동숙박형' 프로그램으로 볼 수 있다.

(3) 이동형

'기본형' 청소년프로그램을 기준으로 참가청소년이 프로그램 장소를 이동하면서 진행하는 프로그램을 말한다. 구체적으로는 특정 지역이나 장소를 선정해서 이동하면서 체험하는 프로그램을 예로 들 수 있다. 문화유적답사나 우리 동네에 있는 체험처를 다니면서 진행하는 프로그램, 특정 지역을 이동하면서 쓰레기를 줍거나 하는 활동, 장소마다 있는 미션을 수행하면서 프로그램을 진행하는 활동들을 다 포함한다. 이런 이동형 프로그램에 숙박이 추가되면 '숙박형' 프로그램과 같이 '청소년수련활동 신고제' 신고대상이 된다.

(4) 비대면

코로나19를 겪으면서 최근에 급격히 기획되고 있는 청소년프로그램의 형태이다. 기존 청소년활동들은 특정한 장소와 시간을 정해 두고 진행하는 것이 특징이라면, 비대면으로 기획되는 청소년프로그램은 시간과 장소를 초월하고 있다. 코로나19 발생 초기 청소년시설과 활동프로그램이 전면 중단되면서 돌파구를 찾기 위해 만들어지기 시작했으며, 'Zoom'과 'YouTube' 같은 미디어를 활용하여 다양한 방식으로 기획되었다.

청소년상담과 관련한 활동은 실시간 비대면 프로그램을 활용하였고, 문화활동과 같은 프로그램들은 만들기 체험키트 제작을 통한 참여, 청소년공연 동아리들은 공연·영상 촬영과 같은 형태, 실시간 비대면 강좌, 그리고 최근에는 '메타버스'를 활용한 프로그램까지 그 영역을 확장하고 있다.

코로나19 이후 현장에서는 청소년활동에 많은 변화가 있을 것으로 예측하고 있다. 따라서 대규모 단체활동보다는 비대면과 대면을 혼합하여 청소년의 욕구를 만족시키는 활동으로 변화될 것이다.

2. 청소년프로그램 개발 과정과 공모사업

1) 청소년프로그램 개발 과정

청소년프로그램 개발 과정에 대하여 많은 학자가 의견을 제시하고 있다. 여기에서는 박경일 등(2019)이 제시한 프로그램 개발의 과정의 PROGRAM의 앞글자를 활용한 7단계로 구분하여 제시하고자 한다(박경일 외, 2019: 79-83).

(1) P(문제 확인과 욕구사정)

청소년프로그램을 개발함에 있어서 가장 먼저 할 일은 문제를 발견하고 욕구분석을 통하여 원인을 규명하고 근본적인 문제를 진단하는 것(Problem and need assessment)이다. 문제의 원인을 분석한다는 것은 어떻게 그와 같은 사태가 발생했는가, 그 문제의 원인은 무엇인가, 또 이 문제에 이해관계가 걸려 있는 제(諸) 집단은 누구인가, 문제가 해결되길 바라는, 또는 바라지 않는 집단은 누구인가 등을 살펴보는 작업이다.

특히, 청소년프로그램은 청소년의 발달 과정을 이해하고 촉진하는 내용이어야 한다. 청소년기의 발달 과정에 대한 여러 이론들이 있지만, 가장 중요한 발달 특성은 자아정체감 형성이다. 청소년기의 자아정체감 형성에 미치는 요인인 가정환경, 학교환경, 교우환경, 사회환경 등 넓은 범주에서 청소년의 자아정체감 형성에 긍정적 · 부정적인 영향을 준다(송성숙 외, 2017). 이처럼 청소년에게 영향은 미치는 다양한 원인, 문제와 욕구 등을 면밀하게 분석하고 파악해 나가는 것이 중요하다.

또한 문제발견과 더불어 욕구사정이 바르게 되어야 프로그램이 달성하고자 하는 목적과 목표를 바람직하게 설정할 수 있을 것이다. 욕구 파악 및 분석은 사회의 어떤 바람직하지 못한 상태가 인지되었을 때 그 바람직하지 못한 상태의 실태를 조사하고, 원인을 파악하려는 노력을 말하며, 이것은 이론적 배경 및 경험적 근거라는 전문성과 지식을 요구한다. 이러한 욕구사정을 하기 위해서는 표적집단면접법(Focus Group Interview: FGI), 설문조사(survey), 공청회, 델파이 기법(Delphi Technique; 전문가들이 집단토의를 통해 의견을 종합하는 기법), 욕구조사 등을 활용해 보는 것도 좋은 방법이다(〈표 11-3〉 참조).

〈표 11-3〉 **사업명(또는 프로그램명) 작성 방법**

- 사업명(또는 프로그램명)은 프로그램의 성격을 명료하고 함축적으로 규정한 것으로서 프로그램의 대상−목적−방법−부제가 명시되도록 작성한다. 단, 이 순서는 혼용되어 사용될 수 있고, 목적은 도달 가능한 수준을 제시할 수 있으면 더욱 구체적으로 보일 수 있다.
  예시 1) 스마트폰 중독 고위험군 청소년의 정신건강과 자아존중감 향상을 위한 경험적 가족 치료 프로그램 '지음교실(지음: 자신의 삶을 아름답게 지음)'
  예시 2) 저소득층 방임아동의 보호 · 학습지원을 위한 야간보호사업 '꿈나무 교실'

(2) R(자원체계의 확인)

자원체계의 확인(Resource system identification)이란 프로그램을 하기 위해서 필요한 인적 · 물적 자원이나 지식 및 기술, 사회적 환경이 어떠한가를 살펴보는 활동을 의미한다. 유능한 프로그램 관리자가 가장 먼저 하는 일은 프로그램과 연관된 사람들을 확인하는 것이다. 보통 표적집단의 규모 및 성격 파악은 일반집단, 위험집단, 표적집단, 클라이언트 집단과 같이 네 가지 집단으로 구분하여 파악하는데, 여기서 클라이언트 집단을 파악함에 있어서 관리자에게 가장 중요한 과제는 표적집단 중에서 누가 서비스를 받을 것이며 누가 받지 못할 것인가를 정하는 것이다(〈표 11-4〉 참조).

〈표 11-4〉 **네 가지 집단 구분**

- 일반집단: 프로그램에 영향을 미칠 대상 가능한 인구이며 해당 문제나 욕구를 가질 수 있다고 판단되는 가장 포괄적인 대상인구집단이다[예: '경주시 중퇴청소년의 학교복귀 후 적응을 위한 사후관리 프로그램'에서 일반집단이라 함은 경주시 전체 중퇴청소년(478명)].
- 위험집단: 일반집단 중 해당 문제에 노출위험이 있거나 욕구가 있는 집단을 말한다[예: 일반집단인 경주시 전체 중퇴청소년(478명) 중 학교에 복귀한 중 · 고생(422명)].
- 표적집단: 위험집단 중 하위집단으로서 프로그램 영향이 구체적으로 미치는 인구 혹은 프로그램 대상이 되어야 하는 집단을 말한다[예: 위험집단의 예로 연결시켜 보면, 위험집단인 학교복귀 중고생(422명) 중 학교부적응 청소년(278명)].
- 클라이언트 집단: 표적집단 중 실제 프로그램에 참여하는 사람을 말한다[예: 표적집단의 예로 연결시켜 보면, 학교부적응 중 · 고생 중 교사의 추천 또는 상담을 통하여 사후관리가 요구되거나, 본인이 프로그램 참여를 희망하는 청소년(30명)].

또한 청소년프로그램은 자원을 어떻게 동원하고 관리하느냐에 따라 존속될 수도 있고 폐지될 수도 있다. 이와 더불어 프로그램을 실행하는 기관의 장애요인이 있는지를 파악해야 한다. 아무리 목적이 좋고 동기유발이 잘 되어 있는 프로그램일지라

2. 청소년프로그램 개발 과정과 공모사업　239

도 프로그램을 제공하는 기관의 능력과 자원이 부족한 경우에는 근본적으로 그 프로그램은 한계를 안고 있다고 볼 수 있다. 그러므로 프로그램을 실행하기에 장애요인이 있는지에 대해 확인해 보는 과정이 필요하다.

이러한 자원을 파악하기 위해서는 프로그램에 필요한 모든 인적ㆍ물적 자원을 분석해 한눈에 알아볼 수 자원분석도나 강점(Strength), 약점(Weakness), 기회(Opportunity), 위협(Threat)의 앞글자를 모아 만든 단어로 경영 전략을 수립하기 위한 분석 도구인 SWOT 분석을 활용하여 파악할 수 있다.

(3) O(목적 및 목표 설정)

목적과 목표 및 하위 목표의 설정(Objectives establishment)은 프로그램 기획가에게 자신이 무엇을 달성하려고 하는지와 어떻게 그것을 성취하려고 하는지를 명료한 용어로 기술하게 함으로써 실행을 위한 틀을 제공한다. 그러므로 프로그램 참여자의 욕구와 기관의 주어진 목적을 조화시킨 비전을 제시할 수 있는 목적을 설정하도록 한다. 이러한 프로그램의 목적은 문제 진단에 따라 설정되는데, 진단된 문제는 프로그램이 궁극적으로 해결하고자 하는 목적을 제공함으로써 프로그램의 존재 의의를 뒷받침해 준다.

대개 하나의 프로그램 목적에 대해서 다수의 목표를 갖는 것이 보통이다. 프로그램의 목적을 성취하기 위해 하나의 목적이 구체적인 부분 목표들로 나누어지며, 또한 각각의 목표 아래 더욱 세부적이고 구체적인 하위 목표가 설정될 수 있다.

목표는 '누가 무엇을 어떻게 하겠다.'는 식으로 구체적이며 측정이 가능하도록 표현되어야 한다. 목표의 유형은 여러 가지로 분류할 수 있지만, 여기에서는 과정목표와 성과목표로 살펴보고자 한다. 성과목표는 결과목표, 총괄목표 등으로 표현되는데, 이는 실행될 프로그램의 결과에 대한 목표이다. 즉, 클라이언트 체계가 변화하게 될 행동이나 태도를 기술하는 것으로, 측정 가능한 수치를 포함시킨 변화의 정도나 바람직한 행동의 증가를 의도하는 진술로 나타낸다. 예를 들면, '청소년의 흡연율을 20% 낮춘다.' '청소년의 스마트폰 사용시간을 50% 감소시킨다.' 등이다.

과정목표는 산출목표, 활동목표로도 불리는데, 이것은 무엇(what)으로 또는 어떻게(how) 그 결과에 도달할 것인가에 대한 목표를 진술하는 것이다. 프로그램 시행 시 '○○을 실시하면 ○○될 것이다.'라는 가설을 설정할 수 있는데, 여기서 '○○될 것이다.'라는 진술은 성과목표를 의미하며, '○○을 실시하면'에 해당하는 부분이

〈표 11-5〉 **바람직한 목표 설정의 원칙: SMART**

SMART 원칙을 살펴보면 목표는 명확하고 구체적인(Specific) 목표, 측정 가능한(Measurable) 목표, 성취할 수 있는(Achievable) 목표, 현실적인(Realistic) 목표, 기한이 정해진(Time-related) 목표여야 한다.

〈사업명: 2개월 동안 주 2회 스마트폰 과의존 상담 및 치유프로그램을 통해서
스마트폰 사용시간을 50% 이상 감소시킨다.〉

- S: 애매하거나, 추상적이거나 지나치게 포괄적인 사용을 피하며, '2개월 동안, 주 2회, 상담 및 치유프로그램 통해, 50% 이상'과 같이 명확하고 구체적으로 진술한다.
- M: '감소시킨다(또는 향상시킨다)'와 같이 변화의 방향과 '50% 이상'과 같이 변화의 수준이 나타나도록 측정 가능하게 제시한다.
- A: '스마트폰 사용시간을 50% 이상 감소시킨다'와 같이 성취할 수 있는 목표로 진술한다.
- R: '주 2회'와 같이 프로그램 시행 시 현실적으로 가능한 수준으로 기관의 사정에 맞도록 제시한다.
- T: '2개월 동안'과 같이 기한이 정해지는 것이 목표 진술로서 바람직하다.

바로 과정목표에 해당이 된다(양정하 외, 2011: 100). 예를 들면, '다문화가정 부모-자녀 간에 의사소통훈련서비스를 월 1회 제공한다.'이다.

한편, 이건(G. Egan)이 고안한 SMART 원칙을 사용하면 바람직한 목표를 설정하는 데 도움이 될 수 있다. 바람직한 목표 설정의 원칙(SMART)은 〈표 11-5〉와 같다.

(4) G(자료수집과 대안선택)

첫째, 관련 자료의 수집과 기존 유사 프로그램의 확인(Gathering data and alternative choice)이 이루어져야 한다. 프로그램 관리자가 설정한 대상집단이나 대상문제에 대해 지역사회의 다른 청소년기관이나 비영리조직에서 실시하고 있는 프로그램이 있는지, 그리고 자체 기관과 타 기관 및 시설의 유사한 경험이나 프로그램, 외국의 실례 등을 조사해 본다. 또한 해당 기관을 방문하거나 관계자들을 초청하여 내용을 듣거나, 인터넷 검색 등 여러 가지 방법으로 자료조사가 이루어지고, 대안선택을 하게 된다.

자료수집 방법에는 미국의 알렉스 오스본(Alex Osborn)이 개발한 브레인스토밍(brain storming)은 창의적인 아이디어를 낼 때 유용한 기법으로 참석자들이 자유롭게 발언하는 방식이고, 브레인스토밍이 지닌 단점을 보완하기 위해 독일 프랑크

푸르트의 Battelle Institute에서 개발된 아이디어 회의 기법인 브레인라이팅(brain writing: 침묵의 발상회의법), 영국의 교육학자인 토니 부잔(Tony Buzan)이 개발한 것으로 시각적 형태와 그림을 통해서 개념을 조작화하는 창의적인 방법인 마인드맵(mind map) 등이 있다.

〈표 11-6〉 브레인스토밍과 브레인라이팅

브레인스토밍의 4원칙
1. 타인의 의견 비판 금지(defer judgement): 모든 아이디어는 반드시 어떤 도움이 된다. 아이디어를 낸 시점에서는 좋고 나쁘다는 평가를 하지 않는다.
2. 자유분방한 발상(encourage wild ideas): 엉뚱한 아이디어를 환영해야 폭넓은 발상이 가능하며 밝은 분위기를 유지할 수 있다.
3. 질보다 양(go for quantity): 많은 아이디어를 내다 보면 발상의 틀을 벗어날 수 있다. 그중에 기발한 아이디어가 반드시 있다.
4. 타인의 아이디어 베끼기 환영(build on the ideas of others): 기존의 아이디어에서 힌트를 얻어서 연상 게임을 하듯이 아이디어를 발전시킨다.

브레인라이팅: 침묵의 발상회의법 진행 방식
1. 개념: 6명의 참가자가 각각 아이디어를 3개씩 5분간 생각해 내는 방법을 6회 반복한다.
2. 방법 첫째, 먼저 각 참석자들은 5분간 첫 번째 주제의 빈칸에 주제에 관한 본인의 아이디어를 쓴다. 둘째, 5분이 지나면 참석자들은 본인의 시트를 왼쪽 옆 참석자에게 전달한다. 오른쪽 참석자에게 받은 시트의 첫 번째 칸에 쓰인 아이디어를 발전시켜 두 번째 칸에 쓴다. 발전적인 아이디어가 생각나지 않는다면 독자적인 아이디어를 쓰도록 한다. 셋째, 이러한 방법으로 5분간 발상을 6회 반복한다.

출처: 신복기, 박경일, 이명현, 윤기혁, 권진아(2019), pp. 189-190.

둘째, 클라이언트의 욕구를 충족시킬 수 있는 여러 대안 중 최적의 대안을 선택하기 위한 기준은 크게 타당성(desirability)과 실행 가능성(feasibility)을 확인해야 한다. 먼저 타당성은 '채택된 대안이 수행될 경우 그 결과가 얼마나 바람직한 것이냐?' 하는 정도를 측정하는 기준으로 효율성이나 적합성 등으로 비교 분석한다. 실행 가능성은 대안이 채택되어 집행될 수 있는 가능성을 일컫는데, 이것은 기술적 실행 가능성, 경제적 실행 가능성, 이용자 확보 가능성, 사회윤리적 실행 가능성, 정체적 실행 가능성 등을 검토하게 된다(정무성, 2006: 257-260).

프로그램을 구성하는 수많은 대안 중 최종의 대안서비스 혹은 세부 프로그램은 우선순위 비교와 자원 동원 가능성에 따라 결정되도록 하여야 하며, 특히 세부 프로그램들은 증거기반실천(Evidence-based Practice: EBP)에 의한 효과성이 검증된 서비스들을 채택하여야 한다. 우선순위는 적합성과 실행 가능성 여부에 의해서 비교·결정되도록 하여야 하며, 대안을 선택하는 작업에는 프로그램 참여자 전체의 합의가 있어야 하므로 각각의 의견 개진 후 서로 타협과 조정을 해 나가는 작업이 반드시 필요하다(〈표 11-7〉 참조).

〈표 11-7〉 **증거기반실천(EBP)**

- **증거기반실천의 정의:** 클라이언트에게 서비스를 제공하고자 할 때 과학적인 조사연구 결과를 반영하여 활용하는 것이다. 최근 사회복지실천 현장에서 증거기반실천 또는 근거기반실천에 대한 관심이 점점 증가하고 있다.
- **증거기반 프로그램(EBPs)의 사례:** (중앙자살예방센터의 자살예방 프로그램) 보건복지부와 중앙자살예방센터는 2013년에 자살예방 프로그램에 대한 증거기반 인증제를 도입하기 위해 설명회를 가졌다. 그 후로 2014년부터 정부산하기관인 중앙자살예방센터에서는 자살예방 프로그램의 질적 향상과 공신력 강화를 위해 증거기반실천으로 이루어진 자살예방 프로그램을 개발하여 전국의 정신건강증진센터와 학교 등 자살예방기관을 대상으로 지역사회에 보급하는 '자살예방 프로그램 인증제'를 실시하고 있다.

셋째, 대안선택을 위한 과학적인 방법의 선택이다. 우선, 나무의 줄기에서 가지로 펼쳐지듯이, 의사결정에서 하나의 목표 달성을 위한 모든 가능한 대안이 2~3개로 뻗어나가 최종적인 의사결정을 하는 불확실한 상황에서의 의사결정 분석방법인 의사결정나무분석(decision tree analysis)이 있다. 다음으로 맥킨지 앤 컴퍼니의 문제분석 기법의 한 과정으로 어떤 문제를 파악하거나 해결하기 위해서 그 특정 문제(이슈)를 나뭇가지의 형태로 만들어 계층적으로 도식화하는 분석 기법인 로직트리(logic tree)가 있다. 마지막으로, 제안된 서비스나 세부 프로그램들을 선택해 볼 수 있는 다속성 효용성 검토기법(MAUT) 등이 있다. 예를 들어, 어린이집 생활안전(미끄러짐) 예방 및 대응을 위한 로직트리는 [그림 11-1]과 같다.

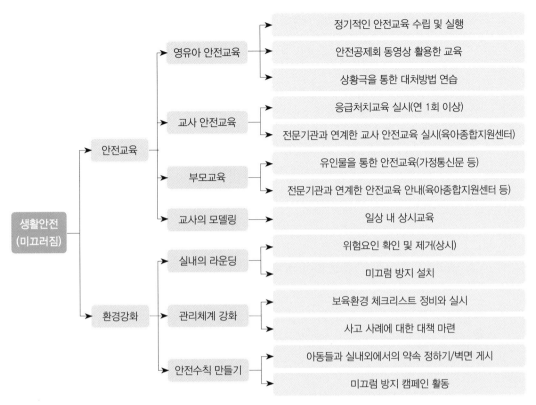

[그림 11-1] **어린이집 생활안전(미끄러짐) 예방 및 대응을 위한 로직트리**

출처: 윤기혁(2021), p. 60.

(5) R(실천계획의 묘사)

관련 자료가 수집되고 우선순위에 의한 대안서비스들이 설정되고 나면 이를 달성하기 위한 구체적인 실천계획이 수립(Representing action plan)되어야 한다. 실천계획의 수립은 결국 목표를 달성할 수 있는 체계를 창출하는 과정이며, 선택된 대안서비스들이 구체적으로 작성되는 과정으로 프로그램 실천 활동 내용 구성, 프로그램 진행 일정 계획, 예산 수립 등 다양한 활동 들이 명시되어야 한다. 구체적인 내용을 살펴보면 다음과 같다.

첫째, 프로그램 실천계획의 수립은 프로그램 목적 및 목표의 설정, 내용의 선정과 조직, 프로그램의 실행과 관리에 관한 기본 계획을 포함하며, 프로그램을 개발하여 실행하기에 앞서 반드시 선행되어야 하는 작업이다. 프로그램 실천 활동 내용의 구성은 〈표 11-8〉과 같다(정무성, 2011; 정지웅, 김지자, 1986).

〈표 11-8〉 **프로그램 실천 활동 내용의 구성**

- 꼭 필요한 활동 제시: 프로그램을 전개하는 과정에서 꼭 필요하다고 생각되는 활동들을 제시한다(청소년운영위원회, 청소년참여위원회 등을 통한 청소년의 의견 수렴).
- 활동상의 문제점 나열: 제시된 활동을 전개할 때 당면하게 될 문제를 나열한다. 이때는 여러 사람들의 공통적 문제들을 우선순위별로 나열하며, 이를 해결하면 필요한 활동을 용이하게 전개할 수 있다.
- 문제의 원인을 해결하기 위한 해결책 제시: 나열된 문제들이 발생하는 이유와 원인을 생각하고, 그 원인을 제거할 수 있는 해결책들을 제시한다.
- 활동 및 해결책의 우선순위 결정: 활동 및 해결책들을 한꺼번에 해결할 수 없기 때문에 우선순위를 결정하여 추진해야 한다.

둘째, 프로그램 역할분담이 정해지면 그 프로젝트를 시작해서 완성하는 데까지 걸리는 시간을 추산하여 프로그램의 진행 일정을 계획하여야 한다. 이것은 주로 일정별 시간 순서에 따라 서술해 나가는데, 과제 수행을 위한 시간 계산과 일정을 나타내는 방식으로는 프로그램 평가 검토기법(Program Evaluation and Review Technique: PERT), 간트 차트(Gantt chart) 등을 활용해 볼 수 있다. 간트 차트는 1910년 간트라는 미국의 사업가가 고안해 낸 것으로, 업무의 계획이나 진척도를 나타내는 관리도표를 말한다. 간트 차트는 세로축에 활동이, 가로축에 활동기간(월, 주)이 표시되며, 이 도표를 통해 활동이 언제 시작되고 끝나는지를 알 수 있다. 또한 전체적인 프로그램에 필요한 활동을 확인하고 특정 활동을 완수하는 날짜를 추적해 낼 수도 있다(박경일 외, 2019: 217). 간트 차트 예시는 〈표 11-9〉와 같다.

〈표 11-9〉 **아동학대 고위험 가정의 재학대 예방을 위한 심리정서지원 프로그램**

주요 내용		기간 1월	2월	3월	4월	5월	6월	7월	8월	9월	10월	11월	12월
참여자 선정													
맞춤형 서비스 지원	상담/심리치료												
	일상/정신건강 지원												
	사례회의												
양육 교육 프로그램	초기상담/검사												
	교육 진행												

출처: 사회복지공동모금회(2021), p. 29.

셋째, 예산의 수립이다. 아무리 좋은 프로그램을 계획하였더라도 프로그램을 수행할 예산이 확보되지 않으면 그 프로그램은 실행될 수 없다. 따라서 프로그램 내용을 수행하기 위해서는 자원이 필요하며, 이러한 자원이 얼마나 필요한지를 금전적으로 표시하는 것을 예산이라고 한다. 예산 수립의 방식으로는 항목별 예산, 기획예산, 영기준 예산, 성과주의 예산의 네 가지가 있으나, 프로그램 개발 시에는 가장 많이 쓰이는 것이 항목별 예산과 성과주의 예산이다. 항목별 예산 수립방법은 구입하거나 지출하고자 하는 항목별로 수입과 지출을 기재하는 방법이다. 성과주의 예산은 사회복지조직이 성취하고자 하는 목표를 세부 프로그램 및 활동으로 나누어 각 프로그램이나 활동의 단위원가와 업무량을 고려하여 예산을 수립하는 방법이다 (박경일 외, 2019: 222-223). 청소년프로그램 성과주의 예산의 세출 편성 사례는 〈표 11-10〉과 같다.

〈표 11-10〉 **청소년프로그램 성과주의 예산 편성 사례**

항목				산출 근거		
총계				3,232,000		
보조금	합계					3,232,000
	사업비	급식비	계			120,000
			급식지원비	간식비	4,000원×30명 =	120,000
		체험활동	계			2,355,000
			캠프비	식사비	5,000원×3식×30명 =	450,000
				숙박비	5,000×1일×30명 =	150,000
				교육비	50,000×1일×30명 =	1,500,000
				현수막		22,000
				약품		20,000
				소모품		119,150
				보험		93,850
		일반운영비	계			757,000
			소모품 외	식사비(지도자)	5,000×3식×3명 =	45,000
				숙박비(지도자)	5,000×1일×3명 =	15,000
			귀가차량	차량비	697,000×1대 =	697,000

출처: 양정청소년수련관(2022).

(6) A(실천 활동과 실행)

실천 활동과 실행(Action and implementation)이란 앞서 고려한 사항들을 염두에 두고 정해진 시간 내에 계획한 서비스를 실시하는 것을 말한다. 프로그램을 실행하면서 특히 유의할 것은 프로그램 계획에 지나치게 얽매여서 목표전치(goal displacement: 목표를 성취하기 위하여 고안한 수단이 그 자체로 목적이 되는 과정)가 발생하지 않도록 한다. 왜냐하면 프로그램은 효율적·효과적인 서비스를 제공하기 위한 도구이지 그 자체가 목적은 아니기 때문이다. 따라서 프로그램 실행에는 탄력적으로 운영을 할 수 있는 융통성이 필요한 것이며, 때로는 목적 달성을 위하여 프로그램의 실행계획이 수정될 수도 있다. 또한 프로그램 실행단계에서는 전문가에 의한 슈퍼비전이 필요하며, 프로그램이 의도된 계획에 따라 제대로 실행되고 있는지를 점검하는 것으로서 모니터링이 필요하다.

실천계획을 묘사함에 있어서 프로그램의 단위서비스(세부 프로그램) 제공 과정을 한눈에 볼 수 있도록 총괄진행도(flow chart) 혹은 업무 흐름도를 작성할 수도 있다. 그리고 프로그램이 원래 의도한 표적집단을 어느 정도 커버(클라이언트의 적정성과 참여율)하고 있는지에 관한 프로그램 적용대상자 점검과 아울러 서비스 제공이 실제로 의도한 바와 일치하는지에 관한 프로그램 과정을 측정하기 위한 체계적 노력인 프로그램 모니터링을 수행한다. 프로그램 모니터링의 유형은 〈표 11-11〉과 같다(황성철, 2005).

〈표 11-11〉 **프로그램 모니터링의 유형**

- 관리정보 시스템: 프로그램에 참여하는 클라이언트의 특성과 참여 인원에 대한 정보를 통해 모니터링한다.
- 성과측정을 위한 모니터링: 책무성에 대한 프로그램 산출과 성과의 양과 질에 관한 종합적 점검에 초점을 두고 모니터링한다.
- 과정평가를 통한 모니터링: 프로그램이 실제 의도한 서비스가 클라이언트체계에 전달되고 있는지에 관해서 전반적인 프로그램 운영과 서비스 전달에 비추어 점검 또는 검토하며, 주요 방법으로 프로그램 감사, 적용대상 측정, 과정분석 등이 있다.

(7) M(측정 및 평가)

측정과 평가(Measure and evaluation)는 수혜대상자와 지역사회에서 일어난 변화, 즉 생산성(products)을 측정하는 것이며, 효과성(effectiveness)을 평가하는 것이다. 특히 프로그램 개발에서 평가는 설정된 목표가 달성되었는가를 알아보기 위한 과정 혹은 시행한 프로그램의 가치와 의의를 판단하는 사회적 과정이라고 할 수 있다.

프로그램 평가는 프로그램 개시 직후, 프로그램 진행 도중, 프로그램 종료 후에 할 수 있다. 그런데 대개의 경우 평가는 프로그램이 완전히 끝난 다음에 시행되는 것으로 생각하고 프로그램 시작과 동시에 시행하는 평가를 소홀히 취급한다. 그래서 새로운 정보나 상황의 변화에 적응하지 못하고 실패하는 경우도 흔히 일어난다.

평가의 대표적인 두 가지 모델로서 과정중심 형성평가(formative evaluation)와 결과중심 총괄평가(summative evaluation)가 있다. 형성평가는 프로그램을 운영하는 과정에서 발생되는 문제점을 파악하여 프로그램을 수정하는 것을 목적으로 이루어지는 평가로서 과정평가(process evaluation)라고도 한다. 총괄평가는 프로그램이 종

〈표 11-12〉 **사회복지공동모금회 목표 및 평가 작성 예시**

	세부 사업명	산출목표	모니터링 방법
산출목표	맞춤형 서비스 지원	• 20가정 일반상담 5회, 총 100회 실시	• 방문 일자별 상담기록 작성
		• 20가정 심리치료 1회, 총 120회 실시	• 검사 결과/치료 일지 확인
		• 서비스 통합 사례회의 5회 실시	• 사례회의록 작성
		• 일상생활 지원 가정별 1회, 총 20회 실시	• 자원연계 내역 기록
	양육교육 프로그램	• 전문가 상담 및 교육 가정별 2회, 총 20회 진행	• 교육 일지 및 상담기록 작성

	성과목표	평가 도구 및 방법	측정 시기
성과목표 및 평가 방법	아동학대 행위자의 학대 위험요인 감소	• 성과지표: 학대위험 20% 감소 • 평가도구: 학대위험도 평가척도 • 평가방법: 학대행위자 20가정 대상 사전-사후 설문조사	사전(2월), 사후(12월)
	아동학대 행위자의 부모양육태도 향상	• 성과지표: 부모양육태도 20% 향상 • 평가도구: 부모양육태도검사(PAT) 척도 • 평가방법: 부모, 가족구성원 사전-사후 설문조사	사전(4월), 사후(12월)
	아동학대 피해가정 가족기능 강화	• 평가주체: 기관 담당자 • 평가방법: 참여자 20가정 대상으로 구조화된 질문지를 통해 인터뷰 실시	사업 종료 후(12월)

출처: 사회복지공동모금회(2021), p. 32.

료되는 시점에서 프로그램의 목적과 목표 달성 여부를 파악하는 평가로서 결과평
가(result evaluation)라고도 한다. 프로그램의 측정 및 평가를 위해서 사용할 수 있는
기법으로서는 목표 달성척도(Goal Attainment Scale: GAS), 클라이언트 만족도, 질적
평가 등을 활용할 수 있다. 측정 및 평가 예시로 사회복지공동모금회 목표 및 평가
작성 예시는 〈표 11-12〉와 같다. 또 [그림 11-2]와 같이 프로그램 개발과 과제 7단
계 과정을 요약·정리할 수 있다.

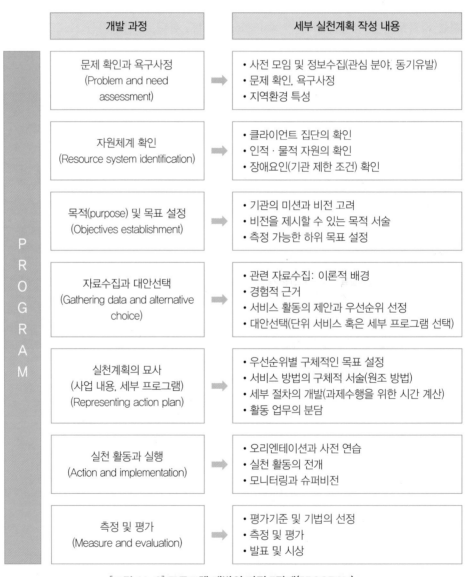

[그림 11-2] **프로그램 개발의 과정 7단계(PROGRAM)**

출처: 박경일 외(2019), p. 78.

2) 청소년프로그램 공모사업

청소년기관에서 '외부 공모사업'은 해당 기관의 프로그램 기획능력을 발휘함과 동시에 부족한 청소년프로그램 예산을 확보하는 중요한 의미를 가진다. 청소년기관과 시설별로 운영비가 국비와 지방비로 매칭이 되어 배정되는 기관이 있는 반면, 전액 지방비로 운영되는 기관들이 있다. 청소년수련시설이 대부분 지방비로 운영되고 있으며 각 지방자치단체(이하 지자체)의 재정자립도와 지자체 단체장의 의지에 따라 예산은 상당한 차이가 있다.

특히, 청소년수련시설의 경우 지방으로 갈수록 예산의 격차는 심해지고 있으며, 지역에 따라서 예산은 인건비와 운영비를 제외하면 기관 자체적으로 사업을 진행하기 힘든 예산여건을 가진 시설들도 있다. 이런 상황들로 많은 청소년수련시설이 외부 공모사업을 기획하고 청소년프로그램 예산을 확보하려고 한다.

외부 공모사업은 각 기관의 부족한 청소년프로그램 예산을 확보하는 것에서도 의미가 있지만, 매해 새로운 프로그램을 개발하고 보급한다는 측면에서는 청소년프로그램의 다양성과 창의성에 기여하는 바가 있다고 할 수 있다. 외부 공모사업을 주관하는 주체에 따라 사업의 종류와 방향이 다양해지고, 다양한 기관에서 청소년들에게 관심을 가질 수 있는 계기도 된다. 청소년프로그램 공모사업을 주체별로 구분하면 〈표 11-13〉과 같다.

〈표 11-13〉 **청소년프로그램 관련 공모사업 분류**

공모분야	공모사업 분류	주요 분야
정부부처	• 여성가족부 청소년프로그램 공모사업	• 청소년활동 • 청소년참여 • 청소년보호
공공기관	• 한국언론진흥재단 미디어교육 공모사업 • 한국문화예술교육진흥원 '꿈다락 토요문화학교' • 한국산림복지진흥원 '녹색자금 공모사업'	• 미디어리터러시 • 문화예술교육 • 산림교육
민간공익재단	• 사회복지공동모금회 공모사업 • 아름다운재단 공모사업 • 월드비전 공모사업	• 공익활동 • 청소년복지
기업사회공헌 재단	• 주요 대기업 사회공헌재단 　예) 삼성꿈장학재단, 한국타이어, 아모레퍼시픽 등	-

〈표 11-13〉에 제시된 공모사업은 많은 공모사업 중 일부분에 해당되며, 이 밖에도 관련된 기관과 여러 정부부처에서 청소년을 대상으로 하는 공모사업이 진행 중이다. 많은 공모사업들 중 청소년 시설과 기관에서 가장 많이 참여하는 공모사업은 매년 2월에 시작하는 '여성가족부 청소년프로그램 공모사업'이다(〈표 11-13〉 참조).

(1) 여성가족부의 청소년프로그램 공모사업

여성가족부는 청소년활동 활성화를 위해 다양한 청소년활동 프로그램의 개발을 유도하고, 우수 청소년활동 프로그램 발굴·확산을 통하여 청소년의 균형적인 성장을 지원하기 위해 '청소년프로그램 공모사업(활동분야)'을 진행하고 있다. 공모사업은 청소년의 잠재역량을 개발할 수 있도록 진로역량 개발, 민주시민의식 제고, 문화·예술체험활동 활성화 프로그램 등 다양한 분야의 청소년활동 프로그램을 선정하여 지원한다.

2012년부터 활동·참여·보호 분야별로 운영되던 청소년프로그램 공모사업을 통합함에 따라 '청소년프로그램 공모사업' 내 '활동분야'로 운영해 오고 있다. 2022년 청소년프로그램 공모사업은 활동분야는 교육과정 연계 청소년활동, 디지털 리터러시 활동(신규), 성평등 의식 제고 활동의 3개 영역이고, 참여분야는 청소년 사회참여 활성화, 기후·환경 위기 대응 및 탄소중립 참여(신규) 2개 영역, 보호분야는 청소년 유해환경 개선 1개 영역이다. 총 260개의 신청 프로그램 중 85개의 활동프로그램을 선정하여 지원하였고, 지원 금액은 총 763,000,000원이다. 2022년 청소년활동 프로그램 공모사업 선정 현황은 〈표 11-14〉와 같다.

〈표 11-14〉 **2022년 청소년활동 프로그램 공모사업 선정 현황**   (단위: 개, 원)

분야	소주제	선정 프로그램 수	지원 금액
활동	교육과정 연계 청소년활동	14	307,100,000
	디지털 리터러시 활동(신규)	13	
	성평등 의식 제고 활동	3	
참여	청소년 사회참여 활성화	32	17,600,000
	기후·환경 위기 대응 및 탄소중립 참여(신규)	20	
보호	청소년 유해환경 개선	3	438,300,000
계		85	763,000,000

출처: 여성가족부(2022e), p.5, 7.

　한편, 2023년 공모사업 분야는 활동과 특별 2개로 구분되어 있다. 활동분야는 학교 연계 청소년활동과 디지털 활동이고, 특별분야는 2023년 세계스카우트 잼버리 및 강원동계청소년 올림픽대회 관련 주제이다. 2023년 여성가족부 청소년프로그램 공모사업 내용은 〈표 11-15〉와 같다.

〈표 11-15〉 **2023년 여성가족부 청소년프로그램 공모사업**

분야	주제	주요 사업 내용
활동	학교 연계 청소년활동	• 교과, 범교과, 창의적 체험활동, 자유학년제 프로그램을 학교와 연계하여 운영하는 활동 • 학교연계 봉사활동 등 • 학교 내 유휴 교실 등을 활용하는 활동 • 수련시설 및 진로체험지원센터 간 연계 · 협력 사업 • 학교로 찾아가는 활동프로그램 운영 등 　* '학교 안팎 청소년 지원 강화 대책(2022. 10. 6.)' 관련 사업 추진 등
	디지털 활동	• 학교 연계 디지털 활동 프로그램 • 디지털 도구 이해와 활용 및 자기표현, 타인 소통 역량 개발 활동 • 디지털화의 사회적 영향 이해 및 책임 · 윤리 의식, 시민성 형성 활동 • 영상제작 관련 도구 이해와 활용 미디어 콘텐츠 제작 활동 등 • 미디어 교육과 관련된 미디어 제작, 표현역량 제고를 위한 활동
특별	2023년 세계스카우트 잼버리 및 강원동계청소년 올림픽대회	• 2023년 세계스카우트 잼버리 대회를 홍보할 수 있는 활동 • 세계스카우트 잼버리 및 올림픽 가치를 확산할 수 있는 활동 • 사업주제와 관련된 국내 · 외 청소년들이 함께하는 활동 • 동계청소년올림픽 대회를 홍보할 수 있는 활동 　* 지역적 한계 극복을 위해 도 · 농 컨소시엄 형태로 운영 추천

출처: 여성가족부(2023).

　2023년 여성가족부 청소년프로그램 공모사업 신청 자격은 청소년관련 법령에 의해 설치 · 운영 중인 청소년시설 및 단체이고, 분야 구분 없이 1개 기관(단체)별 1개 사업만 신청 가능하다.

(2) 한국청소년활동진흥원 공모사업

① 청소년활동 안전 공모전

한국청소년활동진흥원에서는 안전한 청소년활동 환경조성을 위해 청소년활동 안전사고 예방 아이디어 및 우수사례 공모전을 운영하고 있다. 청소년활동 안전사고 예방 아이디어는 대한민국 국민이면 누구나 참여 가능(개인 또는 팀, 5인 이내)하고, 청소년활동시설 안전사고 예방 우수사례는 청소년활동시설 종사자(개인 또는 수련시설명)가 참여할 수 있다.

공모 주제 및 분야는 청소년활동 안전사고 예방 아이디어와 활동시설 안전사고 예방 우수사례이다. 청소년활동 안전사고 예방 아이디어는 수영장 사고, 실내외 체육관 사고(운동장 포함), 낙상으로 인한 사고, 충돌로 인한 사고이고, 활동시설 안전사고 예방 우수사례는 시설 내 안전시설 개선 전후 사항 및 효과성이다.

② 청소년 온라인 정책제안 공모전

한국청소년활동진흥원은 2022년 청소년 온라인 정책제안 공모전에서 청소년이 말하는 '보호정책'을 주제(청소년근로, 유해환경·매체, 성보호, 범죄·폭력 대응 등 청소년 '보호' 관련 정책에 한함)로 공모를 하였다. 참가대상은 개인 또는 단체로 참가 가능하고, 개인은 만 9세 이상 24세 이하 청소년, 단체는 청소년 5인 이상으로 구성된 위원회·동아리 등이다.

[그림 11-3] 한국청소년활동진흥원 공모사업 포스터

출처: 한국청소년활동진흥원(https://www.kywa.or.kr/pressinfo/notice_list.jsp).

3. 청소년프로그램의 실제

1) 청소년수련활동인증제 프로그램의 구성 요소

청소년수련활동인증제는 「청소년활동 진흥법」 제35조에 의거하여 시행되는 제도로, 다양한 청소년활동에 '수련활동이 갖는 일정 기준 이상의 형식적 요건과 질적 특성을 갖춘 청소년활동이 정당한 절차로 성립되었음을 공적기관에 의해 증명하는 제도'이다. 청소년수련활동인증제의 목적은 청소년이 안전하고 유익한 활동을 선택하여 참여할 수 있도록 양질의 프로그램을 제공하고, 청소년에게 안전하고 질적 수준이 담보된 다양한 청소년활동의 정보를 제공하는 등 건전한 청소년활동을 조성하기 위함이다. 청소년수련활동인증제는 프로그램 실시 전, 또는 참가자 모집 전 인증을 신청하여 인증 여부가 결정되는 사전 인증, 인증을 신청하려는 자는 관련 자료를 서면으로 작성하여 제출하는 서면 인증, 운영하고자 하는 수련활동을 개별 인증하고 관리하는 프로그램 인증이 있다(여성가족부, 2022g: 11).

이러한 청소년수련활동인증제의 통합기준은 프로그램의 구성, 자원운영, 지도자 자격, 지도자 역할 및 배치, 공간과 설비의 확보 및 관리, 안전관리 계획의 6개 영역으로 되어 있다. 그리고 공통기준의 프로그램 구성은 다음과 같이 아홉 가지로 제시되어 있다(e 청소년, https://www.youth.go.kr).

첫째, 추진 배경 및 필요성이다. 청소년의 발달적 특성 혹은 객관적 사실에 근거한 활동의 추진 배경 및 필요성을 확인할 수 있어야 하고, 기사, 논문, 통계 등 객관적 근거가 1개 이상 제시되어야 한다. 그리고 추진 배경 및 필요성은 목적과 연관성이 있도록 서술해야 한다.

둘째, 프로그램 목적이다. 프로그램의 목적과 목표에는 청소년의 균형 있는 성장 · 발달 내용을 설정 및 기술하고, 목적은 추진 배경 혹은 필요성과 연관성이 있어야 한다.

셋째, 프로그램 목표이다. 목적을 달성하기 위한 구체적인 내용으로 작성되어야 한다.

넷째, 프로그램 개요이다. 기간(또는 시간), 장소, 참여 대상 및 인원을 기재해야 된다.

다섯째, 프로그램 일정표이다. 기본형 프로그램에 식사시간이 포함되는 경우 개별기준 3번 문서(영양관리자 자격)가 제시되어야 하고, 기본형 프로그램 중 프로그램 이동이 있는 경우 개별기준 4, 5번 문서(이동관리, 휴식관리)가 제시되어야 한다. 오리엔테이션과 마무리 시간은 처음과 끝의 단위프로그램 계획서에 기술되어야 하고, 이동(활동장소 혹은 프로그램)과정이 있을 경우 시간표에 이동 사항이 표시되어야 한다. 그리고 일정표에서 소요(활동)시간이 확인되어야 한다.

여섯째, 단위프로그램 내용이다. 일정표에 기술된 개별단위 프로그램별로 모두 계획되어야 한다. 프로그램명과 목표, 활동인원, 활동장비(기자재), 전문지도자 전문성, 지도인원(전문지도자, 보조지도자), 유의사항, 활동단계, 활동 내용(도입, 전개, 마무리), 활동장소(세부 활동장) 등이다.

일곱째, 유사시 대처방안이다. 활동 진행 중 발생하는 유사시의 대처방안이 기술되어야 한다(갑작스러운 우천 시 대처 방안 등). 대체 프로그램은 실내 프로그램으로만 제시 가능하다.

여덟째, 환류 계획이다. 프로그램의 평가결과를 반영하여 프로그램을 개선할 수 있는 환류체계가 확인 가능하여야 한다.

아홉째, 프로그램 평가계획이다. 평가 시기, 대상, 내용, 평가도구가 제시되어야 한다. 내용은 프로그램 만족도와 프로그램 효과성이고, 평가도구는 만족도, 효과성 설문지 등이다. 평가도구는 프로그램의 목적 혹은 목표와 연관된 만족도 및 효과성을 평가할 수 있도록 문항을 구성하여야 한다.

2) 청소년프로그램 공모사업 신청서

2022년 청소년프로그램 공모사업의 지원신청은 기관(시설 · 법인 · 단체)과 청소년팀 등 두 가지 유형으로 구성되어 있다. 세부 계획서 작성 양식을 살펴보면 다음과 같다(한국청소년활동진흥원, 2023).

(1) 기관(시설 · 법인 · 단체)

신청서는 프로그램의 배경 및 목적, 세부 내용, 평가계획, 기대효과, 소요예산으로 구성되어 있다.

첫째, 배경 및 목적은 개발된 프로그램 참여 청소년의 특성, 참여 청소년의 흥미와 욕구, 참여 청소년의 흥미와 욕구에 따른 사업방향 등을 기술하고, 프로그램 개요서 상의 목적 및 목표와 연계성을 고려하여 작성해야 한다.

둘째, 세부 내용은 총 9가지로 작성해야 한다. 일정별·회기별 세부 추진 내용, 회기별 세부 프로그램 계획서, 지도인력 확보, 시설 및 장비 확보·활용, 지역사회 연계 및 홍보, 안전 및 위생관리, 참가자 선정 방법, 코로나19 방역 조치(사회적 거리두기)에 대한 대응, 안전에 대한 보호자 안심 방안이다. 참가자 선정 방법의 경우, 참가 청소년 남녀비율을 가급적 균등하게 선정할 수 있도록 계획하고, 모집 청소년의 지역적 다양화를 권장(전국 청소년 공개 모집 혹은 기관 간 협조 등을 통한 시·도 간 청소년 연계 모집 등 개방형 모집을 권장)하고 있다. 안전에 대한 보호자 안심 방안은 청소년-보호자-수행기관 연락체계 구성·공유, 활동 기본 사항은 청소년과 부모에게 동시 안내해야 한다. 기본사항을 예를 들면, 프로그램 내용·일정, 기본이 되는 활동 공간(시설)의 안전 등급, 청소년지도사의 성명·급수와 다른 자격증·경력, 이동 수단·시간 및 숙박 장소, 식사 장소·내용 등이다.

셋째, 평가계획으로는 평가계획 및 평가결과, 사후관리 계획 등을 기술(프로그램의 효과성 검증 방안 포함)해야 한다. 우선, 평가계획은 프로그램 목적 혹은 목표에 따라 잘 수행되었는지 평가하기 위한 구체적인 계획을 수립해야 하고, 과정-결과 평가계획이 확인되도록 고려해서 작성해야 한다. 다음으로, 평가도구는 프로그램 목적 혹은 목표를 평가할 수 있는 문항, 질문지 등을 구체적으로 제시해야 한다.

넷째, 기대효과는 목적 및 목표의 달성 수준, 타 기관 보급 가능성, 수혜자의 체감정도 등 성과중심으로 기대효과를 작성해야 한다.

다섯째, 소요예산은 총사업비를 제시하고, 다음으로 국고보조금, 기관 부담액, 청소년참가비(1인기준 참가비)를 명시해야 한다.

(2) 청소년팀

청소년팀 신청서는 기관(시설·법인·단체)과 마찬가지로 프로그램명, 배경 및 목적, 세부 내용, 평가계획, 기대효과, 소요예산으로 구성되어 있다. 차이점은 세부 내용에서 지도인력 확보, 시설 및 장비 확보·활용, 참가자 선정 방법이 제외되어 있다.

전술한 청소년수련활동인증제 프로그램과 청소년프로그램 공모사업 비교 내용은 〈표 11-16〉과 같다.

〈표 11-16〉 청소년수련활동인증제 프로그램과 청소년프로그램 공모사업 내용 비교

청소년수련활동인증제 프로그램		청소년프로그램 공모사업 신청서 – 기관(시설 · 법인 · 단체)용 –	
		1. 배경 및 목적	
1. 프로그램 구성	1) 추진 배경 및 필요성 2) 프로그램 목적 3) 프로그램 목표 4) 프로그램 개요 5) 프로그램 일정표 6) 단위 프로그램 내용 7) 유사시 대처방안 8) 환류계획 9) 프로그램 평가도구	2. 세부 내용	1) 일정별 · 회기별 세부 추진 내용 2) 회기별 세부 프로그램 계획서 3) 지도인력 확보 4) 시설 및 장비 확보 · 활용 5) 지역사회 연계 및 홍보 6) 안전 및 위생관리 7) 참가자 선정 방법 8) 코로나19 방역 조치(사회적 거리두기)에 대한 대응 9) 안전에 대한 보호자 안심 방안
2. 프로그램 자원 운영	1) 사업비 총괄표 2) 사업비 산출내역 3) 수익금 내역	3. 평가 계획	1) 평가계획 2) 평가도구
3. 지도자 자격	1) 인증수련활동 운영담당자 요건 2) (안전)전문인력 자격요건	4. 기대효과	
4. 지도자 역할 및 배치	1) 지도자 역할 2) 컨소시엄 기관별 역할 3) 컨소시엄 협약서	5. 소요 예산	1) 총사업비 2) 기관 부담액 3) 청소년 참가비: 1인기준 참가비 명시
5. 공간과 설비의 확보 및 관리	1) 신청기관 사업자등록증 및 인 · 허가증 2) 활동장 확보 3) 활동장 안전 · 위생 및 위생관리		
6. 안전관리 계획	1) 안전교육 계획 2) 지도자 서약서 3) 안전용품 보유현황 및 준비계획 4) 비상연락망 5) 비상 시 역할분담 6) 상황 발생 시 통보 계획 7) 인증받은 자의 책임수행		

3) 우수프로그램 사례

(1) 여성가족부 2021 우수프로그램

여성가족부가 2021년 선정한 우수프로그램은 최우수상 1편, 우수상이 6편이다. 분야는 활동과 참여이고, 영역은 학교 연계 청소년활동, 청소년젠더 프로그램, 사회정서 역량 개발, 청소년 사회참여 활성화 등 4개 영역이다. 여성가족부 2021 우수프로그램 선정 결과는 〈표 11-17〉과 같다.

〈표 11-17〉 **여성가족부 2021 우수프로그램 선정 결과**

훈격	분야	영역	프로그램명	기관명
최우수상	활동	학교 연계 청소년활동	농산어촌 청소년 진로디자인 프로젝트 'D(ream)-DAY(디데이)'	시립마포청소년센터
우수상	활동	청소년젠더 프로그램	청소년, 성인지에게 묻다. '연애의 재구성'	부천시청소년수련관
	활동	사회정서 역량 개발	동물, one(동물과 하나되다)	미추홀구청소년수련관
	참여	청소년 사회참여 활성화	'우리는 VR로 VR (Village Record)한다!'	구립 홍은청소년문화의집
	참여	청소년 사회참여 활성화	함께 그린 자전거 로드맵	보성군청소년문화의집
	참여	청소년 사회참여 활성화	지구를 지키는 착한소비 '無통상회'	안양시 호계청소년문화의집
	참여	청소년 사회참여 활성화	#늦어도_괜찮아요.	안성청소년문화의집

출처: 여성가족부(2022b), p. 16.

(2) 대한민국 청소년활동프로그램 경진대회 대상(보.안.등.)

2018년도 제3회 대한민국 청소년활동프로그램 경진대회에서 대상을 수상한 〈청소년들의 신나는 우리동네 변화 '보.안.등.'(보이니까 안전한 일등동네)〉은 지역사회 청소년이 사회구성원으로서 지역의 현안문제를 스스로 인식·공감하고 개선하는 과정을 통해 역량개발을 물론 지역사회의 바람직한 변화를 이끌며 성장할 수 있는 프로그램이다. 주요 내용을 소개하면 [그림 11-4]와 같다.

ㅇ 기관명: 부산서구청소년문화의집(재단법인 안국청소년도량)

ㅇ 프로그램명: 청소년들의 신나는 우리동네 변화 '보.안.등.'

ㅇ 기간: 2018년 9월~11월, 총 6회기(22시간)

ㅇ 장소: 문화의집 및 지역사회(남부민2동 일대)

ㅇ 대상: 지역사회 청소년(14~24세) 20명

ㅇ 주요 내용

구분	일시	단위 프로그램명	주요 내용
1회	2018. 9. 1. (토) 13:00~17:00	두근두근 우리동네	• 오리엔테이션 • 지역사회 사전조사
2회	2018. 9. 8. (토) 13:00~17:00	구석구석 우리동네	• 지역사회환경 실제조사 • 보안등 설치 장소 선정
3회	2018. 10. 14. (일) 13:00~17:00	도란도란 우리동네	• 실행계획 수립(설치 장소 최종 선정) • 공공정책 제안서 작성
4회	2018. 11. 4. (일) 10:00~15:00	반짝반짝 우리동네	• 태양광 LED 보안등 설치(12곳) • 활동 결과 점검
5회	2018. 11. 17. (토) 10:00~15:00	방긋방긋 우리동네	• 보안등 설치 결과 확인 • 활동성과 보고 및 평가회 등
6회	2018. 11. 30. (금) 17:00~18:00	하하호호 우리동네	• 유관기관 대상 사업결과 및 공공정책제안서 전달 • 프로그램 운영·확대 방안 논의 및 네트워크 구축

ㅇ 유관기관: 남부민2동 행정복지센터, 남부민2동 마을청년회, 서구청 가족행복과, 서부경찰서 생활안전과 등

활동 사진

지역사회 실제조사, 주민인터뷰, 태양광 LED 보안등

[그림 11-4] 대한민국 청소년활동프로그램 경진대회 대상(보.안.등.)

출처: 부산서구청소년문화의집 보.안.등. 내부문서.

제12장

청소년활동 현장의
위험과 안전관리

청소년활동에 있어서 안전은 가장 기본적인 전제이다. 아무리 우수한 청소년활동이라고 해도 안전이 담보되어 있지 않으면 그것은 청소년활동으로서의 의미와 가치를 상실한 것이다(조아미 외, 2016: 152). 우리나라의 청소년 분야의 대표적인 안전사고는 1999년 씨랜드 청소년수련원 화재사고, 2008년 대학생 국토대장정 사고, 2013년 태안 사설 해병대 캠프 사고, 2014년 경주리조트 붕괴 사고와 세월호 침몰사고 등으로 많은 청소년이 안전문제로 인한 사고의 주 피해 대상이 되면서 더욱더 안전에 대한 적극적인 대응과 대처가 사회적 관심의 핵심 쟁점이 되었다(신태웅, 2018: 1). 청소년 안전사고 발생은 피해를 당한 청소년에게 신체적·심리적 상처를 남기고, 가정뿐만 아니라 우리 사회구성원들이 심리적·경제적 손실을 받게 된다. 사고 발생은 기관의 활동 위축과 지도자의 책임으로 이어져 고통을 받게 된다. 따라서 청소년활동 안전에 관한 지식과 기술, 실천행동으로 청소년활동을 수행하는 데 상황별 대처방법과 예방법을 철저히 실시하여 사고발생을 줄여야 한다.

따라서 이 장에서는 청소년활동 현장에서의 위험과 안전에 대해서 살펴보고자 한다. 우선 위험과 안전사고에 대한 개념과 청소년활동 안전사고의 실태와 유형, 다양한 판례를 살펴보고자 한다. 다음으로 청소년활동 안전에 관한 제도의 변천과 법률, 안전사고에 대한 청소년지도자의 법적 판단기준 등 청소년활동 안전 관련 법령을 소개한다. 또한 청소년활동 시 위험 예방 및 안전관리 방안으로 위험관리와 안전관리, 청소년활동 안전관리 주요 내용, 청소년수련시설 안전·위생 점검, 청소년 안전교육과 사고 예방 지도방법 등을 제시한다.

1. 위험과 안전사고

1) 위험과 안전의 개념

위험(危險)의 사전적 의미는 일반적으로 해로움이나 손실을 발생시킬 가능성이 있는 것으로 그 손실 발생이 불확실한 것을 말한다. 일상에서 리스크(risk)는 '위험, 일이 잘 안 풀릴 우려, 손실의 가능성' 등을 의미하고, 대체로 부정적인 의도로 사용되는 불확실성과 관련된 용어이다(박달재, 2010: 24). 즉, 위험(risk)은 신체나 생명에 위해(危害) 또는 손실이 발생할 우려가 있는 것 또는 그런 모양으로 위해(危害) 또는 손상·손해를 입을 우려가 없는 안전(safety)과 대비되는 개념이다(윤기혁, 석진숙, 2021: 24; 田村 佳世, 2015: 80).

위험을 뜻하는 용어로는 danger, hazard, harm, potential 등이 있다(內山 源, 2006: 19). danger는 상실 결과(loss outcome) 또는 상실과 연관된 위험(hazard)을 두려워하는 결과를 뜻한다(Kemshall & Pritchard, 1997: 83). 위해(harm)는 위험사건 회피 실패의 결과로서 생기는 현상을 말하고, potential은 신체적 상해 발생가능성이 내재(잠재)된 요인으로서, hazard 혹은 risk와 거의 동일하게 사용된다(윤기혁, 석진숙, 2021: 24; 內山 源, 2006: 19). 이러한 위험은 다음의 세 가지 의미로 파악해 볼 수 있다. 첫째, 사고 발생의 가능성으로서 인시던트(incident), 둘째, 사고 그 자체로서 액시던트(accident), 셋째, 사고 발생의 조건, 사정, 상황, 요인, 환경으로서 생각하지도 않았던 일들, 우연한 사고 불가항력의 사고 등이 포함된다(신복기 외, 2019: 307-308).

한편, 안전(safety, 安全)의 사전적 의미는 위험이 생기거나 사고가 날 염려가 없는 상태, 즉 위험으로부터 보호되는 상태를 말한다. 또한 자연적 혹은 인적·인위적 위험 요인이 없거나, 이러한 위험 요인에 대한 충분한 대비가 되어 있는 상태를 안전이라고 한다(중앙안전관리위원회, 행정안전부, 2011: 4). 즉, 안전은 위험발생의 근본 원인이 존재하지 않는 상태이거나, 위험발생의 원인이 있다 하더라도 사람이 위해를 받는 일이 발생하지 않도록 예방대책이 수립되어 있고, 그러한 사실이 확인된 상태를 의미한다(조철호, 2020: 20). 각계에서 바라보는 안전에 따라 다소 개념 규정의 차이를 보이지만, 공통으로 안전을 '위험이나 사고가 없는 상태'로 보고 있다. 위험을 알아야 안전을 알 수 있다는 의미이다. 따라서 위험하지 않은 상태를 유지하기 위해서는 위험이 무엇인지를 알아야 하며, 또한 위험에서 벗어나기 위한 방법을 알아야 한다(조철호, 2020: 20).

이러한 맥락에서 청소년 안전의 정의는 '9세 이상 24세 이하인 자를 대상으로 인체에 유해한 조건들을 최소화하거나 제거하려는 여러 가지 활동으로 위험이 생기거나 사고가 날 염려 없이 편안하고 온전한 상태를 유지하는 것이다.'라고 정의해 볼 수 있다(여성가족부, 2014b: 16). 또한 청소년 안전은 '청소년이 각종 시설에서 안전한 활동을 하도록 이끄는 일련의 제반 행동과 대응 행위의 전략적 태도'(강병관, 2019: 6; 권일남, 김호순, 김태균, 김영삼, 2015: 10)이고, 조아미 등(2016)은 청소년활동에서의 안전이란 '안전을 통하여 궁극적으로 청소년이 청소년활동을 좋아하고 이것의 즐거움에 빠지도록 하는 것'이며, 성은모와 서동인(2017: 44)은 청소년활동 안전은 '청소년활동의 전 과정에서 사고 발생의 위험 없이 편안하고 온전한 상태 유지, 사고 예방, 대응체제의 구축'으로 정의하였다. 따라서 청소년활동에서 위험을 예방하여 안전을 도모하는 위험관리 또는 안전관리시스템을 구축하는 것은 매우 중차대한 과업이라 할 수 있다.

2) 위험사고와 안전사고

세계보건기구(WHO)의 정의에 따르면 사고란 '알아볼 수 있는 상처를 입히는 우발적 사건'이며, 미국안전협회(NSC)는 '인간에게 상처 또는 사망이나 재산의 손실을 가져오는 예측하지 못한 사건의 결과'라고 정의하고 있다(성은모, 서동인, 2017: 43-44; 한국청소년정책연구원, 2009).

일반적으로 안전(safety)의 개념은 '위험사고 및 위험 가능성을 제거하고자 행동 변화에 의해 생긴 상황이나 상태'(Florio, 1962)라고 정의하며, 사고(accident)의 개념은 접두사 'ac'와 떨어진다는 뜻의 'cido'를 어원으로 '예기치 못한 사건으로 인해 발생하는 물질적·신체적·정신적 손실'을 의미한다(한국산업안전보건공단, 2003). 두 개념을 종합하여 안전사고의 정의를 살펴보면 '사고위험이 발생할 수 있는 시설에서 안전수칙 위반, 부주의, 안전교육 미비 등 재산 또는 사람의 피해를 발생시키는 사고'(한정훈, 2007)라고 정의되며, 그 원인을 물적·인적·환경적 원인에 의해 발생한다고 보았다(김문수, 지영섭, 2021; Haddon, 1970). 즉, 안전을 위해서는 위험이 관리되어야 하고, 안전사고를 미연에 방지하기 위해서는 위험사고를 사전에 차단하는 예방이 전제되어야 함을 알 수 있다.

그리고 위험사고와 관련된 용어로는 accident, incident, near miss가 있다. accident(액시던트: 사고)는 사망, 질병, 상해, 그 외 손실을 동반하는 원치 않는 일로, 신체의 상해 등 실질적 손해가 생긴 경우에 사용된다. incident(인시던트: 사고요인)는 사고로 연결되거나, 혹은 사고를 초래하는 잠재성이 있는 현상으로, 신체의 상해를 동반하거나, 사고의 위험성을 높이는 요인을 말한다. 또한 near miss[아차 사고 또는 히야리 핫또(ヒヤリハット: 아찔과 깜짝 놀람)]는 질병, 상해, 손해, 여타 손실에 이르지 않는 사고요인으로, 안전보건경영시스템(OHSAS 18001)의 용어 해설에는 incident에 near miss가 포함되어 있고, accident는 큰 사고, incident는 작은 사고로 설명하는 예도 있다(內山 源, 2006: 19). 그리고 국제표준화기구가 2018년도에 제정한 안전보건경영시스템(ISO 45001)은 상해 및 건강상 장해에 악영향을 미칠 수 있는 외적인 작업 또는 작업 과정에서 생긴 일을 incident라 하고, 상해 및 건강상 장해가 발생하는 사건(종종 사고)을 accident라 한다. 그리고 상해 및 건강상 장해가 발생하지는 않지만 잠재적으로 그러한 사건이 발생할 가능성이 있는 사건은 '아차 사고(near miss)' '돌발 상황(near hit)' 또는 '위기일발(close call)'이라고 한다(윤기혁, 석진숙, 2021: 24-25; 한국산업표준, 2018: 16). 이와 같은 위험사고 용어를 정리하면, 위험사고 발생 요인이자 발생 가능성(징후)은 near miss 또는 incident이고, 이로 인하여 발생하여 직접적인 상해를 입은 경우를 accident라고 할 수 있다.

한편, 청소년 안전사고의 개념은 여러 분야에서 안전사고, 학교안전사고, 청소년 안전이라는 용어로 사용해 왔지만, 아직 법률적 · 학술적으로 이렇다 할 개념 정립이 되지 않은 상태라고 볼 수 있다(김문수, 2017: 5). 김문수와 지영섭(2021: 65)은 청소년 안전사고를 '학교 및 청소년활동을 포함한 모든 교육활동에 참여하는 청소년을 대상으로 다양한 활동에 대한 전 과정에 부주의, 안전교육 미흡, 안전수칙 위반 등으로 청소년, 청소년지도자 또는 교육담당자, 교육활동 참여자의 생명, 신체적 피해 및 직 · 간접적으로 발생할 수 있는 질병을 포함한 모든 사고'라고 정의하였다. 또한 청소년수련시설의 안전사고라 함은 '청소년수련시설의 설치 · 보존상의 하자 또는 학생이나 지도자의 과실로 인하여 수련교육과정에 의한 프로그램 활동, 기타 수련활동 중에 발생한 학생 및 지도자의 사망 또는 신체적 · 정신적 손해를 입힌 사고'라고 정의할 수 있다(진은설 외, 2019: 285).

이와 같이 위험사고와 안전사고는 유사한 의미를 내포하고 있지만 다소 차이가 있음을 알 수가 있다. 왜냐하면 위험사고는 위험이 발생할 가능성을 강조한 반면, 안전사고는 실제로 발생한 사고에 초점을 두고 있기 때문이다. 즉, 위험사고는 종전에 발생하지 않았던, 즉 잠재되어 있는 숨겨진 위험에 관심을 가지고 접근을 하는 것이다. 따라서 안전사고 예방을 위해서는 위험사고를 사전에 파악하고 분석하는 노력들이 수반되어야 할 것이다.

특히 청소년의 안전사고 문제는 남다른 의미가 있다. 청소년 안전사고는 피해자와 가족뿐만 아니라 지역사회와 국가의 문제로 퍼진다는 차원에서 중요한 문제라고 볼 수 있다. 무엇보다도 청소년과 관련한 안전 문제가 발생하게 되면 청소년활동 현장은 청소년 관련 안전사고의 여파로 인하여 급격하게 위축될 수밖에 없으며, 이에 대한 피해는 고스란히 청소년의 몫이 된다. 즉, 안전사고로 인해 청소년이 다양한 활동을 통하여 건강하게 성장할 기회를 잃게 된다(성은모, 서동인, 2017: 42; 조아미 외, 2016). 더불어 청소년 안전사고가 발생하면 금전적인 손해와 행정적인 책임이 따를 뿐만 아니라 최악의 경우 청소년 또는 관계자들이 사망에 이르게 될 경우 민사·형사상 소송으로 인한 법적 책임과 청소년기관 폐쇄 등의 다양한 문제가 발생될 수 있다. 따라서 청소년시설은 각 기관의 유형과 특성을 감안하여 위험사고와 안전사고가 발생하지 않도록 예방하고, 사고 발생 시 신속한 대응을 위한 대비책을 마련해야 한다.

3) 청소년활동 안전사고의 실태와 유형

(1) 청소년활동 안전사고의 실태

청소년활동은 수련활동·교류활동·문화활동 등 여러 형태의 활동들이 이루어져 있기 때문에 청소년활동 현장에는 다양한 위험이 도사리고 있다. 청소년활동 현장에서 발생하고 있는 안전사고 실태를 살펴보면 다음과 같다.

첫째, 청소년 사망사고 2위는 안전사고이다. 2022 청소년 통계(여성가족부, 2022d)에 따르면, 2020년 기준 청소년(9~24세) 사망원인은 1위가 고의적 자해(자살), 2위가 안전사고 순으로 나타났다. 여기서 안전사고는 운수사고, 추락, 익사, 화재, 중독, 기타 외인 등을 말한다. 2010년에는 안전사고가 청소년 사망원인 1위였으나,

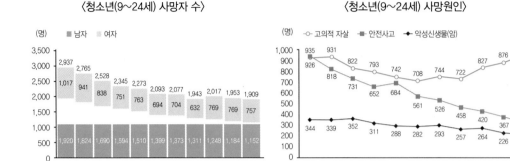

[그림 12-1] 최근 10년 청소년(9~24세) 사망자 및 사망원인

출처: 여성가족부(2022d), p. 12.

2011년 이후 고의적 자해(자살)가 계속해서 사망원인 1위를 차지하고 있다. 최근 10년 청소년(9~24세) 사망자 및 사망원인은 [그림 12-1]과 같다.

둘째, 전체 안전사고의 21.4%가 어린이 안전사고이다. 2021년 한국소비자원 소비자위해감시시스템(CISS)을 통해 접수된 2021년 어린이 안전사고 건수는 〈표 12-1〉과 같이 15,871건으로 전년(18,494)보다 14.2% 감소하고 있다. 하지만 우리나라 총인구 대비 어린이 비율은 11.9%인 데 반해, 어린이 안전사고는 전체 안전사고의 21.4%로 여전히 높은 수준이다.

〈표 12-1〉 최근 5년간 CISS에 접수된 어린이 안전사고 현황   (단위: 건, %)

구분	2017년	2018년	2019년	2020년	2021년
전체 안전사고 건수	71,000	72,013	73,007	70,002	74,000
어린이 안전사고 건수	25,699	24,097	24,971	18,464	15,871
전년대비 증감률	140	△6.2	3.6	△25.9	△14.2
어린이 안전사고 비율	36.2	33.5	34.2	26.4	21.4

출처: 한국소비자원 위해정보국 위해예방팀(2022), p. 1.

그리고 여성가족부(2022a)의 2021 청소년백서에 따르면, 14세 이하 아동 안전사고 유형별 사망자 현황(2015~2019)은 〈표 12-2〉와 같이 2015년 225명에서 2019년 167명으로 점차 감소하고 있는 것으로 나타났다. 사망원인으로는 교통사고, 익사, 추락, 화재 중독 순으로 인한 사망자 수가 많은 것으로 나타났지만, 익사와 추락사고는 여전히 높게 나타나고 있다.

〈표 12-2〉 **14세 이하 아동 안전사고 유형별 사망자 현황(2015~2019)**　　(단위: 명)

구분	계	교통사고	익사	추락	화재	중독	기타
2015	225	103	28	28	10	-	56
2016	196	87	19	28	5	1	56
2017	196	75	24	26	7	2	62
2018	163	54	18	26	8	4	51
2019	167	51	27	25	2	1	58

출처: 여성가족부(2021b), p. 311.

　　셋째, 학교현장에서 청소년의 안전사고도 심각한 상태이다. 청소년시설과 청소년지도자는 매년 증가하고 있으며 청소년활동에 참여하는 청소년도 자연스레 많아지고 있고, 그와 동시에 청소년 안전사고도 지속적으로 발생하고 있다. 학교 내 안전사고 건수를 살펴보면, 2016년 116,077건에서 2019년 138,784건으로 증가하였으며, 교외 활동 중 안전사고도 연간 5천여 건 수준으로 나타났다(김문수, 지영섭, 2021; 학교안전공제회, 2020).

　　또한 교육부의 시·도별 반기별 학교 안전사고 현황을 〈표 12-3〉에서 살펴보면 2022년 상반기 학교 안전사고는 64,499건이었다. 이는 코로나19로 등교수업이 적었던 2020년 10,869건과 2021년 40,656건보다 늘었고, 코로나19 이전인 2018년 57,162건과 2019년 64,478건에 비해서도 늘었다(정의당 정책위원회 보도자료, 2022: 1).

〈표 12-3〉 **시·도별 상반기 학교 안전사고 현황(2018~2022년)**　　(단위: 건)

상반기	2018년	2019년	2020년	2021년	2022년
학교 안전사고 건수	57,162	64,478	10,869	40,656	64,499
학생 1천명당 건수	9.08	10.53	1.81	6.84	11.00

출처: 정의당 정책위원회 보도자료(2022), p. 1.

　　그리고 2021년 한 해 동안 학교에서 발생한 안전사고는 93,147건이었다. 유치원 9,180건, 초등학교 30,154건, 중학교 33,405건, 고등학교 19,610건, 특수학교 458건, 각종 학교 등 340건으로 중학교가 가장 많았다. 시간은 체육수업이 40.1%로 가장 많았고, 점심시간과 체육 외 수업시간이 뒤를 이었다. 장소는 화장실, 급식실, 강당, 체육관, 주차장 등 부속시설이 36.0%로 가장 많았고, 운동장과 교실은 다음이었다(정의당 정책위원회 보도자료, 2022: 8). 2021년 학교 안전사고(시간별)는 〈표 12-4〉와 같다.

〈표 12-4〉 **2021년 학교 안전사고(시간별)**   (단위: 건)

학교 급별	체육 수업	점심 시간	수업 시간[1]	휴식/ 청소	등하교	특별 활동	기타	학교 행사	기숙사 생활	석식 시간	계
유	958	704	4,479	584	529	–	1,736	188	–	2	9,180
초	11,238	5,088	4,991	3,807	2,808	667	1,027	527	1	–	30,154
중	16,514	5,350	2,533	3,855	1,098	2,206	761	1,050	28	10	33,405
고	8,429	3,134	1,898	1,853	878	1,150	473	988	407	400	19,610
특수	75	61	167	55	47	7	35	3	7	1	458
기타	104	53	41	47	25	27	8	10	21	4	340
계	37,318	14,390	14,109	10,201	5,385	4,057	4,040	2,766	464	417	93,147
	40.1%	15.4%	15.1%	11.0%	5.8%	4.4%	4.3%	3.0%	0.5%	0.4%	

주: 1) 체육 외 수업시간
출처: 정의당 정책위원회 보도자료(2022), p. 8.

(2) 청소년활동 안전사고의 유형

최근 청소년의 안전과 관련된 일련의 사건들이 자주 발생하면서, 청소년활동의 안전문제에 대해서 많은 관심이 쏠리고 있는 것이 현실이다(진은설 외, 2019: 286). 청소년의 안전을 위협하는 안전사고의 유형은 교통사고, 익사, 추락, 화상, 감전, 부딪힘, 찔림, 넘어짐 등 다양하다. 청소년활동에서 안전사고 유형을 살펴보면 다음과 같다.

첫째, 학생의 학교안전사고의 유형은 ① 시간별: 수업시간, 체육수업, 점심시간, 휴식·청소시간 등, ② 장소별: 교실, 통로, 부속시설, 운동장 등, ③ 부위별: 머리(두부), 치아(구강), 흉·복부, 팔·다리 등, ④ 원인별: 학생 부주의, 운동, 경기, 놀이, 장난, 상대방 사고, 교사 과실, 가해자 사고, 시설물 하자 등, ⑤ 학교안전사고 발생 당시 행동별: 공부, 체육(구기), 운동(기타), 식사·수면·휴식, 보행·주행, 장난·놀이 등이다(신이리나, 2017: 10). 학생의 학교안전사고 유형은 〈표 12-5〉와 같다.

「학교안전사고 예방 및 보상에 관한 법률」 제2조 제6호에서는 '학교안전사고라 함은 교육활동 중에 발생한 사고로서 학생·교직원 또는 교육활동 참여자의 생명 또는 신체에 피해를 주는 모든 사고 및 학교급식 등 학교장의 관리·감독에 속하는 업무가 직접 원인이 되어 학생·교직원 또는 교육활동 참여자에게 발생하는 질병으로서 대통령령으로 정하는 질병[① 학교급식이나 가스 등에 의한 중독, ② 일사병(日射病), ③ 이물질의 섭취 등에 의한 질병, ④ 이물질과의 접촉에 의한 피부염, ⑤ 외부 충격 및 부상이 직접적인 원인이 되어 발생한 질병]을 말한다.'라고 규정하고 있다.

〈표 12-5〉 학생의 학교안전사고의 유형

유형	종류
시간별	• 수업시간 • 점심시간 • 특별활동 • 체육수업 • 휴식·청소시간 • 학교행사 • 등하교
장소별	• 교실 • 통로 • 부속시설 • 운동장 • 교외활동 • 가정기타
부위별	• 머리(두부) • 흉·복부 • 손 • 발 • 치아(구강) • 팔 • 다리 • 기타
원인별	• 학생 부주의 • 놀이, 장난 • 교사 과실 • 시설물 하자 • 운동, 경기 • 상대방 사고 • 가해자 사고 • 우발적 사고 • 기타
학교안전사고 발생 당시 행동별	• 공부 • 운동(기타) • 보행·주행 • 체육(구기) • 식사·수면·휴식 • 장난·놀이 • 기타

출처: 신이리나(2017), p. 10.

둘째, 청소년수련활동 안전종합매뉴얼(한국청소년활동진흥원, 2016)에서는 청소년 안전사고의 유형을 7개 영역 17개 세부영역으로 실내활동(일반강의실, 실험실습실, 강당, 공연장, 댄스연습실, 다목적실, 체육관), 실외·야외활동(박람회, 축제, 공연, 외부연계활동, 공동체활동, 명랑운동회, 추적활동, 숲체험, 캠핑, 모닥불놀이, 야영), 수상·수중활동(스킨스쿠버, 래프팅, 야외수영, 갯벌체험), 동계활동(스키, 스노보드, 눈썰매, 스케이트), 모험활동(챌린지활동, 인공암벽, 짚라인, ATV), 이동형 활동(도보산행, 자전거), 숙박형 활동으로 해당 과정에 발생할 수 있는 청소년활동 안전사고 유형을 구분하고 있다(조호연, 2020: 11-12).

셋째, 「청소년활동 진흥법 시행규칙」 제15조의2(인증을 받아야 하는 청소년수련활동)에 의거하여 〈별표 7〉에 위험도가 높은 청소년수련활동을 제시하고 있으며, 여성가족부는 청소년수련활동인증제 신청 시 청소년 참가 인원이 150명 이상인 청소년수련활동과 함께 위험도가 높은 청소년수련활동을 인증 대상에 포함시키고 있다. 위험도가 높은 청소년수련활동은 〈표 9-1〉에 제시되어 있다.

(3) 청소년 안전사고 판례

판례(判例: precedents)란 본래는 재판의 선례(先例)를 말하는 것으로 판결로서 되풀이된 것을 가리킨다. 판결로서 되풀이되면 그곳에 추상적인 법칙이 생기므로 그 법칙, 즉 재판·판결에 의하여 밝혀지고 장래에 향해서도 준수되는 규범을 판례라고 한다. 다만 1회의 판결이라도 그곳에 합리성이 존재하는 한 장래를 향한 규범으로서의 가치를 가지므로 판례라고 불릴 수 있다. 이러한 판례를 연구함으로써 기존 법규범으로서 규정되어 있지 아니한 법 생활의 여러 가지를 어떻게 취급하는지를 알 수 있을 뿐만 아니라 기존의 법이 어떻게 해석, 적용되는지를 이해하게 된다. 따라서 판례연구는 미래의 새로운 법 생활에 대한 예측을 가능케 해 준다(신섭중 외, 1999: 96).

이러한 판례연구는 재판상의 선례를 연구한다는 일반적인 의미의 방법, 재판에 표명된 법률이론에 대한 연구 내지 비평을 하는 방법, 재판의 정치적·경제적·사회적 함의 내지 배경 등을 연구하는 방법, 사법 과정, 특히 재판의 심리적 판단 과정에 관한 연구방법 등을 모두 포함하여 다양한 의미를 가진다(오세혁, 2006: 김수정, 박연주, 2014: 138 재인용).

따라서 청소년 안전사고의 다양한 판례를 통해서 안전사고의 사례뿐만 아니라 안전사고 예방 및 대응을 위한 함의를 파악할 수 있을 것이다. 또한 청소년 안전사고에 대한 판례분석은 청소년 안전사고 발생 시 청소년지도자의 법적 판단기준이 어떻게 적용되고 있는지를 분석하고 규명하는 데 큰 역할을 할 것이다.

김문수와 지영섭(2021: 71)은 청소년 안전사고 판례연구에서 청소년 안전사고를 크게 기본형, 이동형, 숙박형(청소년활동 유형)으로 구분하여 청소년 안전사고 판례를 분석하였다. 기본형은 1일 1시간 이상 각 회기로 숙박 없이 이루어지는 활동이며, 이동형은 활동 내용에 따라 선정된 활동 장소로 이동하여 이루어지는 활동, 숙박형은 일정 기간 숙박하여 이루어지는 활동으로 정의한다(청소년활동진흥원, 2016). 구체적인 판례를 살펴보면 다음과 같다(김문수, 지영섭, 2021: 74-84).

① 기본형 활동 중 일어난 청소년 안전사고

- 실내 활동

〈판례 1-실험 중〉 서울중앙지방법원 98가합 58318 판결
[사건개요] ○○중학교 2학년이었던 A학생은 열기구 실험이 모두 끝난 후 지도교사가 뒷정리를 맡긴 채 떠났을 때, 친구들끼리 감독자 없이 실험을 진행하다 인화성 물질(알코올 등)에 의해 화재가 발생하여 화상을 입은 사건

〈법원의 판결〉 강의실 내 실험 활동 중 일어난 판례로 교육자의 관리·감독과 예측 가능한 사고가 주요한 판단기준이 됨을 알 수 있다. 특히 과학실이나 실험실의 경우 인화성 물질, 유해하고 위험한 물질들이 상당히 많다. 이 판례에서도 발화원인은 알코올이었으며, 그만큼 교육자는 실험 활동 및 실험 활동의 연장선상에서 뒷정리 중에 일어난 사고에 대해 충분한 안전지도와 관리·감독이 필요하다는 점에서 이를 제대로 이행하지 않았을 시 분명한 손해배상책임이 있음을 판시하였다.

〈판례 2-실습 중〉 춘천지방법원 2006가합 322 판결
[사건개요] OO고등학교 자동차학과에 다니던 A학생은 자동차 구동 제어장치 분해 실습 중 베어링 파손으로 갑작스레 튀어나온 베어링 볼에 안구파열상을 입게 된 사건

〈법원의 판결〉 실습 활동 중 일어난 안전사고로 실제 많은 청소년현장에서 일어날 수 있을 법한 사고이다. 이 판례에서는 특히 교육자의 감독과 사고 원인 간의 인과관계를 중점적으로 살펴보았다. 기계 혹은 장비 및 특별한 지도가 필요한 기자재의 경우, 교육에 앞서 실습실 내의 유의사항 및 안전사항 등을 충분히 제공이 필요하지만, 본 판례에서의 교육자는 안전배려의무를 게을리했다는 점에서 충분한 손해배상책임이 있음을 판시하였다.

• 실외 활동

〈판례 3-야영·캠핑활동 중〉 대법원 91도 1075 판결
[사건개요] 야영장 캠프파이어 활동 중 연수부 지도교사가 시설책임자의 허락 없이 야영장에 설치된 전기점화장치 사용을 승낙했다가 감전된 사고

〈법원의 판결〉 캠프파이어 활동 중 무분별한 전기점화장치 사용으로 인해 발생한 감전 사고이다. 야영캠핑활동의 경우, 야영 시 사고위험이 있는 기구나 시설사용에 대한 철저한 주의의무가 필요하다. 특히 화기 물질, 전기 사용 등과 같이 특별한 주의가 필요한 내용이 있다. 본 판례에서는 주변 환경, 전기점화장치의 관리 상태, 시설물 관리 등이 고려되었고, 충분한 업무상 과실이 인정된다고 보았다. 다만, 시설책임자에게는 상황상 형사상 과실까진 물 수 없고, 당시 상급자의 허락 없이 점화장치시설 사용을 승낙한 담당자에게만 책임이 있다고 판시하였다.

〈판례 4-신체 · 체육활동 중〉 청주지방법원 86가합 309 판결

[사건개요] 00고등학교 체육 시간, 날씨(당시, 오전에 비가 내렸고, 쌀쌀했음)가 좋지 않아 자습하던 중 갑작스레 시험을 본다고 하여 운동장에 나왔고, 각자 간단히 준비운동을 한 채 체육교사 감독 아래 3단 넓이뛰기 시험을 봄. 그 와중에 A학생이 넓이뛰기를 하다 다쳐 흉부가 손상되었고, 그로 인해 하반신 마비 등의 상해를 입은 사건

〈법원의 판결〉 지도자의 보호 · 감독 의무를 위반하여 손해배상이 인정된 사례이다. 먼저, 청소년 안전사고와 지도자 책임의 인과관계에서 충분한 시설 점검, 시험장 관리 소홀, 안전 배려 의무를 제대로 이행하지 않았다는 점에서 충분한 책임이 있음을 보여 주었고, 당시 기상 상황과 교육 장소에 대한 점검(모래 바닥 상태 등), 사전교육(시험 종목에 대한 정확한 설명, 시연, 연습기회 등)을 게을리했다는 점에서 지도자에게 충분한 손해배상책임이 있다고 판시하였다.

② 이동형 활동 중 일어난 청소년 안전사고

〈판례 5-열차 탑승 중〉 서울중앙지방법원 2001가합 62409 판결

[사건개요] 00중학교 2학년인 A학생은 수학여행을 떠나기 위해 서울역에서 경주행 수학여행 전용열차를 타고 출발함. 이동 중 열차 객차 출입문에서 실족하여 열차 밖 철로상으로 떨어져서 사망한 사건

〈법원의 판결〉 기차 이동 시에도 차량 이동과 유사한 안전 배려 의무가 부여될 수 있다. 이 판례는 객실과 객실 사이의 통로에서 학생들이 별다른 통제 없이 돌아다니면서 트랩도어의 잠금장치가 느슨해진 틈에 갑작스레 벌어진 사건이다. 이 판례에서는 주최기관뿐만 아니라 철도청의 관리자들에게도 열차 이용 시 위험 행동과 안전수칙에 관한 주의 의무가 부여될 수 있다고 판시하였으며, 특히 지도자들은 청소년의 위험행동을 관리하지 않고 방치했다는 점에서 이에 대한 배상책임이 부여될 수 있다고 판시하였다.

③ 숙박형 활동 중 일어난 청소년 안전사고

〈판례 6-점호 중〉 부산지방법원 2005가단 41012 판결

[사건개요] 00고등학교 1학년 재학 중이던 A학생은 여름방학 수련활동에 참석할 수련활동 중 A학생은 방장이었으며, 야간 점호시간 교관(지도자)은 인원 파악을 실시하고자 방장을 부르면서 3차례 왕복 뜀뛰기를 시킴. 그러던 중 A학생과 다른 학생들이 무리하게 뛰다 엉켜 넘어져

상해를 입은 사건

〈법원의 판결〉 청소년 현장에서 흔히 일어날 수 있는 안전사고 사례 중 하나로 야간 점호시간 중 지도자의 과도한 지시로 인해 상해를 입은 사건에 지도자의 과실이 명백함을 인정한 사건이다. 특히 수련시설에서는 야간 점호 시 투숙 학생들의 안전과 보호를 위해 통제를 강화하도록 한다. 하지만 이 판례에서는 지나친 통제와 지시로 인해 안전사고를 방지하여야 할 주의의무를 갖지 않고 불법행위를 자행함으로써 안전사고가 발생했다는 점에서 그 책임이 명백하다고 판시하였으며, 이를 통해 지도자는 숙박시간 청소년에 대한 관리 · 감독의 합리적 수칙과 기준에 따른 지도가 필요함을 알 수 있다.

2. 청소년활동 안전 관련 법령

1) 청소년활동 안전에 관한 제도의 변천

청소년활동 영역에서는 사회적으로 안전성 담보가 더욱더 긴히 요청된다. 왜냐하면 사회불안을 야기하였던 각종 사고는 청소년활동 자체에 대한 불신으로 이어질 수 있고, 안전을 담보하지 못했을 경우 그 피해자가 바로 청소년이기 때문이다(권일남, 전명순, 김정률, 2017). 따라서 청소년지도자는 활동 수행 시 청소년의 안전을 고려하는 행동을 마땅히 해야 하고, 청소년활동의 모든 관점은 안전성을 근간으로 해야 한다는 당위성은 명백하다(신태웅, 2018: 6; Lim & Dubinsky, 2005). 이러한 맥락에서 우리나라는 청소년활동 안전을 위해서 다양한 제도를 시행해 왔다. 이교봉(2015)은 청소년활동 안전에 관한 제도의 변천을 청소년활동 안전기준 마련 및 보험의무가입, 청소년수련활동 수준 향상 및 안전성 확보를 위한 인증제도 도입, 청소년수련활동신고의무화, 사전인증제, 안전강화로 3단계를 제시하였다. 구체적으로 살펴보면 다음과 같다(강병관, 2019; 이교봉, 2015: 8-11).

(1) 제1단계(1999년~2001년): 청소년활동 안전기준 마련 및 보험 의무가입

1999년 '화성 씨랜드 수련원 화재사고'가 발생하게 되었다. 이로 인해 청소년활동에 대한 국민의 불안감이 고조되었고, 안전한 청소년활동을 위한 수련시설의 안전관리가 중요하다는 국민적 여론에 따라 안전에 관련한 법조항을 신설하여 수련시설의 안전기준을 마련하게 되었다. 이와 함께 수련시설에서 수련활동 기간에 발생하는 안전사고에 대한 보상의 문제가 또 다른 문제를 야기하였고, 영세한 민간수련시설에서는 이에 대한 대비가 부실한 등, 제도적 장치의 마련이 요구되었다. 이에 따라 보험가입 조항을 신설하였으며, 각 수련시설마다 의무적으로 법령에서 정하는 기준에 의해 보험에 가입하게 하였다.

(2) 제2단계(2004년~2012년): 청소년수련활동 수준 향상 및 안전성 확보를 위한 인증제도 도입

화성 씨랜드 수련원 화재사고 이후에도 청소년활동에 대한 청소년과 국민의 인식은 여전히 프로그램의 질적 수준이 낮고 안전사고 발생 가능성이 상존하며 사후관리가 미흡하다는 생각을 갖고 있었다. 이와 더불어 급격한 사회변화에 적극적 대응이 요구됨에 따라 2004년 청소년 관련법령 체계를 개편하고 청소년수련활동 관련 사항은 「청소년활동 진흥법」으로 개정하였다. 또한 청소년이 안전한 프로그램에 참가하여 건강하게 성장할 수 있도록 지원하기 위해 국가에서 청소년활동 프로그램을 인증하는 '청소년수련활동인증제'를 도입하고 청소년수련활동의 질적 수준 향상 및 안전을 담보하는 제도로서 운영하고 있다.

(3) 제3단계(2013년~현재): 청소년수련활동신고의무화, 사전인증제, 안전강화

청소년수련시설의 안전관리를 위한 안전기준을 마련하고 프로그램의 질적 수준 향상과 안전 담보를 위한 인증제도의 도입에도 불구하고 청소년활동의 안전사각지대는 존재하고 있었다. 그중에서도 '국토대장정' 프로그램은 크고 작은 문제들을 양산하고 있었다. 급기야 2008년 7월 7일 국토대장정 활동과 2012년 국토대장정 사건이 발생하자 이동·숙박형 청소년수련활동에 대한 안전관리를 위한 「청소년활동진흥법」을 일부 보완하여 이동·숙박형 청소년수련활동 사전신고제를 신설(2013년 5월 28일 제정, 2013년 11월 29일 시행)하여 시행하고 있다. 그리고 2014년 7월부터는 '숙박형 등 청소년수련활동 신고제도'의 신고대상과 범위가 변경되어 운영되고 있다. 이동·숙박형 청소년활동 신고는 숙박을 전제로 한 활동을 신고 대상으로 하였으나, 숙박형 청소년수련활동 신고는 숙박하는 활동과 숙박을 하지 않더라도 150명 이상의 청소년이 참가하거나 수상·산악·항공·장기도보 활동과 같이 위험도가 높은 활동을 포함하는 경우도 신고 대상으로 포함하고 있다.

　한편, 「청소년활동 진흥법」에 따른 청소년활동 주요 안전정책인 청소년수련시설 종합 안전 · 위생점검(제18조의3: 2013년 11월 법제화)은 안전 관련 전문기관과 연계하여 수련시설의 건축, 토목, 기계, 소방, 전기, 가스 분야에 대한 현장 안전 점검을 실시하는 제도로 2017년 9월에는 종합 안전 · 위생점검으로 명칭을 변경하고, 점검 범위에 수련시설의 위생 상태에 대한 점검이 추가되었다. 그리고 청소년수련시설 종합평가(제19조의2: 2014년 7월 법제화)는 수련시설 운영과 관리체계, 프로그램 운영 상황, 인사와 조직, 시설 환경과 안전 및 위생관리 등 시설 운영 전반에 대해 평가하는 제도이다. 안전교육(제18조의2와 제18조의4)은 수련시설 운영자의 이용자에 대한 수련시설의 이용과 수련활동에 관한 안전교육 실시를 의무화했고(이용자 교육: 2014년 7월 법제화), 수련 시설의 운영대표자와 종사자의 안전 관리 역량을 강화하고 수련시설에서의 안전사고를 예방하기 위하여 안전교육을 실시한다(종사자 안전교육: 2016년 6월 법제화)(강병관, 2019).

2) 청소년활동 안전에 관한 법률 현황

　일찍이 아동 · 청소년의 안전은 사회적 책임으로 부각됨으로써 국가의 적극적인 개입과 정책과제가 되고 있다. 2003년부터 실시된 아동안전종합대책과 관련해 「실종아동 등의 보호 및 지원에 관한 법률」(2005), 「학교안전사고예방 및 보상에 관한 법률」(2007), 「어린이 놀이시설 안전관리법」(2007)이 새로운 법령으로 제정되었다. 그리고 아동 · 청소년안전종합대책수립 및 추진의 일환으로 안전사고 현황 및 원인분석 통계자료들은 과거에 이어 더욱 활발히 진행되고 있고, 청소년 안전관련 법률 중 청소년 관계법에서는 「청소년 기본법」 「청소년복지 지원법」 「청소년활동 진흥법」 「청소년 보호법」이 있다(이교봉, 2015).

　우선, 「청소년 기본법」을 살펴보면 청소년정책에 관한 기본법적 성격을 지니고 있으며 제47조에서 제52조까지 청소년활동, 복지, 보호에 대한 지원 내용을 「청소년복지 지원법」 「청소년활동 진흥법」 「청소년 보호법」으로 따로 정하였다. 그중 「청소년활동 진흥법」은 안전사고와 관련된 구체적인 내용을 담고 있다. 「청소년활동 진흥법」 제9조의2에서는 숙박 또는 비숙박형의 청소년활동을 주최하려는 자는 반드시 교육의 절차와 방법의 계획을 신고하도록 규정하고 있으며, 제9조의3에서는 참여 청소년의 건강상태 확인 및 사고에 대한 치료의 의무를 「응급의료에 관한 법률」「의료법」「약사법」에 따라 적정한 치료를 받도록 하여야 한다는 내용을 명시하고 있다. 그 외에도 제18조의2 안전교육, 제18조의4 수련시설의 종사자에 대한 안전교육, 제25조 보험 가입 등을 포함하고 있으며, 청소년 관련 종사자 및 사고유형에 따라 「아동복지법」「초·중등교육법」「평생교육법」「사회복지사업법」「국민체육 진흥법」 등을 적용하고 있다(전동만, 장수한, 2021: 85). 청소년 안전관련 법률 현황은 〈표 12-6〉과 같다.

〈표 12-6〉 **청소년 안전관련 법률 현황**

법령	내용
「청소년 기본법」	제2조(기본이념) ① 이 법은 청소년이 사회구성원으로서 정당한 대우와 권익을 보장받음과 아울러 스스로 생각하고 자유롭게 활동할 수 있도록 하며 보다 나은 삶을 누리고 유해한 환경으로부터 보호될 수 있도록 함으로써 국가와 사회가 필요로 하는 건전한 민주시민으로 자랄 수 있도록 하는 것을 기본이념으로 한다. 제5조(청소년의 권리와 책임) ④ 청소년은 안전하고 쾌적한 환경에서 자기발전을 추구하고 정신적·신체적 건강을 해치거나 해칠 우려가 있는 모든 형태의 환경으로부터 보호받을 권리를 가진다. 제19조(청소년시설의 지도·감독) 국가 및 지방자치단체는 청소년시설의 적합성·공공성·안전성에 대한 국민의 신뢰를 확보하고, 그 설치와 운영을 지원하기 위하여 필요한 지도·감독을 할 수 있다.
「청소년 활동 진흥법」	제6조(한국청소년활동진흥원의 설치) 3. 청소년수련활동 인증위원회 등 청소년수련활동 인증제도의 운영, 10. 제18조의3에 따른 수련시설 종합 안전·위생점검에 대한 지원, 11. 수련시설의 안전에 관한 컨설팅 및 홍보, 11의2. 제18조의2에 따른 안전교육의 지원 제9조의2(숙박형등 청소년수련활동 계획의 신고) 제9조의3(건강상태확인 및 의료조치 의무 등) 제9조의4(숙박형등 청소년수련활동 관련 정보의 공개) 제9조의5(숙박형등 청소년수련활동 관련 정보의 표시·고지) 제9조의6(숙박형등 청소년수련활동의 제한) 이 법 또는 다른 법률에 따라 신고·등록·인가·허가를 받지 아니한 단체 및 개인은 숙박형 청소년수련활동, 비숙박형 청소년수련활동 중 제36조 제2항에 따라 참가 인원이 일정 규모 이상이거나 위험도가 높은 청소년수련활동을 하여서는 아니 된다. 다만, 청소년이 부모 등 보호자와 함께 참여하는 경우 또는 종교단체가 운영하는 경우에는 그러하지 아니하다. 제9조의7(관계 기관과의 협력) 1. 내수면, 해수면 등에서 이루어지는 청소년수련활동인 경우 「수상레저안전법」 제43조에 따른 안전점검, 2. 제36조 제2항 본문에 따른 청소년수련활동인 경우 「119구조·구급에 관한 법률」 제3조에 따른 구조·구급활동, 3. 제9조의2에 따라 신고

수리된 숙박형등 청소년수련활동인 경우「경찰관 직무집행법」제4조 및 제5조에 따른 보호조치 등과 위험발생의 방지

제12조(수련시설의 허가요건) 1. 제17조·제18조 및 제19조에 따른 시설기준·안전기준 및 운영기준에 적합할 것

제16조의2(수련시설 운영 위탁계약의 해지) 3. 제18조의3 제1항에 따른 종합 안전·위생점검 또는 제19조의2 제1항에 따른 종합평가를 정당한 사유 없이 거부·방해 또는 기피한 경우

제18조(수련시설의 안전점검 등) ① 수련시설의 운영대표자는 시설에 대하여 정기 안전점검 및 수시 안전점검을 실시하여야 한다. ② 수련시설의 운영대표자는 제1항에 따라 정기 안전점검 및 수시 안전점검을 실시한 후 그 결과를 특별자치시장·특별자치도지사·시장·군수·구청장에게 제출하여야 한다.

제18조의2(안전교육) 수련시설 설치·운영자 또는 위탁운영단체는 수련시설의 이용자에게 여성가족부령으로 정하는 바에 따라 해당 수련시설의 이용 및 청소년수련활동에 관한 안전교육을 실시하여야 한다.

제18조의3(감독기관의 종합 안전·위생점검) ① 여성가족부장관 또는 특별자치시장·특별자치도지사·시장·군수·청장은 수련시설의 안전과 위생관리를 위하여 정기적으로 수련시설에 대한 종합 안전·위생점검을 실시하고 그 결과를 공개하여야 한다.

제18조의4(수련시설의 종사자 등에 대한 안전교육) ① 여성가족부장관은 수련시설의 운영대표자 및 종사자의 안전관리 역량을 강화하고 수련시설에서의 안전사고를 예방하기 위하여 수련시설의 운영대표자와 그 종사자를 대상으로 안전교육을 실시할 수 있다. ② 제1항에 따른 안전교육의 내용·방법·횟수 등에 필요한 사항은 여성가족부령으로 정한다.

제19조(수련시설의 운영기준) ① 수련시설의 운영대표자는 그 종사자에 대하여 연 1회 이상 수련시설의 운영·안전·위생 등에 관한 교육을 실시하여야 한다.

제19조의2(수련시설의 종합평가 등) ① 여성가족부장관은 수련시설의 전문성 강화와 운영의 개선 등을 위하여 시설 운영 및 관리 체계, 활동프로그램 운영 등 수련시설 전반에 대한 종합평가를 정기적으로 실시하고 그 결과를 공개하여야 한다.

제20조(시정명령) 1. 제17조의 시설기준을 위반한 경우, 2. 제18조의 안전기준을 위반한 경우

제20조의2(운영 중지 명령) ① 특별자치시장·특별자치도지사·시장·군수·구청장은 수련시설의 운영 또는 청소년활동 중에 다음 각 호의 어느 하나에 해당하는 사유가 발생한 경우에는 수련시설 설치·운영자 또는 위탁운영단체, 숙박형등 청소년수련활동 주최자에게 3개월 이내의 기간을 정하여 시설 운영 또는 활동의 중지를 명할 수 있다. 1. 시설이 붕괴되거나 붕괴할 우려가 있는 등 안전 확보가 현저히 미흡한 경우, 2. 숙박형등 청소년수련활동의 실시 중 참가자 또는 이용자의 생명 또는 신체에 심각한 피해를 입히는 사고가 발생한 경우, 3.「성폭력범죄의 처벌 등에 관한 특례법」제2조의 성폭력범죄 또는 「아동·청소년의 성보호에 관한 법률」제2조 제2호 및 제3호의 아동·청소년대상 성범죄 및 아동·청소년대상 성폭력범죄가 발생한 경우, 4.「아동복지법」제17조의 금지행위가 발생한 경우

제25조(보험가입) ① 제9조의2에 따라 숙박형등 청소년수련활동 계획을 신고하려는 자, 수련시설 설치·운영자 또는 위탁운영단체는 청소년활동의 운영 또는 수련시설의 설치·운영과 관련하여 청소년활동 참가자 및 수련시설의 이용자에게 발생한 생명·신체 등의 손해를 배상하기 위하여 보험에 가입하여야 한다.

	제36조(청소년수련활동의 인증 절차) ① 국가와 지방자치단체 또는 개인·법인·단체 등은 청소년수련활동에 필요한 프로그램을 개발하여 실시하려는 경우에는 인증위원회에 그 인증을 신청할 수 있다. ② 제1항에도 불구하고 위탁·재위탁을 포함하여 여성가족부령으로 정하는 바에 따라 참가 인원이 일정 규모 이상이거나 위험도가 높은 청소년수련활동을 주최하려는 자는 그 청소년수련활동에 대하여 미리 인증위원회의 인증을 받아야 한다. 제40조(한국청소년수련시설협회) ① 수련시설 설치·운영자 및 위탁운영단체는 수련시설의 운영·발전을 위하여 여성가족부장관의 인가를 받아 다음 각 호의 사업을 하는 한국청소년수련시설협회(이하 '시설협회'라 한다)를 설립할 수 있다. 3. 청소년수련활동의 활성화 및 수련시설의 안전에 관한 홍보 및 실천운동 제72조(과태료) ② 다음 각 호의 어느 하나에 해당하는 자에게는 300만 원 이하의 과태료를 부과한다. 7. 제18조의2를 위반하여 안전교육을 실시하지 아니한 자
「학교 안전사고 예방 및 보상에 관한 법률」	제8조의2(학교장의 교육활동 안전대책 점검·확인 의무) 3. 「청소년활동 진흥법」 제10조 제1호에 따른 청소년수련시설의 경우 같은 법 제36조에 따라 인증을 받은 청소년수련활동 프로그램을 실시하는지의 여부, 4. 「청소년활동 진흥법」 제10조 제1호에 따른 청소년수련시설의 경우 같은 법 제18조, 제18조의2, 제18조의3, 제19조 및 제19조의2에 따른 안전점검 및 안전교육 실시, 종합평가 결과 및 이에 따른 개선조치 이행 등의 여부

출처: 법제처(www.moleg.go.kr).

3) 안전사고에 대한 청소년지도자의 법적 판단기준

사회 각 분야에서 안전에 대한 관심이 높아질수록 청소년지도자에게 기대하는 안전에 대한 요구는 더욱 높아질 것이다. 의식을 통해서 지각하는 수준을 넘어서 실제 안전을 도모하려는 구체적인 행동이 수반돼야만 안전을 위한 실천적 성과를 얻을 수 있다. 안전문화 또는 안전 분위기를 추구하고 실천하려는 담당자의 적극적인 의지나 의식의 고취를 들 수 있다는 점에서 청소년지도자의 안전에 대한 적극성이나 태도의 정도를 알아보는 것은 청소년에게 안전한 활동을 제공하게 하는 관점에서 선행적으로 이루어져야 할 일이다(신태웅, 2018: 3).

특히 신체활동이 활발한 청소년이 개인 또는 집단으로 활동하는 공간으로 활동의 시간뿐만 아닌 휴식시간에도 예상치 못한 안전사고 위험에 노출되어 있다. 다양한 활동과 청소년이 행복한 시기를 누릴 공간으로서 책임과 역할을 수행하기 위해 청소년수련시설의 안전 확보는 매우 중요하다. 이를 위해 수련시설의 종사자에 대한 안전교육은 지속적으로 수행되어야 하며, 운영책임자의 주도적인 안전교육 실시로 청소년지도자의 책임감과 안전문화 향상에 노력을 기울여야 할 것이다(조호연, 2020: 30).

이러한 안전사고에서 청소년지도자의 법적 책임에 대한 판단기준은 크게 다섯 가지 주요한 가이드라인이 있다. 이는 미국에서 청소년활동 중 안전사고 발생 시 교사, 청소년지도자, 교육당사자의 개인적 책임을 인정하는 데 주요하게 고려되는 규정들이다(김문수, 지영섭, 2021: 69-70; 전동만, 장수한, 2021: 85).

첫째, 지도자가 사고에 대한 가능성을 예측할 수 있는지를 살펴보아야 한다. 김영회(2006)와 이혜란(2010)의 연구에서는 안전사고에 있어 사고 원인과 사고 발생에 대한 과실의 소재가 예측할 수 있었느냐의 판단 여부에 따라 그 책임이 가려진다고 보았다. 실제 판례상에서도 사고예측 가능성에 따라 교육자의 과실 여부가 인정된다면 교육자는 사용자 민사상 배상책임을 다하여야 한다고 보았으며, 폭력사고는 교육자에게 불법행위자로서의 배상책임, 본인 자초사고는 대리감독자로서의 민사상 책임, 시설 및 관리상의 문제에 의한 사고는 그 소유자에게 책임을 부여하고 있다.

둘째, 안전사고와 지도자의 행위 간 인과관계 여부를 판단해 보아야 한다. 박재향(2002)의 연구에서는 인과관계의 근거가 되는 「민법」상 불법행위에 관한 조항을 기준으로 책임소재 규명 근거를 판단하였고, 정영신(2003)과 김영희(2006)의 연구에서도 통상적으로 요구되는 교육자의 보호와 감독의 의무에 대한 이행 여부와 사고와의 관계에 대해 주요한 판결기준이 될 수 있음을 보여 주었다.

셋째, 지도자의 주의의무가 제대로 이행되었는지를 살펴보아야 한다. 이기호(2005)와 이설영(2008)의 연구에서는 교육자에 의해 사고가 발생한 경우에서 체벌과 같은 사례들은 사회상규상 객관적 타당성 유무이며, 체벌이 아닌 사례는 주의의무의 이행이 주요 판단 요소가 될 수 있음을 언급하였다.

넷째, 주변 환경에 따라 어떻게 관리·감독의 적용 범위가 성립되는지를 살펴보아야 한다. 특히 휴식시간, 점심시간, 청소시간, 이동시간, 숙박시간 등 교육 활동 외 시간에서 청소년지도자의 책임 적용 범위를 구체적으로 살펴볼 필요가 있고, 교육자가 사고가 예측 가능한 환경(실험실, 실습실, 야영장소 등)에서 관리·감독의 적용이 어떻게 성립될 수 있을지 따져 보아야 한다.

마지막으로, 청소년 개인의 나이, 성별, 심리, 성숙 정도 및 건강 상태와 안전사고 간의 관계를 살펴보아야 한다. 특히 나이나 성숙 정도가 매우 어리거나 장애 여부, 신체적 결함, 정신적 질병 등이 있는 요보호청소년의 경우, 특별 관리가 필요하다고 판단됨에 따라 특별한 보호가 요구된다.

한편, 청소년활동을 진행하는 청소년지도자에 대한 법률적 책임을 별도로 정한 법률이 없는 현행 법체계에서 교육활동 중에 일어난 안전사고로 인해 청소년에게 피해를 주었을 때 지도자의 행위가 위법이 인정되면 손해배상책임을 지게 된다. 「민법」제753조(미성년자의 책임능력)는 미성년자가 타인에게 손해를 가한 경우 그 책임과 행위의 변식할 지능이 없을 때 배상책임이 없음을 규정하였으며, 동법 제754조(심신상실자의 책임능력)는 심신상실 중에 타인의 손해를 가한 자는 배상책임이 없으나 고의 또는 과실로 인한 심신상실을 초래한 경우는 그렇지 아니한다고 명시하고 있다. 또한 제755조(감독자의 책임) 제1항에 의해 다른 자에게 손해를 가한 사람이 미성년자 혹은 심신상실자로서 책임능력이 없는 경우 이를 감독해야 하는 법정의무가 있는 자가 손해를 배상할 책임이 있다. 다만 감독의무를 게을리하지 아니할 때에는 그 책임을 면할 수 있다(조호연, 2020: 25). 따라서 청소년지도자는 청소년활동 기간 중에 안전사고가 발생하지 않도록 주의안전 배려 의무와 지도 및 감독의무를 충실히 수행하여 청소년의 안전에 만전을 기해야 할 것이다.

4) 청소년수련활동 인증제와 신고제도

청소년수련활동 인증제도는 「청소년활동 진흥법」제35조에 의거하여 시행되는 제도로, 청소년이 안전하고 유익한 활동을 선택하여 참여할 수 있도록 양질의 프로그램과 활동 정보를 제공하는 등 청소년활동 안전기준을 제도화하여 적용하고 있다. 청소년수련활동 인증기준은 숙박형 및 비숙박형 등 모든 유형의 프로그램에 적용되는 프로그램, 지도자, 활동 환경을 포함하는 공통기준이 있고, 숙박형 및 이동형 프로그램에 적용되는 숙박관리, 영양관리, 휴식 및 이동관리 기준 등은 개별기준으로 구분하여 적용되고 있다(강병관, 2019: 10).

그리고 청소년수련활동 신고제도는 「청소년활동 진흥법」제9조의2에 따라 19세 미만의 청소년을 대상으로 하는 청소년수련활동 계획을 사전에 신고하도록 하고, 관련 정보를 참가자가 편리하게 확인할 수 있도록 인터넷 등에 공개하는 제도이다. 청소년수련활동 관련 안전사고 예방을 위해 2013년 11월 '이동·숙박형 청소년활동 신고제도'로 도입되어 2014년 7월부터 '숙박형 등 청소년수련활동 신고제도'로 신고 대상과 활동을 변경하여 운영 중이다. 신고제도를 통해 수련활동의 신고를 준비하는 과정에서 활동 운영 전반에 관한 안전 요소를 점검하게 되고, 범죄 경력자 등 결격 사유가 있는 지도자의 참여를 막을 수 있으며, 안전보험 가입을 의무화하여 보다 안전한 수련활동을 진행할 수 있도록 하였다. 또한 신고 수리된 활동 정보를 인터넷 홈페이지 등에 공개함으로써 청소년, 학부모 등 정보가 필요한 모든 사람이 쉽게 수련활동 정보를 알 수 있도록 하여 활동 선택과 참여 결정에 도움을 주었다 (여성가족부, 2022a: 160-161).

신고제 관련 주체 및 요건으로는 19세 미만의 청소년을 대상으로 숙박형 청소년수련활동 및 비숙박형 청소년수련활동을 주최하려는 자는 소재지 관할 기초자치단체에 신고 서류를 갖추어 참가자 모집 14일 전까지 신고해야 한다. 다만, 「청소년활동진흥법」 이외의 다른 법률에서 지도 · 감독 등을 받는 비영리 법인 또는 비영리 단체가 운영하는 경우나 청소년이 부모 등 보호자와 함께 참여하는 경우, 종교단체가 운영하는 경우와 비숙박형 청소년수련활동 중 「청소년활동 진흥법」 제36조 제2항에 따라 인증을 받아야 하는 활동이 아닌 경우는 신고 대상에서 제외된다(여성가족부, 2022a: 161). 청소년수련활동 신고제 관련 주체 및 요건은 〈표 12-7〉과 같다.

신고 절차는 수련활동을 주최하려는 자는 참가자 모집 14일 전에 운영계획서, 주

〈표 12-7〉 **청소년수련활동 신고제 관련 주체 및 요건**

구분	적용대상 요건	
신고수리 주체	• 수련활동 주최자 소재지 특별자치시 · 특별자치도 · 시 · 군 · 구(청소년정책 담당부서)	

신고 주체	• 청소년수련활동을 주최하려는 자
	※「청소년활동 진흥법」의 지도 · 감독을 받는 시설 · 기관
	  (청소년수련시설, 청소년활동진흥원, 청소년활동진흥센터, 청소년수련시설
	  협회 등)
	※ 법률에 따른 비영리 법인 또는 단체가 아닌 경우(주식회사 등 영리법인이나
	  영리 단체)	

신고 기한	• 참가자 모집 14일 전	
신고대상 참가자 연령	• 19세 미만의 청소년(9~18세) ※ 19세 미만 청소년과 다른 연령대를 포함하여 청소년수련활동으로 기획하고, 모집 예정인 경우에도 신고 대상	
신고대상 활동범위	숙박형	• 이동숙박형, 고정숙박형 등 숙박하는 수련활동
	비숙박형 중 일부	• 청소년 참가인원이 150명 이상인 수련활동 • 위험도가 높은 청소년수련활동(「청소년활동 진흥법 시행규칙」 별표 7 해당 활동)

출처: 여성가족부(2022a), p. 161.

최자·운영자·보조자 명단, 세부내역서, 보험가입 사실을 증명할 수 있는 서류 등을 갖추어 주최자 소재지 관할 기초자치단체의 소관과에 신고서를 제출하여야 하며, 신고는 청소년활동 업무지원서비스 5를 통해 온라인으로 접수하여야 한다. 활동 주최자는 신고 수리 사항 중 안전점검, 보험가입, 수련활동 인증에 관한 사항을 모집 활동 및 계약 시 인쇄물, 게시판 또는 홈페이지에 표시·고지하여야 하고, 참가자의 건강상태를 확인한 후 필요한 조치를 하여야 한다. 또한 활동을 실시하기 전에 변경 사항이 발생한 경우 활동 시작 3일 전까지 그 사유와 관련 서류를 첨부하여 처리기관에 제출하여야 한다(여성가족부, 2022a: 162). 청소년수련활동 신고·수리 절차는 [그림 2-1]에 제시되어 있다.

3. 위험 예방 및 안전관리 방안

최근 청소년을 대상으로 하는 청소년수련원, 청소년 모험 활동시설, 레포츠시설 등 다양한 시설 종류와 활동이 증가하고 있는 반면, 시설물이 증가하는 속도에 비해 그에 대한 안전기준 미흡, 종합매뉴얼 부재, 사고사례 증가 등 안전 및 유지관리에 대한 문제점이 지속적으로 제기되고 있다(이정석, 2020: 1). 그리고 청소년 안전사고의 원인을 안전의식 부재 및 안전교육 미비로만 치부하고 있다. 이 외에도 청소년 개인 신체적·정신적 결함, 활동별 지도자의 전문성, 시설별 관리 및 안전사고 지침 문제, 교육환경(기상 날씨, 사고 가능성 있는 환경 등), 국가 및 정책적 차원에서 발생하는 원인 등 다양한 원인이 존재한다(김문수, 지영섭, 2021).

그동안 여러 대책에도 불구하고 청소년 분야에서 다양한 위험사고가 발생하고 있다. 이는 청소년 위험사고의 원인을 안전의식 부재 또는 안전교육 미비 등으로만 바라보고 있기 때문이 아닐까 생각된다. 즉, 위험사고 원인 및 요인에 대한 철저한 분석을 바탕으로 대안이 마련되지 못하기 때문에 위험사고 발생을 사전에 대비하는 방안이 미흡하다고도 볼 수 있다. 이러한 측면에서 위험사고 예방을 위한 방안으로 위험관리와 안전관리로 구분하여 살펴보고자 한다.

1) 위험관리와 안전관리

위험은 어떠한 결과를 불러일으킬 수 있는 가능성에 중점을 두기 때문에 일반적으로 어떠한 상황의 발생 전에 예방적인 목적을 두고 사용된다. 이에 비해 위기는 급박함, 전환점, 위협의 함의를 가지고 있고, 어떤 상황이 발생하고 있는 바로 그 시점으로 조직이 극심한 혼란 상태를 겪는 것이다(정지범, 2009: 62). 즉, 위험은 상황의 발생 이전의 사전적인 예방에 중점을 두고, 위기는 상황의 발생 시점 또는 발생 이후의 사후적인 대처에 중점을 두는 것이다.

이러한 측면에서 위험관리(risk management)는 위험의 식별, 분석, 사정, 예방과 감소 과정을 포함하는 인식된 위험에 응답하는 조직적이고 전문적인 전략이고(Green, 2007: 401), 위험을 확인(발견)·분석·평가하여 최적의 위험 처리 방도를 선택하는 것이다(신복기 외, 2013: 298). 따라서 '위험관리란 조직이 목표 달성을 위해 손실을 발생시키는 위험을 확인하고, 분석·평가하여 위험을 관리하기 위한 가장 합리적인 최적의 방안을 찾는 것'(윤기혁, 2015: 26-27)으로 정의할 수 있다.

福田隆(2009: 4)는 위험관리의 주목적은 위험을 발현시키는 다양한 원인·요인 위험을 관리하는 것이고, 그다음 위험이 발현한 경우에는 신속하게 평소대로 회복시켜 나가는 위기관리도 위험관리의 영역으로 설명하였다. 더불어, 위기는 '위험(danger)'과 '기회(opportunity)'로 구성되고, 조직의 위기시에는 '위험'에만 관심을 가진다면서, 위험이 곧 '기회'임을 잊지 말아야 한다고 주장하였다. 즉, 위기의 '위험'이 '기회'임을 파악해 조직의 재구축을 도모하는 것과 동시에 직원의 교육·훈련을 통해 위기를 조직의 긍정적 기회로 삼아야 한다(福田隆, 2009: 18). 따라서 청소년기관에서는 위험을 사전에 예방하고 신속하게 대응할 수 있도록 조직차원에서 위험을 확인하고 분석 및 평가를 바탕으로 실질적인 대응책을 만들어 나가는 위험관리에 관심을 가져야 할 것이다.

이러한 위험관리 절차의 1단계는 위험의 인식과 확인, 2단계는 위험의 분석과 평가, 3단계는 위험 예방 및 대응처리 방법 선택, 4단계는 위험 예방 및 대응책 수행, 5단계는 위험의 재평가·재발방지이다. 현재 청소년기관에서는 사전 예방적인 위험관리 측면보다는 기존의 발생한 사고를 중심으로 안전관리를 해 오고 있는 것으로 보인다. 따라서 앞으로는 과학적인 방법으로 위험을 분석하고 평가하여 방안을 모색하는 위험관리 관점에서 위험을 사전에 예방하여, 청소년이 안전하게 생활할

[그림 12-2] **위험관리 과정**

출처: 윤기혁(2022), p. 245.

수 있는 방안을 마련하는 연구가 활발하게 진행되어야 할 것이다. 위험관리 과정은
[그림 12-2]와 같다.

　한편, 우리나라는 안전사고와 재난으로부터 국민의 생명·신체 및 재산을 보호
하기 위해 「재난 및 안전관리 기본법」을 2004년 3월에 제정하였다. 이 법령에 따
르면, '안전관리'란 재난이나 그 밖의 각종 사고로부터 사람의 생명·신체 및 재산
의 안전을 확보하기 위하여 하는 모든 활동을 말한다. 또한 안전관리란 사람의 생
명, 신체, 재산 등의 법익 침해를 사전에 예방하거나 사후에 제거하는 작용(송영
남 외, 2013: 215)이고, '자연적이거나 인위적인 요인에 의해 발생하는 안전사고를
사전에 제거하거나 피해를 경감시키기 위한 제반 활동'으로 사전관리(pre-disaster
management)와 사후관리(post-disaster management)를 망라하는 포괄적 개념이며,
구조·구난 및 수습·복구 등 사후관리에 중점을 두는 재난관리를 포함하는 광의
의 개념이라 할 수 있다(김태환, 2004: 87; 윤기혁, 2015: 31). 이와 같이 위험관리, 안전
관리의 내용을 비교하면 〈표 12-8〉〈표 12-9〉와 같다.

〈표 12-8〉 **위험관리 · 안전관리 비교**

구분	위험관리	안전관리
개념	부정적인 결과나 손실이 예상되는 사건이나 사고(잠재되어 있는 상태)를 사전에 제거하고, 사후 대응책을 마련하는 활동	부정적인 결과나 손실이 예상되는 사건이나 사고로부터 안전을 확보하기 위하여 하는 모든 활동
내용	위험을 예방, 회피하려는 관리 활동으로 예상 가능한 위험 확인 및 제거(미래의 불확실성에 대한 대응)	사람의 생명, 신체, 재산 등의 법익 침해를 사전에 예방하거나 사후에 제거하는 활동 (산업, 노동, 생활등에서 인명, 재산의 안전)
성격	사전예방 중심	사전예방 사후관리
분야	금융, 보험, 과학기술, 서비스 분야	산업, 노동, 생활 분야

출처: 윤기혁(2015), p. 31을 재구성함.

〈표 12-9〉 **위험관리와 안전관리**

"대체로 '안전관리' 하면 현재의 안전한 상태를 관리한다고 생각하는 경향이 있는 것 같습니다. 그래서 오히려 안전에 소홀할 수 있습니다. 사실 안전관리의 전제는 바로 위험 가능성이 없는, 즉 위험이 관리되고 있을 때 안전이 보장되는 것이죠. 마치 물 밖으로 나와 있는 빙산의 윗부분에만 관심을 가지고, 빙산의 아래 부분을 잘 인식하지 못하는 것과 같습니다. 바로 빙산의 아랫부분이 언제든지 우리의 생명을 위협할 수 있는 위험인 것이고, 그 위험을 확인하고 발견하는 것이 위험관리입니다. 그래서 위험관리가 중요한 것입니다."

출처: 부산일보(2022. 12. 28.). 연제구, 전국 최초 '어린이집 위험관리시스템' 구축.

2) 청소년활동 안전관리 주요 내용

청소년활동현장의 안전관리는 주로 청소년활동을 실시하는 공간인 청소년수련시설을 중심으로 진행되어 왔다. 수련시설의 안전관리는 수련시설운영자에 의해 자체적으로 안전계획을 수립하고 점검하는 것, 수련시설의 허가권자인 지방자치단체 또는 감독권자로서 정부에 의한 종합 안전점검, 그리고 주요 개별 법에 의한 해당전문기관에서의 점검 등으로 이루어져 왔다(이교봉, 2015: 13).

(1) 수련시설 안전점검

「청소년활동 진흥법」 제18조 및 제18조의3에 의거하여 청소년수련시설은 자체 안전점검을 실시(월 1회)하며 점검 결과는 시설물 안전점검 기록 대장에 기록 · 관리하고, 결과를 지자체에 제출해야 한다. 그리고 여성가족부장관(또는 지자체)은 정기적으로 청소년수련시설에 대한 안전위생 점검을 실시하고 그 결과를 공개한다. 점검 주기는 시설 유형별 2년마다 실시되고, 짝수 연도는 수련원, 유스호스텔, 야영장이고, 홀수 연도는 수련관, 문화의집, 특화시설이 해당된다. 그리고 특별(수시) 점검은 필요시 시행한다.

(2) 주요 개별 법에 의한 안전점검

「청소년활동 진흥법」을 비롯한 관계법령에 따른 안전점검은 점검 대상 및 주체

〈표 12-10〉 **주요 개별법에 의한 법정안전점검 현황**

구분	관계법령	점검 대상	점검 주체(기관)	점검 주기
소방	「화재예방, 소방시설·설치유지 및 안전관리에 관한 법률」	특정 소방 대상물	자체 점검 (소방대상시설물의 관계인, 소방안전 관리자 등), 특별점검: 소방서	연 1회 이상
전기	「전기안전 관리법」	일반용 자가용 전기설비	한국전기안전공사 또는 전기판매사업자	검사종류/안전등급: 자가용(2년), 일반용(1년) / A(우수): 3년, 2년 / B(양호): 2년, 1년 / C(주의): 2년, 1년 / D(경고): 1년, 1년 / E(위험): 즉시, 즉시
가스	「액화석유가스의 안전관리 및 사업법」	액화석유가스 설비	시장·군수·구청장 (한국가스안전공사)	반기 1회
가스	「도시가스사업법」	도시가스 사용시설	산업통상자원부장관, 시장·군수·구청장, 지방자치단체	연 1회
수질	「수도법」	저수조	지방자치단체	반기별 1회 이상
수질	「체육시설의 설치 및 이용에 관한 법률」	수영장 수질	수련시설	반기 1회
시설물 전반	「청소년활동 진흥법」	청소년수련시설	운영대표자	월 1회 이상
시설물 전반	「시설물 안전관리에 관한 특별법」	연면적 1,000m²이상 시설물 (2, 3종 시설물)	관리주체 (한국시설안전공단, 안전진단 전문기관 또는 유지관리업자)	안전등급 / 정기안전점검 / 정밀안전점검(건축물, 건축물의 시설물): A등급: 반기 1회 이상, 4년에 1회 이상, 3년에 1회 이상 / B, C등급: 반기 1회 이상, 3년에 1회 이상, 2년에 1회 이상 / D, E등급: 1년에 3회 이상, 2년에 1회 이상, 1년에 1회 이상

출처: 여성가족부(2021b), p. 14.

에 따라 점검 주기가 월 1회 이상~연 1회 이상으로 각각 다르기 때문에 시설에서는 〈표 12-10〉에 제시된 세부사항을 인지하여 안전점검을 지속적으로 실시하여야 한다. 주요 개별법에 의한 법정안전점검은 〈표 12-10〉과 같다(여성가족부, 2021b: 14).

이와 같이 청소년활동에 안전사고 발생을 감소시키고, 안전한 환경을 조성하기 위해 「청소년활동 진흥법」에서는 시설운영대표자부터 안전에 경각심을 높이고자 점검활동에 대한 책임을 명시하고 있으며, 국가차원에서 청소년수련시설의 종합안전점검을 통해 기관의 안전을 객관적으로 검토하고 정보를 공개하여 이용자의 안전을 도모하고 있다(조호연, 2020: 19-20).

3) 청소년수련시설 안전 · 위생 점검

청소년수련시설 내 건축, 토목, 기계, 소방, 전기, 가스, 위생 등 총 7개 분야별로 안전 점검 및 진단을 실시하는 '청소년수련시설 종합 안전 · 위생 점검'은 안전한 수련활동 여건을 확보하기 위해 「청소년활동 진흥법」 제18조의3을 근거로 시행되고 있다. 2006년부터 '청소년수련관 · 청소년문화의집 · 청소년수련원 · 유스호스텔 · 야영장 · 특화시설'을 대상으로 시행되었으며, 2014년 7월 22일부터는 「청소년활동 진흥법 시행령」 제11조에 의하여 2년 주기로 점검이 실시되고 있다. 2018년부터는 「청소년활동 진흥법」 개정(2017. 3. 21.)에 따라 위생 분야에 대한 점검이 추가되었다(여성가족부, 2021b: 270).

청소년수련시설 안전 · 위생 점검의 전문성 강화와 공정성 확보를 위하여 각 분야별 점검은 해당 분야 전문 공공기관과 연계 협력하여 운영되고 있다. 건축, 토목, 기계 분야는 '국토안전관리원', 소방 분야는 '한국소방안전원', 전기 분야는 '한국전기안전공사', 가스 분야는 '한국가스안전공사', 위생 분야는 '식품의약품안전처'에서 각각 현장점검을 실시한다. 각 분야별 점검등급은 〈표 12-11〉, 안전점검 주요 내용은 〈표 12-12〉와 같다. 그리고 청소년수련시설 안전 · 위생 점검 결과는 청소년수련시설 종합평가와 지자체 및 국가정책사업 추진 시에도 반영된다(여성가족부, 2021b: 270).

⟨표 12-11⟩ **분야별 점검등급 구분**

점검분야	등급 구분	비교
건축	A, B, C, D, E(5등급)	D, E 등급: 부적합 처리
토목	A, B, C, D, E(5등급)	D, E 등급: 부적합 처리
기계	A, B, C, D, E(5등급)	D, E 등급: 부적합 처리
소방	A, B, C, D, E(5등급)	D, E 등급: 부적합 처리
전기	적합, 부적합(2등급)	부적합 등급: 부적합 처리
가스	적합, 부적합(2등급)	부적합 등급: 부적합 처리
위생	적합, 부적합(2등급)	부적합 등급: 부적합 처리

출처: 여성가족부(2022a), p. 271.

⟨표 12-12⟩ **청소년수련시설 안전점검 주요 내용**

점검분야	주요 점검 내용
건축	• 분야별 자체 안전점검 수행 여부 확인 및 검토 • 분야별 설비 및 각종 구비서류 현황 • 시설 환경(쾌적성 등) • 비상연락망 구축 등 안전관리 계획 • 보험가입 여부 확인
토목	• 설계도서 및 유지관리 대장 작성 · 비치 여부 및 실태 • 건축물 내 · 외부 균열 • 주요 부재 변형 상태(기울기, 처짐) • 콘크리트 부재 결함 상태(철근 부식 노출, 콘크리트 파손) • 철골 부재 결함 상태(철골 부식, 내화 피복 상태) • 마감재 결함 및 미끄럼 방지 상태(복도, 욕실, 계단 등) • 배수 상태(지붕, 욕실, 주방) • 증축 시 접합부 결함 상태 • 누수 여부(지붕, 외벽, 욕실, 주방, 수영장 등) • 비상구 통로 관리 상태 • 각종 안전 난간 상태 • 방화 벽체, 각종 안전 표지판 등 부착 상태 등
기계	• 석축 · 옹벽 전도 및 토사 안전성 • 담장 전도 여부 • 파고라 · 벤치 · 담장 시설 등 결함 상태 • 단지 내 포장 및 배수 상태 • 부속시설 안전 상태(천막, 각종 수련시설) 등

소방	• 냉·난방설비 상태 • 반송설비 상태 • 위생설비 상태
전기	• 소방관리 및 위험물 관리 상태 • 소화설비, 경보설비, 피난설비 상태 • 소화활동 설비 및 피난활동 설비 상태 • 감지기 및 소방펌프 상태
가스	• 법정 정기점검 여부, 누전차단기, 분전반, 옥내내선 상태 등
위생	• 집단급식소 신고 여부, 청결상태, 식품 유통기한 등

출처: 여성가족부(2022a), pp. 271-272.

4. 청소년 안전교육과 사고 예방 지도방법

「국민 안전교육 진흥 기본법」 제2조 제1항에서는 안전교육을 '국민이 안전에 대한 중요성을 인식하고 각종 재난 및 안전사고 발생 시 이에 효과적으로 대처할 수 있도록 안전에 대한 지식이나 기능을 습득하는 교육'으로 정의하고 있다. 안전교육은 사고를 사전에 예측할 수 있는 수단을 제공함으로써 유용하다. 다시 말해, 안전교육은 사고를 사전에 예측하여 안전 행동을 하도록 하는 기능을 갖는 것이다(진은설 외, 2019: 289).

청소년은 정서적으로나 신체적으로 변화하는 자신의 모습을 받아들이고, 성숙해 가는 과정을 통해 점차 독립적인 성인으로 성장해 나간다. 또한 청소년기는 예비 사회인으로서 사회적·직업적 가치관을 형성하기 시작하는 시기로, 안전의식을 형성하는 데도 중요한 시기라고 판단된다. 이러한 맥락에서 청소년 안전교육과 청소년 활동 운영단계별 안전관리에 대해서 살펴보고자 한다.

1) 청소년 안전교육

(1) 청소년 안전교육의 개념

안전교육의 의미는 재해나 사고로부터 자신을 지킬 수 있는 지식과 기술로 일상생활에서 발생할 수 있는 각종 사고를 예방하고 돌발적인 상황에 자신과 타인의 생명을 지키기 위해 훈련을 통해 지식과 개념을 습득하는 것이다(이정철, 2012; 조호연,

2020: 30). 신태웅(2018: 23)은 안전교육을 개념적 정의의 차원에서는 교육수단을 통해 안전에 대한 지식이나 습관을 습득하는 것이라고 이해하고, 조작적 정의의 차원에서는 청소년기관이나 청소년지도자가 청소년지도활동 중 청소년을 위험으로부터 보호하며 안전하게 활동할 수 있는 환경과 조건을 확보할 수 있도록 준비하고 대비하는 교육으로 접근하였다.

무엇보다도 청소년의 진로발달에서 지역사회 및 주변의 사회·문화적 환경과 경험이 크게 영향을 미치므로 지역사회에서 운영하는 안전체험교육프로그램에 참여하는 것은 예비 사회인으로서 청소년의 안전의식을 형성하는 데 큰 도움이 된다. 특히, 인간이 지니고 있는 편안하고 온전한 상태에 대한 욕망을 충족시키고, 예상하지 못한 사고로부터 자신과 가족을 지키기 위해서는 다양한 재난환경에 부합하는 지식과 대응 능력을 배워서 익혀야 한다. 따라서 청소년기에 체계적인 안전교육을 통해 안전의식을 형성하고, 이를 실천하기 위한 생활습관을 체화하는 것이 매우 중요하다(조철호, 2020: 5).

안전교육을 효과적으로 실시하기 위해서는 인명존중의 정신을 구체적인 행동으로 표현하는 것에 대한 이해와 반복적인 훈련이 필요하다. 즉, 안전교육은 행동과 태도로 이어져야 하는 교육이므로, 행동주의, 인지주의 및 구성주의 학습이론 중에서 행동주의와 밀접하게 관련된다. 이때, 행동주의는 내부적인 요인보다 외부적인 요인에 초점을 두는 이론으로, 지식의 이해, 기능의 숙달과 바람직한 행동의 반복을 통해 습관화함으로써 학습을 한다. 따라서 안전교육의 행동과 태도의 반복적인 실시와 효과를 높이기 위해서는 이론주의가 아닌 행동주의적인 체험교육이 중요하다. 행동주의 학습이론은 모든 행동을 자극과 반응의 관계로 보며, 행동의 변화가 수반되었을 때 학습이 발생한 것으로 간주한다. 이 이론은 학습과제의 세분화를

〈표 12-13〉 행동주의 안전교육의 종류와 내용

교육 종류	내용
지식(이해)	사고 발생 원인 및 위험 이해
기능(숙달)	실험·실습·체험을 통한 안전행동 학습
태도(행동)	안전수칙 준수, 타인 배려
반복(순환)	지식·기능·태도 반복

출처: 조철호(2018), p. 22.

통하여 학습자의 학습동기를 유발하고, 외형적으로 표현되는 행동을 반복·연습할 것을 강조한다. 행동주의 안전교육의 종류와 내용은 〈표 12-13〉과 같다(조철호, 2020: 21-22).

한편, 제6차 청소년기본계획에서는 청소년 체험활동의 안전관리 강화를 위한 방안으로 청소년수련활동 신고·인증·현장점검을 강화하고, 수련시설의 종사자를 대상으로 온·오프라인 안전교육 실시와 위험도 높은 체험활동에 대해 해양경찰청 및 문화체육관광부와 연계한 점검과 교육, '육상레저스포츠 진흥 및 안전에 관한 법률' 제정·안전관리 기준을 마련할 것을 명시하고 있다(조호연, 2020: 17).

(2) 청소년 안전교육의 내용

청소년수련활동 중 안전사고 예방은 수련활동을 주관하는 운영 및 지도자, 시설, 그리고 청소년의 안전의식과, 특히 청소년지도자의 사고예방 의지에 달려 있다고 해도 과언이 아니다. 수련활동은 통제된 학교수업과는 달리 주로 야외에서 24시간 노출되어 통제 범위를 벗어나 활동하기 때문에 항시 안전사고 위험성은 도사리고 있다(김창현, 2008: 78). 이러한 측면에서 안전교육은 크게 청소년활동에 참가하는 청소년을 대상으로 하는 안전교육과 수련시설에 종사하는 종사자 안전교육 및 법정 안전교육으로 구분하여 이루어져 왔다.

① 청소년활동에 참가하는 청소년 대상 안전교육

첫째, 「청소년활동 진흥법」 제18조의2에 따라 청소년활동 참가 청소년을 대상으로 안전교육을 실시하여야 한다. 안전교육 내용은 수련시설 이용 시 유의사항 및 비상시 행동요령에 관한 사항과 청소년수련활동 유형별 안전사고 예방에 관한 사항을 위주로 안전교육을 실시하는 것으로 법령에서 규정하고 있다. 이에 대한 청소년 활동현장에서의 안전교육 적용 형태는 매우 다양하게 이루어지고 있다. 동영상을 제작하여 상영하는 형태, PPT로 제작하여 교육하는 형태, 지도자에 의해 구두 설명으로 교육하는 형태 등으로 진행되고 있으며, 교육의 시기는 주로 참가 청소년이 입소하여 활동에 들어가기 전 오리엔테이션 시간이 주로 활용되고 있다(이교봉, 2015: 16). 청소년 대상 안전교육 주요 내용은 〈표 12-14〉와 같다.

〈표 12-14〉 **청소년 대상 안전교육의 주요 내용**

관련법	운영주체		주요 내용
「청소년활동 진흥법」 제18조의2	운영대표자 (활동현장)	이용 시 유의사항	생활안내 시설이용안내 「청소년활동 진흥법 시행령」[별표 1] 등
		비상시 행동요령	비상대피로 화재, 응급환자 발생 시 「화재예방, 소방시설 설치·유지 및 안전관리에 관한 법률」 등
		활동 안전사고 예방	수련시설물 이용 시 안전에 관한 사항 등 「청소년활동 진흥법 시행령」[별표 1] 등
		성폭력·성희롱 예방	성폭력·성희롱 예방 및 대처 교육 등 「양성평등기본법」 등
		기타 안전에 관한 사항	기타 안전에 관한 사항

출처: 여성가족부(2021), p. 17.

둘째, 「학교안전사고 예방 및 보상에 관한 법률」에 제시된 생활안전, 교통안전, 폭력예방 및 신변 보호교육, 약물·사이버안전, 재난안전 등 7대 학생 안전교육의 내용 및 방법은 〈표 12-15〉와 같다.

〈표 12-15〉 **7대 학생 안전교육**

구분	내용
1. 생활안전	시설 및 제품 이용 안전, 신체 활동 안전, 유괴 및 미아 사고 예방
2. 교통안전	보행자안전, 자전거안전, 오토바이안전, 자동차안전, 대중교통안전
3. 폭력예방 및 신변 보호교육	학교폭력, 성폭력, 아동학대, 자살, 가정폭력
4. 약물·사이버안전	약물중독, 사이버중독
5. 재난안전	화재, 사회재난, 자연재난
6. 직업안전	직업안전 의식, 산업재해의 이해와 예방, 직업병, 직업안전의 예방과 관리
7. 응급처치	응급처치의 이해와 필요성, 심폐소생술, 상황별 응급처치

조호연(2020: 13)은 〈표 12-16〉에서 청소년지도자가 청소년활동 시 지도해야 할 안전교육 분야를 생활, 교통, 소방, 학교폭력, 재난, 응급처치, 청소년활동안전의 7개 영역을 중심으로 살펴보았다.

〈표 12-16〉 **청소년활동 안전영역별 주요 내용**

구분	내용
1. 생활안전	위생, 식품, 전기, 가스, 위험요소 확인
2. 교통안전	차량이동 규칙, 도보이동 규칙
3. 소방안전	화학물질, 대피기구, 소화기구, 대피방법
4. 학교폭력	폭력발생 시 조치, 학교폭력의 범위
5. 재난안전	비상용품 준비, 예보, 대피계획
6. 응급처치	응급처치 교육, 환자보호, 심폐소생술
7. 청소년활동안전	안전관련 법령, 기자재 사용, 사전안전교육

청소년지도에 있어서는 안전의 필요성이 더욱더 강조되어야 한다. 이는 청소년 활동이 갖는 특수성, 다시 말해 청소년활동이나 청소년지도가 학교와 같이 제한된 공간과 교실의 범주를 한정한 곳에서 이루어지는 것이 아니라는 특수성에 기인한다. 청소년활동의 내용과 조건의 다양성으로 인하여 스스로가 참여하는 새로운 형태의 비형식 또는 무형식적 교육 형태가 많이 사용되게 된다. 안전한 청소년활동을 위한 청소년지도의 관점에서 본다면 안전교육을 지원할 필요성은 더욱 큰 실정이다(신태웅, 2018: 43).

② **청소년수련시설에 종사하는 종사자 안전교육과 법정 안전교육**

첫째, 종사자 안전교육이다. 「청소년활동 진흥법」 제18조의4에서는 수련시설의 운영대표자 및 종사자의 안전관리 역량을 강화하고 수련시설에서의 안전사고를 예방하기 위하여 수련시설의 운영대표자와 그 종사자를 대상으로 안전교육을 실시하도록 의무를 규정하고 있다. 주요 안전교육의 내용을 보면, ① 비상시 행동요령에 관한 사항, ② 유형별 안전사고 예방에 관한 사항, ③ 성폭력 · 성희롱 예방 및 대처 요령에 관한 사항, ④ 청소년수련활동에 필요한 안전에 관한 사항 등이 나열되고 있다. 또한 구체적인 방법으로 이러닝 등과 같이 상시적인 교육을 도입하고 이를 통해 청소년에게 안전한 활동을 제공하기 위한 제도적 노력이 이뤄지고 있음을 알 수 있다(신태웅, 2018: 6). 또한 「청소년활동 진흥법 시행령」 제33조(업무의 위탁)에 따라 여성가족부장관은 수련시설의 대표자와 그 종사자에 대한 안전교육 업무를 청소년 활동진흥원에 위탁하여, 동법 시행규칙 제8조의4(안전교육의 내용 · 방법 등)에 따라 수련시설의 안전관련 법령, 안전사고 예방 및 관리, 안전점검 및 위생관리, 그 밖에

〈표 12-17〉 **종사자 안전교육의 주요 내용**

관련법	운영주체	주요 내용	비고
「청소년활동 진흥법」 제18조의4	여성가족부	• 청소년수련활동 및 수련 시설의 안전관련 법령 • 안전사고 예방 및 관리 • 안전점검 및 위생관리 • 기타 안전에 관한 사항	청소년활동진흥원 활동안전부에서 지원 ※ 교육내용 제공, 안전교육 운영 등
「청소년활동 진흥법」 제19조	운영대표자 (활동현장)	• 수련시설 운영 • 수련시설 안전 • 수련시설 위생 등	전 직원 대상 (수련시설 내부 및 용역업체 시설관리 담당직원 등)

출처: 여성가족부(2021b), p. 18.

수련시설 종사자 등의 안전관리 역량 강화 및 안전사고 예방을 위한 내용을 교육하고 있다(조호연, 2020: 19-20). 종사자 안전교육 주요 내용은 〈표 12-17〉과 같다.

둘째, 법정 안전교육이다. 대표적인 법정 안전교육으로는 「청소년 기본법」 제24조의2에 근거한 청소년지도사의 보수교육, 「아동복지법」 제26조에 근거한 아동학대 신고의무자교육, 「공공기관의 소방안전관리에 관한 규정」 제14조의 소방훈련 및 소방교육, 「화재예방, 소방시설 설치 · 유지 및 안전관리에 관한 법률」 제41조의 소방안전관리교육, 「남녀고용평등과 일 · 가정 양립지원에 관한 법률」 제13조의 성희롱예방교육, 「도로교통법」 제53조의3의 어린이통학버스 안전교육 등이 있다. 주요 개별법에 의한 법정 안전교육 주요 내용은 〈표 12-18〉과 같다.

〈표 12-18〉 **주요 개별법에 의한 법정 안전교육**

교육명	교육대상		관계법령	교육주기
소방훈련 및 소방교육	전 직원	공공기관	「공공기관의 소방안전관리에 관한 규정」 제14조	연 2회(상시근로자 11인 이상의 경우)
		수련시설	「화재예방, 소방시설 설치 · 유지 및 안전관리에 관한 법률」 제22조	연 1회(상시근로자 11인 이상의 경우)
집단급식소 위생교육	영양사, 조리사		「식품위생법」 제56조	2년
의료인 보수교육	간호사		「의료법」 제30조	매년
소방안전관리교육	소방안전관리자 (공공기관)		「화재예방, 소방시설 설치 · 유지 및 안전관리에 관한 법률」 제41조	최초 선임 시

전기안전관리교육	전기안전관리자	「전기사업법」 제73조의4	기술교육 3년 특별교육 최초 선임 시 6개월 이내
위험물 안전관리교육	위험물 안전관리자	「위험물안전관리법」 제28조	2년
고압가스 안전관리교육	고압가스선임자	「고압가스안전관리법」 제23조	3년
성희롱예방교육	전 직원	「남녀고용평등과 일·가정 양립지원에 관한 법률」 제13조	연 1회 이상
아동학대 신고의무자 교육	전 직원	「아동복지법」 제26조	매년
어린이통학버스 안전교육	운영자·운전자· 동승보호자	「도로교통법」 제53조의3	신규/정기(2년)
개인정보보호교육	개인정보 취급자	「개인정보보호법」 제28조	정기
근로자 안전보건교육	전 직원	「산업안전보건법」 제29조	동법 시행규칙 [별표 3] 참조
장애인인식 개선교육	전 직원	「장애인 고용 촉진 및 직업재활법」 제5조의2	연 1회 1시간 이상
긴급복지지원	전 직원	「긴급복지지원」 제7조	연 1회 1시간 이상
청소년지도사 보수교육	청소년 시설·단체 종사 청소년지도사	「청소년 기본법」 제24조의 2	2년마다 1회

출처: 여성가족부(2021b), p. 19.

2) 청소년활동 운영단계별 안전관리

청소년 체험학습의 교육적인 성과를 극대화하기 위해서는 청소년지도자의 보편적인 리더십만이 아니라, 통합적인 리더십 측면에서 수련활동의 목표 달성과 안전사고예방을 위한 지도자의 효율적인 리더십이 선행되어야 수련활동의 목표를 달성할 수 있다. 결국 수련활동 간 교육적 효과와 안전사고는 지도자의 리더십 역량과 관심, 의지 그리고 지도능력에 따라 수련활동의 효과와 안전사고를 100% 예방할 수 있다(김창현, 2014: 26).

무엇보다도 청소년수련활동 시 청소년에게 발생될 수 있는 가장 큰 문제점으로 청소년·학부모·지도자·학교는 모두 안전사고의 위험을 가장 많이 지적하고 있으며, 학교에서 실제 수련활동을 계획할 때도 안전사고 예방을 가장 중요시하고 있다(김창현, 2008: 76). 따라서 청소년지도자는 청소년활동 시 안전관리에 만전을 기해야 한다. 이러한 측면에서 여성가족부는 청소년활동 시 안전관리활동을 운영단계별로 활동 계획 시 안전관리, 활동 준비 시 안전관리, 활동 운영 시 안전관리, 활동 종료 시 안전관리로 제시하였다(여성가족부, 2021b: 26-32).

(1) 활동 계획 시 안전관리

계획단계는 프로그램을 어떻게 운영할 것인지에 대해 구체적으로 검토하고 확인하는 단계로, 참여 청소년의 특성에 따른 청소년활동에 대한 계획을 수립하고, 사전안전점검은 물론 이 계획단계에서부터 안전 전반에 대한 사항을 고려하여 계획을 세울 수 있어야 한다. 프로그램 계획단계에서 안전에 관해 고려해야 할 사항은 참여 청소년의 연령(신체적·심리적)에 맞는 청소년활동 계획 수립, 청소년활동의 동선을 중심으로 사전 안전점검, 활동하고자 하는 프로그램의 장소 및 시설, 장비, 기자재 안전점검 이후 계획 수립이다. 계획단계의 체크리스트는 〈표 12-19〉와 같다.

〈표 12-19〉 **계획단계의 체크리스트**

구분	확인 항목	참고사항
프로그램/ 기자재	운영하고자 하는 활동의 목적이 명확한가?	참여 청소년의 특성(연령, 구성의 특징 등)에 따른 프로그램 추진의 적절성, 개인·환경·프로그램 등 다양한 요소에서의 위험 상황을 고려하여 프로그램을 구성한다.
	참여 청소년의 특성과 목적을 고려하여 일정, 시간, 내용을 구성하였는가?	참여 청소년의 특성(연령, 구성의 특징 등)에 따른 프로그램 추진의 적절성, 개인·환경·프로그램 등 다양한 요소에서의 위험 상황을 고려하여 프로그램을 구성한다.
	프로그램 일정에 충분한 안전교육과 휴식 시간을 고려하였는가?	상해사고, 긴급환자 발생, 실종, 휴식 간 안전, 성희롱 예방 활동 중 발생 가능한 일반적인 안전사고와 참가자, 프로그램, 활동장 특징 및 비상대피로 등 활동 및 활동장소와 특성에 따라 발생 가능한 안전사고 등을 충분히 고려하여 청소년이 대처방안을 인지할 수 있도록 교육한다.
	유사시를 대비한 상황 대응 방안이나 대체 프로그램을 계획하였는가?	기상 상황 등 유사시 대비한 대안을 사전에 마련해야 한다.
	편성한 프로그램의 위험요소는 무엇인지 확인하였는가?	다양한 요소를 고려하여 위험요소를 파악하고, 사고예방을 위한 점검 및 대응책을 마련한다.
	활동의 주최자와 주관자, 위탁자의 책임 범위는 명확한가?	여러 기관이 협업하거나 활동장소를 임대하는 등 안전사고 발생 시 분쟁의 소지를 대비하여 관리주체, 역할, 책임, 보상체계 등을 명확히 사전에 협의한다.

지도자	지도자의 인원 수나 전문성은 활동의 내용에 적합한가?	유사시를 대비하여 최소 2명 이상의 지도자 배치를 권장하며, 참가 인원, 활동 특성, 안전사고 발생 시를 고려한 지도자 배치 및 역할을 부여하고 운영하려는 프로그램에 대한 전문성을 보유하고 있는지 확인한다.
	긴급 상황 시 응급처치가 가능한 지도자의 배치 계획을 수립하였는가?	응급처치 교육 및 자격을 갖춘 지도자의 현황을 확인하고 청소년활동 운영 시 적절히 배치하여 운영하고 있는지 확인한다. (참고) 인증프로그램 안전전문인력 요건
	지도자가 활동 및 긴급 상황에서 해야 할 역할을 계획하였는가?	사고 당사자 응급처치 및 참여 청소년 관리, 비상연락 체계 가동 및 사고 대응, 유사시 역할 등을 교육하여 사전 훈련을 통해 숙지한다.
활동 환경	사업의 목적 달성과 안전을 고려하여 활동장소를 선정하였는가?	활동에 필요한 공간과 설비 확보 여부, 수용 규모, 활동장소의 시설안전 및 위험요소 허가 · 등록 여부, 유사시 역할 · 협조사항, 안전보험 적용 여부 등을 고려한다.
	현장답사 계획을 치밀하게 수립하였는가?	* 활동 시의 상황을 정확하게 파악할 수 있는 시기나 시간대에! * 활동의 전문가 혹은 해당 장소에 대해 잘 알고 있는 사람과 함께한다.
	보험 가입 계획을 수립하였는가? (별도 보험 가입 시 예산 확보 여부 등)	주최하고자 하는 모든 활동 및 활동장소, 운영하려는 기간 동안 보장이 가능해야 하며, 사고당 보장금액이 참여 청소년 수 대비 개인별 최소 1인당 8천만 원 이상인지 확인하고 보험의 보장내역을 확인하여야 한다. * 대인 외 대물, 자연재난, 음식물 배상 등
	청소년의 시각과 시점에서 활동장소의 안전이 확인 가능한가?	활동 전 안전교육 등을 통해 위험요소를 인지하고 대처할 수 있도록 한다.

출처: 여성가족부(2021b), pp. 26-27.

(2) 활동 준비 시 안전관리

준비단계는 원활한 프로그램의 운영을 위해 참여 청소년의 특성(환자 파악 등)을 파악하고 활동장소, 시설, 설비, 기자재 등에 대한 사전 안전점검을 실시하며, 지도자 및 이용자를 대상으로 활동의 개요 및 안전교육을 실시하는 단계이다. 주요 내용은 활동하고자 하는 장소 및 프로그램의 시설, 장비, 기자재 사전 안전점검, 참여 청소년 등 대상자 특성 파악, 환자 파악[환자 파악 후 상담 및 조치, 환자 관리에 대한 대책 마련(의무실, 숙소, 관찰 참여 등 기준 마련)], 활동의 개요 및 안전에 관한 유의사항 전달 및 숙지 여부 확인, 수립한 계획과의 변경사항 여부 확인 및 대책 수립이다. 준비단계의 체크리스트는 〈표 12-20〉과 같다.

〈표 12-20〉 **준비단계의 체크리스트**

구분	확인항목	참고사항
참가자, 프로그램, 기자재	참여 청소년의 명단과 건강 상태 등의 주요 정보를 확보하였는가?	질병, 장애, 특이체질 등을 사전에 파악한다.
	참여 청소년의 보호자에게 활동 내용과 관련된 정보가 전달되었는가?	-
	계획한 참여 청소년의 조건과 실제로 참여한 청소년의 차이가 없는가?	-
	프로그램별 장비, 안전용품 등 준비물이 적절하게 구비되어 있는가?	참여 인원에 따른 프로그램 기자재 및 장비 확보 여부 확인 및 사용을 위한 안전 점검을 실시한다.
	프로그램 위험요소에 따른 대처 방법을 준비하였는가?	프로그램 특성 및 활동 환경을 고려한 안전사고 대책과 사고 발생 시 비상 연락망(야간진료 병원 등 포함), 비상시 대처를 위한 내부의 임무 및 역할, 통보 계획 등에 대한 매뉴얼을 구비한다.
	프로그램 내용 및 구성이 양성평등하게 준비되었는가?	고정된 성적 관념을 제시하거나 한쪽 성별에 치우치도록 프로그램이 구성된 바가 없는지 확인하다.
지도자	확보된 지도사의 인원 수의 전문성이 프로그램 운영에 적합한가?	유사시를 대비하여 최소 2명 이상의 지도자 배치를 권장하며, 참가 인원, 활동 특성, 안전사고 발생 시를 고려한 지도사 배치 및 역할을 부여한다.
	응급처지가 가능한 지도자가 배치되었는가?	「청소년활동 진흥법」 제36조 제3항 및 시행규칙 제15조의4에 따른 안전 전문인력 요건을 참고할 수 있다.
	모든 지도자에게 사전 안전교육을 실시하였는가?	참가 청소년의 특징, 프로그램 운영 시 위험요소, 비상연락망, 안전사고 대처방법, 성희롱 예방, 유사시 역할, 구급약품 및 장비 보관 장소 등을 숙지할 수 있도록 한다. * 일시, 장소 교육사 교육내용 교육이수자 서명 등을 포함하여, 사전안전교육일지를 기록·관리한다.
	지도자는 활동 및 긴급상황에서 각자의 역할을 명확히 파악하고 있는가?	
	구급약품 및 장비의 보관 장소를 참여 지도자가 숙지하고 있는가?	
	비상연락 체계를 수립하였는가?	참여 청소년과 지도자, 지도자와 지도자 간 연락체계, 유관기관(야간진료 병원 포함) 등을 포함한다.
	활동기간 중 일기예보, 특보, 유행성 질병 여부 등을 파악하였는가?	활동장소 및 하고자 하는 프로그램이 일기 등의 영향을 받더라도 계속적으로 안전하고 적합하게 운영될 수 있는지 확인한다. 영향을 받는 프로그램에 대한 대처 프로그램 및 대처방안이 있는지 확인한다.

활동장 주변의 의료기관, 소방서, 경찰서 등 비상연락처를 확보하였는가?	활동하고자 하는 장소에서의 응급구호 등 기관의 연락 방법을 미리 숙지하고, 구호 요청 시 활동장과의 거리 등을 고려하여 도착 전 응급상태를 충분히 관리할 수 있는지 미리 확인한다.
현장답사(사전 안전점검)를 통하여 활동장소의 적합, 안전성을 확인 하였는가?	현장답사의 내용과 준비 상태를 확인하고, 기존 인지하고 있는 사항과 변경사항 여부 등을 확인한다.
모든 활동장소에서 보장받을 수 있도록 보험에 가입하였는가?	활동기간 내 모든 활동 및 활동장소에서 보장이 가능해야 하며, 사고당 금액이 참여 청소년 수 대비 개인별 1인당 8천만 원 이상인지 보상 여부 등을 확인한다.
활동현장에서 유사시 외부와 연락이 가능할 수 있는 통신 상황이 원활한가?	–

출처: 여성가족부(2021b), pp. 28-29.

〈표 12-21〉 **지도자 사전안전교육 시 포함되어야 하는 내용**

- 상해사고: 활동 특징 및 상해사고 예방 및 대처방안 등
- 긴급환자 발생: 긴급환자 발생 시 대처(지도자는 후송 방법 등 포함) 등
- 활동장 특징 및 비상대피로: 활동장 특징에 따른 안전교육, 활동 시작 전 실내활동장에서 외부로의 대피로 및 집결지 교육
- 화재발생 대처: 화재발생 시 역할 및 대처 방법 등
- 자연재해: 지진 등 자연재해 발생 시 역할 및 대처 방법 등
- 실종: (지도자) 비상연락체계, 실종자 탐색 계획 등
- 휴식 간 안전: (지도자) 휴식 시 지도자 배치 및 안전관리 방법 등
- 성희롱 예방: 성희롱 정의, 예방, 대처방안 등
- 디지털 성범죄 예방: 디지털 성범죄 예방교육 및 화장실·샤워실·탈의실 등 취약 시설의 사전 안전관리 방법 등
- 요보호 청소년 관리: 허약체질, 음식 알레르기, 요주의 청소년에 대해 사전에 지도자 및 식당 직원과 공유 등
- (장소) 이동: 이동은 활동장과 활동장을 이동하는 것을 의미하여, 이동수단 등 이동 간 안전교육을 실시해야 함

출처: 여성가족부(2021b), p. 29.

(3) 활동 운영 시 안전관리

운영단계는 청소년활동을 하는 과정에서 참여 청소년이 안전하게 잘 참여할 수 있도록 안전 관련 유의사항을 전달하고 숙지할 수 있도록 하며, 안전사고 발생 시 대처방안과 그에 따른 능력을 배양하고 연락체계를 숙지할 수 있도록 한다. 주요 내용

은 활동 전 안전 유의사항 전달 및 숙지 여부 확인, 활동에 집중하지 못하는 학생에게 주의 지도, 참가 청소년의 연령 및 피로도를 관찰하여 쉬는 시간 적절하게 배정, 활동장을 이탈하는 청소년이 없도록 관찰, 활동 중 안전사고 발생 시 대처방안 및 능력 배양, 활동 중 안전사고 발생 시 연락체계 숙지 및 연습, 청소년지도자는 활동 장소에서 이탈 금지이다. 운영단계의 체크리스트는 〈표 12-22〉와 같다.

〈표 12-22〉 **운영단계의 체크리스트**

구분		확인 항목
프로그램, 기자재		프로그램의 대상, 일정, 시간 등 변화된 상황이 있는가?
		프로그램에 사용하는 도구, 장비 등의 상태를 점검하였는가?
		활동 중 휴식, 수분 보충, 개인위생을 위한 시간 배정을 고려하였는가?
지도자		배치된 지도자의 변화된 상황이 있는가? (교체, 건강상태 등)
		모든 지도자는 배정받은 위치에서 본인의 역할을 수행하고 있는가?
		참여 청소년 및 프로그램, 활동 환경 등 특이사항 발생 보고 및 공유체계, 관련한 대처가 원활히 이루어지고 있는가?
활동 환경		활동장소의 모든 위험한 요소는 제거되거나 위험표지가 이루어졌는가?
		활동장소의 청결 및 위생 상태는 활동에 적합한 수준인가?
		의료기관, 소방서, 경찰서 등 비상연락처와 지도자 간 비상 연락망에 이상이 없는가?
		지도자는 활동 및 긴급상황에서 각자의 역할을 명확히 파악하고 있는가?
	실내	출입문, 창문, 집기류 등의 상태와 위생수준은 적합한가?
		화재, 붕괴 등 재난 상황 시 대피방법을 고려하였는가?
	실외	날씨, 기온 등 주변 여건의 변화는 없는가?
		유사시 대피장소를 준비하였는가?
참여 청소년		참여 청소년의 인원 및 건강상태를 확인하였는가?
		참여 청소년의 복장은 활동에 적합한가? (필요시 환복 조치)
		운영하는 프로그램에 적합한 사전 안전교육을 실시하였는가?
		활동 내용에 적합한 준비운동을 실시하였는가?
		신체적ㆍ정신적 불편을 호소하는 청소년이 없는지 수시로 확인하였는가?

출처: 여성가족부(2021b), p. 31.

(4) 활동 종료 시 안전관리

종료단계는 청소년활동을 마무리하는 단계로 정리운동을 실시하고 최종 활동 내용을 정리하여 차기 활동을 안내하도록 한다. 주요 내용은 활동 내용 정리, 정리운동 실시(심장의 먼 곳에서 심장으로 다가오는 운동 실시, 쉬운 운동에서 어려운 운동으로 실시, 많이 활동한 신체 부위 중심으로 준비운동 실시, 정리운동 과정에서 환자 파악, 환자 파악 시 상담 실시 및 조치), 청소년활동 이후 차기 활동 안내, 청소년활동 이후 차기 활동 장소 이동 시 사진 동선 안내 및 이동에 관한 안전교육 실시이다. 종료단계의 체크리스트는 〈표 12-23〉과 같다.

〈표 12-23〉 **종료단계의 체크리스트**

구분	확인 항목
프로그램, 기자재	계획된 프로그램의 모든 과정이 이루어졌는가?
	도구, 장비가 모두 회수되었고, 상태를 점검하여 보관하였는가?
	필요시 도구, 장비를 보수하거나 파손품을 분리하였는가?
지도자	모든 지도자는 정신적 · 신체적으로 건강한 상태인가?
	프로그램 운영 시 위태로운 상황에 대한 의견 교환을 실시하였는가?
활동 환경	활동장소는 청결하게 뒷정리를 하였는가?
	추후 활동 시 안전을 고려해야 하는 요소로 보이는 점이 있는가?
참여 청소년	활동 내용에 적합한 정리운동을 실시하였는가?
	참여 청소년 모두 정신적 · 신체적으로 건강한 상태인가?
	프로그램 및 안전에 관련한 청소년의 의견을 청취하였는가?
	참여 청소년의 소지품 중 분실물이나 파손품은 없는가?
	활동 종료 후 귀가 또는 다음 일정으로 이동, 숙소 복귀 등 해산 후 안전교육을 실시하였는가?
후속 조치	청소년이 안전하게 귀가하여 집에 도착하도록 최대의 노력을 실시하였는가?
	특이사항 발생 시 보호자에 대한 정확한 정보 전달을 실시하였는가?
	추후 프로그램 시 고려해야 할 사항을 종합적으로 정리하였는가?
	인증 프로그램을 실시하였을 경우 「청소년활동 진흥법」 제37조에 따라 청소년이 참여한 수련활동에 관하여 개별 청소년의 인적 사항, 활동 참여 일자, 시간, 장소, 주관기관, 수련활동 내용 등에 대한 기록 및 결과를 종료 후 15일 이내에 인증위원회에 통보하였는가?

출처: 여성가족부(2021b), p. 32.

제13장

청소년활동과
지역사회연계

상부상조의 전통이 살아 있던 전통적인 공동체 삶에서는 청소년은 매우 안정적인 보호체계와 규범의식을 습득하며 성장했다. 그러나 오늘과 같이 하루가 다르게 지역사회가 급변하고 공동체가 약체화되는 시기의 청소년은 과거와 다른 형태의 삶을 살게 된다. 이에 이 장에서는 청소년과 청소년활동에 직·간접적으로 영향을 미치는 지역사회와 지역사회 연계 사업을 살펴봄으로써 다양한 지지체계로서의 지역사회를 이해하고자 한다.

1. 지역사회와 청소년활동

1) 지역사회의 이해

(1) 지역사회가 청소년에게 미치는 사회화 기능

여러 학자의 지역사회 관련 정의를 살펴보면, 지역사회(community)는 사람들이 단순히 일정한 지리적 공간에서 함께 거주하는 것만의 개념을 넘어 상호교류, 상호관계를 맺고 서로의 생활과 행동에 영향을 미치는 것에 주목하였다. 이러한 지역사회가 수행하는 주요 기능에 대해서 길버트와 스펙트(Gilbert & Specht, 1974)는 다섯 가지로 설명하였다. 즉, ① 생산, 분배, 소비의 기능, ② 사회화의 기능, ③ 사회통제의 기능, ④ 사회통합의 기능, ⑤ 상부상조의 기능이며, 이 중 청소년과 관련 있는 사회화 기능을 중심으로 기술하면 다음과 같다.

사회화(socialization)는 지역사회가 공유하는 일반적 지식, 사회적 가치, 행동 양식, 언어 등을 지역주민에게 전달하는 과정을 의미한다. 사회화 과정을 통해 지역주민을 다른 지역사회의 구성원들과 구별되는 생활양식을 터득하는데, 이는 개인의 유년 시절부터 가정을 중심으로 이루어지며, 사회구성원으로서 일생 동안 지속된다. 가족, 집단, 조직, 지역사회와 같은 모든 사회적 단위는 그 구성원에게 살아가는 데 필요한 정보를 직·간접적으로 전달해 주고 있다. 청소년은 아동기를 거쳐 가족, 학교, 이웃, 학원 등 지역사회의 여러 체계를 거쳐 성장에 필요한 정보를 대부분 얻고 학습하게 되는 이러한 사회화는 전통적인 사회에서는 생애 전 과정에서 이루어지고, 만약 지역사회를 이동하더라도 새로운 지역사회 내에서 사회화는 새롭게 구성된다. 예를 들어, 이웃 어른이 지나가면 안부인사를 공경하게 나누는 것이 이웃에 대한 예의임을 부모를 통해 가정교육으로 이루어지고, 혹은 이웃이 다른 이웃에게 인사하는 모습을 보며 자연스럽게 습득되며 전수되는 것을 의미한다.

무엇보다 청소년기에 자신이 속한 지역사회의 문화, 가치, 신념, 규범 등을 자연스럽게 습득하게 되는 사회화는 자아정체성 형성과 미래를 준비하는 시기이므로 일생 동안 영향을 미친다고 봐도 과언은 아니다.

(2) 공동체 상실, 그 회복을 위한 노력

최근 정보통신기술의 발전은 생활을 편익을 가져온 반면, 무경계화, 통합화에 의한 단일화 지향 등으로 지리적 공간을 거점으로 하는 지역공동체의 의미를 점차 상실하게 되었다. 지역공동체의 상실은 심각한 인간공동체 파괴의 결과를 초래할 것이라는 우려와 함께 지역사회 내에서 다양한 소외계층과 소외집단의 출현을 예상하게 되었다. 소외집단의 상대적 박탈감이나 고립감 등은 사회의 지속가능성까지 위협하는 수준에 이를 것이라는 전망도 있다(양정하 외, 2022). 고령사회에서 가장 가시적인 소외집단으로는 노인이며, 그 외 증가하고 있는 장애인 인구도 외면해서는 안 된다. 무엇보다 인간관계가 소원한 현대사회에서 존재감을 실감할 수 있는 기회는 매우 한정적이다. 이런 상황에서 성장하는 청소년은 성인의 관심, 지도, 평가를 받지 못하고 정서적 안정과 사회화를 촉진할 수 있는 장소가 절실하다. 원래 이러한 기능은 지역사회에 존재하였지만, 지금은 공동성의 상실, 핵가족화, 이혼의 증가로 사회화의 기능이 더욱 약화되었으며, 이러한 목적으로 설립된 기관이 '청소년 문화의집'이다(장수한, 2020).

지역사회를 둘러싼 환경의 변화는 지역사회 내 복지실천의 방법적 측면에서의 변화를 동반하게 된다. 이는 지역사회를 기반으로 하는 사회복지 관련 기관 및 단체 간의 연계 및 협력을 전제로 한다. 현재까지 지역사회 차원의 사회복지 서비스 제공은 주로 민간영역을 중심으로 발달해 왔으나 이제는 지역사회보호체계 구축을 위해 공공과 민간 영역의 협력적 파트너십을 토대로 한 민관협력의 활성화가 매우 중요해졌다. 이런 협력은 그간 산업화로 인해 붕괴, 상실되었다고 우려했던 공동체 기능을 회복할 수 있는 새로운 모색과 대안이다. 이는 지역사회 문제, 특히 청소년 관련 문제를 지역주민 스스로가 주민 간의 신뢰와 협력, 그리고 민·관·학 등의 폭넓은 연계를 기반으로 지역사회 복지자원 총량을 극대화하여 청소년 수요자가 필요로 하는 서비스를 최대한 제공하려는 노력들이 제기되고 있다.

(3) 지역사회 내에서의 보호

지역사회보호(community care)는 스스로가 자립적으로 삶을 영위하거나 혹은 1차적인 보호체계가 그 기능을 다하지 못하여 사회적 보호를 필요로 하는 사람에게 가정 또는 그와 유사한 지역사회 내의 환경에서 서비스를 제공하는 사회적 보호 형태이다. 지역사회보호는 시설보호의 보완 또는 대안적 개념일 수도 있고 '재가-지역사회-시설'로 이어지는 보호 제공 장소 기준의 연속선상에서 말하는 보호의 한 형태일 수도 있으며, 탈시설을 지향하는 접근을 일컬을 수도 있다. 지역사회보호의 대상은 주로 정신적·신체적 이유로 혼자서 일상생활을 수행하기 불편한 노인, 장애인 혹은 저소득가정의 아동·청소년 등으로 지역사회 내에서 안정되고 건강한 삶을 동등하게 영위할 수 있도록 하는 지원체계라 할 수 있다. 최근 탈시설화에 따른 지역사회 중심의 보호 개념이 확장되면서 지역사회를 중심으로 한 서비스 제공에 많은 관심이 집중되고 있다(유동철, 홍재봉, 2020).

청소년을 위한 지역사회보호체계로는 '마을(지역사회)-지방자치단체(이하 지자체)-학교-교육청' 연계를 통한 교육부의 '미래형 교육자치 협력지구(미래교육지구)' 사업을 예시로 들 수 있다. 미래교육지구 사업은 2020년 11개 지구로 시작하여 2022년 기존의 21개 지구와 신규 12개 지구를 포함하여 총 33개 지구 규모로 운영되고 있다. '혁신교육지구' 모델을 기반으로 '마을(지역사회)이 학교다.'라는 슬로건

아래 지역사회와 단위학교가 함께하는 네트워크 구축, 지역사회의 다양한 인적·물적 자원 조직, 단위학교가 수업혁신에 전념할 수 있는 기반 조성 등을 통해 지역공동체를 구축하려는 정책으로 2011년 경기도 교육청을 시작으로 전국으로 확산되고 있다(성병창, 이상철, 2019). 이에 미래교육지구는 민·관·학이 함께 지속 가능한 지역교육 협력 생태계를 조성하여 그 지역 특성에 맞는 다양한 교육협력사업을 만들어 지역을 교육력 성정은 물론 다른 지역에서 확산되도록 지원하는 교육부 사업이다.

미래교육지구 사업의 주요 내용은 교육(지원)청과 지자체가 공동으로 협력센터를 설치·조직하여 협력센터는 학교·교육(지원)청과 마을·지자체를 연계하는 허브역할을 수행하는 것이 주요 역할이다. 다음으로 읍·면·동 단위 마을 교육 자치회를 구축하고 활성화하는 역할이다. 무엇보다 2020년부터 시작된 코로나19 위기 상황을 거치면서 학교방역, 긴급돌봄, 원격수업 지원 등 학교와 마을, 교육(지원)청과 지자체 간의 협력은 선택이 아닌 필수임이 큰 교훈이 되어 학교와 지역사회의 지역교육협력은 발전의 계기를 맞았다. [그림 13-1]에서 알 수 있듯이, 공동협력센터는 학교와 교육(지원)청을 통한 학교 안 돌봄은 물론 지역사회와 지자체를 통해 학교 밖 돌봄까지 아동·청소년을 위한 다각적인 보호체계를 구축하는 역할을 한다.

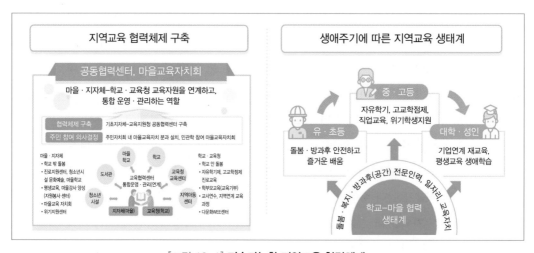

[그림 13-1] **지속가능한 지역교육 협력체계**

출처: 교육부(2020).

2) 청소년 관련 지역사회 이론

(1) 레빈의 장(場)이론

장(場, field)이란 인간이 생활하는 데 있어 특정 양식이 존재하는 추상적인 공간이며 특히 청소년에게는 가정, 학교, 학원, 심지어 사이버 공간까지 모두 '장(場)'이 된다. 영유아기에는 존재하는 장은 가정이 유일하겠지만, 성장하면서 학교, 학원 등의 새로운 장이 생긴다. 인간관계와 행동은 이러한 장에서 습득되고 넓어진다. 다시 말해, 인간은 이러한 장이 분화되면서 성장하고 성숙하게 된다.

장이론은 독일의 사회심리학자 레빈(Kurt Lewin)에 의해서 정립되었는데, 인간행동을 개체와 환경과의 함수관계로 설명하고 있으며, 이는 발달이 유전적인 내적 성장과 환경적인 외적 조건에 의해 이루어진다는 것이다. 그러나 외관상 같아 보이는 환경도 구체적인 개인들의 역동적인 전체적 장에서는 다른 의미를 가질 수밖에 없기 때문이다. 레빈에게 있어서 환경은 최소한 두 가지 이상의 뜻으로 사용되었다.

1. 객관적 환경, 즉 개인이 당면한 자극상황으로서의 환경
2. 심리적 환경, 즉 개인에게 존재하는 것으로서의 환경

여기서 심리적 환경은 생활공간의 부분이다. 개인과 심리적 환경은 여러 영역으로 구성되어 있는데, 이들 영역은 경계로서 구분된다. 심리적 환경은 지각된 대상과 사상들로 구성되며, 심리학적으로 해석되는 개인은 의식적으로 행동하는 자아를 의미한다.

인간의 행동은 개인과 환경이라는 전체 상황과 관계를 맺으므로, 이 전체적 상황을 '생활공간(life space)'이라고 하며, 장이란 결국 이 '생활공간'을 말한다. 레빈의 장에 대한 기본 주장은 다음과 같다.

1. 인간의 행동은 공존하는 사실들의 전체성으로부터 도출됨
2. 공존하는 사실들은 역동적 장의 성질을 가짐

즉, 천성(nature: 타고난 성향)과 양육(nuture: 삶의 경험이 개인을 어떻게 형성하는지) 중 어느 하나만으로 개인의 행위와 인성을 설명할 수 없고, 이 두 가지가 상호작용

하여 개인을 형성한다는 주장이다. 이러한 그의 이론은 '인간 행동에 관한 레빈의 방정식(Lewin's equation)'으로 다음과 같이 표현된다.

$$B = f\,(P, E)$$

레빈이 발전시킨 이 심리방정식(a psychological equation)에 의하면 인간(Person)의 행동(Behavior)은 환경(Environment) 인간과의 함수(function)로 설명된다. 이렇듯 인간의 행동을 결정하는 것은 생활공간의 장인 것이다(김진만, 2017).

이러한 장이론과 청소년과의 관계는 청소년이 생활하는 지역사회를 둘러싼 심리적 환경이 중요한 영향을 미친다는 것이다. 따라서 청소년이 지역사회에서의 바른 성장을 위해서는 성인이 지키고 있는 영역에서의 바른 노력이 반드시 필요할 것이다(전동만, 장수한, 2021).

(2) 브론펜브레너의 생태체계이론

러시아 태생이며 미국으로 성장, 활동한 교육심리학자 브론펜브레너(Bronfenbrenner)는 생태체계이론(ecological systems)을 통해 인간발달을 포괄적인 관점에서 아동의 발달을 이해하고 올바르게 도움을 주기 위해 미시체계(microsystem), 중간체계(mesosystem), 외체계(exosystem), 거시체계(macrosystem), 시간체계(chronosystem)라는 다섯 가지로 구분하여 제시하였다. 이 생태체계이론은 청소년을 둘러싼 사회문화적 관점을 이해하고 환경을 이해하는 데 유익하게 활용된다.

미시체계는 청소년에게 직접 영향을 주는 가족이나 또래 등 근접한 환경이다. 미시체계는 대부분 부모, 친구, 교사와 같은 주변 사람과 직접적인 상호작용을 한다. 아동의 기질과 성격은 환경의 영향을 받는 수동적인 존재가 아니라 환경을 구성하는 능동적인 주체로 성장하면서 변화한다.

중간체계는 전체 체계 중에서도 미시체계에 직·간접적으로 영향을 주어 미시체계의 성격과 기능을 결정한다. 청소년이 일상적으로 경험하는 생활에 영향을 주는데, 학교, 동아리, 교회 등의 일반적 환경 특성(학교의 규칙, 운영과정, 학교규칙의 경직성 또는 유연성, 재단의 교육의지 등), 여가체계의 일반적 특성, 청소년이 이용하는 지역사회 자원체계들의 성격 등이 여기에 해당된다. 만약 학교폭력에 대한 예시를 들면, 학교훈육에 대한 학생의 인식과 교사와 학생과의 관계, 학교구성원(학교장, 교사, 학생) 간의 상호 신뢰관계, 학교 및 학급의 운영 체계와 또래집단 특성 간의 관계(또래집단의 관계가 상호 지지적이고 안정적인가 등)가 중간체계에 속한다(허승희 외, 2019).

외체계는 가족의 친구, 이웃, 부모의 직장, 부모의 취업 조건, 지역사회 이동수단, 대중매체 등이 포함된다. 청소년이 이러한 외체계에 직접 참여하지는 않지만 활동 영역에 여러 가지 제한을 받게 되므로 청소년에게 미칠 환경 조성 시 신중하게 고려해야 한다. 예를 들어, 부모의 직장에서 자녀양육을 위해 융통성 있게 근무시간을 조율 가능하다면 부모-자녀 관계가 증진되고 가정 내 청소년 자녀의 지도에 긍정적 영향을 미치지만, 부모의 실직이나 안정적이지 못한 고용 상태는 청소년 자녀의 성장에도 부정적인 영향을 미치게 된다.

거시체계는 사회구성원 모두에게 공통적으로 해당되는 환경을 의미하며, 사회의 물리적 · 사회적 · 문화적 · 경제적 · 정치적 구조 등이 여기에 해당된다. 청소년 관련 사회적 가치가 어떠한가에 따라 청소년복지정책이 수립되고, 이는 청소년에게 간접적인 영향을 미친다.

마지막으로, 시간체계는 연대체계라고 불리는데, 시간체계는 시간적으로 한 시점의 사건이나 경험이 아닌 전 생애를 걸쳐 일어나는 변화와 사회 역사적 환경을 의미한다. 어떤 시대에 출생하여 성장하였는가, 형제의 출생, 이사, 부모의 이혼 등의 중대한 사건은 청소년과 환경 간의 관계를 변화시킬 뿐만 아니라 청소년의 성장과 발달에 영향을 준다. 인간의 전 생애에 걸쳐 일어나는 변화와 사회, 역사적인 환경은 신체, 인지 및 인성까지 영향이 미친다.

2. 학교와 청소년

1) 학교 안 청소년

(1) 학교문화의 이해

학교는 청소년이 일과에서 가장 많은 시간을 보내는 곳이다. 청소년은 학교에서 수업을 듣는 등 학습을 하고 또래집단과 다양한 인간관계를 형성한다. 청소년은 학교교육을 통해 현재의 삶을 살아가며, 동시에 미래관을 정립하고, 직업관과 가치관을 형성하며, 미래를 준비하고 능력을 기르게 된다.

학교는 많은 청소년과 교사가 생활하기에 지속적으로 크고 작은 사건과 변화상이 목격된다. 이 가운데 집단따돌림과 같은 학교폭력 문제를 비롯해 교사와 학생 간의 물리적 폭력을 포함한 공교육의 붕괴 현상도 언론 보도를 통해 목격되고 있다. 학교는 청소년의 일상 자체이기에 학교에서 발생하는 문제는 곧 청소년문제와 직결되며, 나아가 2차 사회화 기관으로서의 역할에 심각한 부작용을 초래하는 사회문제라고 볼 수 있다. 따라서 학교문화에 대한 이해는 청소년문화에 대한 이해이며, 아울러 학교문제는 청소년문제이자 사회문제라고 볼 수 있다(신성철 외, 2018).

(2) 학교교육과 청소년활동

학교교육에서의 청소년활동은 주로 교육부의 정책으로 실시되는 활동으로 '창의적 체험활동' '자유학기제' '진로활동 집중학년 · 학기제' 등이 있다. 전체 학교가 참여하게 되므로 거의 대부분의 학생인 청소년이 참여하고 있다고 볼 수 있다. 학교에서 학업 이외에 청소년의 재능 발견 및 진로탐구 등을 위해 다양한 활동을 실시하는데, 수업 시간으로 배정하여 활동을 전개하게 된다.

자유학기제는 2016년에 모든 중학교에서 시행되었는데, 중학교 과정 중 한 학기 동안 학생이 시험 부담에서 벗어나 꿈과 끼를 찾을 수 있도록 토론 · 실습 등 학생 참여형으로 수업을 개선하고, 진로탐색 활동이 가능하도록 교육과정을 유연하게 운영하는 제도이다.

창의적 체험활동은 기존 2007년 개정 교육과정에서의 재량활동과 특별활동 교육과정 편성 및 운영의 문제를 개선하기 위해 2009년 개정 교육과정에서 이 두 활동을 통합 · 신설하여 2011년부터 교육현장에 도입되었다. 창의적 체험활동은 교과와 상호 보완적 관계 속에서 앎을 적극적으로 실천하고 심신을 조화롭게 발달시키기 위하여 실시하는 교과 이외의 활동으로, 자율활동, 동아리활동, 봉사활동, 진로활동의 영역별로 체험활동을 하는 것이다.

진로활동 집중학년 · 학기제는 초등학교 6학년부터 고등학교 1학년 시기에 특정 학년 또는 학기 동안 진로 체험 교육과정을 집중적으로 운영하는 제도로, 2016년부터 운영하고 있다. 기존 학기에 비해 진로활동의 비중을 확대하고 일반 교과와 연계한 진로 관련 수업 및 '진로와 직업' 등 진로 관련 교과를 집중 편성하여 학생의 진로 설계 역량을 개발하고 강화하는 학기라고 할 수 있다.

한편, 이 활동들 외의 청소년활동도 실시되고 있는데 대표적으로 교내 조직을 기반으로 활동하고 있는 스카우트, 해양소년단과 같은 '청소년단체활동', 그룹사운드, 댄스 등의 '교내 동아리활동' 등이 있으며, 청소년은 학교에서 이와 같은 조직을 통해 청소년활동에 참여하게 된다. 이 활동은 학교 안에서만 존재하는 것은 아니며, 학교 밖에서 청소년수련시설 등을 연고로 하는 별도의 동아리로서 존재하기도 하고, 청소년단체 역시 학교 안이 아닌 밖에서 청소년단체 그 자체를 기반으로 청소년활동을 하기도 한다(진은설 외, 2019).

2) 학교 밖 청소년

지금은 '학교 밖 청소년'이란 단어가 보편적인 용어가 되었으나, 청소년문제가 한창 사회적 이슈가 되었던 1990년대와 2000년 초반에는 '중도탈락' '학업중단'이란 표현들을 사용하였다. 이는 학교라는 공간이 반드시 청소년의 정상 사회이며, 이에 순응하지 못하는 학생은 정상이 아니라 또래 학생에 비해 부족하거나 궤도에서 이탈된 청소년이란 낙인을 의미하였다. 다시 말해, 청소년 당사자의 주체적이며 선택적인 의사는 고려하지 않은 표현이었다.

이후 '청소년의 권리를 적극 보장한다.'는 취지의 이념이 싹트기 시작하면서 학교 밖의 사회, 반드시 학교라는 공간만이 아닌 또 다른 크고 넓은 사회에서 청소년이 배우고 성장한다는 의미들이 제기되어 '학교 밖 청소년'이란 용어가 성립된다. 청소년에게 학교만이 모든 학업과 세상의 이치를 깨우치는 곳이 아니며 청소년의 다양한 욕구와 선택을 존중하게 되었다. 때론 학교 밖에서 더 실질적인 교육과 삶의 풍성한 교육을 찾고 있었다. 이러한 배경에서 「학교 밖 청소년 지원에 관한 법률」이 2014년 제정되었고 그 이듬해인 2015년 전국 220개소에 '학교 밖 청소년지원센터 꿈드림'이 설치되었다. 2019년 기준 우리나라의 학교 밖 청소년 수는 약 39만 명으로 추산되며, 해마다 증가하고 있는 추세이다.

'학교 밖 청소년'이란 9세 이상 24세 이하인 사람 중, ① 초등학교·중학교에 입학한 후 3개월 이상 결석하거나 취학의무를 유예한 경우, ② 고등학교에서 제적·퇴학 처분을 받거나 자퇴한 경우, ③ 고등학교에 진학하지 않은 경우를 말한다(「학교 밖 청소년 지원에 관한 법률」 제2조 제1호).

학교 밖 청소년 모두가 학업중단 청소년이거나 위기청소년이라고 볼 수는 없으나, 대표적인 위기청소년 집단은 학업중단 청소년, 가출청소년, 이주배경 중도입국 청소년, 소년원 출원 청소년 등이 있다.

(1) 학교 밖 청소년의 낙인과 자아개념

① 학교 밖 청소년과 낙인

낙인은 내재화되는 과정에 따라 주위 사람의 낙인과 자기 낙인의 두 가지로 분류될 수 있다. 청소년을 둘러싼 공식적 체계와 비공식적 인물들, 즉 부모, 교사, 친구 등 주위 사람으로부터 일차적 낙인을 주위 사람의 낙인이라고 할 수 있다. 젠슨(Jensen, 1972)은 주위 사람에 의해 낙인을 받은 사람일수록 반복적으로 범죄를 저지르는 성향이 있다고 보고하였다. 그에 반해, 이러한 주위 사람의 낙인을 내재화하고 자아의식의 한 부분으로 고착시켜 가는 것을 자기 낙인이라 할 수 있다. 자기 낙인은 자신에 대한 부정적 이미지를 내재화하고 나아가 스스로를 부정하거나 열등하다고 지각하게 만든다(이순래, 박현기, 2007).

학교 밖 청소년은 학교를 중단함으로써 일반적으로 청소년에게 당연히 주어지는 성장과 교육의 기회를 박탈당하게 된다. 이러한 기회의 부족은 개인의 의미 있는 자아 형성을 어렵게 하며, 나아가 낮은 자아개념과 사회적 기술 결여는 삶의 질의 저하로 이어질 가능성이 있다. 이처럼 학교 밖 청소년은 일반 청소년이 경험하는 발달과정상의 어려움뿐만 아니라 문제아 또는 실패자라는 낙인과 소외감, 좌절감 등으로 인한 고통에 시달리게 된다. 학교나 사회의 부정적 시선은 이들의 자아존중감과 성공에 대한 자신감을 저하시키는 요인으로 작용한다(조규필, 2013).

② 학교 밖 청소년과 자아개념

학교 밖 청소년은 자아개념을 형성할 기회를 갖지 못하고 다양한 좌절을 경험하면서 건강한 자아정체감과 자아존중감을 획득하지 못한다. 이러한 자아정체감의 미확립과 낮은 자아존중감은 학교 밖 청소년의 대표적인 개인적 특성이라 할 수 있다. 프롬(Fromm, 2000)은 남과 다르다는 것이 강한 공포를 불러일으킨다고 하였다. 분리되어 있다는 것은 세계를 잘 파악하지 못하고 있다는 것, 무력하다는 것을 의미한다. 그러므로 분리는 불안의 원천이 되며, 인간은 이러한 분리 상태를 극복하고 고독이라는 감옥을 벗어나고자 하는 절실한 욕구를 느낀다. 학교 밖 청소년은 남들과 다르다는 편견과 차가운 시선, 가족과의 갈등 등 학교중단으로 인한 사회적 관계에서의 어려움을 경험하게 된다. 이들은 자신이 뭔가 잘못된 방향으로 나아가고 있다는 불안을 느끼며, 학교를 다니지 않는다는 사실로 인한 심리적·정서적 어려움을 겪게 된다(정용선, 김선희, 2015).

그러나 이와는 대비적으로 학교 밖 청소년이 갖는 긍정적 자아개념에 대한 입장을 취하는 경우도 있다. 바로 긍정적 정서 확장–형성 이론이다. 이 이론에 따르면, 어떤 개인이 긍정적인 정서를 형성하면 인지적·심리적·신체적·사회적 자원을 포함하여 다양한 삶의 측면에서 정서적 자원으로 확장된다. 따라서 학교 밖 청소년이 높은 자아존중감이라는 정서를 형성하게 되면, 이는 자신의 미래의 교육, 직업, 삶 등에 대한 긍정적 생각이라는 정서적 자원으로 확장될 수 있다(이래혁, 2022).

(2) 학교 밖 청소년 지원사업[1]

학교 밖 청소년 지원은 청소년에 대한 보호, 성장과 발달, 상처 치유 및 회복 등의 통합적인 서비스 제공을 필요로 한다는 점에서 다부처 협력사업으로 수행되어야 할 필요성이 있으나, 현재 주로 여성가족부, 교육부, 교육청 등에서만 개별적으로 학교 밖 청소년을 위한 지원사업을 수행 중에 있다. 여기에서는 여성가족부, 교육부, 교육청의 학교 밖 청소년 지원사업을 정리하였다.

① 여성가족부
• 학교 밖 청소년 지원센터 운영: 꿈드림

학교 밖 청소년 지원센터 '꿈드림'은 청소년 개인의 특성과 상황을 고려한 상담지원, 교육지원, 직업체험 및 취업지원, 자립지원 등을 프로그램을 제공하며, 대상은 초등학교나 중학교에서 취학의무를 유예 또는 면제받았거나 수업일수의 1/3 이상 결석하여 정원 외 관리된 경우, 고등학교에 미진학 또는 중퇴한 만 9~24세 청소년이면 이용 가능하다. 여성가족부와 한국청소년상담복지개발원에서 지원하고 있으며, 전국 220개 지역(2022년 기준)에서 운영하고 있다.

〈표 13–1〉에서 보듯이, 꿈드림을 통해 학업복귀나 사회진입이 이루어진 성과는 15년부터 해마다 향상되고 있으며, 학업을 다시 이어나가는 경우 학교복귀의 경우보다는 검정고시가 10배가량 많았으며 대학진학도 점점 늘고 있는 추세이다. 사회진입을 하는 경우 취업, 직업훈련, 자격취득, 자기계발 중 바로 취업하는 경우보다

---

1) 이 내용은 국회입법조사처 정책분석모델개발 TF 보고서(허민숙, 2020)를 일부 발췌·수정하였음.

〈표 13-1〉 학교 밖 청소년 지원사업 성과 (단위: 명)

구분	지원인원	성과인원 (실인원, %)	학업복귀				사회진출				
			소계 (실인원)	학교 복귀	검정 고시	대학 진학	소계 (실인원)	취업	직업 훈련	자격 취득	자기 계발
2015	33,718	5,606(16.6)	4,147	448	3,669	227	1,875	371	409	871	396
2016	50,506	9,554(18.9)	7,161	697	6,645	270	3,121	489	440	1,342	1,149
2017	56,684	12,196(21.5)	9,000	638	8,250	548	4,667	852	520	2,298	1,775
2018	53,616	15,207(28.4)	11,080	693	10,260	726	6,126	1,372	668	2,641	2,689
2019	48,250	17,170(35.6)	13,434	1,592	11,372	1,004	5,751	1,301	544	2,508	2,485

출처: 여성가족부(2022a).

는 자격취득이나 자기계발을 통한 성장을 시간을 더욱 선호함을 알 수 있다.

• '내일이룸학교'를 통한 맞춤형 직업훈련

내일이룸학교는 학교 밖 청소년을 대상으로 맞춤형 직업훈련을 실시하는 프로그램으로 청소년의 성공적인 사회진출 및 경제적 자립지원을 목적으로 한다. 만 15~24세 이하의 학교 밖 청소년이 대상이며 훈련기관에 따라 단기(3~6개월) 및 장기(6개월 이상) 프로그램을 운영하고 있다. 무료 직업훈련 및 취업처를 알선하고 월 30만 원의 자립장려금을 지급하며, 훈련기관에 따라 무료 기숙사를 제공하는 경우도 있다.

• 학교 밖 청소년 건강검진 사업

청소년의 건강은 미래 국가의 운명과도 직결되는 사안이므로 학교 밖 청소년의 건강 역시 국가차원에서의 관심이 요망된다. 이런 취지에서 학교 밖 청소년의 건강한 성장을 지원하기 위해 학교 밖 청소년을 대상으로 매 3년마다 무료 건강검진을 실시하고 있다. 만 9세 이상 18세 이하 학교 밖 청소년을 대상으로 하며, 전국 882개 병원 · 의원 · 보건기관 등에서 실시하고 있으며, 건강검진을 원하는 청소년은 학교 밖 청소년 지원센터를 방문하거나 우편 또는 전자 메일로 신청할 수 있다.

② 교육부

• 학업중단학생 학습지원 사업 시범운영

교육부는 2017년부터 학업중단을 겪게 된 학생을 대상으로 학교 밖 학습 프로그램 등을 이수하고 이를 통해 학력을 인정받을 수 있도록 지원하는 사업을 운영하고 있다. 시범사업 시행 첫 해인 2017년 42명으로 시작하였던 것이 2019년 662명으로 큰 폭으로 증가하였다. 예산도 2017년 10억 원이었는데 2019년은 두 배가량 증액된 18억 원이었다.

- 학업중단학생 교육지원 사업 시행

학업중단학생을 대상으로 우수 프로그램을 운영하는 기관 또는 시설에 프로그램 운영비를 지원하고 있으며 교육부가 시·도 교육청에 예산을 배분하면 시·도 교육청이 공모 등을 통해 시설 및 기관을 선정하고 프로그램이 질적·양적으로 잘 운영되어 학업중단학생에게 유익한 실질적인 교육이 이루어질 수 있도록 지원한다. 〈표 13-2〉에서 알 수 있듯이, 2017년부터 2019년까지 예산액은 10억 원으로 고정되어 있으나 그 지원기관의 수는 2017년 57개소에서 2019년 118개소로 두 배가량 증가하였다.

〈표 13-2〉 **학업중단학생 교육지원 현황**　(단위: 백만 원)

연도	2017	2018	2019
지원기관	57	87	118
예산액	1,000	1,000	1,000
집행액	943	982	996

출처: 허민숙(2020).

③ 시·도 교육청
- 학업중단학생 및 학교 밖 청소년 지원사업 시행

전국 각 시·도 교육청에서는 학교 밖 청소년을 위한 '교육, 진로, 정서, 건강 지원' 사업을 제공하고 있다. 서울시의 경우 2019년 3월부터 시범사업으로 '교육참여수당' 지급을 시행하여 만 9~18세 학교 밖 청소년 중 일정 요건을 충족한 청소년에게 현금(초등학교급 10만 원, 중학교급 15만 원, 고등학교급 20만 원)을 지급하고 있다. 반면, 충청북도 등의 지역에서는 교육청에서 학교 밖 청소년 지원센터를 이용하는 청소년이 교통비, 식비, 학원 수강, 도서 구입, 영화 관람 등에 사용할 수 있도록 10만 원씩 1년에 5회까지 충전 가능한 충전식 선불카드 지급 사업을 실시하고 있다. 그 외 지역에서도 주로 검정고시 및 진로·진학 지원, 직업체험 프로그램 운영, 급식비 지원 등의 사업을 시행 중에 있다.

④ 시행기관 간 협업

• 학교와 시 · 도 교육청, 한국청소년상담복지개발원의 협업

각 학교에서 학업중단 발생 1주 이내에 교육청으로 학교 밖 청소년 발생 여부를 고지하고, 교육청은 한국청소년상담복지개발원의 꿈드림 정보망에 학교 밖 청소년 정보를 연계하게 된다.

• 경찰청의 학교 밖 청소년 발굴, 지원사업으로 연계

경찰청은 연 2회(6월, 11월) 학교 주변이나 학생들이 머물게 되는 취약지역을 중심으로 일제 발굴 기간을 정해 합동 거리상담(아웃리치)을 통해 학교 밖 청소년을 발굴하고 있다.

(3) 학교 밖 청소년 지원사업의 한계와 개선과제

① 학교 밖 청소년 지원사업의 한계

국내에서 시행되는 학교 밖 청소년 지원사업은 역사적으로 경험의 시간과 축적된 기술들이 오래되지는 않았으며, 이에 따른 지원사업의 한계점들이 노정된다. 학교 밖 청소년 지원사업의 한계를 세 가지로 나열하였고 그 개선방안도 밝힌다.

• 학교 밖 청소년 중 일부 청소년만이 지원받는 현실

약 39만 명에 이르는 학교 밖 청소년 규모에 비해 지원을 받고 있는 학교 밖 청소년의 수는 꿈드림센터 이용자 수를 기준으로 48,250명으로 10%에 그치고 있다 (2020년 기준). 이는 꿈드림센터에 다니는 청소년은 그나마 나은 환경에 있는 편이고, 훨씬 더 열악한 환경에 처한 청소년은 센터에 다닐 여건조차 되지 않는다는 의견들이 있으며, 보호관찰소 등 법무부 소관 학교 밖 청소년은 연계가 원활하지 않다는 문제점이 지적된다. 이를 개선하기 위해서는 보다 많은 학교 밖 청소년의 발굴을 위해 정보 연계를 통한 조치가 요구된다.

• 지원사업의 성과 부진

학교 밖 청소년 지원사업들에 대한 성과는 2015년 이후 꾸준히 증가 추세를 보이고 있으나 취업, 진학 및 학업복귀 등의 성과로 이어지는 경우는 많지는 않다. 지원사업의 제고를 위해서는 두 가지 개선방안이 가능하다. 첫째, 학교 밖 청소년 지원

사업에 대한 평가가 요구된다. 현재 중앙정부, 시·도 교육청 등이 수행하고 있는 유사사업을 평가하여 가장 효과가 좋은 프로그램을 선별하여 확산하고, 프로그램 성과 제고를 위한 전략 등을 마련하여 필요한 자원을 투입하는 등의 노력이 요구된다. 둘째, 학교 밖 청소년프로그램의 성과를 제고하기 위해서는 충분한 지원과 부처 간 협력이 필요하다. 예를 들어, '꿈드림'에서 제공되고 있는 정서·심리 상담 프로그램으로는 전문적인 의학적 치료 및 주의를 필요로 하는 자해(自害)청소년을 감당할 수 없는 등의 문제가 파악되고 실현 가능한 대책이 강구되어야 한다.

• 지원사업의 지역 편차

학교 밖 청소년에 대한 지원 격차가 확대되고 있다. 서울시에 거주하고 '친구랑'에서 운영하는 프로그램에 참여하는 학교 밖 청소년에게만 교육참여수당이 지급되고 있고, '동행카드'사업을 운영하는 시·도 거주 청소년에게 식비 및 교통비 등에 사용할 수 있는 선불카드가 지급되는 등 청소년의 거주지역 혹은 지자체 장의 관심 여부에 따라 학교 밖 청소년 지원사업의 편차가 발생하고 있다. 학교 밖 청소년은 지역에 머무르기도 하지만, 지역을 넘어 이동하는 경향이 있기 때문에 지역 간 경계를 넘어 보편적으로 적용될 수 있는 표준화된 사업이 개발·적용될 필요가 있다.

② 학교 밖 청소년 지원사업의 개선과제

이러한 한계점과 현안에 대해 다음과 같은 개선과제 및 대안이 논의된다.

• 학교 밖 청소년 지원사업은 위기개입에 대한 예방적 차원이라는 인식 제고

학교 밖 청소년에 대한 적절하고도 효율적인 지원은 해당 청소년이 안전하고 안정된 환경에서 성장할 수 있는 삶의 기반을 마련해 줄 수 있어야 한다. 삶의 자율성을 가진 독립된 성인으로 성장하는 생애경로에서 학교 및 직장으로부터의 단절은 성인기로의 전환을 어렵게 만드는 매우 중요한 요인으로 지적되고 있다. 학교 밖 청소년 모두가 위기 상황에 놓여 있는 것은 아니나, 학교로부터 단절된 청소년 중 가족으로부터의 물질적·정서적 지원 및 자원이 부족할수록 위기에 취약해지고 자력으로 극복하기 어렵다는 점에서 이들의 필요와 요구에 맞는 적합한 프로그램을 지원하는 것은 국가적으로 매우 중요한 사안임을 인식하여야 한다.

• 학교 밖 청소년과 위기청소년에 대한 자립 지원 필요

가족으로부터 제공되는 안전, 주거, 교육, 영양, 건강지원, 정서적 지지 등을 위기청소년에게 제공해 줄 수 있어야 한다. 생애주기에서 성인으로 성장·발전해 가는 과정에서 필요한 통합적인 지원을 체계적으로 설계·제공·평가·개선함으로써 위기청소년이 안정적인 가정환경에서 성장한 또래 청소년처럼 원활하게 자립할 수 있도록 하는 것이 지원의 최종 목적이 되어야 한다.

• 학교 밖 청소년 지원 서비스 효과의 극대화를 위해 부처 간 협력과 조정 필요

지금까지 관련부처별 학교 밖 청소년을 포함한 위기청소년 지원 정책을 마련하고 시행해 온 만큼 합리적인 평가를 통해 위기청소년의 다양한 필요에 부응하는 지원서비스 확대·확산하려는 노력을 기울일 필요가 있다. 학교 밖 위기청소년을 적극적으로 발굴해 내는 방안 중 하나는 그들에게 가장 필요한 서비스를 제공해 주는 것이라는 점에서 정책 통합과 조정을 통한 지원 서비스 제고가 향후 학교 밖 위기청소년 지원을 위한 정책 방향으로 설정될 필요가 요망된다.

3. 지역사회와 취약청소년활동의 연계

이 절에서는 지역사회 취약청소년의 안전망 확보를 위한 사업들에 대한 내용으로 여성가족부(2022a)에서 발간한 청소년백서의 일부를 발췌하여 소개한다([그림 13-2] 참조).

[그림 13-2] **청소년 안전망 개념도**

출처: 여성가족부(2022a).

1) 지역사회 청소년통합지원체계(청소년안전망)

(1) 운영배경

지속적인 이혼율 상승 및 경기침체로 인한 가장의 실직 등으로 가정해체가 증가하고 있으며, 전통적 가족 기능 약화에 따라 경제적·심리적으로 위기 상황에 처해 있는 청소년의 수가 늘어나고 있다. 그러나 위기청소년을 지원하기 위한 청소년 서비스 제공기관은 지역별로 인프라의 편차가 있거나 상호협력 체계가 부재하여 대상자 조기발견과 통합적 서비스 제공이 어려운 측면이 있었다. 이에 개별화된 지역사회 청소년지원서비스를 통합·연계하여 '정신건강문제' '가출' '폭력피해' '인터넷·스마트폰 중독' 등 위기청소년에 대한 상담·보호·의료·자립 등 맞춤형 서비스를 One-stop으로 제공하기 위해 '지역사회 청소년통합지원체계(청소년안전망)'를 구축·운영하고 있다.

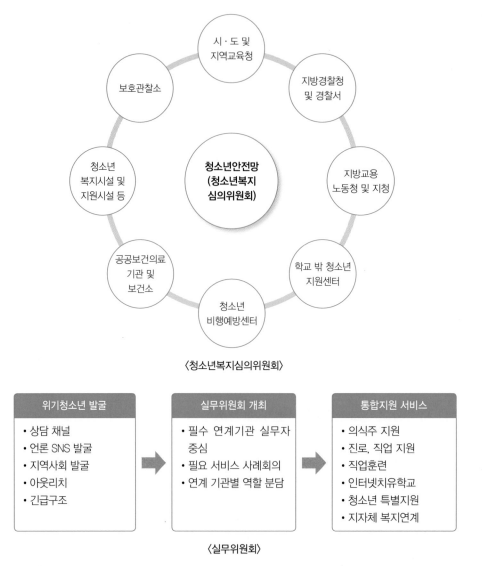

〈청소년복지심의위원회〉

위기청소년 발굴	실무위원회 개최	통합지원 서비스
• 상담 채널 • 언론 SNS 발굴 • 지역사회 발굴 • 아웃리치 • 긴급구조	• 필수 연계기관 실무자 중심 • 필요 서비스 사례회의 • 연계 기관별 역할 분담	• 의식주 지원 • 진로, 직업 지원 • 직업훈련 • 인터넷치유학교 • 청소년 특별지원 • 지자체 복지연계

〈실무위원회〉

[그림 13-3] 지역사회 청소년통합지원체계(청소년안전망) 청소년복지심의위원회 및 실무위원회 체계도

출처: 여성가족부(2022a).

(2) 운영현황

청소년안전망 사업은 지역사회 청소년 관련 기관 간의 네트워킹을 통한 통합지원체계 구축과 위기청소년에 대한 전화상담, 구조, 보호, 치료, 자립, 학습 등 서비스 제공을 통해 위기청소년의 건강한 성장과 삶의 역량을 강화하는 것을 주요 목적으로 하고 있다. 청소년안전망 사업은 2020년 전국 17개 시·도 및 212개 시·

군·구의 236개 청소년상담복지센터를 중심으로 123,022명의 위기청소년에게 2,713,713회의 맞춤형 서비스를 제공·연계하였으며, 2021년은 전국 17개 시·도 및 214개 시·군·구의 238개 청소년상담복지센터에서 145,016명의 위기청소년에게 3,283,400회의 맞춤형 서비스를 제공·연계하였다. 더불어 청소년안전망 활성화를 위해서 지역 연계망의 범위를 민간사회로 확대하여 가출청소년이 주로 이용하는 PC방, 노래방, 찜질방 등의 업소를 주축으로 위기청소년의 발견·긴급구조 및 보호서비스 등을 제공해 왔고, 점차적으로 의료, 법률, 자활 등의 전문분야에서도 위기청소년에게 필요한 지원서비스를 제공하는 등 위기청소년을 다각적으로 지원하는 '1388청소년지원단'을 구성하여 운영하고 있다. '1388청소년지원단'은 민간사회 안전망의 역할을 담당하며, 청소년 안전망의 민·관 협력체계를 만들어 나가는 기능을 수행하고 있다.

청소년안전망 서비스 이용 실인원은 구체적으로 2020년은 남자 청소년이 48.9%(60,144명), 여자 청소년이 51.1%(62,878명)였으며, 2021은 남자 청소년이 48.5%(70,319명), 여자 청소년이 51.5%(74,697명)로, 2020년 및 2021년 모두 남자 청소년보다 여자 청소년이 많이 이용한 것으로 나타났다.

청소년안전망을 통해 청소년에게 지원된 서비스를 살펴보면, 2020년은 전체 2,713,713건으로 2019년 대비 17.2% 감소하였다. 서비스 유형별로 살펴보면, 상담 및 정서적 지원이 73.9% 가장 많이 지원된 서비스로 나타났고, 기초생활 및 경제적 지원 13.6%, 여가 및 문화활동 지원 5.1% 등의 순으로 나타났다.

2021년의 경우 전체 3,283,400건으로 2020년 대비 11.2% 증가하였으며, 서비스 유형별로 상담 및 정서적 지원이 69.7%로 가장 많고, 기초생활 및 경제적 지원이 14.8%, 여가 및 문화활동 지원 5.3%의 순으로 나타났다.

(3) 지자체 청소년안전망 선도사업

청소년안전망을 통한 지역사회 위기 청소년 지원을 강화하고, 지자체 중심의 공적 운영체계를 확립하기 위하여 2019년 시범사업을 거쳐 2020년 9개 기초지자체에서 청소년안전망 선도사업을 실시하였으며, 2021년에는 14개 기초지자체로 확대하였다.

지자체 청소년안전망 선도사업은 지자체 내에 전담공무원과 민간전문가인 청소년통합사례관리사로 전담조직을 구성하고, 위기청소년 발굴과 지원, 연계기관 관

[그림 13-4] **지자체 청소년안전망팀 및 고위기 청소년 맞춤형 프로그램**

출처: 여성가족부(2022a).

리 등 지역의 위기 청소년 정책을 총괄하는 '청소년안전망팀 사업'과 해당 지역의
시·군·구 청소년상담복지센터에서 고위기 청소년에 대한 심층 사례관리와 지역
별 특화 프로그램을 운영하는 '고위기 청소년 맞춤형 프로그램'사업이 함께 운영된
다. 이를 통해 지역 실정에 맞는 위기청소년 지원사업 운영 모형을 발굴하고, 정책
대상자인 청소년 중심의 요구를 바탕으로 고위기 청소년이 필요로 하는 지역별 특
화프로그램을 개발하여 운영할 수 있도록 하였다([그림 13-4] 참조).

2) 청소년상담1388

2005년 4월 27일, 국가청소년위원회 출범과 동시에 청소년 긴급전화 1388, 가출
청소년상담전화 1588-0924, 한국청소년상담원의 상담전화 및 청소년(상담)지원
센터의 상담전화 등을 1388로 통합하고, 청소년의 생활환경 변화와 발맞춰 모바일
(2007년)과 사이버(2011년) 등의 상담매체를 추가하여 청소년안전망의 관문으로 운
영하고 있다.

'청소년상담1388'은 청소년은 물론, 학부모, 교사 등 일반 국민 누구나 청소년을
위하여 이용하는 상담채널로서 청소년상담, 긴급구조, 자원봉사 및 수련활동 정보
제공, 인터넷 중독치료 등 청소년 관련 모든 문제에 대해 365일 24시간 원스톱 서비
스 제공을 목적으로 한다. 청소년상담1388 서비스 제공 수는 2005년 9월 통합 이후
20,777건에 불과하던 것이 2006년도 98,466건으로 증가하였고, 이후 모바일상담과
사이버상담을 합하여 2020년에는 936,037건, 2021년에는 852,431건으로 증가하였
다. 2021년은 17개 시·도 및 214개 시·군·구 청소년상담복지센터 등 전국 238개

센터에서 청소년상담전화 1388을 운영하고 있으며, 모바일은 문자와 카카오톡, 사이버는 인터넷 채팅 및 게시판 상담 등을 통하여 청소년상담1388을 운영하고 있다.

한편, 청소년상담1388에 대한 인지도 향상은 위하여 스마트폰 앱(App), 카카오톡 배너, 유튜브 등을 활용하여 홍보를 추진하였으며, 홍보영상을 제작하여 페이스북, 트위터, 편의점 등의 다양한 시설 및 매체를 통하여 송출하는 등 전략적인 홍보를 전개하였다.

부록

청소년지도사 윤리헌장
청소년지도사 윤리강령(안)
청소년상담사 윤리강령

청소년지도사 윤리헌장

청소년지도사 윤리헌장

취지 : 청소년지도사는 이 시대의 청소년들이 우리 사회구성원으로서 정당한 대우와 권익을 보장받으며 건강한 민주시민으로 성장할 수 있도록 지원하는 전문가이며 동반자인 동시에 조력자이다. 이에 본 청소년지도사 윤리헌장을 통해 청소년지도사의 역할을 정립하고, 기본 정신과 윤리적 행동 지표를 마련하고자 한다.

序文
- 청소년지도사는 청소년기에 필요한 역량과 품성을 함양하는 교육적 체험활동을 제공하여 청소년들이 건강한 민주시민으로 성장하고 생활하는 데 필요한 기회와 지지를 전문적으로 제공한다.
- 청소년지도사는 청소년지도의 역할을 실천하고자 청소년 활동을 지도하는 데 필요한 전문가적 자질을 갖추고, 어떠한 경우에도 지도자로서 품위를 유지하여 청소년들에게 인격적인 신뢰와 지지를 받을 수 있도록 노력한다.
- 청소년지도사는 청소년들이 사회구성원으로서 정당한 권리와 자율성을 보장받고 성장할 수 있도록 사회여건과 환경개선에 적극 참여하여 청소년들이 능동적인 삶을 실현함에 있어 보탬이 되도록 한다.

이에 청소년지도사가 나아갈 바를 밝히고 아래의 실천을 다짐한다.

우리는(청소년지도사는)
- 청소년의 동반자로서 청소년의 인격을 존중하고 청소년을 위한 활동을 함께하며 지도한다.
- 청소년의 지지자로서 모든 청소년이 출생·성별·종교·학력·직업 그리고 신체적 조건 등 어떠한 이유에도 차별 받지 않도록 솔선수범한다.
- 청소년의 동반자로서 청소년들이 서로의 다름과 차이를 인정하고 존중하며 권익을 증진하는데 기여한다.
- 청소년전문가로서 최선의 지도방법을 갖추어 청소년의 발달특성과 욕구에 부응하는 활동이 이루어지도록 항상 자기개발에 힘쓴다.
- 지역사회의 일원으로서 청소년이 필요로 하는 활동 환경과 여건 개선을 위해 꾸준히 노력한다.
- 공익의 실현자로서 청소년활동 현장에서 맡은 바 역할을 수행함에 있어 어떠한 사적인 이익도 취하지 않는다.
- 청소년의 건강한 성장을 지원하는 지도자로서 자부심과 소명의식을 가지고 청소년의 삶에 모범이 되는 윤리의식을 함양하고 실천한다.

청소년지도사 윤리강령(안)

■ 방향성: 청소년지도사는 청소년이 자율적 행동과 의사결정을 할 수 있는 사회적 분위기를 조성해야 하며 이를 위해 청소년지도사 스스로가 올바른 행동양식과 윤리의식을 갖고자 노력해야 한다. 무엇보다 청소년을 위하여 직업적 전문성을 갖추려는 노력을 게을리해서는 안 되며 청소년중심의 사회규범을 구축하는 데 앞장서야 한다.

■ 윤리강령

1. 청소년에 대한 윤리

1) 청소년지도사는 청소년의 인권을 보장하도록 노력해야 한다.

2) 청소년지도사는 청소년의 개성을 이해 · 인정해야 한다.

3) 청소년지도사는 관심 있는 분야에 청소년의 자발적 참여를 유도해야 한다.

4) 청소년지도사는 청소년의 자율적 의사결정을 바탕으로 행동하도록 지도해야 한다.

5) 청소년지도사는 청소년의 자기결정권 행사에 비심판적인 태도를 유지해야 한다.

6) 청소년지도사는 청소년이 선택한 결과에 대한 책임을 스스로 질 수 있도록 조력해야 한다.

7) 청소년지도사는 청소년의 자율적 행동을 억제하는 사회 · 문화적 여건을 개선하는 데 앞장서야 한다.

8) 청소년지도사는 청소년의 발달상황에 따른 개인차를 고려하고 배려해야 한다.

9) 청소년지도사는 프로그램의 계획, 실행, 평가의 모든 과정에 청소년의 요구를 반영해야 한다.

10) 청소년지도사는 청소년지도의 목적을 달성하기 위해 청소년을 억압하거나 규제하는 행위를 금해야 한다.

11) 청소년지도사는 청소년의 경제적 · 사회적 · 문화적 환경 등 외부요인을 보고 차별을 해서는 안 된다.

12) 청소년지도사는 청소년의 사생활 보호를 위해 직무수행과정에서 얻은 정보는 철저하게 비밀을 유지해야 한다.

13) 청소년지도사는 직무와 관련하여 알게 된 정보나 자료를 청소년의 동의 없이 이용하지 말아야 한다.

14) 청소년지도사는 청소년과 관련된 정보 공개가 필요할 때는 목적을 밝히고 사전 동의를 얻어야 한다.

15) 청소년지도사는 활동에 앞서 청소년의 안전에 최우선적으로 노력해야 한다.

2. 자신에 대한 윤리

1) 청소년지도사는 청소년과 효과적인 의사소통을 할 수 있도록 노력해야 한다.

2) 청소년지도사는 자신의 권위와 가치를 훼손하는 행동을 해서는 안 된다.

3) 청소년지도사는 기관 내·외부로부터 부당한 간섭이나 압력에 굴하지 않고, 전문적 가치와 판단에 공정하게 따라 업무를 수행해야 한다.

4) 청소년지도사는 전문성을 높이기 위해 훈련·연수·교육에 적극 참여하여야 한다.

5) 청소년지도사는 신체적·정서적·사회적으로 건강한 상태를 유지하도록 노력해야 한다.

6) 청소년지도사는 청소년에 귀감이 되는 말과 행동을 해야 한다.

7) 청소년지도사는 개인의 생활문제가 업무수행에 영향을 미쳐서는 안 된다.

8) 청소년지도사는 청소년에게 성적 수치심을 주는 언어와 행동을 해서는 안 된다.

9) 청소년지도사는 어떠한 상황하에서도 청소년과 성적인 관계를 가져서는 안 된다.

3. 직업에 대한 윤리

1) 청소년지도사는 업무상 부정한 청탁을 하거나 받아서는 안 된다.

2) 청소년지도사는 청소년의 활동 내용을 부정한 방법으로 기록해서는 안 된다.

3) 청소년지도사는 자신의 업무성과를 높이는 목적으로 청소년을 이용해서는 안 된다.

4) 청소년지도사는 주어진 직무에 성실하게 책임을 다해야 한다.

5) 청소년지도사는 동료를 신뢰하고 존중해야 한다.

6) 청소년지도사는 동료의 직무 가치와 내용을 이해·인정하여야 한다.

7) 청소년지도사는 상호간에 원만한 직무관계를 이루도록 노력해야 한다.

8) 청소년지도사는 동료가 비윤리적인 상황에 처해 있을 경우, 관리자에게 통보하고 부정적인 결과를 최소화할 수 있도록 노력해야 한다.

9) 관리자는 기관운영의 책임자로서의 사명감을 갖고 역할을 성실하게 수행해야 한다.

10) 청소년지도사는 소속 기관의 정책 수행과 사업 목표 달성을 위해 적극적으로 노력해야 한다.

4. 사회에 대한 윤리

1) 청소년지도사는 각 가정의 환경을 이해하고, 가치를 존중해야 한다.

2) 청소년지도사는 청소년의 보호자와 상호신뢰를 바탕으로 동반자적인 관계를 유지해야 한다.

3) 청소년지도사는 청소년 및 가정의 요구가 사회에 반영되도록 촉진하는 역할을 수행해야 한다.

4) 청소년지도사는 자신이 속한 지역사회의 인적·물리적·문화적 특성을 이해하려고 노력해야 한다.

5) 청소년지도사는 청소년의 올바른 성장을 위해 공공·지역사회 기관과 긴밀한 협조 관계를 유지할 수 있어야 한다.

6) 청소년지도사는 사회의 변화 양상을 파악하여 지도에 적극 반영해야 한다.

7) 청소년지도사는 청소년의 잠재된 사회문제를 파악할 수 있어야 한다.

8) 청소년지도사는 청소년 관련 정책을 이해하고, 청소년에게 적용 가능한 부분은 적극 검토·반영하여야 한다.

출처: 윤나랑(2017).

청소년상담사 윤리강령

−서문−

청소년상담사는 청소년의 인지, 정서, 행동, 발달을 조력하는 유일한 상담전문 국가 자격증이다. 청소년상담사는 항상 청소년과 그 주변인들에게 인간으로서의 존엄성을 높이고자 노력하고, 청소년이 스스로 결정할 수 있도록 도와주며, 청소년의 아픔과 슬픔에 대해 청소년상담사로서의 책임을 다한다. 청소년상담사는 청소년이 사랑하는 가족, 이웃과 더불어 행복하게 살아갈 수 있도록 지원하기 위해 다음과 같이 윤리규정을 숙지하고 준수할 것을 다짐한다.

가. 제정 목적

1. 청소년상담사의 책임과 의무를 분명하게 제시하여 내담자를 보호한다.
2. 청소년상담사가 직무 중에 발생하는 문제를 처리할 수 있는 기준을 제공한다.
3. 청소년상담사의 활동이 전문직으로서의 상담의 기능 및 목적에 저촉되지 않도록 기준을 제공한다.
4. 청소년상담사의 활동이 지역사회의 도덕적 기대에 부합하도록 준거를 제공한다.
5. 대한민국 청소년들의 건강·성장을 책임지는 전문가로서의 청소년상담사를 보호하는 기준을 제공한다.

나. 청소년상담사로서의 전문적 자세

1. 전문가로서의 책임
   가) 청소년상담사는 「청소년 기본법」에 따라 청소년의 권리와 책임을 다할 수 있게 지원해야 한다.
   나) 청소년상담사는 자기의 능력 및 기법의 한계를 인식하고, 전문적 기준에 위배되는 활동을 하지 않도록 한다.
   다) 청소년상담사는 검증되지 않고 훈련받지 않은 상담기법의 오·남용을 하지 않도록 유의한다.
   라) 청소년상담사는 청소년과 관련된 정책, 규칙, 법규에 대해 정통해야 하고 청소년 내담자를 보호하며 청소년 내담자가 최선의 발달을 이루도록 노력해야 한다.

2. 품위유지 의무

    가) 청소년상담사는 전문상담자로서 품위를 손상하는 행위를 하지 않는다.

    나) 청소년상담사는 현행법을 우선적으로 준수하되, 윤리강령이 보다 엄격한 기준을 설정하고 있다면, 윤리강령을 따른다.

    다) 청소년상담사는 상담적 배임행위(내담자 유기, 동의를 받지 않은 사례 활용 등)를 하지 않는다.

3. 보수교육 및 전문성 함양

    가) 청소년상담사는 자신의 전문성을 유지 · 향상시키기 위해 법적으로 정해진 보수교육에 반드시 참여한다.

    나) 청소년상담사는 다양한 사람들을 상담함에 있어 상담에 필요한 이론적 지식과 전문적 상담 및 연구능력을 향상시키기 위해 교육, 자문, 훈련 등 지속적인 노력을 기울여야 한다.

다. 내담자의 복지

1. 내담자의 권리와 보호

    가) 청소년상담사는 내담자의 복지를 증진하고 존엄성을 존중하는 것에 최우선 가치를 둔다.

    나) 청소년상담사는 내담자가 상담 계획에 참여할 권리, 상담을 거부하거나 개입 방식의 변경을 거부할 권리, 거부에 따른 결과를 고지받을 권리, 자신의 상담 관련 자료를 복사 또는 열람할 수 있는 권리 등을 보장해 주어야 한다. 단, 기록물에 대한 복사 및 열람이 내담자에게 해악을 끼친다고 판단될 경우 내담자의 기록물 복사 및 열람을 제한할 수 있다.

    다) 청소년상담사는 외부 지원이 적합하거나 필요할 때 의뢰를 요청할 수 있으며 이를 청소년 내담자 및 보호자(만 14세 미만 내담 청소년의 경우)에게 알리고 서비스를 받을 수 있도록 노력한다.

    라) 청소년상담사는 자신의 질병, 죽음, 이동, 퇴직 등으로 인하여 상담을 중단해야 하는 경우 이에 대한 적절한 조치를 취해야 한다.

    마) 청소년상담사는 청소년 내담자에게 무력, 정신적 압력 등을 사용하지 않는다.

2. 사전 동의

　가) 청소년상담사는 상담을 시작할 때 내담자가 충분한 설명을 듣고 선택할 수 있도록 적절한 정보를 제공해야 하고, 상담자와 내담자 모두의 권리와 책임에 대해 알려 줄 의무가 있다.

　나) 청소년상담사는 내담자에게 상담과정의 녹음과 녹화 여부, 사례지도 및 교육에 활용할 가능성에 대해 설명하고, 내담자에게 동의 또는 거부할 권리가 있음을 알려야 한다.

　다) 청소년상담사는 내담자가 만 14세 미만의 청소년인 경우, 보호자 또는 법정대리인의 상담 활동에 대한 사전 동의를 구해야 한다.

　라) 청소년상담사는 내담자에게 상담의 목표와 한계, 상담료 지불 방법 등을 명확히 알려야 한다.

3. 다양성 존중

　가) 청소년상담사는 모든 인간의 기본적인 권리, 존엄성, 가치를 존중하며 성별, 장애, 나이, 성적 지향, 사회적 신분, 외모, 인종, 가족형태, 종교 등을 이유로 내담자를 차별하지 않는다.

　나) 청소년상담사는 내담자의 다양한 문화적 배경을 이해하고, 청소년상담사 자신의 고유한 문화적 정체성이 상담과정에 영향을 주지 않도록 노력해야 한다.

　다) 청소년상담사는 자신의 개인적 가치, 태도, 신념, 행위를 자각하고 내담자에게 자신의 가치를 강요하지 않는다.

라. 상담관계

1. 다중관계

　가) 청소년상담사는 법적, 도덕적 한계를 벗어난 다중관계를 맺지 않는다.

　나) 청소년상담사는 내담자와 연애 관계 및 기타 사적인 관계를 맺지 않는다.

　다) 청소년상담사는 내담자와 상담 비용을 제외한 어떠한 금전적, 물질적 거래 관계도 맺지 않는다.

　라) 청소년상담사는 내담자와 상담 이외의 다른 관계가 있거나, 의도하지 않게 다중관계가 시작된 경우에는 적절한 조치를 취해야 한다.

2. 부모/보호자와의 관계

　가) 청소년상담사는 부모(보호자)의 권리와 책임을 존중하고, 청소년 내담자의 건강한 성장을 위해 부모(보호자)에게 상담자의 역할에 대해 설명하여 협력적인 관계를 성립하도록 노력한다.

　나) 청소년상담사는 내담자의 성장과 복지에 필요하다고 판단되는 경우, 내담자의 동의하에 부모(보호자)에게 내담자에 관한 최소한의 정보를 제공한다.

3. 성적 관계

　가) 청소년상담사는 내담자 및 내담자의 가족, 중요한 타인에게 자신의 지위를 이용하여 성적 접촉 및 성적 관계를 가져서는 안 된다.

　나) 청소년상담사는 이전에 연애 관계 또는 성적인 관계를 가졌던 사람을 내담자로 받아들이지 않는다.

마. 비밀보장

1. 사생활과 비밀보장의 의무

　가) 청소년상담사는 내담자와 부모(보호자)의 사생활과 비밀보장에 대한 권리를 최대한 존중해야 한다.

　나) 청소년상담사는 상담기관에 소속된 모든 구성원과 관계자 · 슈퍼바이저 · 주변인들에게도 내담자의 사생활과 비밀이 보호되도록 주지시켜야 한다.

　다) 청소년상담사는 청소년 내담자 상담 시 사전에 상담에 대한 내담자의 동의를 받고 상담과정에 부모나 보호자가 참여할 수 있으며, 비밀보장의 한계에 따라 정보를 제공할 수 있음을 알린다.

　라) 청소년상담사는 청소년 내담자 상담 시 상담 의뢰자(교사, 경찰 등)에게 내담자 및 보호자(만 14세 미만 내담 청소년의 경우)의 동의하에 정보를 제공할 수 있다.

　마) 청소년상담사는 비밀보장의 의미와 한계에 대하여 청소년 내담자의 발달단계에 적합한 용어로 알기 쉽게 설명해 주어야 한다.

　바) 청소년상담사는 강의, 저술, 동료자문, 대중매체 인터뷰, 사적 대화 등의 상황에서 내담자의 신원 확인이 가능한 정보나 비밀 정보를 공개하지 않는다.

2. 기록 및 보관

가) 청소년상담사는 내담자에게 전문적인 서비스를 제공하기 위해 상담 내용을 기록하고 보관한다.

나) 기록의 보관은 공공기관이나 교육기관 등은 각 기관에서 정한 기록 보관 연한을 따르고, 이에 해당하지 아니한 경우에는 3년 이내 보관을 원칙으로 한다.

다) 청소년상담사는 기록 및 녹음에 관해 내담자의 사전 동의를 구한다.

라) 청소년상담사는 면접기록, 심리검사자료, 편지, 녹음 및 동영상 파일, 기타 기록 등 상담과 관련된 기록을 보관하고 처리하는 데 있어서 비밀을 준수해야 한다.

마) 청소년상담사는 원칙적으로 내담자 및 보호자(만 14세 미만 내담 청소년의 경우)의 동의 없이 상담의 기록을 제3자나 기관에 공개하지 않는다.

바) 청소년상담사는 내담자와 보호자가 상담 기록의 삭제를 요청할 경우 법적, 윤리적 문제가 없는 한 삭제하여야 한다. 상담 기록을 삭제하지 못할 경우 타당한 이유를 내담자와 보호자에게 설명해 주어야 한다.

사) 청소년상담사는 퇴직, 이직 등의 이유로 상담을 중단하게 될 경우 기록과 자료를 적절한 절차에 따라 기관이나 전문가에게 양도한다.

아) 전자기기 및 매체를 활용하여 상담관련 정보를 기록·관리하는 경우, 기록의 유출 또는 분실 가능성에 대해 경각심과 주의 의무를 가져야 하며 내담자의 정보보호를 위해 적극적인 노력을 해야 한다.

자) 내담자의 기록이 전산 시스템으로 관리되는 경우, 접근 권한을 명확히 설정하여 내담자의 신상이 공개되지 않도록 조치를 취한다.

3. 상담 외 목적을 위한 내담자 정보의 사용

가) 청소년상담사는 자신의 사례에 대해 보다 나은 전문적 상담을 위해 내담자 및 보호자(만 14세 미만 내담 청소년의 경우)의 동의를 구한 후 내담자에 대해 사실적이고 객관적인 정보만을 사용하여 동료나 슈퍼바이저에게 자문을 받을 수 있다.

나) 청소년상담사는 교육이나 연구 또는 출판을 목적으로 상담 관련 자료를 사용할 때에는 내담자 및 보호자(만 14세 미만 내담 청소년의 경우)의 동의를 구해야 하며, 신상 정보 삭제와 같은 적절한 조치를 취하여 내담자에게 피해를 주지

않도록 한다.

4. 비밀보장의 한계

　가) 청소년상담사는 상담 시 비밀보장의 1차적 의무를 내담자의 보호에 두지만 비밀보장의 한계가 있는 경우 청소년의 부모(보호자) 및 관계기관에 공개할 수 있다.

　나) 비밀보장의 한계가 있는 경우는 다음과 같다.

　　1) 청소년상담사는 내담자의 생명이나 사회의 안전을 위협하는 경우 비밀을 공개하여 그러한 위험의 목표가 되는 사람을 보호하기 위한 합당한 조치 등 안전을 확보한다.

　　2) 청소년상담사는 법적으로 정보의 공개가 요구되는 경우 내담자에게 그 사실을 알리고 최소한의 정보만을 제공한다.

　　3) 청소년상담사는 내담자에게 감염성이 있는 치명적인 질병이 있을 경우 관련 기관에 신고하고, 그 질병에 노출되어 있는 제3자에게 정보를 공개할 수 있다.

　다) 청소년상담사는 아동학대, 청소년 성범죄, 성매매, 학교폭력, 노동관계 법령 위반 등 관련 법령에 의해 신고의무자로 규정된 경우 해당 기관에 관련 사실을 신고해야 한다.

바. 심리평가

1. 심리검사의 실시

　가) 청소년상담사는 심리검사를 실시하고 해석할 수 있는 능력을 배양해야 한다.

　나) 청소년상담사는 심리검사 실시 전에 내담자 및 보호자(만 14세 미만 내담 청소년의 경우)에게 사전 동의를 받아야 한다.

　다) 청소년상담사는 검사 도구를 선택, 실시, 해석함에 있어서 모든 전문가적 기준을 고려하여 사용한다.

　라) 청소년상담사는 내담자에게 적절한 심리검사를 선택해야 하며 검사의 타당도와 신뢰도, 제한점 등을 고려한다.

　마) 청소년상담사는 다문화 배경을 가진 내담자를 위한 검사 선택 시 내담자의 사회문화적 맥락을 신중히 고려해야 한다.

2. 심리검사의 해석

　가) 청소년상담사는 심리검사 해석에 있어 성별, 나이, 장애, 성적 지향, 인종, 종교, 문화 등의 영향을 고려하여 검사 결과를 해석한다.

　나) 청소년상담사는 청소년이 이해할 수 있도록 심리검사의 목적, 성격, 결과에 대한 설명을 제공한다.

　다) 청소년상담사는 심리검사 결과를 다른 이들이 오용하거나 외부에 유출하지 않도록 하여야 한다.

사. 슈퍼비전

1. 슈퍼바이저의 역할과 책임

　가) 슈퍼바이저는 사례지도방법과 기법들에 대한 교육과 훈련을 지속적으로 받음으로써 사례지도 역량을 향상시키기 위해 노력한다.

　나) 슈퍼바이저는 전자 매체를 통하여 전송되는 모든 사례지도 자료의 비밀 보장을 위해서 주의하고, 필요한 조치를 취한다.

　다) 슈퍼바이저는 사례지도를 시작하기 전에, 진행 과정에 대해 충분히 설명한 후 동의를 받음으로써 슈퍼바이지의 적극적 참여를 독려할 책임이 있다.

　라) 슈퍼바이저는 슈퍼바이지에게 전문가적 · 윤리적 규준과 법적 책임을 숙지시킨다.

　마) 슈퍼바이저는 지속적 평가를 통해 슈퍼바이지의 한계를 파악하고, 그가 자신의 한계를 인식하고 보완할 수 있도록 돕는다.

2. 슈퍼바이저와 슈퍼바이지의 관계

　가) 슈퍼바이저는 슈퍼바이지와 상호 존중하며 윤리적, 전문적, 개인적 그리고 사회적 관계를 명료하게 정의하고 유지한다.

　나) 슈퍼바이저와 슈퍼바이지는 성적 혹은 연애 관계, 그 외에 사적인 이익관계를 갖지 않는다.

　다) 슈퍼바이저와 슈퍼바이지는 상호 간에 성희롱 또는 성추행을 해서는 안 된다.

　라) 슈퍼바이저는 가족, 친구, 동료 등 상대방에 대한 객관성을 유지하기 힘든 사람과 슈퍼비전 관계를 맺지 않는다.

아. 청소년 사이버상담

1. 사이버상담에서의 정보 관리

　가) 운영 특성상, 한 명의 내담자가 여러 명의 사이버상담자를 만나게 되는 경우 상담자들 간에 정보를 공유할 수 있음을 내담자에게 알린다.

　나) 사이버상담 운영기관에서는 이용자가 다른 사람의 신분을 도용하지 않도록 절차를 마련해야 한다.

2. 사이버상담에서의 책임

　가) 사이버상담자는 만약에 있을지 모르는 위기개입 등의 상황을 대비하기 위해서 내담자의 신분을 확인할 방법을 가지고 있어야 한다.

　나) 사이버상담이 내담자에게 부적절하다고 간주될 경우, 상담자는 대면상담 연계 등 이에 적합한 서비스 연계를 하여야 한다.

자. 지역사회 참여 및 제도 개선에 대한 책임

1. 지역사회를 돕는 전문가 역할

　가) 청소년상담사는 경제적 이득이 없는 경우에도 청소년의 최선의 유익을 위하여 지역사회의 기관, 조직 및 개인과 협력하고 사회공익을 위해 전문적 활동에 헌신함으로써 사회에 공헌하도록 한다.

　나) 청소년상담사는 내담자가 다른 정신건강 전문가와 상담을 받고 있음을 알게 되면, 내담자의 동의하에 그 전문가와 긍정적이고 협력적인 관계를 맺도록 노력한다.

2. 제도 개선 노력

　가) 청소년상담사는 청소년 및 복지관련 법령, 정책 등의 적용과 개선을 위해 노력한다.

　나) 청소년상담사는 자문을 요청한 내담자나 기관의 문제 혹은 잠재된 사회문제를 규명하고 해결하는 데 도움을 준다.

차. 상담기관 설립 및 운영

1. 상담기관 운영자의 역할

가) 청소년상담 기관을 운영하고자 할 경우, 운영자로서의 전문성 및 역량을 갖추도록 노력해야 한다.

나) 상담기관 운영자는 직원이나 학생, 수련생, 동료 등을 교육, 감독하거나 평가 시에 착취하는 관계를 가져서는 안 된다.

다) 상담기관 운영자는 자신과 현재 종사하고 있는 직원의 전문적 역량 향상에 책임이 있다.

라) 상담비용은 내담자의 재정 상태 등을 고려하여 합리적으로 책정한다.

마) 상담기관 운영자는 직원 채용 시 자격 있는 사람을 채용해야 한다.

2. 상담기관 종사자의 역할

가) 청소년상담사는 자신이 종사하는 기관의 목적과 운영방침을 따라야 하며, 기관의 성장 발전을 위해 노력해야 한다.

나) 청소년상담사는 고용기관에 손해를 끼칠 수 있는 상황이나 기관의 효율성에 제한을 줄 수 있는 상황에 대해 미리 알려 주어야 한다.

카. 연구 및 출판

1. 연구 활동

가) 청소년상담사는 청소년문제해결을 위해 윤리적 기준에 따라 과학적인 방법으로 연구를 계획하고 수행한다.

나) 청소년상담사는 연구 대상자를 심리적, 신체적, 사회적 불편이나 위험으로부터 보호하여야 한다.

다) 청소년상담사는 연구 참여자들에게 연구의 본질, 결과 및 결론에 대한 정보를 제공하는 것이 과학적 가치와 인간적 가치를 손상키시지 않는 한, 연구 참여자들이 이에 대한 정보를 얻을 수 있는 기회를 제공한다.

2. 출판 활동

가) 청소년상담사는 연구 결과를 출판할 경우에 자료를 위조하거나 결과를 왜곡해서는 안 된다.

나) 청소년상담사는 투고논문, 학술발표원고, 연구계획서를 심사할 경우 제출자와 제출내용에 대해 비밀을 유지하고 저자의 저작권을 존중한다.

타. 자격취소

1. 청소년상담사는 「청소년 기본법」 제21조의2(자격의 취소)에 해당하는 경우 자격이 취소된다.

　가) 「청소년 기본법」 제21조의 결격사유에 해당하게 된 경우

　　① 미성년자, 피성년후견인 또는 피한정후견인

　　② 파산선고를 받고 복권되지 아니한 사람

　　③ 금고 이상의 형을 선고받고 그 집행이 끝나거나 집행을 받지 아니하기로 확정된 후 3년이 지나지 아니한 사람

　　④ 금고 이상의 형을 선고받고 그 집행유예의 기간이 끝나지 아니한 사람

　　⑤ 3호 및 4호에도 불구하고 다음 각 목의 어느 하나에 해당하는 죄를 저지른 사람으로서 형 또는 치료감호를 선고받고 확정된 후 그 형 또는 치료감호의 전부 또는 일부의 집행이 끝나거나(집행이 끝난 것으로 보는 경우를 포함한다) 집행이 유예 · 면제된 날부터 10년이 지나지 아니한 사람

　　　㉠ 「아동복지법」 제71조 제1항의 죄

　　　㉡ 「성폭력범죄의 처벌 등에 관한 특례법」 제2조의 성폭력범죄

　　　㉢ 「아동 · 청소년의 성보호에 관한 법률」 제2조 제2호의 아동 · 청소년대상 성범죄

　　⑥ 법원의 판결 또는 법률에 따라 자격이 상실되거나 정지된 사람

　나) 거짓이나 그 밖의 부정한 방법으로 자격을 취득한 경우

　다) 자격증을 다른 사람에게 빌려주거나 양도한 경우

파. 청소년상담사 윤리강령 제 · 개정 및 해석

1. 한국청소년상담복지개발원은 청소년상담사 윤리강령 교육 · 보급을 위해 노력해야 한다.

2. 한국청소년상담복지개발원은 청소년상담사 대상 의견 수렴 및 전문가 토론회, 자격검정위원회의 보고 등 자문을 통해 청소년상담사 윤리강령 개정안을 수립한 후 청소년상담사 윤리강령을 개정할 수 있다.

3. 윤리강령과 관련하여 의견이 있거나 공문 등을 통해 윤리적 판단을 요청할 경우, 한국청소년상담복지개발원에서 전문적 해석을 제공할 수 있다.

부칙

1. (시행일) 이 강령은 공표한 날부터 시행한다.

출처: 한국청소년상담복지개발원 청소년상담사(https://www.youthcounselor.or.kr:446/new/sub01_6. html).

참고문헌

강경구(2020). 청소년지도사의 셀프리더십. 조직몰입. 효능감. 조직효과성 간의 구조 관계 분석. 중원대학교 대학원 박사학위논문.

강경수, 이민형, 김진환(2008). 한국 청소년 범죄 대책 방안. 한국재난정보학회논문집, 4(1), 10-31.

강병관(2019). 청소년활동 안전 인식에 대한 이해관계자 간의 상호지향성 연구. 명지대학교 대학원 박사학위논문.

강인애(1997). 왜 구성주의인가?. 문음사.

검찰청(2019). 2019 마약류 범죄백서.

검찰청(2020). 2020 마약류 범죄백서.

검찰청(2021). 2021 마약류 범죄백서.

고영희(2012). 초등학교 고학년의 사춘기 초기 적응을 위한 교육과정기준 개발 연구. 고려대학교 박사학위논문.

과학기술정보통신부(2022). 스마트폰·인터넷 과의존 예방 및 해소 기본계획(2022~2024).

곽승호(2011). 리더십이 집단효능감과 조직몰입에 미치는 영향에 관한 연구: 변혁적 리더십과 서번트 리더십을 중심으로. 계명대학교 대학원 박사학위논문.

교육부 보도자료(2021. 11. 24). 2022「개정 교육과정 총론 주요 사항」.

교육부(2013). 전환기 진로지도 프로그램 운영 매뉴얼. 교육부·한국직업능력개발원.

교육부(2016). 진로교육 집중학년·학기제 운영 매뉴얼.

교육부(2020). 혁신정책과 자료.

교육부(2021). 2022 개정 교육과정 총론 주요사항(시안).

교육부, 한국직업능력개발원(2017). 자유학기와 연계하는 중학교 진로교육 집중학년·학기
　　　제 운영 매뉴얼.

교육청(2021). 2021년도 교육복지우선지원사업 기본계획.

권이종, 김천기, 이상오(2010). 청소년문화론. 공동체.

권일남, 김태균, 최진이, 이상경(2011). 청소년활동론. 학지사.

권일남, 김호순, 김태균, 김영삼(2015). 청소년활동(시설)안전교육과정 개발연구. 한국청소년활
　　　동진흥원.

권일남, 오해섭, 이교봉(2010). 청소년활동론. 공동체.

권일남, 전명순, 김정률(2017). 인증수련활동 활동영역 구분 및 심사지표 신규개발 연구. 한국청
　　　소년활동진흥원.

김남선(2001). 청소년교육론. 형설출판사.

김남선, 한상철, 이옥분, 한상철, 이옥분, 주동범, 정일환(2001). 청소년교육론. 형설출판사.

김문수(2017). 청소년활동 안전사고에 대한 청소년지도자의 의식과 책임에 관한 연구. 중앙
　　　대학교 대학원 석사학위논문.

김문수, 지영섭(2021). 청소년안전사고 판례를 통해 본 청소년지도자의 법적 책임. 한국청소
　　　년연구, 32(2), 61-89.

김병문(2010). 변혁적 리더십의 스포츠 분야에의 적용: 히딩크 감독의 사례를 중심으로. 스포
　　　츠엔터테인먼트와 법, 13(1), 11-37.

김봉환, 강은희, 가혜영, 공윤정, 김영빈, 김희수, 선혜연, 손은령, 송재홍, 유현실, 이제경, 임
　　　은미, 황매향(2017). 진로상담. 학지사.

김수정, 박연주(2014). 고용촉진지원제도 관련 판례분석 연구. 사회복지정책, 41(3), 131-153.

김순희(2020). 청소년기 창의성 종단변화와 관련변인에 대한 구조모형 검증. 숙명여자대학교
　　　박사학위논문.

김아영, 김성일, 봉미미, 조윤정(2022). 학습동기 이론 및 연구와 적용. 학지사.

김영구, 유제민, 김청송(2022). 청소년지도사의 변환적 리더십이 수련활동 청소년의 심리적
　　　특성에 미치는 효과. 청소년학연구, 29(2), 341-362.

김영인(2012). 청소년활동지도자의 공감적 리더십 탐색. 미래청소년학회지, 9(4), 1-29.

김영인(2022). 청소년지도방법론. 한국방송통신대학교출판문화원.

김영인, 김민(2016). 청소년지도방법론. 창지사.

김영철(2006). 청소년단체 활동 지도교사의 리더십 유형분석에 관한 연구. 청소년학연구,
　　　13(2), 215-240.

김영환(2018). 리더십 유형과 과업행동 및 서비스지향성 간의 영향관계 연구: 커뮤니케이션
　　　유형의 매개효과를 중심으로. 경기대학교 대학원 박사학위논문.

김영희(2006). 학교안전사고에 대한 교원의 법적 책임. 전남대학교 대학원 석사학위논문.

김욱진, 김태연, 이현민, 유지애, 유승희(2021). 지역사회복지론. 공동체.

김윤나, 정건희, 진은설, 오세비(2015). 청소년활동론. 신정.

김정열(2015). 청소년지도방법론. 공동체.

김지선(2015). 청소년정책에서 동아리활동 지원: 우리는 이런 동아리활동을 원해요. 서울: 구리 YMCA청소년열린광장 준비위원회.

김지연, 백혜정, 최수정(2017). 청소년자립지원관 운영 모형 개발연구. 청소년정책연구원.

김진만(2017). 레빈(Kurt Lewin)의 장이론으로 조명한 정신전력의 구조화 모형. 정신전력연구, 2017-05(49), 1-63.

김진우, 박혜성, 이선영(2020). 부모. 교사. 또래관계가 청소년기 창의성의 종단적 변화양상에 미치는 영향. 창의력교육연구, 20(3), 91-111.

김진호(2006). Positive Youth Development의 의미와 정책적 시사점. 미래청소년학회지, 3(2), 71-88.

김진화(2001). 평생교육 프로그램개발론. 교육과학사.

김진화(2004). 청소년지도방법론. 교육과학사.

김진화(2004). 청소년지도방법론의 학문적 고찰. 한국청소년개발원 편. 청소년지도방법론(17-54). 교육과학사.

김창현(2007). 청소년 수련활동의 만족도와 성취도에 관한 연구. 대진대학교 대학원 박사학위논문.

김창현(2008). 청소년 수련활동 중 안전사고예방에 관한 연구. 청소년복지연구, 10(3), 75-99.

김창현(2014). 청소년 지도자의 리더십 유형이 체험학습의효과에 미치는 영향. 홀리스틱교육연구, 18(2), 25-44

김창현(2019). 청소년지도방법론. 정민사.

김충기(2001). 교육심리학. 동문사.

김충기(2005). 미래를 위한 진로지도. 양서원.

김태환(2004). 지역사회의 안전관리시스템 구축방안. 한국경호경비학회지, 8, 85-106.

김현진, 김민(2017). 청소년상담사와 소셜네트워크 서비스: 전문가 윤리에 대한 논의. 청소년상담연구, 25(2), 163-183.

김현주(2003). 역량기반인적자원관리(Cbhrm)의 도입과 발전. Posri 경영경제연구, 3(1), 120-158.

김현철, 김선희(2015). 청소년육성 전담공무원의 현황과 전망: 생애과정 연구를 중심으로. 한국청소년정책연구원 연구보고서.

김형주, 김정주, 김인규(2015). 청소년수련시설 역할 재정립 및 정체성 확립 방안 연구. 한국청소년정책연구원 연구보고서.

마상욱(2019). 제4차 산업혁명시대의 청소년활동방향 연구. 한국청소년활동연구, 5(1), 61-80.

모경환, 이미리, 이봉민(2018). 청소년문제. 출판문화원.

박경일, 박승기, 조수경, 오승환, 권진아, 김안나(2019). 사회복지프로그램 개발과 평가. 양성원.

박광민, 서정찬(2004). 청소년지도사의 리더십과 집단응집력과의 상관관계에 관한 연구. 청소년학연구, 11(2), 45-82.

박달재(2010). 산업안전보건 분야의 ISO Risk Management Standard. 안전보건 연구동향, 4(11), 24-29.

박선숙, 박수영, 송원일, 오경은, 허일수(2022). 청소년활동론. 양서원.

박선영(2012). 청소년 국제교류 활성화 방안 비교 연구. 청소년문화포럼 29, 90-113.

박선영, 장미, 김주희, 진영선(2013). 청소년활동론. 정민사.

박선희(2018). 청소년지도자와 전문직으로서의 가치문제. 시민청소년학연구, 9(2), 75-100.

박수일(2019). 청소년 수련시설 운영자의 변혁적 리더십이 조직효과성에 미치는 영향에 관한 연구: 리더신뢰의 매개효과를 중심으로. 한양대학교 대학원 박사학위논문.

박승경(2021). 청소년활동이 사이버비행에 미치는 효과: 자아존중감의 매개효과를 중심으로. 명지대학교 대학원 석사학위논문.

박윤희, 이상균(2010). 청소년 가출의 장기화에 영향을 미치는 요인. 사회복지리뷰, 15, 157-186.

박재향(2002). 학교안전사고와 교사의 책임 한계. 동아대학교 대학원 석사학위논문.

박정배, 김한별(2006). 청소년지도자의 효과적인 리더십 형태의 탐색. 청소년학연구, 13(5-2), 103-122.

박철우(2017). 중소기업의 슈퍼리더십이 경영성과에 미치는 영향 연구. 벤처창업연구, 12(4), 175-189.

배영직(2005). 청소년지도자의 리더십 유형과 구성원 만족도가 청소년단체 활동 효과에 미치는 영향. 홍익대학교 대학원 박사학위논문.

변영계(1999). 교수ㆍ학습이론의 이해. 학지사.

부산일보(2022). 연제구. 전국 최초 '어린이집 위험관리시스템' 구축(2022. 12. 28.).

사회복지공동모금회(2021). 2021 배분사업안내.

서울시자원봉사센터(2016). 청소년이 시민으로 성장하는 봉사학습 안내서.

서정찬(2003). 靑少年指導士의 리더십과 集團凝集力과의 相關關係에 관한 硏究. 명지대학교 대학원 박사학위논문.

서희정(2018). 청소년지도사의 활동역량모델 개발 및 타당화 연구. 청소년문화포럼, 54, 125-153.

설진화(2016). 정신건강론. 양서원.

성병창, 이상철(2019). 혁신교육지구 운영에 대한 학교 구성원의 인식 연구: 부산 지역 사하 다행복교육지구를 중심으로. 수산해양교육연구, 31(4), 1076-1089.

성열준, 강병연, 이채식, 강세현, 김정일, 황주권, 황수주(2011). 청소년문화론. 양서원.

성열준, 우상용, 강세현, 김정일, 이복희, 김종찬, 김재원(2016). 청소년지도방법론. 양성원.

성은모, 서동인(2017). 청소년 안전사고 대응역량 개발 및 진단도구 타당화. 미래청소년학회지, 14(4), 41-67.

소방방재청(2007). 국민안전교육 표준매뉴얼.

송민경(2014). 청소년지도 전문 인력 양성과 활성화 방안. 한국청소년학회 춘계학술발표자료집.

송선희, 김문섭, 김정일, 김진숙, 박진규, 이미애, 주은지, 최선일, 황정훈(2018). 청소년교육론. 양서원.

송영남, 이상철, 김은정(2013). 한국 의료기관의 안전관리체계 구축방안. 한국치안행정논집, 10(1), 213-234.

신복기, 박경일, 이명현, 윤기혁, 권진아(2019). 사회복지행정론. 양서원.

신섭중, 조석연, 신복기, 노병일, 조추용, 김익균(1999). 한국사회복지법제 개설. 대학출판사.

신성철, 신종우, 정희정, 김윤진, 이동성, 조민식(2018). 청소년문화론. 정민사.

신이리나(2017). 학교안전사고 보상제도에 관한 교사의 이해도 결정요인 분석. 성균관대학교 대학원 박사학위논문.

신종천(2022). 밈의 뉴미디어 환경 적응에 관한 연구: MZ세대의 밈 현상을 중심으로. 문화와 융합, 44(9), 665-678.

신태웅(2018). 청소년지도자의 안전행동에 미치는 영향요인의 관계분석: 안전의식, 안전교육, 직무스트레스 요인을 중심으로. 명지대학교 대학원 박사학위논문.

안병환, 김창환(2009). 청소년지도자의 리더십 유형에 관한 연구. 인문학논총, 14(2), 219-242.

양계민, 김승경(2012). 청소년방과후아카데미 지도자의 직무만족. 스트레스요인 및 이에 따른 참여청소년의 방과후아카데미 만족도 및 심리사회적응의 차이. 한국청소년연구, 23(4), 189-218.

양동민(2005). 상사의 슈퍼리더십이 부하의 셀프리더십과 성과에 미치는 영향. 전남대학교 대학원 석사학위논문.

양정청소년수련관(2022). 2022년 양정청소년방과후아카데미 겨울캠프 계획보고.

양정하, 백의식, 강가영, 김남숙, 김정희, 손지아, 이진열(2022). 지역사회복지론. 지식공동체.

양정하, 임광수, 김치영, 황인옥, 이종운(2011). 사회복지 프로그램 개발과 평가. 정민사.

여성가족부(2014a). 2014년 청소년정책기본계획 시행계획 중앙행정기관.

여성가족부(2014b). 청소년수련활동 안전 종합매뉴얼.

여성가족부(2020). 2020 청소년 매체 이용 및 유해환경 실태조사.

여성가족부(2021a). 2021 청소년 인터넷 · 스마트폰 이용 습관 진단조사 결과.

여성가족부(2021b). 청소년활동 종합 안전 매뉴얼(활동안전관리편).

여성가족부(2022a). 2021 청소년백서.

여성가족부(2022b). 2021 청소년프로그램 공모사업 사례집.

여성가족부(2022c). 2022 청소년 사업안내.

여성가족부(2022d). 2022 청소년 통계.

여성가족부(2022e). 2022년 청소년프로그램공모사업 시행 공고(2022.01.21.).

여성가족부(2022f). 제4차 청소년보호종합대책.

여성가족부(2022g). 청소년수련활동인증제 매뉴얼.

여성가족부(2022h). 청소년유해환경감시단 현황(2022년 6월 말 기준).

여성가족부(2023). 2023년 청소년프로그램 공모사업 시행 공고(2023. 1. 13.).

여성가족부, 청소년활동진흥원(2018). 청소년자기주도형 봉사활동 지도자 매뉴얼. 한국청소
    년활동진흥원.

여성신문(2007). 마더 데레사(2007.12.28.).

오석창, 안병환(2021). 청소년발달에 관한 연구 방향 탐색: G. Stanley Hall의 storm and
    stress를 중심으로. 학습자중심교과교육연구, 21(1), 1383-1405.

오선숙, 황인숙(2021). 청소년지도방법론. 공동체.

오윤선(2017). 교육심리학. 창지사.

오윤선, 최아람(2019). 청소년 문제와 보호. 양서원.

오윤선, 황인숙(2018). 청소년지도방법론. 양서원.

오윤선, 황인숙(2021). 청소년지도방법론(2판). 양서원.

오치선, 조영승, 곽형식, 김성수, 조용하, 함병수, 박진규, 이창식, 이승재, 남현우, 김영선, 전
    명기, 김민, 김진숙, 김진화(2001). 청소년지도 방법론. 학지사.

우종인, 류인균, 양은주, 하지현, 김영미, 장창곡(2000). 인터넷 중독의 정신병리. 정신병리학,
    9(1), 16-26.

유동철, 홍재봉(2020). 실천가를 위한 지역사회복지론. 양서원.

유제민, 김청송(2022). 청소년지도사의 변환적 리더십이 수련활동 청소년의 심리적 특성에
    미치는 효과. 청소년학연구, 29(2), 341-362.

유진이, 윤혜순(2020). 청소년프로그램 개발과 평가. 양서원.

윤기혁(2015). 노인요양시설 위험관리시스템 구축 및 적용 성과 연구. p. 31.

윤기혁(2021). 어린이집 위험관리(Risk-Management) 매뉴얼. 연제구청.

윤기혁(2022). 안심과 안전이 보장된 복지사회. 시민이 행복한 도시 부산-이렇게 바꾸자. 부
    산경제정의실천시민연합, 239-251.

윤기혁, 석진숙(2021). 국내 어린이집 위험사고에 관한 사례 연구: Incident와 Accident 위험
    사고를 중심으로. 한국영유아보육학(130), 21-56.

윤나랑(2017). 청소년지도사 윤리강령 제정을 위한 기초 연구. 명지대학교 대학원 박사학위

논문.

윤철경, 이민희, 박선영, 박숙경, 신인순(2012). 청소년국제교류정책 현황분석 및 발전방안연구, 청소년개발원연구보고, 11-R-12.

윤철수(2009). 청소년지도사의 정체성 형성 과정 연구: 근거이론을 중심으로. **청소년학연구,** 16(3), 123-147.

이교봉(2015). 청소년활동 안전관리에 대한 발전방안 모색. p.12.

이기호(2005). 학교안전사고에 대한 법적 책임과 대법원 판례의 경향 연구. 한국교원대학교 대학원 석사학위논문.

이래혁(2022). 학교 밖 청소년의 사회적 낙인감이 자아존중감을 통해 미래에 대한 생각에 미치는 영향과 부모지지의 조절된 매개효과. 학교사회복지, 30, 1-21.

이미리, 노성호, 김승혜, 박재연, 정혜원, 박철현, 이경상, 황성현, 이은경, 서보람, 오승근, 김호영, 곽대훈(2020). **청소년 문제와 보호.** 교육과학사.

이미리, 조성연, 길은배, 김민(2014). **청소년학개론.** 학지사.

이미진(2009). 슈퍼리더십이 직무만족 및 혁신행동에 미치는 영향: 업종과 과업의 조절효과를 중심으로. 서울시립대학교 대학원 석사학위논문.

이보열(2010). 슈퍼리더십이 팀 성과에 미치는 영향에 관한 연구: 문화유형의 조절효과를 고려하여. 전북대학교 대학원 석사학위논문.

이복희, 김종표, 김윤아(2018). **청소년지도자와 평생교육사를 위한 청소년교육론.** 학지사.

이설영(2008). 학교안전사고의 판례 분석을 통한 교원의 법적 책임연구. 부산교육대학교 대학원 석사학위논문.

이순래, 박현기(2007). 비행소년의 발전경향에 관한 연구. 한국범죄학, 1(2), 149-190.

이승렬(2013). 청소년의 동아리 활동과 진로관련 요인에 관한 연구. 경기대학교 대학원 박사학위논문.

이영대, 임언, 이지연, 최동선, 김나라(2004). **생애단계별 진로교육의 목표 및 내용 체계 수립.** 교육인적자원부.

이영수(2016). 청소년수련시설 관리자 역량의 상대적 중요도 및 역량개발 요구도 분석. 중앙대학교 대학원 박사학위논문.

이영순, 정봉희, 조혜경(2007). 청소년상담사의 직무만족도에 따른 직무특성 분석. 교육실천연구, 6(2), 67-86.

이운주(2001). 학교 클럽활동의 활성화 방안. 2001학년도 특별활동 동아리대표 학생연수. 서울특별시활동교육연구회.

이정관(2022). 리더의 리더십 유형이 조직문화 및 충성도에 미치는 영향에 관한 연구. 초당대학교 대학원 박사학위논문.

이정근(2013). 조직유형별 관리자의 리더십유형과 조직유효성 간의 관계: 학교조직, 관공서 조직, 기업조직을 중심으로. 창원대학교 대학원 박사학위논문.

이정석(2020). 국내 청소년시설 대상 유지관리기반 안전점검 및 안전성 평가 연구. 한국구조물진단유지관리공학회, 24(3), 1-8.

이정철(2012). 학교생활 중 안전사고 발생에 관한 분석 연구. 한국사회안전학회지, 8(2), 225-237.

이종권(2009). 슈퍼리더십이 部下의 態度에 미치는 影響에 관한 研究 : 석유화학업체를 중심으로. 울산대학교 대학원 석사학위논문.

이지연(2022). 성공적인 진로연계학기를 위한 쟁점과 향후 과제. 교육정책포럼 제344호.

이지연, 김기헌, 이동혁, 권효원, 안중석(2022). 국민 역량과 삶의 질을 지원하는 평생진로지도 안정망 구축 연구: 교육 훈련 고용 진로지도 상담 고용서비스 연계 중심. 세종 경제인문사회연구회.

이창호, 오해섭(2009). 글로벌 환경변화에 대비한 청소년인재개발전략에 관한 국제학술회의. 한국청소년정책연구원.

이채식(2015). 청소년의 청소년활동 모니터링 중요-성취분석: 청소년어울림마당을 중심으로. 청소년행동연구, 20, 95-109.

이해경, 손진희(2021). 고교학점제 도입을 위한 청소년활동의 중요도와 실행도 분석연구. The Journal of Youth Activity, 7(4), 127-144.

이혜경, 김도영, 진은설(2022). 청소년지도방법론. 학지사.

이혜란(2010). 학교안전사고 판례에 나타난 법적 책임에 관한 연구. 중앙대학교 대학원 석사학위논문.

이화명, 김영미(2017). 학교 밖 청소년의 사회적 낙인과 심리사회적 적응 간의 관계: 자기개념 명확성의 조절효과. 한국콘텐츠학회논문지, 17(9), 549-562.

장미(2011). 청소년지도자 직무역량 척도개발에 관한 연구. 청소년문화포럼, 28, 114-144.

장수한(2014). 청소년활동론. 양서원.

장수한(2020). 청소년문화론. 공동체.

장연(2014). 중간관리자 리더십 유형이 조직유효성에 미치는 영향에 관한 연구: 임파워먼트의 매개효과를 중심으로. 원광대학교 대학원 박사학위논문.

전동만, 장수한(2021). 청소년활동론. 양서원.

전명순(2018). 청소년수련활동인증제의 인증기준(공통영역) 분석과 개선방안. 한국청소년활동연구, 4(2), 77-104.

전명순(2021). 청소년활동과 환경에 대한 청소년지도사의 혁신적 요구. The Journal of Youth Activity, 7(2), 73-91.

전영욱, 손규태, 이미나, 이지은, 정은정, 조유담, 최선미(2021). 코로나19 상황에서 청소년지도자의 경험과 요구되는 역량. 한국청소년활동연구, 7(1), 1-27.

전희일, 신명철, 류기덕, 신용식, 유영주, 정남환, 최은규(2018). 청소년지도방법론. 양서원.

정대용, 김민석(2009). 슈퍼리더십과 셀프리더십이 LMX 질을 매개로 비영리조직성과에 미치는 영향. 한국인사조직학회 2009 하계통합학술대회, 29-50.

정무성(2011). 사회복지 프로그램 개발론. 학현사.

정미나, 문호영(2019). 청소년지도자 관련 연구동향 분석. 청소년문화포럼, 57, 99-122.

정영신(2003). 학교안전사고에 대한 교원의 법적 책임 연구. 한남대학교 대학원 석사학위논문.

정용선, 김선희(2015). 집단미술치료가 학교 밖 청소년의 자아정체감과 자아존중감에 미치는 효과. 청소년학연구, 22(6), 105-130.

정의당 정책위원회 보도자료(2022). 학교 안전사고. 코로나 전보다 많아.

정익중, 남성희, 유정아, 이승진, 김지현(2022). 청소년 가출 상황에서 부모와 경찰관의 찾기 경험. 한국가족복지학, 69(2), 187-217.

정지범(2009). 광의와 협의의 위험. 위기. 재난관리의 범위. 한국방재학회논문집, 9(4), 61-66.

정지웅, 김지자(1986). 사회교육학개론. 서울대학교출판부.

정태연, 김미애, 양희옥(2013). 항공사 객실승무원의 셀프리더십과 심리적 임파워먼트 및 직무만족의 구조관계 분석. 관광경영연구, 56, 363-388.

조규필(2013). 학업중단 청소년 대책을 위한 정책제안. 학교 밖 청소년 문제 대책 마련 토론회 자료집, 74-82.

조남억, 김고은(2014). 청소년의 국제교류활동 프로그램의 효과성 연구. 청소년학연구, 21(1), 191-215.

조아미, 이진숙, 강영배(2016). 청소년지도자의 청소년활동 안전의식 평가척도 개발 및 타당화. 청소년복지연구, 18(3), 151-170.

조철호(2020). 청소년의 재난안전 의식수준 향상을 위한 안전체험 교육시설의 설치 및 운영 효율화 연구. 명지대학교 대학원 박사학위논문.

조호연(2020). 청소년지도자의 안전의식과 청소년안전교육 실태 및 개선방안에 관한 연구. 중앙대학교 대학원 석사학위논문.

주성숙(2019). 청소년시설 대표의 진정성 리더십이 활동 참여 청소년의 만족도에 미치는 영향: 청소년지도사의 인식 만족도를 매개로. 호서대학교 대학원 박사학위논문.

주은지, 최인선(2022). 청소년지도사의 셀프리더십과 의사소통능력이 직무만족에 미치는 영향. 한국청소년활동연구, 8(2), 155-180.

진은설, 김도영, 조영미, 이혜경(2019). 청소년활동론. 학지사.

진은설, 이혜경, 김도영(2022). 청소년 프로그램 개발과 평가. 학지사.

진재열(2011). 리더십 프로그램 유형과 성격유형간의 관계 연구. 충남대학교 대학원 박사학위논문.

천정웅(2000). 청소년 사이버 일탈의 특성과 유형에 관한 연구. 청소년학연구, 7(2), 97-116.

천정웅, 김민, 김진호, 박선영(2011). **차세대청소년학총론**. 양서원.

최순남(1993). **인간행동과 사회환경**. 한신대학교 출판부.

최영신(2004). 청소년 약물남용 실태의 추이 분석: 청소년 문화와 정책적 의미. **청소년학연구**, 11(3), 1-22.

최윤진(1990). **청소년지도론**. 한국청소년정책연구원.

최윤진(1998). **청소년의 권리**. 양서원.

최윤진, 김혁진, 최순희(1993). 청소년 지도자 연수과정 개발연구. **한국청소년연구**, 13, 83-97.

최은규(2008). 청소년수련시설 기관장의 리더십유형이 조직효과성에 미치는 영향에 관한 연구. 선문대학교 대학원 박사학위논문.

최익성(2014). 리더십 유형과 개인 창의성의 관계. 긍정심리자본의 매개효과를 중심으로. 경희 대학교 대학원 박사학위논문.

최재윤, 이광섭(2012). 청소년의 약물 태도에 영향을 미치는 위험요인에 관한 연구. **병원약사 회지**, 29(3), 300-312.

학교안전공제회(2020). 2019년 사고 및 보상통계.

한국산업안전보건공단(2003). 학교 안전교육실태 분석을 통한 안전교육 개선 방향. 안전보건공단.

한국산업표준(2018). ISO FDIS 45001-안전보건경영시스템: 요구사항 및 사용지침.

한국소비자원 위해정보국 위해예방팀(2022). 2021년 어린이 안전사고 동향 분석.

한국외국어대학교(2013). 리더십과 Communication.

한국청소년개발원(1997). **프로그램 개발과 운영**. 인간과 복지.

한국청소년개발원(2004). **청소년지도방법론**. 교육과학사.

한국청소년개발원(2005). **청소년자원봉사 및 동아리 활동론**. 교육과학사.

한국청소년정책연구원(2009). 아동・청소년의 안전실태와 대응방안 연구: 물리적 위해를 중심으로. 한국청소년정책연구원.

한국청소년정책연구원(2015). 청소년지도사 자격제도 연구 공개보고회 자료집.

한국청소년정책연구원(2021). 2021 아동 청소년 인권실태조사.

한국청소년활동진흥원(2016). 청소년수련활동 안전종합매뉴얼. 여성가족부.

한국청소년활동진흥원(2022). 청소년수련활동 인증프로그램 목록현황. 공공포털사이트.

한국청소년활동진흥원(2023). 2023년 청소년프로그램 공모사업 시행 공고(2023. 1. 13.).

한국형사정책연구원(1993). 청소년의 가출과 비행의 관계에 관한 연구. 한국형사정책연구원.

한상철(1999). 가출 청소년의 위험행동과 대처방안에 관한 탐색적 연구. **청소년행동연구**, 4, 113-134.

한상철(2003). 청소년의 인터넷 접촉 정도와 중독성향에 대한 조사. **한국심리학회지: 문화 및 사회문제**, 9(2), 19-39.

한상철(2004). 중소도시 청소년의 위험 행동 예측요인 분석. **교육심리연구**, 18(3), 193-210.

한상철(2008). 청소년학: 청소년 이해와 지도(2판). 학지사.

한상철, 권두승, 방희정, 설인자, 김혜원(2001). 청소년지도론. 학지사.

한정훈(2007). 학교안전사고의 법적 책임과 분쟁해결 방안 연구. 인천대학교 대학원 석사학위논문.

허민숙(2020). 학교 밖 청소년 지원사업 현황과 개선과제. 국회입법조사처, NARS 현안분석, 151호.

허승희, 이영만, 김정섭(2015). 교육심리학. 학지사.

허승희, 이희영(2019). 학교폭력의 학교 생태학적 요인과 대처 방안: 미시체계와 중간체계를 중심으로. 수산해양교육연구, 31(6), 1671-1682.

허철수(1997). 청소년 유해환경의 문제와 개선방안: 사회의 물리적 유해환경을 중심으로. 學生生活研究, 18, 55-75.

홍봉선, 남미애(2007). 청소년복지론. 양서원.

황성철(2005). 사회복지 프로그램 개발과 평가. 공동체.

2022 State of the World's Volunteerism Report. (2022). Building Equal and Inclusive Societies. Volunteers.

Banks, S. (1999). *Ethical issues in youth work*. Routledge.

Barrret, J., & Greenaway, R. (1995). *Why adventure? The role and value of outdoor adventure in young people's personal and social development*. Conventry, England: Foundation for Outdoor Adventure.

Bass. B. M. (1985). Leadership: Good, Better, Best. *Organizational Dynamics 8*, No. 3. Winter.

Bennis, W. (1983). The artform of leadership. In S. Srivastva (Ed.), *The executive mind*. Jossey-Bass.

Conger, J. A., & Kanungo, R. A. (1987). Toward a behavioral theory of charismatic leadership in organizational settings. *Academy of Management Review, 12*, 637-647.

Csikszentmihalyi, M. (1990). *Flow: The Psychology of Optimal Experience*. Harper & Collins.

Crites, J. O. (1981). *Career Counseling Models, Methods and Materials*. McGraw-Hill.

Csikszentmihalyi, M., & Schneider, B. (2001). *Becoming adult: How teenagers prepare for the world of work*. Basic Books.

De linden, J. A., & Fertman, C. I. (1998). *Youth Leadership: A guide to Understanding Leadership Development in Adolescents*. Jossey-Bass Publishers.

Erikson. E. (1963). *Childhood and society* (2nd ed). Norton.

Fosnot, C. T., Cobb, P., Cowey, S., Vries, R. D., Duckworth, E., Dykstra, D. I., Forman, G. E., Could, J. S., Green, M., Julyan, C., Lester, J. B., Schifter, D., Glasersfeld, E., & Zan, B. (1996). *Constructivism: Theory, perspectives, and practice*. 조부경, 김효남, 백성혜, 김정준 공역(2001). 구성주의 이론, 관점, 그리고 실제. 양서원.

Gilber, N., & Specht, H. (1974). *Dimensions of Social Welfare Policy*. Prentice-Hall.

Green, D. (2007). Risk and Social Work Practice. *Australian Social Work, 60*(4), 395-409.

Griffiths, M. D. (1996). Internet "addiction": An issue for clinical psychology?. *Clinical Psychology Forum, 97,* 32-36.

Haddon, W., Jr. (1970). On the Escape of Tigers: An Ecologic Note. *American Journal of Public Health and the Nations Health, 60,* 2229-2234.

Hattie, J., Marsh, H. W., Neill J. T., & Richards G. E. (1997). Adventure Education and Outward Bound: Out-of Class Experiences That Make a Lasting Difference. *Review of Educational Research, 67*(1), 43-87.

Hersey, P., & Blanchard, K. H. (1982). *The Management of Organizational Behavioral Science, 22,* 29-46.

Hersey, P., Blanchard, K. H., & Johnson, D. E. (1988; 1996). *Management of Organizational Behavior: Utilizing Human Resources* (6th ed). Prentice-Hall.

Hattie, J., Marsh, H. W., Neill J. T., & Richards G. E. (1997). Adventure Education and Outward Bound: Out-of Class Experiences That Make a Lasting Difference. *Review of Educational Research, 67*(1), 43-87.

Havighurst, R. J. (1978). Youth in Crisis. *School Review, 83*(1), 5-10.

Hirsch, T. (1999). *Causes of Delinquency*. University of California Press.

Jensen, G. F. (1972). Delinquency and adolescent self-conceptions: A study of the personal relevance of infraction. *Social Problems, 20,* 84-103.

Justinianno, J., & Scherer, C. (2001). *Youth voice: A guide for engaging youth in leadership and decision making in service-learning program*. Point of Light Foundation.

Kemshall, H., & Pritchard, J. (1997). Good Practice in Risk Assessment And Risk Management 2, Great Britain by Athenaeum Press. Gateshead, Tyne and Wear.

Kolb, D. A. (1984). *Experiential learning: Experience as the source of learning and development*. Prentice Hall.

Lim, H., & Dubinsky, A. J. (2005). The Theory of planned behaviorin e-commerce: Making acasefo interdependencies between salient beliefs. *Psychology & Marketing, 22*(10), 844.

Manz, C. C., & Neck, C. (1999). *Mastering Self-Leadership*. Prentice Hall.

Manz, C. C., & Sims, H. P. (1989). *Super Leadership: Leading other to Lead themselves*.

Berkeley.

McClelland, D. C. (1973). Testing for competence rather for intelligence. *American Psychologist, 28*(1), 1-14.

Miller, R. A. (1976). *Leader/agent's guide: Leadership lifes kills.* Oklahoma State University.

Netting, F. E., O'Connor, M. K., & Fauri, D. P. (2008). *Comparative Approaches to Program Planning.* John Wiley & Sons.

Pawlak, E. J., & Vinter, R. D. (2004). *Designing and Planning Programs for Nonprofit and Government Organizations.* Jossey-Bass.

Payne, M. (1997). *Modern Social Work Theory.* Lyceum.

Pfeffer, J., & Salancik, G. R. (1978). *The External Control of Organization: A Resource Dependence Perspective.* Harper and Row Publisher.

Rapp, C., & Poertner, J. (1992). *Social Administration: a Client-centered Approach.* Longman Publishing Group.

Robbins, S. P. (1984). *Essentials of Organizational Behavior.* Prentice-Hall.

Robbins, S. P. (2005). *Organizational behavior*(11th ed.). 김지성, 박기찬, 이덕로 역(2005). 조직행동론(11판). Pearson Education Korea LTD.

Russell, D. R. (1993). Vygotsky, Dewey, and externalism: Beyond the student/discipline dichotomy. *Journal of advanced Composition,* 173-197.

Ryan, R. M., & Deci, E. L. (2000). Intrinsic and extrinsic motivations: Classic definitions and new directions. *Contemporary Educational Psychology, 25*(1), 54-67.

Schein, E. H. (1985). *Organizational Culture and Leadership.* Jossey-Bass Publisher.

Shah, J., & Ali, B. (2012). Super-leadership: An approach to maximize idea generation and creative potential for creative culture. *African Journal of Business Management, 6*(1), 388-401.

Spencer, L. M., & Spencer, S. M. (1993). *Competence at Work: Models for Superior Performance.* John Wiley & Sons, Inc.

Stipek, D. (1998). *Motivation to Learn: from Theory to Practice.* 전성연, 최병연 역(1999). 학습동기. 학지사.

Tead, O. (1935). *The Art of Leadership.* McGraw Hill.

Volunteer Victoria (2015). Involving volunteers: The principles. Retrieved from https://volunteervictoria.bc.ca.

Wade, R. C. (2001). Social action in the social studies: from the ideal to the real. *Theory into Practice, 40*(1), 23-28.

York, R. O. (1982). *Human Service Planning: Concepts, Tool, and Methods.* The University of North Carolina Press.

Young, K. S. (1999). *Internet addiction: Symptoms, evaluation, and treatment innovations in clinical practice* (Vol. 17). In L. VandeCreek & T. L. Jackson (Eds.). Professional Resource Press.

内山 源(2006). 学校・保育安全におけるリスク 、ハザード等概念との関連づけ. 茨女短大紀, 33, 17-31.

田村 佳世(2015). 保育における子どもの安全・危険に関する研究動向. 愛知教育大学 幼児教育研究, 18, 79-86.

e 청소년. https://www.youth.go.kr/youth/youth/contents/trngActSttemntIntroForm.yt

e-나라지표. 청소년 유해 약물 사용 경험. https://www.index.go.kr/potal/main/EachDtlPageDetail.do?idx_cd=2776

Wee센터. https://www.wee.go.kr/home/cms/cmsCont.do?cntnts_sn=22

과학기술정보통신부. https://www.msit.go.kr/index.do

교육부. https://www.moe.go.kr

교육지원청. https://home.pen.go.kr/

국가직무능력표준. www.ncs.go.kr

국립국어원 표준국어대사전. https://stdict.korean.go.kr/main/main.do

국립청소년인터넷드림마을(2022. 11. 25.). https://nyit.or.kr/user/index.asp

대한민국 정책브리핑. https://www.korea.kr/news/policyNewsView.do?newsId=148881368

수원시청 홈페이지 공고문. https://www.suwon.go.kr/web/board/BD_board.list.do?bbsCd=1048

스마트쉼센터. https://www.iapc.or.kr/

여성가족부. https://www.youth.go.kr/yaca/about/about.do

질병관리청. https://www.kdca.go.kr/

질병관리청 국가건강정보포털. 건강정보 인터넷 중독. https://health.kdca.go.kr/healthinfo/biz/health/gnrlzHealthInfo/gnrlzHealthInfo/gnrlzHealthInfoView.do?cntnts_sn=5324

청소년방과후아카데미. https://www.youth.go.kr/yaca/about/about.do

청소년수련시설포털. http://youthnet.or.kr/?page_id=55

한국인터넷진흥원. https://www.kisa.or.kr/

한국청소년상담복지개발원. https://www.kyci.or.kr/

한국청소년활동진흥원. https://www.kywa.or.kr/pressinfo/notice_list.jsp

찾아보기

인명

Blanchard, K. H. 88

Dewey, J. 126

Glasersfeld, E. 133

Hersey, P. 88
Hiddink, G. 94

Kolb, D. A. 126

Mother Teresa. 95

Parsons, E. T. 181
Piaget, J. 133

Stipek, D. 119

Vygotsky, L. S. 135

정유선 96

내용

7대 학생 안전교육 290
PERT 244
SMART 원칙 240
STP-E 190
STP-H 193

STP-J 194
STP-M 192
SWOT 분석 239
Wee센터 211

가정 밖 청소년 213

간트 차트 244

개방집단 110

개인중심 지도방법 116

객관주의 관점 132

건설적인 비판 123

경험학습이론 125

공익성 174

구성주의 관점 132

구성주의이론 131

국가 간 청소년교류 169

국립청소년인터넷드림마을 210

국제교류 지도 112

국제청소년리더 교류 170

내재적 동기 139

다속성 효용성 검토기법 242

대집단 지도방법 116

도덕성 지도 111

도입단계 113

동기유발 전략 117

동기이론 137

로직트리 242

리더십 88

리더십 유형 100

리더십 이론 91

마인드맵 241

몰입 경험 119

무보수성 174

법정 안전교육 292

법정안전점검 284

변혁적 리더십 93, 98

보건지도 112

브레인라이팅 241

브레인스토밍 240

사회성 지도 111

상호작용중심 지도방법 116

상황이론 92

서번트 리더십 94, 98

서울진학진로 정보센터 197

성과주의 예산 245

세계스카우트잼버리 171

셀프리더십 95, 99

소집단 지도방법 116

수련시설 안전점검 283

슈퍼리더십 96, 99

스마트쉼센터 210

스티펙의 동기유발 전략 118

실행단계 113

아이스 브레이킹 117

안전 260

안전 · 위생 점검 285

안전관련 법률 274

안전관리 281, 293

안전사고 261

여가지도 112

역량 67

외부 공모사업 249

외재적 동기 139

워크넷 196

위험 260

위험관리 281

위험관리 절차 281

위험관리 · 안전관리 비교 283

위험사고 261, 262

유해환경 223

의사결정나무분석 242

인터넷 중독 206

자발성 174

자원봉사 173

자원봉사활동 173

자유학기제 185

잼버리 171

전개단계 113

전환기 189

전환기 진로프로그램 190

정리단계 114

종결단계 115

주의집중 119

준비단계 109

증거기반실천(EBP) 242

지도자중심 지도방법 116

지역사회 봉사 지도 112

진로 181

진로교육 182

진로교육 집중학년 · 학기제 184

진로상담 182

진로연계학기 186

진로정보 182

진로지도 111, 180

진로체험 182

참여 촉진 기법 120

청소년 국제교류활동 167

청소년 봉사학습 176

청소년 안전교육 287

청소년 안전사고 262

청소년 안전사고 판례 267

청소년 어울림마당 164

청소년 유해 약물 219

청소년 유해매체 224

청소년 유해업소 224

청소년 자기주도형 봉사활동 177

청소년교류활동 167

청소년대표단 121

청소년동아리활동 163

청소년상담복지센터 211

청소년상담사 64, 76

청소년상담사 윤리강령 328

청소년수련활동 신고제 161, 279

청소년수련활동 인증제 159, 278

청소년쉼터 216

청소년육성 64

청소년육성 전담공무원 80

청소년자립지원관 217

청소년자문위원회 122

청소년중심 지도방법 116

청소년지도목표 110

청소년지도방법 107

청소년지도사 73

청소년지도사 윤리강령 325

청소년지도사 윤리헌장 324

청소년지도자 63
청소년지도자의 역할 65
청소년프로그램 228
청소년프로그램 개발 과정 237
청소년프로그램의 유형 234
총괄평가 247
친밀감 조성 117

커리어넷 196

특성이론 92

폐쇄집단 111
프로그램 기획자 120

프로그램 모니터링 246
프로그램 평가 검토기법 244
프로그램의 지도자 121
프로그램의 평가자 121

학교급 진로교육 프로그램 189
학교사회복지사 83
학교안전사고 266
학습성 175
한·아세안 청소년 서밋 170
한·중 청소년교류 170
행동이론 92
행위성 175
형성평가 247

저자 소개

박선숙(Park Sun Sook)
신라대학교 사회복지학 박사
전 신라대학교 사회복지학과 조교수
현 동명대학교 사회복지학과 교수
　　학교사회복지학회 이사
　　법무부 청소년범죄예방위원
　　법무부 법무보호위원
　　행정안전부 자원봉사진흥 실무위원

〈주요 저서〉
사회문제와 사회복지(공저, 양서원, 2020)
청소년육성제도론(공저, 양서원, 2022)
청소년활동론(공저, 양서원, 2023)

윤기혁(Youn Ki Hyok)
부산대학교 사회복지학 박사
전 한국통합사례관리학회 편집위원장
　　재단법인 안국청소년도량 총무이사
　　1388청소년지원단(부산진구청소년상담복지센
　　터) 단장
　　부산광역시여자단기청소년쉼터 운영위원
　　개금종합사회복지관장, 수영구노인복지관장
현 동명대학교 사회복지학과 교수
　　부산서부노인보호전문기관 운영위원장
　　부산광역시청 여성가족국 공적심사위원

〈주요 저서〉
사회복지행정론(공저, 공동체, 2019)
사회복지정책론(공저, 양서원, 2020)
청소년육성제도론(공저, 양서원, 2022)

이솔지(Lee Sol Ji)
부산대학교 사회복지학 박사
전 성은의료재단 연산병원 · 연산요양병원 사회사
　　업과장

온사랑병원 중독연구소 정신건강전문요원
동명대학교, 고신대학교, 화신사이버대학교 사
회복지학과 겸임교수
현 동명대학교 사회복지학과 교수
　　모바일 정신건강전문 상담서비스 플랫폼 '솔카운
　　셀' 개발 및 운영
　　한국사회복지상담학회이사
　　해운대장애인근로사업장 운영위원장

〈주요 저서〉
의료사회복지론(공저, 어가, 2022)
정신건강사회복지론(공저, 어가, 2022)

김남숙(Kim Nam Sook)
부산대학교 사회복지학 박사
전 동명대학교 보건복지교육대학 학장
현 동명대학교 사회복지학과 교수
　　부산광역시 장애인복지위원
　　사회복지공동모금회 배분분과실행위원
　　제주연구원 사회복지연구센터 연구자문위원
　　덕문여자고등학교 운영위원

〈주요 저서〉
사회복지실천론(공저, 양성원, 2021)
사회복지학개론(공저, 공동체, 2022)
지역사회복지론(공저, 공동체, 2022)

송나경(Song Na Kyoung)
University at Albany(SUNY) 사회복지학 박사
전 광운대학교 정신건강과 지역사회 연구센터 연구
　　교수
현 동명대학교 사회복지학과 교수
　　수영구 지역사회보장 실무협의체 위원
　　부산광역시 지역사회서비스 심의위원
　　기장군 안전관리위원회 위원

청소년지도방법론
Youth Guidance Methodology

2023년   6월 25일 1판 1쇄 인쇄
2023년   6월 30일 1판 1쇄 발행

지은이 • 박선숙 · 윤기혁 · 이솔지 · 김남숙 · 송나경
펴낸이 • 김진환
펴낸곳 • ㈜ 학지사

       04031 서울특별시 마포구 양화로 15길 20 마인드월드빌딩
대표전화 • 02-330-5114   팩스 • 02-324-2345
등록번호 • 제313-2006-000265호

홈페이지 • http://www.hakjisa.co.kr
인스타그램 • https://www.instagram.com/hakjisabook

ISBN 978-89-997-2921-8 93370

정가 22,000원

출판미디어기업 **학 지사**
간호보건의학출판 **학지사메디컬** www.hakjisamd.co.kr
심리검사연구소 **인싸이트** www.inpsyt.co.kr
학술논문서비스 **뉴논문** www.newnonmun.com
교육연수원 **카운피아** www.counpia.com